WOLFRAM VON ESCHENBACH

PARZIVAL

D1146584

WOLFRAM VON ESCHENBACH

Parzival

MITTELHOCHDEUTSCHER TEXT
NACH DER AUSGABE VON KARL LACHMANN
ÜBERSETZUNG UND NACHWORT
VON WOLFGANG SPIEWOK

PHILIPP RECLAM JUN. STUTTGART

WOLFRAM VON ESCHENBACH

Parzival

BAND 2: BUCH 9–16
MITTELHOCHDEUTSCH / NEUHOCHDEUTSCH
NACHWORT

PHILIPP RECLAM JUN. STUTTGART

Die Umschlagzeichnung ist entnommen aus: Karl J. Benziger: Parzival in der deutschen Handschriftillustration des Mittelalters. Straßburg 1914. (Studien zur deutschen Kunstgeschichte. H. 175.)

Universal-Bibliothek Nr. 3682
Alle Rechte vorbehalten
© für diese Ausgabe 1981 Philipp Reclam jun. GmbH & Co., Stuttgart
© für Übersetzung, Anmerkungen und Nachwort 1977, 1992 Sammlung Dieterich Verlagsgesellschaft mbH, Leipzig
Gesamtherstellung: Reclam, Ditzingen. Printed in Germany 2001
RECLAM und UNIVERSAL-BIBLIOTHEK sind eingetragene Marken der Philipp Reclam jun. GmbH & Co., Stuttgart
ISBN 3-15-003682-8

www.reclam.de

Erste Seite der »Parzival«-Handschrift Cgm 19.
Bayerische Staatsbibliothek München

IX.

433 'Tuot ûf.' 'wem? wer sît ir?'
     'ich wil inz herze hin zuo dir.'
     'sô gert ir ze engem rûme.'
     'waz denne, belîbe ich kûme?

5   mîn dringen soltu selten clagen:
     ich wil dir nu von wunder sagen.'
     'jâ sît irz, vrou Âventiure?
     wie vert der gehiure?
     ich meine den werden Parzivâl,

10   den Cundrîe nâch dem grâl
     mit unsüezen worten jagte,
     dâ manec vrouwe clagte
     daz niht wendec wart sîn reise.
     von Artûse dem Berteneise

15   huop er sich dô: wie vert er nû?
     den selben maeren grîfet zuo,
     ob er an vröuden sî verzagt,
     oder hât er hôhen prîs bejagt?
     oder ob sîn ganziu werdekeit

20   sî beidiu lang unde breit,
     oder ist si kurz oder smal?
     nu prüevet uns die selben zal,
     waz von sîn henden sî geschehen.
     hât er Munsalvaesche sît gesehen,

25   unt den süezen Anfortas,
     des herze dô vil siufzec was?
     durch iuwer güete gebt uns trôst,
     ob der von jâmer sî erlôst.
     lât hoeren uns diu maere,
     ob Parzivâl dâ waere,

Neuntes Buch

»Macht auf!«

Wem? Wer seid Ihr denn?

»Ich will zu dir, in dein Herz!«

Das ist doch viel zu eng für Euch!

»Was tut's! Käme ich auch nur mit Mühe und Not hinein, sollte es dich freuen, daß ich Einlaß begehre, denn ich erzähle dir die wunderbarsten Geschichten!«

Ach, Ihr seid es, Frau Aventüre! Wie geht es eigentlich unserem trefflichen Helden? Ich meine den edlen Parzival, den Cundry mit bitteren Worten auf die Suche nach dem Gral trieb. Viele Damen bedauerten seinen unabänderlichen Entschluß. Von Artus, dem Bretonen, brach er damals auf. Wie geht's ihm jetzt? Erzählt von ihm! Zieht er immer noch freudlos umher, oder hat er wieder hohen Ruhm errungen? Ist viel oder wenig von seinem Ansehen zu berichten? So erzählt doch, was für Taten hat er vollbracht? Hat er Munsalwäsche wiedergesehen und den gütigen Anfortas, den er in Verzweiflung zurückließ? Seid so gut und gebt Bescheid, ob Anfortas jetzt von seinem Leiden erlöst ist! Berichtet

434 Beidiu iuwer hêrre und ouch der mîn.
nu erliuhtet mir die vuore sîn:
der süezen Herzeloyden barn,
wie hât Gahmuretes sun gevarn,
5 sît er von Artûse reit?
ob er liep oder herzeleit
sît habe bezalt an strîte.
habt er sich an die wîte,
oder hât er sider sich verlegen?
10 sagt mir sîn site und al sîn pflegen.'
nu tuot uns diu âventiure bekant,
er habe erstrichen manec lant,
ze ors, unt in schiffen ûf dem wâc;
ez waere lantman oder mâc,
15 der tjoste poinder gein im maz,
daz der deheiner nie gesaz.
sus kan sîn wâge seigen
sîn selbes prîs ûf steigen
und die andern lêren sîgen.
20 in mangen herten wîgen
hât er sich schumpfentiure erwert,
den lîp gein strîte alsô gezert,
swer prîs ze im wolte borgen,
der müese ez tuon mit sorgen.
25 sîn swert, daz im Anfortas
gap dô er bîme grâle was,
brast sît dô er bestanden wart:
dô machte ez ganz des brunnen art
bî Karnant, der dâ heizet Lac.
daz swert gehalf im prîses bejac.

435 Swerz niht geloubt, der sündet.
diu âventiure uns kündet
daz Parzivâl der degen balt
kom geriten ûf einen walt,
5 ine weiz ze welhen stunden;
aldâ sîn ougen vunden

uns, ob Parzival – Euer und mein Held – schon auf Munsalwäsche war! Nun sagt mir doch, wie ist es ihm ergangen? Was ist dem Sohn der liebreizenden Herzeloyde und Gachmurets widerfahren, seit er Artus verließ? Hat er im Kampf Sieg oder Niederlage erlebt? Zieht es ihn unwiderstehlich hinaus in die Welt, oder ist er träge geworden? Sagt mir, was er tut und treibt!

Nun berichtet uns die Aventüre, er habe zu Pferd viele Länder durchstreift und zu Schiff viele Meere befahren. Niemand, der sich mit ihm im Kampfe maß, konnte sich im Sattel halten; nur Landsleute und Blutsverwandte schonte er. So bestimmte er die Waage des Ruhms: der seine stieg, den der andern ließ er sinken. In vielen Treffen blieb er siegreich, und sein Leben war so kampferfüllt, daß in tausend Ängsten schwebte, wer seinen Ruhm zu schmälern suchte. Einmal zersprang im Streit das Schwert, das Anfortas ihm damals auf der Gralsburg geschenkt hatte, doch die Wunderkraft der Quelle Lac bei Karnant fügte es wieder zusammen. Dieses Schwert half seinen Ruhm zu mehren, und wer's nicht glaubt, tut unrecht daran.

Weiter erzählte die Aventüre, Parzival, der kühne Held, sei einmal durch einen Wald geritten und auf eine Einsiedler-

ein clôsen niuwes bûwes stên,
dâ durch ein snellen brunnen gên:
einhalp si drüber was geworht.
10 der junge degen unervorht
reit durch âventiur suochen:
sîn wolte got dô ruochen.
er vant ein clôsnaerinne,
diu durch die gotes minne
15 ir magetuom unt ir vröude gap.
wîplîcher sorgen urhap
ûz ir herzen blüete alniuwe,
unt doch durch alte triuwe.
 Schîânatulander
20 unt Sigûnen vand er.
der helt lac dinne begraben tôt:
ir leben leit ûf dem sarke nôt.
Sigûne doschesse
hôrte selten messe:
25 ir leben was doch ein venje gar.
ir dicker munt heiz rôt gevar
was dô erblichen unde bleich,
sît werltlîch vröude ir gar gesweich.
ez erleit nie magt sô hôhen pîn:
durch clage si muoz al eine sîn.

436   Durch minne diu an im erstarp,
daz si der vürste niht erwarp,
si minnete sînen tôten lîp.
ob si worden waer sîn wîp,
5 dâ hete sich vrou Lûnete
gesûmet an sô gaeher bete
als si riet ir selber vrouwen.
man mac noch dicke schouwen
vroun Lûneten rîten zuo
10 etslîchem râte gar ze vruo.
swelh wîp nu durch geselleschaft
verbirt, und durch ir zühte craft,

klause gestoßen. Sie stand noch nicht lange dort und war so errichtet, daß ein Bach hindurchplätschern konnte. Der unerschrockene junge Held ritt abenteuerlustig näher. Nun aber wollte Gott ihm wohl: Parzival traf nämlich auf eine Klausnerin, die in frommer Gottesliebe Jungfrau geblieben war und auf alles irdische Glück verzichtet hatte. Alles Leid der Frau blieb unverwelklich frisch in ihrem Herzen, genährt von altbewährter Treue. Zum drittenmal stand Parzival vor Schionatulander und Sigune. Der tote Held hatte in der Klause sein Grab gefunden, und Sigune lebte, über seinen Sarg geneigt, in Trauer dahin. Zwar hörte Herzogin Sigune keine Messe, doch war ihr ganzes Leben ein Gebet. Seit sie auf die Freuden der Welt verzichtet hatte, waren ihre einst vollen, heißen roten Lippen verblaßt. Sie suchte Einsamkeit für ihre Klage. Keine Jungfrau trug so schweres Leid wie sie!

Ihre Liebe, die durch den Tod des Fürsten keine Erfüllung gefunden hatte, galt unvermindert dem Toten. Wäre sie seine Frau geworden, hätte Frau Lunete nicht gewagt, ihr vorzuschlagen, was sie vorschnell ihrer Herrin riet. Nicht selten sind auch heute noch solche Luneten mit fragwürdigen Ratschlägen schnell bei der Hand. Weist eine Frau bei Lebzeit ihres Mannes aus Gattentreue und aus edlem

---

Lunete: Gestalt aus dem Ritterepos »Iwein«, das Hartmann von Aue nach französischer Vorlage gestaltete. Den erwähnten Rat gibt sie ihrer Herrin Laudine, die dann in der Tat Iwein ehelicht, obwohl er ihren Gatten erschlagen hat (1796 ff.).

pflihte an vremder minne,
als ich michs versinne,
15 lât siz bî ir mannes leben,
dem wart an ir der wunsch gegeben.
kein beiten stêt ir alsô wol:
daz erziuge ich ob ich sol.
dar nâch tuo als siz lêre:
20 behelt si dennoch êre,
sine treit dehein sô liehten cranz,
gêt si durch vröude an den tanz.
wes mizze ich vröude gein der nôt
als Sigûn ir triuwe gebôt?
25 daz möhte ich gerne lâzen.
über ronen âne strâzen
Parzivâl vürz venster reit
alze nâhen: daz was im leit.
dô wolte er vrâgen umbe den walt,
oder war sîn reise waere gezalt.
437 Er gerte der gegenrede aldâ:
'ist iemen dinne?' si sprach 'jâ'.
do er hôrt deiz vrouwen stimme was,
her dan ûf ungetreten gras
5 warf er daz ors vil drâte.
ez dûhte in alze spâte:
daz er niht was erbeizet ê,
diu selbe schame tet im wê.
er bant daz ors vil vaste
10 ze eins gevallen ronen aste:
sînen dürkeln schilt hienc er ouch dran.
dô der kiusche vrävel man
durch zuht sîn swert von im gebant,
er gienc vürz venster zuo der want:
15 dâ wolte er vrâgen maere.
diu clôs was vröuden laere,
dar zuo aller schimpfe blôz:
er vant dâ niht wan jâmer grôz.

Anstand die Werbung eines anderen zurück, dann besitzt er in ihr nach meiner Überzeugung die vorbildliche Ehefrau. Nichts steht ihr besser an, als auszuharren, das will ich gern bezeugen, wenn ihr wünscht. Verliert sie jedoch ihren Mann, dann mag sie tun, was sie für richtig hält. Bleibt sie auch dann noch treu, so trägt sie einen Kranz, herrlicher als den, der sie beim Tanze schmückt. Doch wie kann ich Freude mit dem Leid vergleichen, das Frau Sigune ihre Treue brachte! Ich will es lieber lassen!

Auf ungebahntem Weg ritt Parzival zu nahe ans Fenster, was er sogleich bedauern sollte. Er wollte nämlich fragen, was für ein Wald das sei oder wohin der Weg führe. So rief er hinein: »Ist jemand drinnen?«

Sie erwiderte: »Ja.«

Als er eine Frauenstimme vernahm, warf er sein Pferd schleunigst herum und lenkte es auf unbetretenen Rasen fern der Klause. Er meinte sogar, er habe zu lange damit gezögert, und es bedrückte ihn, daß er nicht vorher abgestiegen war. Das Pferd band er an den Ast eines gestürzten Baumes, den durchlöcherten Schild hängte er daneben. Als der höfliche, tapfere Ritter wohlerzogen auch sein Schwert abgelegt hatte, trat er neben die Wand am Fenster, um Auskunft zu erbitten. In der Klause gab es weder Lust noch Freude; nur großes Leid fand er darin. Er bat die bleiche Jungfrau ans

er gert ir anz venster dar.
20 diu juncvrouwe bleich gevar
mit zuht ûf von ir venje stuont.
dennoch was im harte unkunt
wer si waere oder möhte sîn.
si truog ein hemde haerîn
25 under grâwem roc zenaehst ir hût.
grôz jâmer was ir sundertrût:
der hete ir hôhen muot gelegt,
vonme herzen siufzens vil erwegt.
    mit zuht diu magt zem venster gienc,
mit süezen worten si in enpfienc.
438 Si truoc ein salter in der hant:
Parzivâl der wîgant
ein cleinez vingerlîn dâ kôs,
daz si durch arbeit nie verlôs,
5 sine behielz durch rehter minne rât.
daz steinlîn was ein grânât:
des blic gap ûz der vinster schîn
reht als ein ander gänsterlîn.
senlîch was ir gebende.
10 'dâ ûzen bî der wende,'
sprach si, 'hêr, dâ stêt ein banc:
ruocht sitzen, lêrtz iuch iuwer gedanc
unt ander unmuoze.
daz ich her ze iuwerem gruoze
15 bin komen, daz vergelt iu got:
der gilt getriulîch urbot.'
    der helt ir râtes niht vergaz,
vür daz venster er dô saz:
er bat ouch dinne sitzen sie.
20 si sprach 'nu hân ich selten hie
gesezzen bî deheinem man.'
der helt si vrâgen began
umbe ir site und umbe ir pflege,
'daz ir sô verre von dem wege

Fenster, und sie erhob sich höflich von ihrem Gebet. Noch wußte er nicht, wer sie sein mochte. Unter grauem Rock trug sie auf bloßem Leibe ein härenes Hemd, denn sie hatte sich ganz ihrem großen Leid ergeben, das ihren stolzen Sinn gebrochen und ihrem Herzen viele Seufzer abgerungen hatte. Sittsam trat die Jungfrau näher zum Fenster und hieß den Fremden mit freundlichen Worten willkommen. Einen Psalter trug sie in der Hand, und an ihr sah unser Held Parzival einen schmalen Ring, den sie trotz aller selbstgewählten Kasteiung nicht abgelegt, sondern als Zeichen wahrer Liebe behalten hatte. In den Ring war ein kleiner Edelstein, ein Granat, eingelegt, der im dunklen Raum wie ein Feuerfünkchen blitzte. Zum Zeichen der Trauer hatte sie auf jeden Kopfschmuck verzichtet. Sigune sprach: »Herr, draußen an der Wand steht eine Bank. Setzt Euch bitte, wenn Ihr Lust und Zeit habt. Euern Gruß vergelte Gott, der ehrliche Wünsche zu lohnen weiß!«

Unser Held folgte der Aufforderung und setzte sich vor dem Fenster nieder. Zugleich bat er sie, drinnen in der Klause ebenfalls Platz zu nehmen. Sie aber lehnte ab: »Noch nie habe ich mich hier bei einem Manne niedergelassen.«

Nun fragte unser Held danach, was sie hier täte und wer für sie sorge: »Warum wohnt Ihr so fern von allen Menschen in

25 sitzt in dirre wilde,
    ich hânz vür unbilde,
    vrouwe, wes ir iuch begêt,
    sît hie niht bûwes umbe iuch stêt.'
        Si sprach 'dâ kumt mir vonme grâl
    mîn spîse dâ her al sunder twâl.
439 Cundrîe la surziere
    mir dannen bringet schiere
    alle samztage naht
    mîn spîse (des hât si sich bedâht),
 5 die ich ganze wochen haben sol.'
    si sprach 'waer mir anders wol,
    ich sorgete wênec umb die nar:
    der bin ich bereitet gar.'
        dô wânde Parzivâl, si lüge,
10 unt daz si in anders gerne trüge.
    er sprach in schimpfe ze ir dar în
    'durch wen tragt ir daz vingerlîn?
    ich hôrte ie sagen maere,
    clôsnaerinne und clôsnaere
15 die solten mîden âmûrschaft.'
    si sprach 'het iuwer rede craft,
    ir wolt mich velschen gerne.
    swenn ich nu valsch gelerne,
    sô hebt mir in ûf, sît ir dâ bî.
20 ruochts got, ich bin vor valsche vrî:
    ich enkan deheinen widersaz.'
    si sprach 'disen mähelschaz
    trag ich durch einen lieben man,
    des minne ich nie an mich gewan
25 mit menneschlîcher taete:
    magtuomlîches herzen raete
    mir gein im râtent minne.'
    si sprach 'den hân ich hinne,
    des cleinoet ich sider truoc,
    sît Orilus tjost in sluoc.

der Wildnis? Es ist mir unverständlich, Herrin, wie Ihr Euer Leben fristet. Weit und breit ist kein Haus zu sehen.«

Sie erwiderte: »Essen erhalte ich regelmäßig vom Gral. Die Zauberin Cundry bringt mir an jedem Samstag in der Nacht die Nahrung für die ganze Woche. Das hat sie sich zur Aufgabe gemacht.« Und weiter sagte sie: »Hätte ich sonst keinen Kummer, um Nahrung brauchte ich mich nicht zu sorgen; damit bin ich wohl versehen.«

Parzival aber glaubte ihr nicht und argwöhnte, sie wolle ihn auch in anderem betrügen. Er sagte daher spöttisch durchs Fenster: »Wem zuliebe tragt Ihr denn den Ring? Es heißt doch, Klausnerinnen und Klausner dürften keine Liebschaft haben.«

Sie erwiderte: »Eure Worte sollen mich wohl als Vorwurf treffen. Sollte ich je Tadel verdienen, dann tadelt mich, wenn Ihr mich überführen könnt. Doch so Gott will, bin ich frei von allem Falsch. Jede Unredlichkeit ist mir fremd.« Und weiter sagte sie: »Dieses Verlobungsgeschenk ist Erinnerung an einen geliebten Mann, dessen Liebe ich nie mit Sinnen genoß, obwohl mein jungfräuliches Herz mich dazu drängte.« Und sie fuhr fort: »Er, dessen Kleinod ich stets bei mir getragen habe, ist hier bei mir. Orilus hat ihn im

440   Mîner jaemerlîchen zîte jâr
       wil ich im minne geben vür wâr.
       der rehten minne ich bin sîn wer,
       wand er mit schilde und ouch mit sper
   5   dâ nâch mit ritters handen warp,
       unz er in mîme dienste erstarp.
       magetuom ich ledeclîche hân:
       er ist iedoch vor gote mîn man.
       ob gedanke wurken sulen diu werc,
  10   sô trage ich niender den geberc
       der underswinge mir mîn ê.
       mîme leben tet sîn sterben wê.
       der rehten ê diz vingerlîn
       vür got sol mîn geleite sîn.
  15   daz ist ob mîner triuwe ein slôz,
       vonme herzen mîner ougen vlôz.
         ich bin hinne selbe ander:
       Schîânatulander
       ist daz eine, daz ander ich.'
  20   Parzivâl verstuont dô sich
       daz ez Sigûne waere:
       ir kumber was im swaere.
       den helt dô wênec des verdrôz,
       vonme hersenier daz houbet blôz
  25   er machte ê daz er gein ir sprach.
       diu juncvrouwe an im ersach
       durch îsers râm vil liehtez vel:
       do erkande si den degen snel.
       si sprach 'ir sîtz hêr Parzivâl.
       sagt an, wie stêz iu umbe den grâl?
441   Habt ir geprüevet noch sîn art?
       oder wie ist bewendet iuwer vart?'
         er sprach zer meide wol geborn
       'dâ hân ich vröude vil verlorn.
   5   der grâl mir sorgen gît genuoc.
       ich liez ein lant da ich crône truoc,

Zweikampf erschlagen, doch ich will ihm mein ganzes jammervolles Leben lang in Liebe angehören. Er hat als Ritter mit Schild und Lanze um meine Liebe geworben und in meinem Dienst sein Leben gelassen. So soll ihm auch nach seinem Tode meine reine, unverfälschte Liebe gehören. Zwar bin ich Jungfrau, doch vor Gott ist er mein Mann. Steht der Gedanke für die Tat, dann bin ich mit ihm ohne Vorbehalt ehelich verbunden. Sein Tod hat mich schwer getroffen, und dieses Ringlein soll mich als Wahrzeichen meiner rechtmäßigen Ehe mit ihm bis vor Gottes Angesicht begleiten. Die Tränen, die ich aus Herzeleid vergieße, besiegeln meine Treue. Ich bin also nicht allein in dieser Klause; bei mir ist Schionatulander.«

Nun erkannte Parzival, daß er Sigune vor sich hatte, und ihr Leid fiel ihm schwer aufs Herz. Bevor er die Unterhaltung fortsetzte, riß er hastig die Kettenhaube vom Haupt, so daß der Jungfrau unter den Rostflecken seine unverwechselbare Schönheit entgegenstrahlte und sie den tapferen Helden erkannte. Da rief sie: »Ihr seid's, Herr Parzival! Sagt, wie steht es um Eure Sache mit dem Gral? Habt Ihr endlich sein Wesen kennengelernt? Was hat Euch Eure Fahrt gebracht?«

Er erwiderte der vornehmen Jungfrau: »Ich habe keine Freude mehr am Leben; der Gral macht es mir zur Qual. Ich verließ ein Reich, in dem ich die Königskrone trug, und die

dar zuo daz minneclîchste wîp:
ûf erde nie sô schoener lîp
wart geborn von menneschlîcher vruht.
10 ich sene mich nâch ir kiuschen zuht,
nâch ir minne ich trûre vil;
und mêr nâch dem hôhen zil,
wie ich Munsalvaesche mege gesehen,
und den grâl: daz ist noch ungeschehen.
15 niftel Sigûne, du tuost gewalt,
sît du mîn kumber manecvalt
erkennest, daz du vêhest mich.'
diu maget sprach 'al mîn gerich
sol ûf dich, neve, sîn verkorn.
20 du hâst doch vröuden vil verlorn,
sît du lieze dich betrâgen
umb daz werdeclîche vrâgen,
unt dô der süeze Anfortas
dîn wirt unt dîn gelücke was.
25 dâ hete dir vrâgen wunsch bejagt:
nu muoz dîn vröude sîn verzagt,
unt al dîn hôher muot erlemt.
dîn herze sorge hât gezemt,
diu dir vil wilde waere,
hetest dô gevrâgt der maere.'
442 'Ich warp als der den schaden hât,'
sprach er. 'liebiu niftel, [gip mir] rât,
gedenke rehter sippe an mir,
und sage mir ouch, wie stêt ez dir?
5 ich solte trûren umb dîne clage,
wan daz ich hoehern kumber trage
danne ie man getrüege.
mîn nôt ist ze ungevüege.'
   si sprach 'nu helfe dir des hant,
10 dem aller kumber ist bekant;
ob dir sô wol gelinge,
daz dich ein slâ dar bringe,

bezauberndste Frau, der je eine Mutter das Leben geschenkt hat. Ich sehne mich nach ihr, nach ihrem reinen Wesen, nach ihrer Liebe, doch mehr noch zieht es mich zu höherem Ziel: Ich muß Munsalwäsche und den Gral wiedersehen! Das habe ich noch nicht erreicht. Du tust unrecht, Base Sigune, mir feindselig zu begegnen, du weißt doch um mein großes Elend!«

Da sprach die Jungfrau: »Vetter, ich will dich nicht mehr tadeln. Ohnehin hast du dein Lebensglück verscherzt, als du die entscheidende Frage, Schlüssel zu Ruhm und Ehre, unterließest. Als der gütige Anfortas dich gastfreundlich aufnahm, hielt er dein Glück in Händen. Hättest du gefragt, wäre dir kaum vorstellbares Glück sicher gewesen. Da du es versäumtest, ist deine Lebensfreude dahin, dein stolzer Mut gebrochen, dein Herz von Gram erfüllt. Er wäre dir erspart geblieben, wenn du nach den Zusammenhängen gefragt hättest.«

»Es ist wahr, ich habe mein Unglück selbst verschuldet«, erwiderte er. »Doch denke an unsre Blutsverwandtschaft, liebe Base, und gib mir einen Rat. Sag mir auch, wie es um dich steht. Ich sollte dein trauriges Geschick beklagen, wäre meine Not nicht größer, als je ein Mensch erduldet.«

Sie sagte nun: »Er, der alle Nöte kennt, möge dir helfen! Vielleicht gelingt es dir dann, eine Spur zu entdecken, die

aldâ du Munsalvaesche sihest,
dâ du mir dîner vröuden gihest.
15 Cundrîe la surziere reit
vil niulîch hinnen: mir ist leit
daz ich niht vrâgte ob si dar
wolte kêrn oder anderswar.
immer swenn si kumt, ir mûl dort stêt,
20 da der brunne ûzem velse gêt.
ich rât daz du ir rîtes nâch:
ir ist lîhte vor dir niht sô gâch,
dune mügest si schiere hân erriten.'
dane wart niht langer dô gebiten,
25 urloup nam der helt aldâ:
do kêrte er ûf die niuwen slâ.
Cundrîen mûl die reise gienc,
daz ungeverte im undervienc
eine slâ die er hete erkorn.
sus wart aber der grâl verlorn.
443 Al sîner vröude er dô vergaz.
ich waene er het gevrâget baz,
waer er ze Munsalvaesche komen,
denne als ir ê hât vernomen.
5   nu lât in rîten: war sol er?
dort gein im kom geriten her
ein man: dem was daz houbet blôz,
sîn wâpenroc von koste grôz,
dar under daz harnasch blanc gevar:
10 ân daz houbt was er gewâpent gar.
gein Parzivâle er vaste reit:
dô sprach er 'hêrre, mir ist leit
daz ir mîns hêrren walt sus bant.
ir wert schiere drumbe ermant
15 dâ von sich iuwer gemüete sent.
Munsalvaesche ist niht gewent
daz iemen ir sô nâhe rite,
ezn waer der angestlîche strite,

dich nach Munsalwäsche führt, wo du dein Glück zu finden meinst. Vor kurzem ritt die Zauberin Cundry fort, und jetzt bedaure ich, sie nicht gefragt zu haben, ob sie nach Munsalwäsche zurückkehren wollte oder ein anderes Ziel hatte. Wenn sie kommt, läßt sie ihr Maultier am Felsenquell stehen. Ich rate dir, ihr nachzureiten. Vielleicht hat sie es nicht so eilig, so daß du sie einholen kannst.«

Unverzüglich nahm unser Held Abschied und folgte der frischen Hufspur. Cundrys Maultier hatte jedoch unwegsames Gelände durchquert, so daß die Spur verschwand und ihm der Gral zum zweiten Mal verlorenging. Seine frohe Erwartung erlosch. Wäre er diesmal nach Munsalwäsche gelangt, hätte er sicher gefragt und nicht geschwiegen wie beim ersten Besuch.

So laßt ihn reiten! Doch wohin soll er sich wenden? Da kam ihm ein Ritter mit entblößtem Haupt entgegen, der unter seinem kostbaren Waffenrock eine blitzende Rüstung trug und, von Helm und Kettenhaube abgesehen, vollständig gerüstet war. Rasch trabte er auf Parzival zu und sprach: »Herr, es paßt mir nicht, daß Ihr Euren Weg durch den Wald meines Landesherrn nehmt. Dafür soll Euch ein Denkzettel werden, dessen Ihr Euch nicht gern erinnern werdet. Munsalwäsche ist's nicht gewohnt, daß einer so nahe heranreitet. Tut er es doch, so muß er einen gefährli-

oder der alsolhen wandel bôt
20 als man vor dem walde heizet tôt.'
    einen helm er in der hende
vuorte, des gebende
wâren snüere sîdîn,
unt eine scharpfe glaevîn,
25 dar inne al niuwe was der schaft.
der helt bant mit zornes craft
den helm ûfz houbet ebene.
ez enstuont in niht vergebene
an den selben zîten
sîn drôun und ouch sîn strîten:
444 Iedoch bereit er sich zer tjost.
Parzivâl mit solher kost
het ouch sper vil verzert:
er dâhte 'ich waere unernert,
5   rite ich über dises mannes sât:
wie wurde denn sîns zornes rât?
nu trite ich hie den wilden varm.
mirn geswîchen hende, ieweder arm,
ich gibe vür mîne reise ein pfant,
10 daz ninder bindet mich sîn hant.'
    daz wart ze bêder sît getân,
diu ors in den walap verlân,
mit sporn getriben und ouch gevurt
vaste ûf der rabbîne hurt:
15 ir enweders tjost dâ misseriet.
manger tjost ein gegenniet
was Parzivâles hôhiu brust:
den lêrte kunst unt sîn gelust
daz sîn tjost als eben vuor
20 reht in den stric der helmsnuor.
er traf in dâ man haeht den schilt,
sô man ritterschefte spilt,
daz von Munsalvaesche der templeis
von dem orse in eine halden reis,

chen Kampf bestehen oder eine Buße bieten, die draußen vor dem Walde Tod heißt.« Der Ritter trug in der Hand einen Helm mit seidenen Schnüren, auf einem nagelneuen Schaft steckte ein spitzes Lanzeneisen. Voller Zorn band der Held den Helm kampfbereit auf seinem Haupte fest. Diesmal allerdings sollte ihm Drohung und Herausforderung teuer zu stehen kommen. Dennoch machte er sich bereit zum Zweikampf.

Parzival, der bei solchen gefährlichen Treffen schon viele Lanzen zerbrochen hatte, dachte bei sich: »Ich wäre des Todes, ritte ich gar über das Saatfeld dieses Mannes! Wie sollte ich mich dann erst vor seiner Wut retten? Hier stampft mein Pferd doch nur wildes Farnkraut nieder. Nun gut: Wenn mir Hände und Arme gehorchen, soll er für meinen Waldritt solche Buße erhalten, daß er keine Hand mehr an mich legen kann!«

Auf beiden Seiten ließ man die Pferde mit verhängten Zügeln losgaloppieren und spornte sie vor dem Zusammenstoß zu vollem Lauf. Keiner verfehlte den anderen! Parzival hatte seine breite Brust schon manchem gegnerischen Ansturm dargeboten. Kunst und Kampfeseifer lenkten seine Hand, so daß sein Stoß genau den Knoten der Helmschnur traf, die Stelle also, bis zu der man im Kampf den Schildrand hebt. Der Tempelherr aus Munsalwäsche wurde vom Pferd hinab in eine tiefe Schlucht geschleudert und stürzte, ohne Halt zu

---

Tempelherr: Die Gralsgemeinschaft wird dem Templerorden gleichgestellt, einem geistlichen Ritterorden, 1119 nach dem ersten Kreuzzug in Jerusalem gegründet. Dieser Orden gelangte im 13. Jh. zu großer Macht und großem Reichtum.

25 sô verre hin ab (diu was sô tief),
daz dâ sîn leger wênec slief.
    Parzivâl der tjoste nâch
volgt. dem orse was ze gâch:
ez viel hin ab, deiz gar zebrast.
Parzivâl eins zêders ast
445 Begreif mit sînen handen.
nu jehts im niht ze schanden,
daz er sich âne schergen hienc.
mit den vuozen er gevienc
5 under im des velses herte.
in grôzem ungeverte
lac daz ors dort niden tôt
der ritter gâhte von der nôt
anderhalp ûf die halden hin:
10 wolte er teilen den gewin
den er erwarp an Parzivâl,
sô half im baz dâ heime der grâl.
    Parzivâl her wider steic.
der zügel gein der erden seic:
15 dâ hete daz ors durch getreten,
als ob ez bîtens waere gebeten,
des jener ritter dâ vergaz.
dô Parzivâl dar ûf gesaz,
done was niht wan sîn sper verlorn:
20 diu vlust gein vinden was verkorn.
ich waene, der starke Lähelîn
noch der stolze Kyngrisîn
noch roys Gramoflanz
noch cons Lascoyt fîz Gurnemanz
25 nie bezzer tjost geriten,
denne als diz ors wart erstriten.
dô reit er, ern wiste war,
sô daz diu Munsalvaescher schar
in mit strîte gar vermeit.
des grâles vremde was im leit.

finden. Parzival jagte in Stoßrichtung weiter. Das galoppierende Pferd war nicht mehr zu zügeln, stürzte gleichfalls in die Schlucht und wurde auf dem Felsgrund zerschmettert. Im letzten Augenblick konnte Parzival mit beiden Händen den Ast einer Zeder packen. Lacht ihn nicht aus, daß er sich ohne Schergen selbst aufhängte. Schließlich gewann er mit den Füßen Halt auf einem Felsvorsprung. Tot lag sein Pferd unten in der unzugänglichen Schlucht, während sein Gegner am Leben geblieben war und eilends den gegenüberliegenden Hang erkletterte. Wenn er teilen wollte, was er von Parzival erbeutet hatte, wäre ihm guter Rat teuer. Daheim beim Gral wäre es ihm besser ergangen. Parzival erklomm nun den Schluchtrand. Die Zügel des Rosses, das der überwundene Ritter zurückgelassen hatte, waren zu Boden gefallen, es hatte sich mit den Füßen darin verwickelt und war stehengeblieben, als hätte man ihm zu warten befohlen. Als sich Parzival auf seinen Rücken schwang, hatte er lediglich seine Lanze eingebüßt, deren Verlust jedoch der Gewinn des Pferdes reichlich aufwog. Ich glaube, weder der starke Lählin noch der stolze Kingrisin, auch nicht der König Gramoflanz oder der Graf Lascoyt, Sohn des Gurnemanz, haben je einen Zweikampf bestanden, der so erbittert war wie der, in dem Parzival dieses Pferd erbeutete. Parzival ritt nun ins Ungewisse, ohne daß ihn die Ritterschar von Munsalwäsche noch einmal angriff, und er war traurig, daß er nicht zum Gral gelangen konnte.

446   Swerz ruocht vernemen, dem tuon ich kunt
       wie im sîn dinc dâ nâch gestuont.
          desn prüeve ich niht der wochen zal,
       über wie lanc sider Parzivâl
5   reit durch âventiure als ê.
       eins morgens was ein dünner snê,
       iedoch sô dicke wol, gesnît,
       als der noch vrost den liuten gît.
       ez was ûf einem grôzen walt.
10   im widergienc ein ritter alt,
       des bart al grâ was gevar,
       dâ bî sîn vel lieht unde clâr:
       die selben varwe truoc sîn wîp;
       diu bêdiu über blôzen lîp
15   truogen grâwe röcke herte
       ûf ir bîhte verte.
       sîniu kint, zwuo juncvrouwen,
       die man gerne mohte schouwen,
       dâ giengen in der selben wât.
20   daz riet in kiusches herzen rât:
       si giengen alle barvuoz.
       Parzivâl bôt sînen gruoz
       dem grâwen ritter der dâ gienc;
       von des râte er sît gelücke enpfienc.
25   ez mohte wol ein hêrre sîn.
       dâ liefen vrouwen bräckelîn.
       mit senften siten niht ze hêr
       gienc dâ ritter und knappen mêr
       mit zühten ûf der gotes vart:
       genuog sô junc, gar âne bart.
447   Parzivâl der werde degen
       het des lîbes sô gepflegen
       daz sîn zimierde rîche
       stuont gar ritterlîche:
5   in selhem harnasch er reit,
       dem ungelîch was jeniu cleit

Wer zuhören will, dem will ich erzählen, wie es ihm danach erging. Nach den geschilderten Ereignissen vergingen viele Wochen, die Parzival wie früher auf Abenteuersuche verbrachte. Eines Morgens ritt er durch einen tiefen Wald, und es war Schnee gefallen, so viel, daß man schon frieren konnte. Da schritt ihm ein alter Ritter entgegen. Sein Bart war zwar völlig ergraut, doch sein Antlitz war faltenlos und frisch. Grauhaarig und rotwangig war auch seine Gattin. Beide befanden sich auf der Pilgerfahrt und trugen graue Röcke aus rauhem, grobem Stoff auf dem bloßen Leib. Gleiche Kleider trugen auch seine Töchter, zwei Jungfrauen, die man mit Wohlgefallen betrachten konnte. Demütigen Herzens gingen alle barfuß durch den Schnee. Parzival grüßte den grauen Ritter, der ihm noch zu seinem Glück raten sollte. Er hatte das Aussehen eines vornehmen Herrn. Neben ihm liefen kleine Schoßhunde. Demütig und sittsam folgten ihm Ritter und Knappen auf seiner Pilgerfahrt, darunter viele bartlose Jünglinge.

Unser edler Held Parzival war voll gewappnet, und seine kostbare Rüstung stand ihm ritterlich genug. Der gerüstete Reiter stach schroff von dem ärmlich gekleideten grauen

diu gein im truoc der grâwe man.
daz ors ûzem pfade sân
kêrte er mit dem zoume.
10   dô nam sîn vrâgen goume
umbe der guoten liute vart:
mit süezer rede ers innen wart.
dô was des grâwen ritters clage,
daz im die heileclîchen tage
15   niht hulfen gein alselhem site,
daz er sunder wâpen rite
oder daz er barvuoz gienge
unt des tages zît begienge.
        Parzivâl sprach ze im dô
20   'hêr, ich erkenne sus noch sô
wie des jâres urhap gestêt
oder wie der wochen zal gêt.
swie die tage sint genant,
daz ist mir allez unbekant.
25   ich diende eim der heizet got,
ê daz sô lasterlîchen spot
sîn gunst über mich erhancte:
mîn sin im nie gewancte,
von dem mir helfe was gesagt:
nu ist sîn helfe an mir verzagt.'
448   Dô sprach der ritter grâ gevar
'meint ir got den diu magt gebar?
geloubt ir sîner mennescheit,
waz er als hiut durch uns erleit,
5   als man dises tages zît begêt,
unrehte iu denne daz harnasch stêt.
ez ist hiute der karvrîtac,
des al diu werlt sich vröuwen mac
unt dâ bî mit angest siufzec sîn.
10   wâ wart ie hôher triuwe schîn,
dan die got durch uns begienc,
den man durch uns anz criuze hienc?

Ritter ab. Parzival wich mit seinem Pferd sofort vom Weg und fragte dann neugierig, was die frommen Leute zu dieser Reise veranlaßt hätte. Er erhielt freundlichen Bescheid, doch der graue Ritter tat auch sein Bedauern kund, daß er sich an diesen heiligen Tagen nicht waffenlos oder besser noch barfuß zeige, um sie gebührend zu begehen. Parzival antwortete: »Herr, ich weiß nicht, wann das Jahr begonnen hat, in welcher Woche wir leben und welchen Wochentag wir haben. Einst diente ich dem, den man Gott nennt, bis er es zuließ, daß ich schändlich verhöhnt wurde. Vorher habe ich nie an ihm gezweifelt, denn man hat mir versichert, er sei hilfreich. Ich habe aber keine Hilfe erfahren.«

Da sprach der graue Ritter: »Meint Ihr den Gott, den die Jungfrau Maria geboren hat? Wenn Ihr an seine Menschwerdung glaubt und daran, was er um unsertwillen an diesem Tag, den man deshalb festlich begeht, erlitten hat, dann tut Ihr unrecht, die Rüstung zu tragen. Heute ist Karfreitag, und da sollten sich alle Menschen freuen, aber auch seufzen und bangen. Hat es je eine größere Treue gegeben, als sie uns Gott erwies, da er für uns ans Kreuz geschlagen wurde.

hêrre, pflegt ir toufes,
sô jâmer iuch des koufes:
15   er hât sîn werdeclîchez leben
mit tôt vür unser schult gegeben,
durch daz der mensche was verlorn,
durch schulde hin zer helle erkorn.
ob ir niht ein heiden sît,
20   sô denket, hêrre, an dise zît.
rîtet vürbaz ûf unser spor.
iu ensitzet niht ze verre vor
ein heilec man: der gît iu rât,
wandel vür iuwer missetât.
25   welt ir im riuwe künden,
er scheidet iuch von sünden.'
    sîn tohter begunden sprechen
'waz wilt du, vater, rechen?
sô boese weter wir nu hân,
waz râtes nimstu dich gein im an?
449   Wan vüerstu in da er erwarme?
sîne gîserten arme,
swie ritterlîch die sîn gestalt,
uns dunct doch des, si haben kalt:
5   er ervrüre, waern sîn eines drî.
du hâst hie stênde nâhen bî
gezelt und slavenîen hûs:
koem dir der künec Artûs,
du behieltest in ouch mit spîse wol.
10   nu tuo als ein wirt sol,
vüer disen ritter mit dir dan.'
dô sprach aber der grâwe man
'hêr, mîn tohter sagent al wâr.
hie nâhen bî elliu jâr
15   var ich ûf disen wilden walt,
ez sî warm oder kalt,
immer gein des marter zît,
der staeten lôn nâch dienste gît.

Herr, wenn Ihr getauft seid, laßt Euch dies zu Herzen gehen! Er hat sein hochheiliges Leben hingegeben für unsre Schuld, derentwegen der Mensch verloren und der Hölle verfallen war. Wenn Ihr kein Heide seid, dann begeht diesen Tag, wie es sich gehört! Folgt unsrer Spur. Nicht weit von Euch wohnt ein heiliger Mann, der Euch raten und eine Buße für Eure Missetat auferlegen wird. Zeigt Ihr Euch reuig, wird er Euch Eure Sünden vergeben.«

Da sprachen seine Töchter: »Warum bist du so unfreundlich, Vater? Was rätst du ihm bei diesem unwirtlichen Wetter? Warum gibst du ihm nicht Gelegenheit, sich aufzuwärmen? Wie ritterlich stark seine gepanzerten Arme auch sind, sie dürften tüchtig durchgefroren sein. Selbst wenn er dreimal so stark wäre, müßte er der Kälte erliegen. Du hast doch in der Nähe Zelte und Pilgerhütten. Käme König Artus zu dir, so würdest du ihn auch aufnehmen und bewirten. Zeige dich als guter Gastgeber und lade den Ritter zu dir ein.«

Der graue Ritter wandte sich an Parzival: »Herr, meine Töchter haben recht. Ich wohne ganz in der Nähe, und in jedem Jahr ziehe ich zur Leidenszeit des Herrn, der treuen Dienst mit ewigem Lohn vergilt, ohne Rücksicht auf Hitze oder Kälte in diesen wilden Wald. Was ich auf der Pilger-

swaz spîse ich ûz brâht durch got,
20   die teile ich mit iu âne spot.'
      die ez mit guoten willen tâten,
      die juncvrouwen bâten
      in belîben sêre:
      unt er hete belîbens êre:
25   iewederiu daz mit triuwen sprach.
      Parzivâl an in ersach,
      swie tiure von vrost dâ was der sweiz,
      ir munde wârn rôt, dicke, heiz:
      die stuonden niht senlîche,
      des tages zîte gelîche.
450   Ob ich cleinez dinc dar raeche,
      ungerne ich daz verspraeche,
      ichn holte ein kus durch suone dâ,
      ob si der suone spraechen jâ.
5   wîp sint et immer wîp:
      werlîches mannes lîp
      hânt si schier betwungen:
      in ist dicke alsus gelungen.
      Parzivâl hie unde dort
10   mit bete hôrte ir süezen wort,
      des vater, muoter unt [der] kinde.
      er dâhte 'ob ich erwinde,
      ich gên ungerne in dirre schar.
      dise meide sint sô wol gevar,
15   daz mîn rîten bî in übel stêt,
      sît man und wîp ze vuoz hie gêt.
      sich vüegt mîn scheiden von in baz,
      sît ich gein dem trage haz,
      den si von herzen minnent
20   unt sich helfe dâ versinnent.
      der hât sîn helfe mir verspart
      und mich von sorgen niht bewart.'
      Parzivâl sprach ze in dô sân
      'hêrre und vrouwe, lât mich hân

fahrt an Speisen mitgenommen habe, will ich gern mit Euch teilen.«

Die Jungfrauen baten ihn herzlich und inständig, bei ihnen zu bleiben, und versicherten, ein Verweilen täte seiner Ehre keinen Schaden. Als Parzival sie betrachtete, sah er, daß sie trotz des Frostes rote, volle und heiße Lippen hatten und durchaus keinen schmerzbewegten Anblick boten, wie es dem heiligen Festtag eigentlich entsprochen hätte. Müßte ich sie für ein kleines Vergehen strafen, holte ich mir bei ihnen – das will ich gar nicht in Abrede stellen – als Buße bestimmt einen Kuß, ihr Einverständnis natürlich vorausgesetzt. Frauen sind und bleiben nun einmal Frauen. Selbst einen wehrhaften Mann unterwerfen sie sich im Handumdrehen. Dafür gibt es Beispiele genug.

Parzival wurde nun von allen Seiten, von Vater, Mutter und Töchtern, mit freundlichen Bitten bestürmt, doch er dachte bei sich: »Schließe ich mich ihnen an, dann böte das einen merkwürdigen Anblick. Die Mädchen sind so wunderschön, daß es sich nicht schickt, neben ihnen zu reiten, zumal alle andern zu Fuß gehen. Auch bin ich mit dem verfeindet, den sie von Herzen lieben und von dem sie Hilfe erhoffen. Also ist's besser, wenn ich von ihnen scheide, denn er hat mir seine Hilfe versagt und mich nicht vor Trübsal bewahrt.« Und Parzival sprach zu ihnen: »Herr und

25   iuwern urloup. gelücke iu heil
       gebe, und vröuden vollen teil.
       ir juncvrouwen süeze,
       iuwer zuht iu danken müeze,
       sît ir gundet mir gemaches wol.
       iuwern urloup ich haben sol.'
451   Er neic, unt die andern nigen.
       dâ wart ir clage niht verswigen.
       hin rîtet Herzeloyde vruht.
       dem riet sîn manlîchiu zuht

5   kiusch unt erbarmunge:
       sît Herzeloyde diu junge
       in het ûf gerbet triuwe,
       sich huop sîns herzen riuwe.
       alrêrste er dô gedâhte,

10   wer al die werlt volbrâhte,
       an sînen schepfaere,
       wie gewaltec der waere.
       er sprach 'waz ob got helfe pfligt,
       diu mînem trûren an gesigt?

15   wart aber er ie ritter holt,
       gediente ie ritter sînen solt,
       oder mac schilt unde swert
       sîner helfe sîn sô wert,
       und rehtiu manlîchiu wer,

20   daz sîn helfe mich vor sorgen ner,
       ist hiut sîn helflîcher tac,
       sô helfe er, ob er helfen mac.'
            er kêrt sich wider dann er dâ reit.
       si stuonden dannoch, den was leit

25   daz er von in kêrte.
       ir triuwe si daz lêrte:
       die juncvrouwen im sâhen nâch,
       gein den ouch im sîn herze jach
       daz er si gerne saehe,
       wand ir blic in schoene jaehe.

Herrin, gestattet mir, Abschied zu nehmen. Ein gütiges
Geschick schenke euch Glück und viel Freude! Ihr anmuti-
gen Jungfrauen habt edles Gefühl gezeigt, als ihr mir freund-
liche Aufnahme erwirken wolltet. Doch laßt mich gehen!«
Er verneigte sich grüßend, auch die anderen verneigten sich
und verhehlten ihr Bedauern nicht.

Fort ritt Herzeloydes Sohn. Seine ritterliche Erziehung hatte
ihn Demut des Herzens und Mitleid gelehrt. Trauer zog in
sein Herz, denn die junge Herzeloyde hatte ihm ihre treue
Gesinnung vererbt. Endlich wandte er seine Gedanken dem
zu, der die ganze Welt erschaffen hat. Er dachte an seinen
Schöpfer, an seine Allmacht, und er sprach zu sich: »Ob
Gott mir wohl helfen kann, meine Trübsal zu überwinden?
War er je einem Ritter freundlich gesinnt, erdiente je ein
Ritter seinen Lohn, können Schild, Schwert und rechte
Mannestat seiner Hilfe würdig machen und von Trübsal
erlösen, ist schließlich heute sein hilfreicher Tag, dann helfe
er mir, wenn er helfen kann!« Er wandte sich um und blickte
in die Richtung, aus der er gekommen war. Dort verharrten
noch die Pilger und bedauerten treuen Herzens sein Schei-
den. Auch die Jungfrauen blickten ihm nach, und er gestand
sich, daß ihre Schönheit seine Blicke fesselte.

452   Er sprach 'ist gotes craft sô fier
      daz si beidiu ors unde tier
      unt die liute mac wîsen,
      sîn craft wil ich im prîsen.
5   mac gotes kunst die helfe hân,
      diu wîse mir diz kastelân
      daz waegest umb die reise mîn:
      sô tuot sîn güete helfe schîn:
      nu genc nâch der gotes kür.'
10   den zügel gein den ôren vür
      er dem orse legte.
      mit den sporn erz vaste regte.
         gein Fontân la salvâtsche ez gienc,
      dâ Orilus den eit enpfienc.
15   der kiusche Trevrizent dâ saz,
      der manegen mântac übel gaz:
      als tet er gar die wochen.
      er hete gar versprochen
      môraz, wîn, und ouch daz brôt.
20   sîn kiusche im dennoch mêr gebôt,
      der spîse het er keinen muot,
      vische noch vleisch, swaz trüege bluot.
      sus stuont sîn heileclîchez leben.
      got het im den muot gegeben:
25   der hêrre sich bereite gar
      gein der himelischen schar.
      mit vaste er grôzen kumber leit:
      sîn kiusche gein dem tievel streit.
         an dem ervert nu Parzivâl
      diu verholnen maere umbe den grâl.
453   Swer mich dervon ê vrâgte
      unt drumbe mit mir bâgte,
      ob ichs im niht sagte,
      unprîs der dran bejagte.
5   mich bat ez heln Kyôt,
      wand im diu âventiure gebôt

Er sprach zu sich: »Hat Gott so große Macht, daß er Tiere und Menschen nach seinem Willen lenken kann, dann will ich seine Allmacht preisen. Kann Gott mir in seiner Weisheit Hilfe bringen, dann soll er diesen Kastilianer mir zu Nutz und Frommen auf den besten Weg lenken und mir in seiner Güte Hilfe gewähren. So gehe denn, wie Gott es will!« Er streifte dem Pferd die Zügel über den Hals und trieb es mit den Sporen an. Da trabte es auf Fontane la salvatsche zu, wo er einst Orilus einen Eid geschworen hatte. Dort hauste der fromme Trevrizent, der die ganze Woche über fastete. Er hatte auf Maulbeerwein, Traubenwein, sogar auf Brot verzichtet. Doch seine Enthaltsamkeit gebot ihm mehr: er aß nichts, was Blut enthielt, weder Fleisch noch Fisch. Er führte ein frommes Leben, denn Gott hatte ihn den Entschluß fassen lassen, sich ganz auf den Eintritt in die himmlische Schar vorzubereiten. Das Fasten erlegte ihm schwere Entbehrungen auf, doch mit Enthaltsamkeit bekämpfte er die Versuchungen des Satans. Von ihm wird nun Parzival die Geheimnisse des Grals erfahren. Wer mich vorher danach fragte und mich schalt, weil ich es ihm nicht sagte, hat sich selbst in eine peinliche Lage gebracht. Kyot bat mich, Stillschweigen zu bewahren, denn die Aventüre gebot ihm,

Fontane la salvatsche: Wildquell.

daz es immer man gedaehte,
ê ez diu âventiure braehte
mit worten an der maere gruoz
10 daz man dervon doch sprechen muoz.
    Kyôt der meister wol bekant
ze Dôlet verworfen ligen vant
in heidenischer schrifte
dirre âventiure gestifte.
15 der karakter â b c
muose er hân gelernet ê,
ân den list von nigrômanzî.
ez half daz im der touf was bî:
anders waer diz maer noch unvernumen.
20 kein heidensch list möht uns gevrumen
ze künden umbe des grâles art,
wie man sîner tougen inne wart.
    ein heiden Flegetânîs
bejagte an künste hôhen prîs.
25 der selbe fisîôn
was geborn von Salmôn,
ûz israhêlscher sippe erzilt
von alter her, unz unser schilt
der touf wart vürz helleviur.
der schreip von des grâles âventiur.
454 Er war ein heiden vaterhalp,
Flegetânîs, der an ein kalp
bette als ob ez waer sîn got.
wie mac der tiefel selhen spot
5 gevüegen an sô wîser diet,
daz si niht scheidet oder schiet
dâ von der treit die hôhsten hant
unt dem elliu wunder sint bekant?
    Flegetânîs der heiden
10 kunde uns wol bescheiden
ieslîches sternen hinganc
unt sîner künfte widerwanc;

nichts darüber verlauten zu lassen, bis der Gang der Erzählung näheren Aufschluß erforderlich machte. Kyot, der berühmte Meister der Dichtkunst, fand in Toledo in einer unbeachteten arabischen Handschrift die Erstfassung dieser Erzählung. Zuvor mußte er die fremde Schrift lesen lernen, allerdings ohne die Zauberkunst zu studieren. Ihm kam zustatten, daß er getauft war, sonst wäre die Erzählung bis heute unbekannt geblieben. Keine heidnische Wissenschaft reicht nämlich aus, das Wesen des Grals zu entschlüsseln und in seine Geheimnisse einzudringen. Einst lebte ein Heide mit Namen Flegetanis, der für seine Gelehrsamkeit hoch berühmt war. Dieser Naturforscher stammte von Salomon ab und war aus altem israelischem Geschlecht. Seine Abstammung läßt sich zurückverfolgen bis in die Zeit vor der Menschwerdung Christi, als die Taufe unser Schutz vor dem Höllenfeuer wurde. Dieser Mann zeichnete die Geschichte des Grals auf. Väterlicherseits war Flegetanis ein Heide und erwies einem Kalb göttliche Ehre. Wie konnte der Teufel ein verständiges Volk zu so schmählichem Tun verführen, so daß es sich nicht einmal durch die Allmacht und Weisheit Gottes davon abbringen ließ! Der Heide Flegetanis besaß Kenntnisse über die Bahnen der Sterne und

wie lange ieslîcher umbe gêt,
ê er wider an an sîn zil gestêt.
15   mit der sternen umbereise vart
ist gepüfel aller menschlîch art.
Flegetânîs der heiden sach,
dâ von er blûweclîche sprach,
im gestirn mit sînen ougen
20   verholenbaeriu tougen.
er jach, ez hiez ein dinc der grâl:
des namen las er sunder twâl
inme gestirne, wie der hiez.
'ein schar in ûf der erden liez:
25   diu vuor ûf über die sterne hôch.
ob die ir unschult wider zôch,
sît muoz sîn pflegen getouftiu vruht
mit alsô kiuschlîcher zuht:
diu menscheit ist immer wert,
der zuo dem grâle wirt gegert.'
455   Sus schreip dervon Flegetânîs.
Kyôt der meister wîs
diz maere begunde suochen
in latînschen buochen,
5   wâ gewesen waere
ein volc dâ zuo gebaere
daz ez des grâles pflaege
unt der kiusche sich bewaege.
er las der lande chrônicâ
10   ze Britâne unt anderswâ,
ze Francrîche unt in Yrlant:
ze Anschouwe er diu maere vant.
er las von Mazadâne
mit wârheit sunder wâne:
15   umb allez sîn geslehte
stuont dâ geschriben rehte,
unt anderhalp wie Tyturel
unt des sun Frimutel

ihre Umlaufzeit. Mit dem Kreislauf der Sterne ist aber das Geschick der Menschen eng verbunden. So entdeckte der Heide Flegetanis in der Konstellation der Gestirne verborgene Geheimnisse, von denen er selbst nur mit Scheu erzählte. Er erklärte, es gäbe ein Ding, das »der Gral« hieße; diesen Namen las er klar und unzweideutig in den Sternen. »Eine Schar von Engeln ließ ihn auf der Erde zurück, bevor sie hoch über die Sterne emporschwebte und vielleicht, von ihrer Schuld befreit, wieder in den Himmel gelangte. Seither müssen ihn Christen mit ebenso reinem Herzen hüten. Wer zum Gral berufen wird, besitzt höchste menschliche Würde.«

Dies schrieb Flegetanis darüber. Kyot, der gelehrte Meister, suchte nun überall in lateinischen Büchern nach Hinweisen, wo es ein Volk gegeben habe, das dank seiner Reinheit zum Schutz des Grals berufen wurde. Er durchforschte die Chroniken von Britannien, Frankreich, Irland und anderen Ländern. Schließlich fand er die gesuchte Kunde in Anjou. Er las die authentische und ausführliche Geschichte von Mazadan und den Schicksalen seines Geschlechts. Auch las er, daß Titurel und sein Sohn Frimutel den Gral auf Anfor-

den grâl braehte ûf Amfortas,
20 des swester Herzeloyde was,
bî der Gahmuret ein kint
gewan, des disiu maere sint.
der rîtet nu ûf die niuwen slâ,
die gein im kom der ritter grâ.

25   er erkande ein stat, swie laege der snê
dâ liehte bluomen stuonden ê.
daz was vor eins gebirges want,
aldâ sîn manlîchiu hant
vroun Jeschûten die hulde erwarp,
unt dâ Orilus zorn verdarp.

456 Diu slâ in dâ niht halden liez:
Fontâne la salvâtsche hiez
ein wesen, dar sîn reise gienc.
er vant den wirt, der in enpfienc.

5   der einsidel ze im sprach
'ouwê, hêr, daz iu sus geschach
in dirre heileclîchen zît.
hât iuch angestlîcher strît
in diz harnasch getriben?
10 oder sît ir âne strît beliben?
sô stüende iu baz ein ander wât,
lieze iuch hôchverte rât.
nu ruocht erbeizen, hêrre,
(ich waene iu daz iht werre)
15 und erwarmt bî einem viure.
hât iuch âventiure
ûz gesant durch minnen solt,
sît ir rehter minne holt,
sô minnt als nu diu minne gêt,
20 als disses tages minne stêt:
dient her nâch umbe wîbe gruoz.
ruocht erbeizen, ob ichs biten muoz.'
    Parzivâl der wîgant
erbeizte nider al zehant,

tas vererbten und daß Herzeloyde seine Schwester war. Sie
schenkte Gachmuret einen Sohn, den Helden dieser Erzäh-
lung.

Der aber ritt auf der frischen Spur des grauen Ritters und
erkannte trotz der Schneedecke den Ort wieder, den er einst
im Schmuck leuchtendbunter Blumen gesehen hatte. Vor
einer Felsenwand lag der Schauplatz, auf dem er mit mann-
hafter Hand für Frau Jeschute die Versöhnung erzwungen
und den Zorn des Orilus besänftigt hatte. Die Spur führte
ihn jedoch weiter bis zu einem Anwesen, das Fontane la
salvatsche hieß. Dort traf er auf den Hausherrn, der ihn
willkommen hieß.

Der Einsiedler sprach zu ihm: »Weh, Herr, wie konntet Ihr
Euch an diesem heiligen Tag so schwer vergehen! Hat Euch
Kampfesnot in die Rüstung gezwungen? Oder mußtet Ihr
nicht kämpfen? Verhält sich's so, dann solltet Ihr besser
andere Kleider tragen, oder Ihr handelt hoffärtig. Steigt ab,
Herr, und wärmt Euch am Feuer; ich denke, Euch wird's
nicht gerade unangenehm sein. Hat Euch die Aventüre
ausgesandt, um Liebeslohn zu kämpfen, und liebt Ihr echt
und wahr, dann solltet Ihr heute Eurer Liebe ein anderes
Ziel geben! Später mögt Ihr wieder um die Gunst der Frauen
dienen. Steigt also bitte ab!«

Unser Held Parzival schwang sich vom Pferd und trat mit

25   mit grôzer zuht er vor im stuont.
     er tet im von den liuten kunt,
     die in dar wîsten,
     wie die sîn râten prîsten.
     dô sprach er 'hêr, nu gebt mir rât:
     ich bin ein man der sünde hât.'

457   Dô disiu rede was getân,
     dô sprach aber der guote man
     'ich bin râtes iuwer wer.
     nu sagt mir wer iuch wîste her.'
5   'hêr, ûf dem walt mir widergienc
     ein grâ man, der mich wol enpfienc:
     als tet sîn massenîe.
     der selbe valsches vrîe
     hât mich zuo ze iu her gesant:
10   ich reit sîn slâ, unz ich iuch vant.'
     der wirt sprach 'daz was Kahenîs:
     der ist werdeclîcher vuore al wîs.
     der vürste ist ein Punturteis:
     der rîche künec von Kâreis
15   sîne swester hât ze wîbe.
     nie kiuscher vruht von lîbe
     wart geborn dan sîn selbes kint,
     diu iu dâ widergangen sint.
     der vürste ist von küneges art.
20   alle jâr ist zuo mir her sîn vart.'
     Parzivâl zem wirte sprach
     'dô ich iuch vor mir stênde sach,
     vorht ir iu iht, do ich zuo ze iu reit?
     was iu mîn komen dô iht leit?'
25   dô sprach er 'hêrre, geloubet mirz,
     mich hât der ber und ouch der hirz
     erschrecket dicker denne der man.
     ein wârheit ich iu sagen kan,
     ichn vürhte niht swaz mennisch ist:
     ich hân ouch mennischlîchen list.

ausgesuchter Höflichkeit auf den Einsiedler zu. Er berichtete von den Pilgern, die ihn hergewiesen und des Einsiedlers Ratklugheit gerühmt hatten, und sagte schließlich: »Herr, ratet mir, denn ich bin ein sündenbeladener Mensch!«

Auf diese Worte erwiderte der fromme Mann: »Ich will Euch gern beraten, doch sagt mir zuvor genau, wer Euch hergeschickt hat.«

»Herr, im Walde begegnete mir ein grauer Ritter. Er und seine Begleitung haben mich freundlich begrüßt. Dieser redliche Mann wies mich zu Euch. Ich ritt auf seiner Spur, bis ich Euch fand.«

Da sprach der Hausherr: »Das war Kahenis, ganz und gar ein vornehmer Edelmann. Der Fürst ist ein Punturteise. Seine Schwester ist die Frau des mächtigen Königs von Kareis. Nie wurden reinere Kinder geboren als die Töchter des Fürsten, denen Ihr begegnet seid. Kahenis ist königlicher Abkunft und pilgert jedes Jahr hierher zu mir.«

Parzival sprach zum Hausherrn: »Hattet Ihr denn keine Furcht, als Ihr mich erblicktet und ich auf Euch zuritt? War Euch in diesem Augenblick mein Kommen nicht leid?«

Der andere erwiderte: »Glaubt mir, Herr, mich haben Bär und Hirsch weit häufiger erschreckt als Menschen. Laßt Euch versichern, daß ich vor Menschen keine Furcht habe; ich bin erfahren genug im Umgang mit ihnen. Nehmt es

458   Het irz niht vür einen ruom,
      sô trüege ich vluht noch magetuom.
      mîn herze enpfienc noch nie den cranc
      daz ich von wer getaete wanc.
  5 bî mîner werlîchen zît,
      ich was ein ritter als ir sît,
      der ouch nâch hôher minne ranc.
      etswenne ich sündebaern gedanc
      gein der kiusche parrierte.
 10 mîn leben ich dar ûf zierte,
      daz mir genâde taete ein wîp.
      des hât vergezzen nu mîn lîp.
        gebt mir den zoum in mîne hant.
      dort under jenes velses want
 15 sol iuwer ors durch ruowe stên.
      bi einer wîle sul wir beide gên
      und brechen im grazzach unde varm:
      anders vuoters bin ich arm.
      wir sulenz doch harte wol ernern.'
 20 Parzivâl sich wolde wern,
      daz er des zoumes enpfienge niht.
      'iuwer zuht iu des niht giht,
      daz ir strîtet wider deheinen wirt,
      ob unvuoge iuwer zuht verbirt.'
 25 alsus sprach der guote man.
      dem wirte wart der zoum verlân.
      der zôch daz ors undern stein,
      dâ selten sunne hin erschein.
      daz was ein wilder marstal:
      dâ durch gienc eins brunnen val.
459   Parzivâl stuont ûf dem snê.
      ez taete eim cranken manne wê,
      ob er harnasch trüege
      da der vrost sus an in slüege.
  5 der wirt in vuorte in eine gruft,
      dar selten kom des windes luft.

nicht für Prahlerei, wenn ich sage, daß ich einst weder im Kampfe noch bei den Frauen zaghaft war. Ich bin noch nie ein Hasenherz gewesen und im Streit zurückgewichen. Als ich mich noch im Kampfe erprobte, war ich ein Ritter wie Ihr und strebte auch nach hoher Liebe. Nicht selten trübten sündhafte Gedanken die Reinheit meines Herzens. Ich wollte ein glanzvolles Leben führen, um die Zuneigung einer Frau zu gewinnen. Jetzt ist das alles vergessen! Reicht mir den Zaum, Euer Pferd soll sich unter der Felswand ausruhen. Wir aber wollen nach einer Weile aufbrechen, um junge Triebe und Farne für das Pferd zu suchen. Anderes Futter habe ich nicht, doch wir werden es schon gut versorgen.«
Parzival wollte abwehren, als er nach dem Zaum griff, doch der fromme Mann sagte: »Eure gute Erziehung verbietet Euch, mit dem Gastgeber zu streiten. Tut Ihr es dennoch, muß man Euch tadeln.« Da überließ Parzival seinem Gastgeber den Zaum. Der führte das Pferd in eine Nische unter die Felswand, wohin sich nie ein Sonnenstrahl verirrte. Hier war ein natürlicher Pferdestall entstanden, den ein Felsenquell durchfloß.
Parzival wartete im Schnee. Ein Schwächling hätte es nicht ertragen, bei frostiger Kälte in eiserner Rüstung zu stehen. Sein Gastgeber führte ihn nun in eine windgeschützte

dâ lâgen, glüendige koln:
die mohte der gast vil gerne doln.
ein kerzen zunde des wirtes hant:
10   do entwâpent sich der wîgant.
under im lac ramschoup unde varm.
al sîne lide im wurden warm,
sô daz sîn vel gap liehten schîn.
er moht wol waltmüede sîn:
15   wand er het der strâzen wênc geriten,
âne dach die naht des tages erbiten:
als hete er manege ander.
getriuwen wirt dâ vand er.
    dâ lac ein roc: den lêch im an
20   der wirt, unt vuort in mit im dan
ze einer andern gruft: dâ inne was
sîniu buoch dar an der kiusche las.
nâch des tages site ein alterstein
dâ stuont al blôz. dar ûf erschein
25   ein kefse (diu wart schier erkant),
dar ûffe Parzivâles hant
swuor einen ungevelschten eit,
dâ von vroun Jeschûten leit
ze liebe wart verkêret
unt ir vröude gemêret.
460   Parzivâl zem wirte sîn
sprach 'hêrre, dirre kefsen schîn
erkenne ich, wande ich drûffe swuor
ze einen zîten do ich hie vür si vuor.
5   ein gemâlt sper derbî ich vant:
hêr, daz nam al hie mîn hant:
dâ mit ich prîs bejagte,
als man mir sider sagte.
ich verdâht mich an mîn selbes wîp
10   sô daz von witzen kom mîn lîp.
zwuo rîche tjoste dermit ich reit:
unwizzende ich die bêde streit.

Höhle, die von glühenden Kohlen erwärmt wurde. Das war dem Gast sehr willkommen. Während sein Gastgeber eine Kerze anzündete, legte der Held seine Rüstung ab. Er stand dabei auf einer Schütte von Stroh und Farnkraut, die den ganzen Boden bedeckte. Als sich seine Glieder erwärmten, zeigte seine Haut wieder frische Farbe. Er mochte müde sein vom Aufenthalt im Walde, hatte er doch meist unwegsames Gelände durchquert und viele Nächte unter freiem Himmel zugebracht. Nun hatte er einen Gastgeber gefunden, der es gut mit ihm meinte. Der Einsiedler reichte ihm einen Rock und führte ihn dann in eine zweite Höhle. Dort lagen Bücher, in denen der fromme Mann zu lesen pflegte. Ein Altarstein im Raum war nach der Karfreitagssitte unbedeckt. Auf dem Altar stand ein Reliquienschrein, den Parzival sogleich wiedererkannte. Es war der Schrein, auf den er beim Eid die Hand gelegt hatte, als er Frau Jeschutes Leid in Glück verwandelte und ihr Freude in Fülle brachte. Parzival sprach zu seinem Gastgeber: »Herr, ich kenne diesen Reliquienschrein. Schon einmal bin ich vor ihn hingetreten und habe einen Eid auf ihn geschworen. Daneben fand ich eine bemalte Lanze, Herr, und nahm sie mit. Wie ich später erfuhr, hat sie mir zu Siegesruhm verholfen. Einst war ich nämlich so tief in Gedanken an meine Frau verloren, daß ich nichts um mich wahrnahm. In diesem Zustand trug ich zwei harte Kämpfe aus, ohne daß ich davon wußte. Damals war

dannoch hete ich êre:
nu hân ich sorgen mêre
15 denn ir an manne ie wart gesehen.
durch iuwer zuht sult ir des jehen,
wie lanc ist von der zîte her,
hêr, daz ich hie nam daz sper?'
  dô sprach aber der guote man
20 'des vergaz mîn vriunt Taurîan
hie: er kom mirs sît in clage.
vünfthalp jâr unt drî tage
ist daz irz im nâmet hie.
welt irz hoeren, ich prüeve iu wie.'
25 ame salter las er im über al
diu jâr und gar der wochen zal,
die dâ zwischen wâren hin.
'alrêrst ich innen worden bin
wie lange ich var wîselôs
unt daz vröuden helfe mich verkôs,'
461 Sprach Parzivâl. 'mirst vröude ein troum:
ich trage der riuwe swaeren soum.
  hêrre, ich tuon iu mêr noch kunt.
swâ kirchen oder münster stuont,
5 dâ man gotes êre sprach,
kein ouge mich dâ nie gesach
sît den selben zîten:
ichn suochte niht wan strîten.
ouch trage ich hazzes vil gein gote:
10 wand er ist mîner sorgen tote.
die hât er alze hôhe erhaben:
mîn vröude ist lebendec begraben.
kunde gotes craft mit helfe sîn,
waz ankers waer diu vröude mîn?
15 diu sinket durch der riuwe grunt.
ist mîn manlîch herze wunt,
oder mag ez dâ vor wesen ganz,
daz diu riuwe ir scharpfen cranz

ich als Ritter noch geachtet. Jetzt aber drückt mich größerer
Kummer, als je ein Mensch erdulden mußte. Bei Eurer edlen
Bildung, sagt mir bitte, wieviel Zeit verflossen ist, seit ich
die Lanze mit mir nahm.«
Da sprach der fromme Mann: »Mein Freund Taurian hat sie
hier vergessen; später klagte er mir den Verlust. Viereinhalb
Jahre und drei Tage sind es her, seit Ihr die Lanze mit Euch
nahmt. Wenn Ihr wollt, rechne ich es Euch vor.« Und er las
ihm aus dem Psalter genau die Zahl der Jahre und sogar der
Wochen vor, die seitdem verstrichen waren.
»Nun erst wird mir klar, wie lange ich schon ziel- und
freudlos umherirre«, sprach Parzival. »Glück und Freude
sind ein unerreichbarer Traum für mich, der ich die schwere
Last des Leides tragen muß. Laßt Euch mehr über mein
Leben erzählen, Herr. Seit meinem letzten Aufenthalt an
diesem Ort sah man mich nie in Kirchen und Münster, wo
Gottes Ehre gepriesen wird. Ich suchte nur den Kampf und
hasse Gott von ganzem Herzen, denn er ist schuld an meiner
Trübsal und hat sie so vermehrt, daß sie all mein Glück
lebendig begraben hat. Hätte Gott mir in seiner Allmacht
geholfen, mein Glück fest zu verankern, dann wäre es nicht
im Schlammgrund der Trübsal versunken. Mein mannhaftes
Herz ist wund; es konnte nicht unverletzt bleiben, als die
Trübsal ihren Dornenkranz auf meinen Ritterruhm drückte,

mir setzet ûf werdekeit
20   die schildes ambet mir erstreit
     gein werlîchen handen,
     des gihe ich dem ze schanden,
     der aller helfe hât gewalt,
     ist sîn helfe helfe balt,
25   daz er mir denne hilfet niht,
     sô vil man im der hilfe giht.'
        der wirt ersiufte unt sach an in.
     dô sprach er 'hêrre, habt ir sin,
     sô sult ir got getrûwen wol:
     er hilft iu, wande er helfen sol.
462 Got müeze uns helfen beiden.
     hêr, ir sult mich bescheiden
     (ruochet alrêrst sitzen),
     sagt mir mit kiuschen witzen,
5   wie der zorn sich an gevienc,
     dâ von got iuwérn haz enpfienc.
     durch iuwer zuht gedult
     vernemt von mir sîn unschult,
     ê daz ir mir von im iht clagt.
10   sîn helfe ist immer unverzagt.
        doch ich eine leie waere,
     der wâren buoche maere
     kund ich lesen unde schrîben,
     wie der mensche sol belîben
15   mit dienste gein des helfe grôz,
     den der staeten helfe nie verdrôz
     vür der sêle senken.
     sît getriuwe ân allez wenken,
     sît got selbe ein triuwe ist:
20   dem was unmaere ie valscher list.
     wir suln in des geniezen lân:
     er hât vil durch uns getân,
     sît sîn edel hôher art
     durch uns ze menschen bilde wart.

den ich im Kampf mit tapferen Männern errungen habe. Das rechne ich dem zur Schande, der in allen Nöten helfen kann. Obwohl er rasch helfen könnte, hat er mir nicht geholfen, so viele Worte man auch um seine Hilfsbereitschaft macht.« Der Hausherr seufzte und blickte Parzival aufmerksam an. Dann sagte er: »Herr, wenn Ihr Verstand habt, solltet Ihr fest auf Gott vertrauen. Er wird Euch helfen, wenn es an der Zeit ist. Möge er uns beiden hilfreich sein! Setzt Euch, Herr, und erklärt mir besonnen und zusammenhängend, wie es zu dem Zerwürfnis kam, das Euch Gott hassen läßt. Laßt es als Mann von edler Bildung Euch aber auch gefallen, daß ich Euch noch vor Eurer Anklage von seiner Unschuld überzeuge. Er ist immer hilfsbereit. Obwohl ich ein Laie bin, habe ich doch die Berichte der Bibel gelesen und niedergeschrieben, daß der Mensch beharrlich um die unermeßliche Hilfe Gottes dienen soll, der stets bereit war, der Seele beizustehen, wenn sie im Höllengrunde zu versinken drohte. Seid ihm treu und zweifelt nie, denn Gott ist der Inbegriff der Treue, und falsche List verabscheut er. Danken wir ihm dafür, daß er so viel für uns getan hat. Trotz seiner edlen, hohen Abkunft nahm er um unsertwillen Menschen-

25   got heizt und ist diu wârheit:
      dem was ie valschiu vuore leit.
      daz sult ir gar bedenken.
      ern kan an niemen wenken.
      nu lêret iuwer gedanke,
      hüet iuch gein im an wànke.

463   Irn megt im aber erzürnen niht:
       swer iuch gein im in hazze siht,
       der hât iuch an den witzen cranc.
       nu prüevet wie Lucifern gelanc
  5   unt sînen nôtgestallen.
       si wâren doch âne gallen:
       jâ hêr, wâ nâmen si den nît,
       dâ von ir endelôser strît
       zer helle enpfâhet sûren lôn?
  10   Astiroth und Belcimôn,
       Bêlet und Radamant
       unt ander die ich dâ hân erkant,
       diu liehte himelische schar
       wart durch nît nâch helle var.
  15   dô Lucifer vuor die hellevart,
       mit schâr ein mensche nâch im wart.
       got worhte ûz der erden
       Adâmen den werden:
       von Adâms verhe er Even brach,
  20   diu uns gap an daz ungemach,
       daz si ir schepfaere überhôrte
       unt unser vröude stôrte.
       von in zwein kom gebürte vruht:
       einem riet sîn ungenuht
  25   daz er durch gîteclîchen ruom
       sîner anen nam den magetuom.
       nu beginnt genuoge des gezemen,
       ê si diz maere vernemen,
       daz si vreischen wie daz möhte sîn:
       ez wart iedoch mit sünden schîn.'

gestalt an. Gott heißt und ist die Wahrheit, und Trug ist ihm verhaßt. Überdenkt das in aller Ruhe. Er kann nicht treulos handeln. Besinnt Euch also eines Besseren und hütet Euch, an ihm zu zweifeln. Mit Zorn könnt Ihr ihm nichts abtrotzen. Wer hört, daß Ihr ihn mit Haß verfolgt, wird an Euerm Verstand zweifeln. Überlegt nur, was Luzifer und seine Gesellen erreichten. Sie hatten doch keine Galle wie wir Menschen! O Gott, woher kam ihnen der neidvolle Haß, der sie zu fortwährender Rebellion trieb? Das wird ihnen nun in der Hölle übel gelohnt! Astiroth, Belcimon, Belet, Radamant und andere, von denen ich gehört habe, die ganze glanzvolle himmlische Schar wurde zur Strafe für ihren Haß schwarz wie die Hölle. Als Luzifer mit seiner Rotte in die Hölle hinabfuhr, trat an seine Stelle der Mensch: Gott schuf aus Erde den würdigen Adam, und aus Adams Rippe schuf er Eva, die unser Unheil heraufbeschwor; sie hörte nicht auf das Gebot ihres Schöpfers und zerstörte so unser aller Heil! Beide zeugten Kinder: der eine ließ sich von seinem Jähzorn hinreißen, aus Habgier und Prahlsucht die jungfräuliche Unschuld seiner Ahne zu beflecken. Mancher wird jetzt eine Erklärung wünschen, um den Sinn dieser Worte begreifen zu können. Es ist aber wirklich geschehen, und zwar durch die Sünde.«

Astiroth: eigtl. Astarte, erscheint in der Bibel als Partnerin des Baal; westsemitische Fruchtbarkeitsgöttin. Der Name war beliebt als Teufelsname.
Belcimon: erscheint bei dem Kirchenlehrer Augustinus (354–430) als Name des Baal.
Belet: wahrscheinlich die phönikische Baaltis, eigtl. nur ein Beiname der Astarte.
Radamant: der homerische Totenrichter Rhadamanthys; durch Vergil und Ovid auch im Mittelalter bekannt.

464   Parzivâl hin ze im dô sprach
'hêrre, ich waen daz ie geschach.
vom wem was der man erborn,
von dem sîn ane hât verlorn
5   den magetuom, als ir mir sagt?
daz möht ir gerne hân verdagt.'
der wirt sprach aber wider ze im
'von dem zwîvel ich iuch nim.
sag ich niht wâr die wârheit,
10   sô lât iu sîn mîn triegen leit.
diu erde Adâmes muoter was:
von erden vruht Adâm genas.
dannoch was diu erde ein magt:
noch hân ich iu niht gesagt
15   wer ir den magetuom benam.
Kâins vater was Adâm:
der sluoc Abeln umb crankez guot.
dô ûf die reinen erden daz bluot
viel, ir magetuom was vervarn:
20   den nam ir Adâmes barn.
dô huop sich êrst der menschen nît:
alsô wert er immer sît.
    in der werlt doch niht sô reines ist,
sô diu magt ân valschen list.
25   nu prüevet wie rein die meide sint:
got was selbe der meide kint.
von meiden sint zwei mennisch komen.
got selbe antlütze hât genomen
nâch der êrsten meide vruht:
daz was sîner hôhen art ein zuht.
465   Von Adâmes künne
huop sich riuwe und wünne,
sît er uns sippe lougent niht,
den ieslîch engel ob im siht,
5   unt daz diu sippe ist sünden wagen,
sô daz wir sünde müezen tragen.

Parzival sprach zweifelnd: »Herr, das kann ich nicht glauben! Wer soll denn den Mann geboren haben, der seiner Ahne die jungfräuliche Unschuld raubte? Wie könnt Ihr so etwas behaupten?«

Der Hausherr aber entgegnete: »Ich will Euch Euern Zweifel nehmen. Spreche ich nicht die reine Wahrheit, könnt Ihr über meinen Betrug erbost sein. Die Erde war Adams Mutter, und von den Früchten der Erde nährte er sich. Bis dahin war die Erde jungfräulich. Und nun sollt Ihr erfahren, wer ihr die jungfräuliche Unschuld raubte: Adam war der Vater Kains, und Kain erschlug geringen Vorteils wegen seinen Bruder Abel. Als das Blut die jungfräuliche Erde netzte, war ihre Unschuld dahin. Adams Sohn Kain hat sie ihr geraubt, und seither herrscht Unfriede unter den Menschen. Auf Erden gibt es nichts Reineres als eine makellose Jungfrau. Urteilt selbst: Gott war das Kind einer Jungfrau, also stammen insgesamt zwei Menschen von Jungfrauen ab, denn Gott nahm nach Adams Bilde Menschengestalt an. Das war bei seiner Größe ein Ausdruck demütiger Selbstbescheidung! Unsere Abstammung von Adam brachte uns Leid und Wonne zugleich: Wonne, weil der Herr über alle Engelscharen seine Verwandtschaft mit uns anerkennt, Leid, weil wir von Adam die Last der Sünde geerbt haben und sie tragen

dar über erbarme sich des craft,
dem erbarme gît geselleschaft,
sît sîn getriuwiu mennischeit
10   mit triuwen gein untriuwe streit.
  ir sult ûf in verkiesen,
welt ir saelde niht verliesen.
lât wandel iu vür sünde bî.
sît rede und werke niht sô vrî:
15   wan der sîn leit sô richet
daz er unkiusche sprichet,
von des lône tuon ich iu kunt,
in urteilt sîn selbes munt.
nemt altiu maer vür niuwe,
20   ob si iuch lêren triuwe.
der pareliure Plâtô
sprach bî sînen zîten dô,
unt Sibill diu prophêtisse,
sunder fâlierens misse
25   si sagten dâ vor manec jâr,
uns solde komen al vür wâr
vür die hôhsten schulde pfant.
zer helle uns nam diu hôhste hant
mit der gotlîchen minne:
die unkiuschen liez er dinne.

466   Von dem wâren minnaere
sagent disiu süezen maere.
der ist ein durchliuhtec lieht,
und wenket sîner minne niht.
5   swem er minne erzeigen sol,
dem wirt mit sîner minne wol.
die selben sint geteilet:
al der werlde ist geveilet
bêdiu sîn minne und ouch sîn haz.
10   nu prüevet wederz helfe baz.
der schuldige âne riuwe
vliuht die gotlîchen triuwe:

müssen. Darüber erbarme sich der Allmächtige und All-
barmherzige, der durch seine Menschwerdung mit treuer
Hingabe gegen die Treulosigkeit kämpft! Ihr dürft ihm
nichts nachtragen, sonst verscherzt Ihr Euer Seelenheil! Tut
Buße für Eure Sünde, übereilt Euch nicht mit Worten und
Taten! Glaubt mir, wer sich für eine Kränkung mit unver-
schämten Reden rächt, spricht sich nur selbst das Urteil!
Alte Weisheiten, die Euch Treue lehren, besitzen auch heute
noch Gültigkeit für Euch. Der Prophet Platon verkündete
sie zu seiner Zeit ebenso wie die Prophetin Sibylle. Sie
weissagten schon vor vielen Jahren, daß wir von unsrer
großen Sündenschuld erlöst würden. Aus dem Abgrund der
Hölle rettete uns in göttlicher Liebe die Hand des Aller-
höchsten, und nur die Gottlosen ließ er zurück. Diese
herrlichen Verheißungen künden von dem wahrhaft Lieben-
den. Er ist ein durchdringend strahlendes Licht, unwandel-
bar in seiner Liebe. Wem er seine Liebe offenbart, der ist
selig in seiner Liebe. Die Menschen teilen sich in zwei
Gruppen; sie können wählen zwischen seiner Liebe und
seinem Zorn. Sagt selbst, was besser für Euch ist! Der
Sünder, der keine Reue kennt, flieht die göttliche Treue.

Platon: Gemeint ist der griechische Philosoph (427–347).
Sibylle: Prophetin, die unaufgefordert die Zukunft, meist Unheil, weissagte.
Ihr wurden die Sibyllinischen Bücher zugeschrieben, eine im Jupitertempel
Roms aufbewahrte Orakelsammlung.

swer aber wandelt sünden schulde,
der dient nâch werder hulde.
15   die treit der durch gedanke vert.
gedanc sich sunnen blickes wert:
gedanc ist âne slôz bespart,
vor aller crêatiure bewart:
gedanc ist vinster âne schîn.
20   diu gotheit kan lûter sîn,
si glestet durch der vinster want,
und hât den heleden sprunc gerant,
der endiuzet noch enclinget,
sô er vom herzen springet.
25   ez ist dehein gedanc sô snel,
ê er vom herzen vür daz vel
küme, ern sî versuochet:
des kiuschen got geruochet.
sît got gedanke speht sô wol,
ôwê der broeden werke dol!
467   Swâ werc verwurkent sînen gruoz,
daz gotheit sich schamen muoz,
wem lât den menschlîchiu zuht?
war hât diu arme sêle vluht?
5   welt ir nu gote vüegen leit,
der ze bêden sîten ist bereit,
zer minne und gein dem zorne,
sô sît ir der verlorne.
nu kêret iuwer gemüete,
10   daz er iu danke güete.'
        Parzivâl sprach ze im dô
'hêrre, ich bin des immer vrô,
daz ir mich von dem bescheiden hât,
der nihtes ungelônet lât,
15   der missewende noch der tugent.
ich hân mit sorgen mîne jugent
alsus brâht an disen tac,
daz ich durch triuwe kumbers pflac.'

Wer aber für seine Sündenschuld Buße tut, der dient um die köstliche Gnade Gottes, dem kein Gedanke verborgen bleibt. Der Gedanke des Menschen ist verborgen vor den Strahlen der Sonne; ohne Schloß und Riegel ist er doch aller Kreatur verschlossen; dunkel ist er, durch keinen Lichtstrahl verrät er sich. Die Gottheit aber, Inbegriff der Reinheit, durchbricht strahlend die Wand der Finsternis. Ohne daß man sie sieht oder hört, dringt sie wie der Blitz ins Herz, um es ebensoschnell zu verlassen. Kein Gedanke kann so rasch aus dem Herzen ins Licht der Welt treten, daß Gott ihn nicht schon vorher geprüft hätte. Die reinen Gedanken nimmt er zu sich. Da Gott nun alle unsere Gedanken ergründet, ach, warum hüten wir uns nicht vor bösen Taten! Wenn sich ein Mensch durch seine bösen Taten die Gnade Gottes verscherzt und Gott sich seiner schämen muß, was nützt dem alle menschliche Erziehung? Wo kann dann seine arme Seele noch Zuflucht finden? Wenn Ihr Gott, der Liebe und Zorn in seiner Hand hält, beleidigt, dann seid Ihr rettungslos verloren. Geht also in Euch, damit er Eure Gutwilligkeit vergelten kann!«

Da sprach Parzival: »Herr, ich bin von Herzen froh darüber, daß Ihr mich belehrt habt über den, der Böses und Gutes nach Gebühr vergilt. Doch ich habe trotz meiner Treue meine jungen Jahre bis heute in Mühsal verbracht.«

der wirt sprach aber wider ze im
20   'nimts iuch niht hael, gern ich vernim
waz ir kumbers unde sünden hât.
ob ir mich diu prüeven lât,
dar zuo gib ich iu lîhte rât,
des ir selbe niht enhât.'

25   dô sprach aber Parzivâl
'mîn hôhstiu nôt ist umbe den grâl;
dâ nâch umb mîn selbes wîp:
ûf erde nie schoener lîp
gesouc an keiner muoter brust.
nâch den beiden sent sich mîn gelust.'

468   Der wirt sprach 'hêrre, ir sprechet wol.
ir sît in rehter kumbers dol,
sît ir nâch iuwer selbes wîbe
sorgen pflihte gebt dem lîbe.
5   wert ir ervunden an rehter ê,
iu mac zer helle werden wê,
diu nôt sol schiere ein ende hân,
und wert von banden aldâ verlân
mit der gotes helfe al sunder twâl.
10   ir jeht, ir sent iuch umbe den grâl:
ir tumber man, daz muoz ich clagen.
jane mac den grâl nieman bejagen,
wan der ze himel ist sô bekant
daz er zem grâle sî benant.
15   des muoz ich vome grâle jehen:
ich weiz ez und hânz vür wâr gesehen.'
Parzivâl sprach 'wârt ir dâ?'
der wirt sprach gein im 'hêrre, jâ.'
Parzivâl versweic in gar
20   daz ouch er was komen dar:
er vrâgte in von der künde,
wiez umbe den grâl dâ stüende.
der wirt sprach 'mir ist wol bekant,
ez wont manc werlîchiu hant

Der Hausherr entgegnete: »Wollt Ihr darüber reden, so würde ich gern hören, was für Mühsal und welche Sünden Euch drücken. Wenn Ihr mir Gelegenheit gebt, sie zu prüfen, käme mir vielleicht ein hilfreicher Gedanke, auf den Ihr selbst noch nicht verfallen seid.«

Erneut sprach Parzival: »Mein größtes Verlangen ist es, den Gral zu erringen, doch ich sehne mich auch nach meiner Frau; nie wurde auf Erden Schöneres geboren. Zum Gral und zu ihr fühle ich mich unwiderstehlich hingezogen.«

Der Hausherr sagte: »Herr, Ihr habt recht damit. Wenn Ihr Euch nach Eurer eignen Frau in Sehnsuchtsschmerz verzehrt, ist Eure Mühsal verständlich und berechtigt. Lebt Ihr auf Erden in rechter Ehe, dann braucht Ihr keine Höllenqual zu fürchten. Mit Gottes Hilfe seid Ihr bald die Höllenfesseln los und frei von aller Pein. Nun habt Ihr aber auch gesagt, daß Ihr nach dem Gral verlangt. Ihr Tor! Das kann ich nur bedauern. Den Gral kann allein erringen, wer im Himmel bekannt genug ist, zum Gral berufen zu werden. Das sei Euch zur Sache mit dem Gral gesagt. Ich weiß es wohl, ich habe es selbst erlebt.«

Parzival fragte: »Wart Ihr denn selber dort?«

Der Hausherr erwiderte: »Ja, Herr.«

Parzival verriet mit keinem Wort, daß auch er schon einmal hingelangt war. Er fragte vielmehr den Einsiedler weiter aus, welche Bewandtnis es mit dem Gral habe. Der sprach: »Mir

25 ze Munsalvaesche bî dem grâl.
    durch âventiur die alle mâl
    rîten manege reise:
    die selben templeise,
    swâ si kumber oder prîs bejagent,
    vür ir sünde si daz tragent.
469   Dâ wont ein werlîchiu schar.
    ich wil iu künden umbe ir nar.
    si lebent von einem steine:
    des geslähte ist vil reine.
5 hât ir des niht erkennet,
    der wirt iu hie genennet.
    er heizet lapsit exillîs.
    von des steines craft der fênîs
    verbrinnet, daz er ze aschen wirt:
10 diu asche im aber leben birt.
    sus rêrt der fênîs mûze sîn
    unt gît dar nâch vil liehten schîn,
    daz er schoene wirt als ê.
    ouch wart nie menschen sô wê,
15 swelhes tages ez den stein gesiht,
    die wochen mac ez sterben niht,
    diu aller schierest dar nâch gestêt.
    sîn varwe im nimmer ouch zergêt:
    man muoz im sölher varwe jehen,
20 dâ mit ez hât den stein gesehen,
    ez sî maget oder man,
    als dô sîn bestiu zît huop an,
    saeh ez den stein zwei hundert jâr,
    im enwurde denne grâ sîn hâr.
25 selhe craft dem menschen gît der stein,
    daz im vleisch unde bein
    jugent enpfaehet al sunder twâl.
    der stein ist ouch genant der grâl.
        dar ûf kumt hiute ein botschaft,
    dar an doch lît sîn hôhste craft.

ist bekannt, daß in Munsalwäsche beim Gral viele wehrhafte Ritter leben, die häufig auf Abenteuer ausreiten. Diese Tempelherren sehen im Kampf, ob er Niederlage oder Ruhm bringt, eine Buße für ihre Sünden. Dort wohnt also eine tapfere Schar, und ich will Euch auch erzählen, wovon sie leben: Sie erhalten Speise und Trank von einem makellos reinen Stein, und wenn Ihr bisher noch nichts von ihm gehört habt, wird er Euch jetzt beschrieben. Er heißt Lapsit exillis. Die Wunderkraft des Steines läßt den Phönix zu Asche verbrennen, aus der er zu neuem Leben hervorgeht. Das ist die Mauser des Phönix, und er erstrahlt danach ebensoschön wie zuvor. Erblickt ein todkranker Mensch diesen Stein, dann kann ihm in der folgenden Woche der Tod nichts anhaben. Er altert auch nicht, sondern sein Leib bleibt wie zu der Zeit, da er den Stein erblickt. Ob Jungfrau oder Mann: wenn sie, in der Blüte ihres Lebens stehend, den Stein zweihundert Jahre lang ansehen, ergraut lediglich ihr Haar. Der Stein verleiht den Menschen solche Lebenskraft, daß der Körper seine Jugendfrische bewahrt. Diesen Stein nennt man auch den Gral. Am heutigen Tag senkt sich auf ihn eine Botschaft, auf der seine Wunderkraft beruht. Heute

---

Lapsit exillis: (lat.) Trotz vieler Versuche gibt es keine überzeugende Deutung dieses Namens des Grals.
Phönix: Vogel der ägyptischen Sage, der sich alle 500 Jahre selbst verbrannte und aus der Asche verjüngt zu neuem Leben erstand.

470 Ez ist hiute der karvrîtac,
daz man vür wâr dâ warten mac,
ein tûbe von himel swinget:
ûf den stein diu bringet
5 ein cleine wîze oblât.
ûf dem steine si die lât:
diu tûbe ist durchliuhtec blanc,
ze himel tuot si widerwanc.
immer alle karvrîtage
10 bringet si ûf den, als ich iu sage,
dâ von der stein enpfaehet
swaz guotes ûf erden draehet
von trinken unt von spîse,
als den wunsch von pardîse:
15 ich mein swaz diu erde mac gebern.
der stein si vürbaz mêr sol wern
swaz wildes underm lufte lebt,
ez vliege oder louffe, unt daz swebt.
der ritterlîchen bruoderschaft,
20 die pfrüende in gît des grâles craft.
    die aber zem grâle sint benant,
hoert wie die werdent bekant.
ze ende an des steines drum
von karacten ein epitafum
25 sagt sînen namen und sînen art,
swer dar tuon sol die saelden vart.
ez sî von meiden oder von knaben,
die schrift darf niemen danne schaben:
sô man den namen gelesen hât,
vor ir ougen si zergât.
471 Si kômen alle dar vür kint,
die nu dâ grôze liute sint.
wol die muoter diu daz kint gebar
daz sol ze dienste hoeren dar!
5 der arme unt der rîche
vröunt sich al gelîche,

haben wir Karfreitag, und an diesem Tag kann man sehen, wie eine Taube vom Himmel herabfliegt und eine kleine weiße Oblate zum Stein trägt. Nachdem sie die Oblate auf den Stein gelegt hat, kehrt die blendendweiße Taube zum Himmel zurück. Wie gesagt: Jedes Jahr am Karfreitag legt sie eine solche Oblate auf den Stein, die ihm die Wunderkraft verleiht, die köstlichsten Getränke und Speisen dieser Erde in überströmender Fülle darzubieten, alles, was die Erde hervorbringt, auch alles Wildbret unter dem Himmel, ob es fliegt, läuft oder schwimmt. Die Wunderkraft des Grals sichert das Dasein seiner ritterlichen Bruderschaft. Vernehmt nun, wie bekannt wird, wer zum Gral berufen ist. Am oberen Rand des Steins erscheint eine geheimnisvolle Inschrift. Sie kündet Namen und Geschlecht der Mädchen oder Knaben, die für die heilbringende Fahrt zum Gral bestimmt sind. Man braucht die Inschrift nicht zu entfernen, denn sobald man sie gelesen hat, verschwindet sie von selbst vor den Augen. Wer heute als erwachsener Mensch beim Grale lebt, ist als Kind zu ihm berufen worden. Jede Mutter kann sich glückselig schätzen, wenn ihr Kind zum Dienst beim Gral berufen wird. Arme und Reiche sind glücklich,

ob man ir kint eischet dar,
daz siz suln senden an die schar:
man holt si in manegen landen.
10 vor sündebaeren schanden
sint si immer mêr behuot,
und wirt ir lôn ze himel guot.
swenn in erstirbet hie daz leben,
sô wirt in dort der wunsch gegeben.
15   die newederhalp gestuonden,
dô strîten begunden
Lucifer unt Trinitas,
swaz der selben engel was,
die edelen unt die werden
20 muosen ûf die erden
zuo dem selben steine.
der stein ist immer reine.
ich enweiz ob got ûf si verkôs,
oder ob er si vürbaz verlôs.
25 waz daz sîn reht, er nam si wider.
des steines pfligt iemer sider
die got derzuo benande
unt in sîn engel sande.
hêr, sus stêt ez umbe den grâl.'
dô sprach aber Parzivâl
472 'Mac ritterschaft des lîbes prîs
unt doch der sêle pardîs
bejagen mit schilt und ouch mit sper,
sô was ie ritterschaft mîn ger.
5 ich streit ie swâ ich strîten vant,
sô daz mîn werlîchiu hant
sich naehert dem prîse.
ist got an strîte wîse,
der sol mich dar benennen,
10 daz si mich dâ bekennen:
mîn hant dâ strîtes niht verbirt.'
dô sprach aber sîn kiuscher wirt

wenn sie aufgefordert werden, ihr Kind in die Gralsgemein-
schaft zu entsenden. Aus vielen Ländern werden ihre Mit-
glieder geholt, und sie bleiben beim Gral ihr Leben lang frei
vom Makel der Sünde. Später erwartet sie reicher Lohn im
Himmel. Geht ihr Leben auf Erden zu Ende, dann finden sie
im Himmel höchste Erfüllung. Jene edlen und erhabenen
Engel, die im Kampf zwischen Luzifer und der göttlichen
Dreieinigkeit für keine Seite Partei ergreifen wollten, wur-
den zur Strafe auf die Erde verbannt, um den makellos
reinen Stein zu hüten. Ich weiß nicht, ob Gott ihnen verzie-
hen oder ob er sie endgültig verworfen hat. Wenn es seine
göttliche Gerechtigkeit zuließ, hat er sie vielleicht wieder in
Gnaden aufgenommen. Seitdem hüten den Stein die Men-
schen, die Gott dazu berufen und denen er seinen Engel
geschickt hat. Herr, so steht es also um den Gral!«
Da sprach Parzival: »Kann man durch ritterliche Taten mit
Schild und Lanze irdischen Ruhm und ewige Seligkeit errin-
gen, dann habe ich mich stets darum gemüht. Ich bin keinem
Kampf ausgewichen und habe mit wehrhafter Hand um
Heldenruhm gestritten. Versteht Gott etwas von Kampfes-
taten, dann müßte er mich zum Gral berufen, damit man
mich dort kennenlernen kann. Ich werde keinem Kampf
ausweichen!«
Sein frommer Gastgeber aber sprach: »Ihr müßtet Euch dort

'ir müest aldâ vor hôchvart
mit senftem willen sîn bewart.
15 iuch verleit lîht iuwer jugent
daz ir der kiusche braechet tugent.
hôchvart ie seic unde viel,'
sprach der wirt: ieweder ouge im wiel,
dô er an diz maere dâhte,
20 daz er dâ mit rede volbrâhte.
dô sprach er 'hêrre, ein künec dâ was:
der hiez und heizt noch Anfortas.
daz sol iuch und mich armen
immer mêr erbarmen
25 umb sîn herzebaere nôt,
die hôchvart im ze lône bôt.
sîn jugent unt sîn rîcheit
der werlde an im vuogte leit,
unt daz er gerte minne
ûzerhalp der kiusche sinne.
473   Der site ist niht dem grâle reht:
dâ muoz der ritter unt der kneht
bewart sîn vor lôsheit.
diemüet ie hôchvart überstreit.
5   dâ wont ein werdiu bruoderschaft:
die hânt mit werlîcher craft
erwert mit ir handen
der diet von al den landen,
daz der grâl ist unerkennet,
10 wan die dar sint benennet
ze Munsalvaesche an des grâles schar.
wan einer kom unbenennet dar:
der selbe was ein tumber man
und vuorte ouch sünde mit im dan,
15 daz er niht zem wirte sprach
umbe den kumber den er an im sach.
ich ensol niemen schelten:
doch muoz er sünde engelten,

vor allem in Demut üben und vor eitler Selbstüberhebung hüten! Wie leicht würdet Ihr in jugendlichem Überschwang das Gebot demütiger Selbstbeherrschung übertreten! Doch Hochmut kommt vor dem Fall!« Nach diesen Worten flossen dem Hausherrn die Augen über beim Gedanken daran, was er Parzival nun sagen wollte. Er hob an: »Herr, dort lebt ein König mit Namen Anfortas. Seine herzzerreißende Not, Lohn eitler Selbstüberhebung, sollte Euch und mich armen Sünder erbarmen. Seine Jugend, seine Macht und ein Liebesverlangen, das alle Grenzen von Vernunft und Sittsamkeit überschritt, brachten ihm bitteres Leid. Solche Haltung verstößt gegen die Satzungen des Grals! Ritter und Knechte sind verpflichtet, sich vor Leichtfertigkeit zu hüten, denn Demut ist mächtiger als Hochmut. Beim Gral lebt eine auserlesene Bruderschaft, die mit der Kraft ihrer kampferprobten Arme bisher jeden Zudringlichen fernhielt. So blieben die Geheimnisse des Grals gewahrt; nur die wissen von ihnen, die nach Munsalwäsche in die Gralsgemeinschaft berufen wurden. Ein einziger Mensch gelangte nach Munsalwäsche, ohne dazu berufen zu sein. Er war jedoch ein Tor, und er zog sündenbeladen von dannen. Er versäumte es nämlich, den Hausherrn nach der Ursache seines Elends zu fragen, obwohl er ihn deutlich genug leiden sah. Ich will

daz er niht vrâgte des wirtes schaden.
20 er was mit kumber sô geladen,
ez enwart nie erkant sô hôher pîn.
dâ vor kom roys Lähelîn
ze Brumbâne an den sê geriten.
durch tjoste het sîn dâ gebiten
25 Lybbêâls der werde helt,
des tôt mit tjoste was erwelt.
er was erborn von Prienlascors.
Lähelîn des heldes ors
dannen zôch mit sîner hant:
dâ wart der rêroup bekant.

474   Hêrre, sît irz Lähelîn?
sô stêt in dem stalle mîn
den orsen ein ors gelîch gevar,
diu dâ hoernt an des grâles schar.
5 ame satel ein turteltûbe stêt:
daz ors von Munsalvaesche gêt.
diu wâpen gap in Anfortas,
dô er der vröuden hêrre was.
ir schilte sint von alter sô:
10 Tyturel si brâhte dô
an sînen sun rois Frimutel:
dar unde vlôs der degen snel
von einer tjoste ouch sînen lîp.
der minnet sîn selbes wîp,
15 daz nie von manne mêre
wîp geminnet wart so sêre,
ich mein mit rehten triuwen.
sîne site sult ir niuwen,
und minnet von herzen iuwer konen.
20 sîner site sult ir wonen:
iuwer varwe im treit gelîchiu mâl.
der was ouch hêrre über den grâl.
ôwî hêr, wanne ist iuwer vart?
nu ruocht mir prüeven iuwern art.'

niemanden schelten, aber daß er sich nicht nach dem bejammernswerten Los des Hausherrn erkundigt hat, ist eine Sünde, die er büßen muß, denn niemand lebt so elend wie Anfortas. Vor diesem konnte noch König Lähelin bis zum See Brumbane vordringen, wo ihn der edle Held Libbeals von Prienlascors zum Zweikampf zwang. Libbeals fand im Kampf den Tod, und Lähelin führte das Pferd des toten Helden mit sich fort, so daß die Totenberaubung bekannt wurde. Herr, seid Ihr etwa Lähelin? Das Tier in meinem Stall sieht aus, als gehöre es zu den Pferden der Gralsgemeinschaft. Es muß aus Munsalwäsche stammen, denn es trägt am Sattel das Bild einer Turteltaube. Dies Wappenzeichen gab der Gralsgemeinschaft Anfortas, als er noch unbeschwert und glücklich war. Die Gralsritter tragen es seit eh und je auf ihren Schilden. Titurel vererbte es auf seinen Sohn, König Frimutel. Unter einem solchen Schild verlor der kühne Held im Zweikampf sein Leben. Er liebte seine Frau so innig, wie nie ein Mann eine Frau geliebt hat, und hing an ihr in unwandelbarer Treue. Nehmt Euch ein Beispiel an ihm und liebt Eure Ehefrau ebenso von ganzem Herzen! Auch sonst kann er Euch Vorbild sein, zumal Ihr ihm ähnlich seid. Vor Anfortas war er Herrscher über den Gral. Ach, Herr, woher kommt Ihr? Bitte sagt mir, welchem Geschlecht Ihr entstammt!«

25   ieweder vaste an den andern sach.
        Parzivâl zem wirte sprach
        'ich bin von einem man erborn,
        der mit tjost hât den lîp verlorn,
        unt durch ritterlîch gemüete.
        hêr, durch iuwer güete
475   Sult ir in nemen in iuwer gebet.
        mîn vater der hiez Gahmuret,
        er was von arde ein Anschevîn.
        hêrre, ichn binz niht Lähelîn.
5   genam ich ie den rêroup,
        sô was ich an den witzen toup.
        ez ist iedoch von mir geschehen:
        der selben sünde muoz ich jehen.
        Ithêrn von Cucûmerlant
10   den sluoc mîn sündebaeriu hant:
        ich leit in tôten ûf daz gras,
        unt nam swaz dâ ze nemen was.'
          'ôwê werlt, wie tuostu sô?'
        sprach der wirt: der was des maeres unvrô.
15   'du gîst den liuten herzesêr
        unt riuwebaeres kumbers mêr
        dan der vröud. wie stêt dîn lôn!
        sus endet sich dîns maeres dôn.'
        dô sprach er 'lieber swester sun,
20   waz râtes möhte ich dir nu tuon?
        du hâst dîn eigen verch erslagen.
        wiltu vür got die schulde tragen,
        sît daz ir bêde wârt ein bluot,
        ob got dâ reht gerihte tuot,
25   sô giltet im dîn eigen leben.
        waz wiltu im dâ ze gelte geben,
        Ithêrn von Kaheviez?
        der rehten werdekeit geniez,
        des diu werlt was gereinet,
        het got an im erscheinet.

Beide sahen einander fest in die Augen, und endlich sprach Parzival zum Hausherrn: »Ich stamme von einem Manne ab, der in seinem Streben nach ritterlicher Bewährung im Zweikampf den Tod gefunden hat. Herr, schließt ihn gütig in Eure Fürbitte ein. Mein Vater hieß Gachmuret von Anjou. Ich bin nicht Lähelin, Herr! Zwar habe auch ich einst einen Toten beraubt, doch es geschah in törichtem Unverstand. Ja, ich bin schuldig geworden und gestehe diese Sünde. Meine sündige Hand erschlug Ither von Kukumerland. Ich streckte ihn nieder und nahm, was zu nehmen war.«

»Weh dir, Welt! Das ist dein Lauf!« rief der Hausherr, erschüttert von diesem Bericht. »Du gibst dem Menschen mehr Herzeleid und jammervolles Elend als Freude. Das also ist dein Lohn! Das also ist das Ende vom Lied!« Und weiter sprach er: »Lieber Neffe, was soll ich dazu sagen? Du hast deinen eigenen Verwandten erschlagen. Trittst du mit dieser Schuld vor Gottes Richterstuhl, dann büßt du, richtet er gerecht, mit dem Leben, denn ihr wart vom selben Blut. Wie willst du deine Tat an Ither von Gaheviez sühnen? Nach Gottes Willen verkörperte er die Frucht echter Vornehmheit, die das Erdenrund verschönt. Alles Unrecht war ihm,

476 Missewende was sîn riuwe,
er balsem ob der triuwe.
al werltlîchiu schande in vlôch:
werdekeit sich in sîn herze zôch.
5 dich solden hazzen werdiu wîp
durch sînen minneclîchen lîp:
sîn dienst was gein in sô ganz,
ez machte wîbes ougen glanz,
die in gesâhn, von sîner süeze.
10 got daz erbarmen müeze
daz du ie gevrumtest selhe nôt!
mîn swester lac ouch nâch dir tôt,
Herzeloyde dîn muoter.'
'neinâ hêrre guoter,
15 waz sagt ir nu?' sprach Parzivâl.
'waer ich dan hêrre über den grâl,
der möhte mich ergetzen niht
des maeres mir iuwer munt vergiht.
bin ich iuwer swester kint,
20 sô tuot als die mit triuwen sint,
und sagt mit sunder wankes vâr,
sint disiu maere beidiu wâr?'
dô sprach aber der guote man
'ich enbinz niht der dâ triegen kan:
25 dîner muoter daz ir triuwe erwarp,
dô du von ir schiede, zehant si starp.
du waere daz tier daz si dâ souc,
unt der trache der von ir dâ vlouc.
ez widervuor in slâfe ir gar,
ê daz diu süeze dich gebar.
477 Mîner geswistrede zwei noch sint.
mîn swester Tschoysîane ein kint
gebar: der vrühte lac si tôt.
der herzoge Kyôt
5 von Katelange was ir man:
dern wolde ouch sît niht vröude hân.

dem Inbegriff der Treue, ein Greuel. Irdischer Makel floh vor ihm, doch vornehme Würde hielt Einzug in seinem Herzen. Um dieses liebenswerten Mannes willen müßten dir alle edlen Frauen feind sein; denn in ihrem Dienste ging er auf, und seine Anmut ließ jedes Frauenauge leuchten. Gott erbarme sich, daß du solches Leid bewirkt hast! Auch deine Mutter Herzeloyde, meine Schwester, ist vor Sehnsucht nach dir gestorben!«

»Frommer Mann, was sagt Ihr da? Das kann nicht sein!« rief Parzival. »Wäre ich Herrscher über den Gral, ich könnte nie verschmerzen, was Ihr eben spracht! Wenn ich wirklich Euer Neffe bin, dann handelt recht an mir und sagt aufrichtig, ob beides wirklich wahr ist!«

Da sprach der fromme Mann: »Mir liegt jeder Trug fern! Ihre Treue war es, die deiner Mutter in der Stunde deines Abschieds den Tod brachte. Du warst das Tier, das sie säugte, du warst der Drache, der von ihr davonflog: noch vor deiner Geburt hat sie dies alles im Traum erlebt. Außer ihr habe ich noch zwei Schwestern. Die eine, Schoysiane, starb bei der Geburt ihres Kindes. Ihr Mann war Herzog Kyot von Katalonien, und er ist seit ihrem Tod nie wieder

Sigûne, des selben töhterlîn,
bevalh man der muoter dîn.
Tschoysîânen tôt mich smerzen
10 muoz enmitten ime herzen:
ir wîplîch herze was sô guot,
ein arke vür unkiusche vluot.
ein magt, mîn swester, pfligt noch site
sô daz ir volget kiusche mite.
15 Repanse de schoye pfligt
des grâles, der sô swaere wigt
daz in diu valschlîch menscheit
nimmer von der stat getreit.
ir bruoder und mîn ist Anfortas,
20 der bêdiu ist unde was
von art des grâles hêrre.
dem ist leider vröude verre:
wan daz er hât gedingen,
in sül sîn kumber bringen
25 zem endelôsem gemache.
mit wunderlîcher sache
ist ez im komen an riuwen zil,
als ich dir, neve, künden wil.
pfligstu denne triuwe,
so erbarmet dich sîn riuwe.

478   Dô Frimutel den lîp verlôs,
mîn vater, nâch im man dô kôs
sînen eltsten sun ze künege dar,
ze vogte dem grâle unt des grâles schar.
5 daz was mîn bruoder Anfortas,
der crône und rîcheit wirdec was.
dannoch wir wênec wâren.
dô mîn bruoder gein den jâren
kom vür der gransprunge zît,
10 mit selher jugent hât minne ir strît:
sô twingt si ir vriunt sô sêre,
man mag es ir jehen ze unêre.

froh gewesen. Sein Töchterchen Sigune kam in die Obhut
deiner Mutter. Schoysianes Tod schmerzt mich zutiefst. Sie
hatte ein edles Herz und war wie eine Arche auf der Flut der
Unkeuschheit. Meine zweite Schwester ist eine makellose
Jungfrau. Es ist Repanse de Schoye, die Hüterin des Grals.
Er ist so schwer, daß ihn selbst die ganze sündige Mensch-
heit nicht von der Stelle bewegen könnte. Ihr und mein
Bruder ist Anfortas, der nach der Erbfolge die Herrschaft
über den Gral angetreten hat. Leider lebt er freudlos dahin
und kann nur noch hoffen, daß ihm sein Elend einst zur
ewigen Seligkeit verhelfen wird. Dieses bejammernswerte
Los verdankt er einem merkwürdigen Ereignis, von dem ich
dir jetzt berichten will, lieber Neffe, und wenn du Treue im
Herzen trägst, wirst du dich seiner Pein erbarmen. Als
Frimutel gefallen war, erhob man seinen ältesten Sohn zum
König, zum Schutzherrn des Grals und der Gralsgemein-
schaft, und dies war mein Bruder Anfortas. Er war der
Krone und der Herrschergewalt durchaus würdig, obgleich
wir Geschwister damals alle noch jung waren. Nun trat mein
Bruder in jenes Lebensalter, in dem die ersten Barthaare
sprießen. Solcher Jugend macht die Liebe zu schaffen, und
sie gewinnt solche Gewalt über ihre Auserkorenen, daß es
eigentlich eine Schande ist. Liebt aber ein Gralsherrscher

swelh grâles hêrre aber minne gert
anders dan diu schrift in wert,
15 der muoz es komen ze arbeit
und in siufzebaeriu herzeleit.
    mîn hêrre und der bruoder mîn
kôs im eine vriundîn,
des in dûht, mit guotem site.
20 swer diu was, daz sî dâ mite.
in ir dienst er sich zôch,
sô daz diu zageheit in vlôch.
des wart von sîner clâren hant
verdürkelt manec schildes rant.
25 da bejagte an âventiure
der süeze unt der gehiure,
wart ie hôher prîs erkant
über elliu ritterlîchiu lant,
von dem maere was er der vrîe.
Amor was sîn crîe.
479 Der ruoft ist zer dêmuot
iedoch niht volleclîchen guot.
    eins tages der künec al eine reit
(daz was gar den sînen leit)
5 ûz durch âventiure,
durch vröude an minnen stiure:
des twanc in der minnen ger.
mit einem gelupten sper
wart er ze tjostieren wunt
10 (sô daz er nimmer mêr gesunt
wart, der süeze oeheim dîn),
durch die heidruose sîn.
ez was ein heiden der dâ streit
unt der die selben tjoste reit,
15 geborn von Ethnîse,
dâ ûz dem pardîse
rinnet diu Tigris.
der selbe heiden was gewis,

eine andre Frau, als ihm die Inschrift auf dem Gral
bestimmt, dann wird er mit Drangsal und beklagenswertem
Herzeleid gestraft. Mein Herrscher und Bruder erwählte
nun eine Geliebte von edler Art, wie er glaubte. Es bleibe
beiseite, wer sie war. In ihrem Dienst vollbrachte er mutige
Taten und zerschlug so manchen Schild. Der schöne, edle
Jüngling erwarb durch seine Abenteuerfahrten höchsten
Ruhm in allen Ländern, wo nur Ritter leben. Sein Kampfruf
war ›Amor‹, obwohl dies nicht gerade von demütiger
Gesinnung zeugt. Eines Tages ritt der König, was den
Seinen großen Kummer bereiten sollte, allein auf Abenteu-
ersuche. Sein Liebesverlangen trieb ihn, das beglückende
Erlebnis sieghafter Liebe zu suchen. Damals wurde dein
lieber Oheim im Zweikampf von einer vergifteten Lanze an
der Scham verwundet und siecht seitdem rettungslos dahin.
Den Kampf trug ein Heide mit ihm aus; er stammte aus
Ethnise, wo der Tigris aus dem Paradies fließt. Dieser Heide
war fest überzeugt davon, durch seine Heldenkraft den Gral

sîn ellen solde den grâl behaben.
20 inme sper was sîn name ergraben:
er suocht die verren ritterschaft,
niht wan durch des grâles craft
streich er wazzer unde lant.
von sîme strîte uns vröude swant.
25   dîns oeheims strît man prîsen
muoz: des spers îsen
vuort er in sîme lîbe dan.
dô der junge werde man
kom heim zuo den sînen,
dâ sach man jâmer schînen.
480 Den heiden hete er dort erslagen:
den sul ouch wir ze mâze clagen.
    dô uns der künec kom sô bleich,
unt im sîn craft gar gesweich,
5 in die wunden greif eins arztes hant,
unz er des spers îsen vant:
der trunzûn was roerîn,
ein teil in den wunden sîn:
diu gewan der arzet beidiu wider.
10 mîne venje viel ich nider:
dâ lobet ich der gotes craft,
daz ich deheine ritterschaft
getaete nimmer mêre,
daz got durch sîn êre
15 mînem bruoder hulfe von der nôt.
ich verswuor ouch vleisch, wîn unde brôt,
unt dar nâch al daz trüege bluot,
daz ichs nimmer mêr gewünne muot.
daz was der diet ander clage,
20 lieber neve, als ich dir sage,
daz ich schiet von dem swerte mîn.
si sprâchen 'wer sol schirmer sîn
über des grâles tougen?'
dô weinden liehtiu ougen.

erringen zu können. Sein Namenszug war in den Lanzen-
schaft eingeritzt. Von der Sage über die Wunderkraft des
Grals angelockt, durchquerte er Länder und Meere und
suchte in der Ferne ritterliche Kämpfe. Sein Lanzenstoß ließ
unser Glück entschwinden. Dein Oheim errang zwar den
Sieg in diesem Kampf, doch er trug in seinem Körper die
Lanzenspitze davon. Als der edle Jüngling heimkehrte zu
den Seinen, erhob sich lautes Wehklagen. Der Heide blieb
tot auf dem Kampfplatz zurück, und wir haben keine Ursa-
che, seinen Tod zu beklagen. Als der König totenbleich und
mit schwindenden Kräften bei uns angelangt war, unter-
suchte ein Arzt die Wunde und entdeckte darin die Lanzen-
spitze. Auch ein Splitter des Bambusschaftes steckte noch in
der Wunde, und der Arzt zog Bambussplitter wie Lanzenei-
sen heraus. Ich aber warf mich betend auf die Knie und
gelobte dem allmächtigen Gott, dem Ritterleben zu entsa-
gen, damit Gott zu seinem eigenen Ruhme meinen Bruder
aus der Not errette. Ich verschwor Fleisch, Wein, Brot und
alles, was Blut in den Adern hat. Nie wieder wollte ich
danach verlangen. Daß ich dem Schwert entsagte, lieber
Neffe, war für das Gralsvolk Grund zu neuer Klage. Alle
riefen: ›Wer soll nun die Geheimnisse des Grals schützen?‹
Und Tränen flossen aus klaren Augen. – Man trug den

25   si truogen den künec sunder twâl
durch die gotes helfe vür den grâl.
dô der künec den grâl gesach,
daz was sîn ander ungemach,
daz er niht sterben mohte,
wand im sterben dô niht dohte,

481 Sît daz ich mich hete ergeben
in alsus ärmeclîchez leben,
unt des edelen ardes hêrschaft
was komen an sô swache craft.

5   des küneges wunde geitert was.
swaz man der arzetbuoche las,
diene gâben keiner helfe lôn.
gein aspîs, ecidemôn,
ehcontîus unt lisîs,

10 jêcîs unt mêatrîs
(die argen slangen daz eiter heiz
tragent), swaz iemen dâ vür weiz,
unt vür ander würm die daz eiter tragent,
swaz die wîsen arzt dâ vür bejagent

15 mit fisiken liste an würzen
(lâ dir die rede kürzen),
der keinz gehelfen kunde:
got selbe uns des verbunde.
    wir gewunnen Gêon

20 ze helfe unde Fîsôn,
Eufrâtes unde Tigrîs,
diu vier wazzer ûz dem pardîs,
sô nâhen hin zuo ir süezer smac
dennoch niht sîn verrochen mac,

25 ob kein wurz dinne quaeme,
diu unser trûren naeme.
daz was verlorniu arbeit:
dô niuwet sich unser herzeleit.
    doch versuochte wirz in mangen wîs.
do gewunne wir daz selbe rîs

König schnell vor den Gral, damit ihm Gott helfe. Daß der
König den Gral ansehen mußte, vermehrte seine Qualen,
denn nun konnte er nicht sterben. Das durfte er auch nicht,
denn da ich mich einem Leben in Armut ergeben hatte,
gründete sich die Herrschaft des edlen Gralsgeschlechtes nur
noch auf seine schwachen Kräfte. Die Wunde des Königs
eiterte heftig, und obwohl wir eifrig in zahlreichen medizini-
schen Werken nachschlugen, blieb alles vergeblich und
erfolglos. Alle Mittel gegen den Biß von Aspis, Ecidemon,
Echontius, Lisis, Jecis, Meatris, gefährliche Schlangen mit
starkem Gift, und anderen Giftschlangen, alle Heilkräuter,
die in der Arzneikunde erfahrene Ärzte dagegen anwenden,
halfen nicht. Kurz und gut: Nichts schlug an, denn Gott
wollte keine Heilung! In Hoffnung auf Hilfe begaben wir uns
zu den paradiesischen Flüssen Geon, Fison, Euphrat und
Tigris, und zwar ganz nahe bei ihrem Austritt aus dem
Paradies, wo sein lieblicher, heilsamer Duft noch nicht
verflogen war. Vielleicht fanden sich darin heilkräftige, uns
hilfreiche Kräuter. Das alles war jedoch verlorene Mühe, und
unser Herzeleid blieb ungestillt. Wir versuchten es auf vieler-
lei andere Art. So beschafften wir uns jene Pflanze, die Sibylle

---

Aspis: in antiken Quellen als giftige Schlangenart erwähnt.
Ecidemon: Fabeltier, hier offenbar als Schlange angesehen.
Echontius: Schlangenart der Sage.
Lisis: vielleicht verderbt aus *basiliscus,* dem Fabeltier Basilisk, einer geflügelt
gedachten Schlange, deren Blick tödlich wirken sollte.
Jecis: Schlangenart der Sage.
Meatris: Schlangenart der Sage.
Geon ... Tigris: Gihon, Pison, Euphrat und Tigris sind nach dem 1. Buch Mose
(2,10–14) die vier Flüsse, die aus dem Paradies fließen.
Pflanze ... empfahl: bezieht sich auf eine Episode in Vergils »Äneis« (6,136 ff.).
Äneas gelangt hier zur Sibylle und erhält von ihr vor der Höllenfahrt einen
zauberkräftigen goldnen Zweig, der ihn schützt.

482   Dar ûf Sibille jach
        Enêas vür hellesch ungemach
        und vür den Flegetônen rouch,
        vür ander vlüzze die drin vliezent ouch.
5   des nâmen wir uns muoze
        unt gewunnen daz rîs ze buoze,
        ob daz sper ungehiure
        in dem helschen viure
        waer gelüppet oder geloetet,
10   daz uns an vröuden toetet.
            dô was dem sper niht alsus.
        ein vogel heizt pellicânus:
        swenne der vruht gewinnet,
        alze sêre er die minnet:
15   in twinget sîner triuwe gelust
        daz er bîzet durch sîn selbes brust,
        unt lât daz bluot den jungen in den munt:
        er stirbet an der selben stunt.
        do gewunnen wir des vogels bluot,
20   ob uns sîn triuwe waere guot,
        unt strichens an die wunden
        sô wir beste kunden.
            daz mohte uns niht gehelfen sus.
        ein tier heizet monîcirus:
25   daz erkennet der meide reine sô grôz
        daz ez slaefet ûf der meide schôz.
        wir gewunnen des tieres herzen
        über des küneges smerzen.
        wir nâmen den karfunkelstein
        ûf des selben tieres hirnbein,
483   Der dâ wehset under sîme horn.
        wir bestrichen die wunden vorn,
        und besouften den stein drinne gar:
        diu wunde was et lüppec var.
5   daz tet uns mit dem künege wê.
        wir gewunnen ein wurz heizt trachontê

Äneas als Schutz gegen die Höllenpein, den Dunst des
Phlegeton und anderer Unterweltsflüsse empfahl. Wir müh-
ten uns lange Zeit, bis wir die Heilpflanze endlich fanden, da
wir nicht wußten, ob nicht die gräßliche, all unsere Lebens-
freude tötende Lanze etwa im Höllenfeuer vergiftet und
gehärtet worden war. Doch das war nicht der Fall. – Dann
gibt es den Vogel Pelikan. Wenn seine Brut ausschlüpft,
umhegt er sie mit so überschwenglicher Liebe, daß er sich in
treuer Fürsorge in die eigene Brust beißt und das Blut in den
Schnabel der Jungvögel fließen läßt. Er selbst geht dabei
zugrunde. In der Hoffnung, seine Treue könnte Heilung
bringen, beschafften wir uns solches Blut und strichen es auf
die Wunde, so gut wir es verstanden. Aber es brachte auch
keine Hilfe. – Ferner gibt es ein Tier, das man Einhorn
nennt. Dieses Tier fühlt zu einer unberührten Jungfrau so
großes Zutrauen, daß es in ihrem Schoße einschläft. Um die
Qualen des Königs zu lindern, beschafften wir uns das Herz
des Tieres und den Karfunkelstein, der im Stirnknochen
unter dem Horn wächst. Erst führten wir den Stein nur über
die Wunde, dann drückten wir ihn hinein, doch die Wunde
behielt ihre giftige Färbung, und wir litten mit dem König. –
Danach beschafften wir uns das Kraut Natterwurz. Von

Pelikan ... Brust: Nach dem Volksaberglauben des Mittelalters und nach
Isidors von Sevilla (560–636) »Etymologiae« gilt der Pelikan als Symbol
aufopfernder Liebe und als Sinnbild Christi.
Einhorn: Das Fabeltier, das man sich als Pferd mit spitzem Horn in der
Stirnmitte vorstellte, war im mittelalterlichen Volksglauben Symbol der Rein-
heit.
Natterwurz: Heilpflanze der Sage.

(wir hoeren von der würze sagen,
swâ ein trache werde erslagen,
si wanse von dem bluote.
10   der würze ist sô ze muote,
si hât al des luftes art),
ob uns des trachen umbevart
dar zuo möhte iht gevromen,
vür der sterne wider komen
15   unt vür des mânen wandeltac,
dar an der wunden smerze lac.
der [würze] edel hôch geslehte
kom uns dâ vür niht rehte.
      unser venje viel wir vür den grâl.
20   dar an gesâhen wir ze einem mâl
geschriben, dar solde ein ritter komen:
wurde des vrâge aldâ vernomen,
sô solde der kumber ende hân:
ez waere kint magt oder man,
25   daz in der vrâge warnet iht,
sone solt diu vrâge helfen niht,
wan daz der schade stüende als ê
und herzelîcher taete wê.
diu schrift sprach 'habt ir daz vernomen?
iuwer warnen mac ze schaden komen.
484   Vrâgt er niht bî der êrsten naht,
sô zergêt sîner vrâge maht.
wirt sîn vrâge an rehter zît getân,
sô sol er daz künecrîche hân,
5   unt hât der kumber ende
von der hôhsten hende.
dâ mit ist Anfortas genesen,
ern sol aber niemer künec wesen.'
      sus lâsen wir am grâle
10   daz Anfortases quâle
dâ mit ein ende naeme,
swenn im diu vrâge quaeme.

dem Kraut heißt es, es sprieße aus dem Blut eines erschlage-
nen Drachens und stünde in geheimnisvoller Beziehung zum
Lauf der Gestirne. Wir versuchten nun, ob das Sternbild des
Drachens gegen die Wirkung der aufziehenden Planeten und
den Wechsel des Mondes, die den Wundschmerz verstärk-
ten, nützen könne, doch trotz seiner edlen, erhabenen Her-
kunft brachte uns das Heilkraut keine Hilfe. Schließlich
warfen wir uns betend vor dem Gral auf die Knie. Da zeigte
sich auf seinem Rand eine Schrift: ein Ritter würde kom-
men. Sollte er mitleidig nach dem Geschick des Königs
fragen, dann hätte alles Elend ein Ende. Doch dürfe ihn
niemand auf die Wichtigkeit der Frage hinweisen, sonst
würde sie nicht helfen. Die Wunde bliebe dann unverändert,
ja sie bereite noch größere Schmerzen als vorher. Und weiter
hieß es in der Schrift: ›Habt ihr auch alles gut verstanden?
Jeder heimliche Hinweis schadet nur! Und fragt er nicht
gleich in der ersten Nacht, dann ist die Gelegenheit verpaßt;
späteres Fragen wirkt nicht mehr. Fragt er jedoch zur rech-
ten Stunde, dann soll er die Herrschaft über das Königreich
übernehmen, und alles Elend ist nach dem Willen des Aller-
höchsten vorbei. Anfortas wird dann genesen, doch er soll
nicht mehr König sein.‹
Wir lasen also am Gral, die Qual des Anfortas könne durch
eine Mitleidsfrage geendet werden. Nun behandelten wir die

wir strichen an die wunden
swâ mit wir senften kunden,
15 die guoten salben nardas,
unt swaz gedrîakelt was,
unt den rouch von lign alôê:
im was et ze allen zîten wê.
dô zôch ich mich dâ her:
20 swachiu wünne ist mîner jâre wer.
sît kom ein ritter dar geriten:
der möhte ez gerne hân vermiten;
von dem ich dir ê sagte,
unprîs der dâ bejagte,
25 sît er den rehten kumber sach,
daz er niht zuo dem wirte sprach
'hêrre, wie stêt iuwer nôt?'
sît im sîn tumpheit daz gebôt
daz er aldâ niht vrâgte,
grôzer saelde in dô betrâgte.'
485   Si bêde wârn mit herzen clage.
dô nâht ez dem mittem tage.
der wirt sprach 'gê wir nâch der nar.
dîn ors ist unberâten gar:
5 ich mac uns selben niht gespîsen,
esne welle uns got bewîsen.
mîn küche riuchet selten:
des muostu hiute engelten,
unt al die wîl du bî mir bist.
10 ich solt dich hiute lêren list
an den würzen, lieze uns der snê.
got gebe daz der schier zergê.
nu brechen die wîl îwîn graz.
ich waen dîn ors dicke gaz
15 ze Munsalvaesche baz dan hie.
du noch ez ze wirte nie
kômt, der iuwer gerner pflaege,
ob ez hie bereitez laege.'

Wunde mit schmerzlindernden Mitteln, so mit der trefflichen Nardensalbe, mit theriakhaltigen Mitteln und mit dem Rauch von Aloeholz, doch Anfortas litt weiter große Schmerzen. Damals zog ich mich hierher zurück, wo ich ein Leben in Trauer führe. Später kam wirklich der angekündigte und bereits erwähnte Ritter zum Gral geritten. Wäre er lieber gar nicht erst erschienen! Er hat nur Schande auf sich geladen! Obwohl das qualvolle Elend des Hausherrn gar nicht zu übersehen war, kamen ihm nicht die Worte in den Sinn: ›Herr, was fehlt Euch?‹ Da er in seiner Torheit die Frage versäumte, hat er das große Glück, das ihn erwartete, verscherzt.«

Nach diesen Worten waren beide im Herzen betrübt. Indes war es Mittag geworden, und der Hausherr sprach: »Gehen wir auf die Nahrungssuche! Dein Pferd hat noch nichts bekommen, und auch uns kann ich nichts vorsetzen, wenn Gott uns nichts gibt. In meiner Küche raucht kaum ein Feuer. Damit mußt du dich heute und solange du hier bist abfinden. Wäre kein Schnee gefallen, hätte ich dich heute in der Kräuterkunde unterwiesen. Gott gebe, daß der Schnee bald schmilzt! Brechen wir also junge Eibensprossen! Sicher hat dein Pferd in Munsalwäsche oft genug besseres Futter erhalten, doch seid ihr beide, du und dein Pferd, nie bei einem Hausherrn gewesen, der mehr auf euer Wohl bedacht wäre, wenn er nur alles zur Verfügung hätte!«

Narde: Bezeichnung für ein Duftgewächs; aus den Wurzeln des in der Himalajagegend beheimateten Nardenbaldrians wurden schon im Altertum Nardenöl und -salbe hergestellt.
Theriak: urspr. Mittel gegen Schlangengift, galt im Mittelalter als Allheilmittel aus 12 bis 65 Bestandteilen.
Aloeholz: Heilmittel der Sage.

      si giengen ûz umb ir bejac.
20 Parzivâl des vuoters pflac.
      der wirt gruop im würzelîn:
      daz muose ir beste spîse sîn.
      der wirt sîner orden niht vergaz:
      swie vil er gruop, deheine er az
25 der würze vor der nône:
      an die stûden schône
      hienc ers und suochte mêre.
      durch die gotes êre
      manegen tac ungâz er gienc,
      so er vermiste dâ sîn spîse hienc.
486   Die zwêne gesellen niht verdrôz,
      si giengen dâ der brunne vlôz,
      si wuoschen würze unde ir krût.
      ir munt wart selten lachens lût.
5 ieweder sîne hende
      twuoc. an eime gebende
      truoc Parzivâl îwîn loup
      vürz ors. ûf ir ramschoup
      giengen si wider zuo den koln.
10 man dorfte in niht mêr spîse holn:
      dane was gesoten noch gebrâten,
      unt ir küchen unberâten.
      Parzivâl mit sinne,
      durch die getriuwe minne
15 die er gein sînem wirte truoc,
      in dûhte er hete baz genuoc
      dan dô sîn pflac Gurnemanz,
      und dô sô maneger vrouwen varwe glanz
      ze Munsalvaesche vür in gienc,
20 da er wirtschaft vome grâle enpfienc.
      der wirt mit triuwen wîse
      sprach 'neve, disiu spîse
      sol dir niht versmâhen.
      dune vündest in allen gâhen

Damit gingen sie hinaus auf Nahrungssuche. Parzival kümmerte sich um Futter für sein Pferd, während der Hausherr Wurzeln ausgrub, mit denen sie sich begnügen mußten. Er hielt sich streng an seine Ordenssatzung und aß vor der None keine einzige Wurzel, obwohl er viele ausgrub. Sorgsam hängte er sie an Büschen auf und suchte weiter. Manchen Tag kehrte er zu Ehren Gottes ungespeist zurück, und zwar dann, wenn er die Büsche, an denen seine Nahrung hing, nicht wiederfand. Beide Gefährten ließen sich die Mühe nicht verdrießen und wanderten zu der sprudelnden Quelle, wo sie Wurzeln und Kräuter wuschen. Dabei ertönte kein fröhliches Lachen. Schließlich wuschen sie sich die Hände. Als Parzival seinem Pferd ein Bündel Eibensprossen vorgeworfen hatte, kehrten beide auf die Strohschütte vor das Kohlenbecken zurück. Nach anderen Speisen brauchte man nicht zu suchen; bei ihnen wurde weder gekocht noch gebraten, denn die Küche war völlig leer. Parzival besaß Verstand genug und fühlte überdies tiefe Zuneigung zu seinem Gastgeber, so daß er sich besser bewirtet wähnte als bei Gurnemanz oder als er viele wunderschöne, strahlende Edeldamen vor Augen, in Munsalwäsche vom Gral gespeist wurde. Der Hausherr sprach wohlmeinend und weise: »Neffe, schätze bitte diese Speise nicht

---

Ordenssatzung: Trevrizent befolgt die Lebensregeln mittelalterlicher Mönche.
None: neunte Stunde des um sechs Uhr beginnenden Tages, also drei Uhr nachmittags.

25 dehein wirt der dir gunde baz
    guoter wirtschaft âne haz.'
    Parzivâl sprach 'hêrre,
    der gotes gruoz mir verre,
    ob mich ie baz gezaeme
    swes ich von wirte naeme.'

487   Swaz dâ was spîse vür getragen,
    beliben si dâ nâch ungetwagen,
    daz enschadet in an den ougen niht,
    als man vischegen handen giht.
5   ich wil vür mich geheizen,
    man möhte mit mir beizen,
    waer ich vür vederspil erkant,
    ich swunge al gernde von der hant,
    bî selhen kröpfelînen
10 taete ich vliegen schînen.
    wes spotte ich der getriuwen diet?
    mîn alt unvuoge mir daz riet.
    ir hât doch wol gehoeret
    waz in rîcheit hât gestoeret,
15 war umb si wâren vröuden arm,
    dicke kalt unt selten warm.
    si dolten herzen riuwe
    niht wan durch rehte triuwe,
    ân alle missewende.
20 von der hôhsten hende
    enpfiengen si umb ir kumber solt:
    got was und wart in bêden holt.
    si stuonden ûf und giengen dan,
    Parzivâl unt der guote man,
25 zem orse gein dem stalle.
    mit cranker vröuden schalle
    der wirt zem ors sprach 'mir ist leit
    dîn hungerbaeriu arbeit
    durch den satel der ûf dir ligt,
    der Anfortases wâpen pfligt.'

gering, denn du fändest so schnell keinen Gastgeber, der dir
so gern wie ich das Beste vom Besten vorsetzen möchte.«
Parzival erwiderte: »Herr, möge Gott mich verstoßen, wenn
es mir jemals bei einem Gastgeber besser geschmeckt hat.«
Wuschen sie sich nach Tisch auch nicht die Hände, sie
brauchten für ihre Augen nichts zu fürchten; dazu soll
allerdings Anlaß bestehen, wenn man Fisch gegessen hat.
Was mich betrifft, so kann ich versichern: Hielte man mich
dort als Jagdvogel und ritte man mit mir auf die Beizjagd, so
würde ich mich bei so mageren Bissen höchst beutegierig
von der Faust aufschwingen und meine Flügel ordentlich
gebrauchen! Doch was spotte ich über die Getreuen? Wieder
einmal hat mich meine alte Unart verleitet! Ihr habt ja
gehört, warum sie keinen Reichtum besaßen, warum sie
karg und freudlos lebten, warum sie froren und kaum
Wärme fühlten. In wahrer Treue und unbeirrbar trugen
beide ihr Herzeleid und empfingen schließlich von der Hand
des Allerhöchsten den Lohn für ihre Leiden. Gott war und
wurde ihnen gnädig.
Parzival und der fromme Mann erhoben sich und gingen in
den Stall zum Pferd. Betrübt sprach der Hausherr es an:
»Mich dauert, daß du hungern mußt, denn du trägst auf
deinem Sattel das Wappen des Anfortas.«

Fisch gegessen: mittelalterlicher Volksglaube; daß von Fischen die Rede ist,
bedingt der kirchliche Gedenktag: der Karfreitag gilt als Fastentag, an dem kein
Fleisch, sondern allenfalls Fisch gestattet ist.

488   Dô si daz ors begiengen,
niuwe clage si an geviengen.
Parzivâl zem wirte sîn
sprach 'hêrre und lieber oeheim mîn

5   getorste ichz iu vor scham gesagen,
mîn ungelücke ich solde clagen.
daz verkiest durch iuwer selbes zuht:
mîn triuwe hât doch gein iu vluht.
ich hân sô sêre missetân,

10   welt ir michs engelten lân,
sô scheide ich von dem trôste
unt bin der unerlôste
immer mêr von riuwe.
ir sult mit râtes triuwe

15   clagen mîne tumpheit.
der ûf Munsalvaesche reit,
und der den rehten kumber sach,
unt der deheine vrâge sprach,
daz bin ich unsaelec barn:

20   sus hân ich, hêrre, missevarn.'
der wirt sprach 'neve, waz sagestu nû?
wir sulen bêde samt zuo
herzenlîcher clage grîfen
unt die vröude lâzen slîfen,

25   sît dîn kunst sich saelden sus verzêch.
dô dir got vünf sinne lêch,
die hânt ir rât dir vor bespart.
wie was dîn triuwe von in bewart
an den selben stunden
bî Anfortases wunden?

489   Doch wil ich râtes niht verzagen:
dune solt ouch niht ze sêre clagen.
du solt in rehten mâzen
clagen und clagen lâzen.

5   diu menscheit hât wilden art.
etswâ wil jugent an witze vart:

Während sie das Pferd versorgten, nahm ihr Gespräch eine neue schmerzliche Wendung. Parzival sagte zu seinem Gastgeber: »Herr und lieber Oheim, ich sollte Euch mein Unglück klagen, hielte mich die Scham nicht ab. Bei Eurer edlen Bildung, habt Nachsicht mit mir, denn ich suche vertrauensvoll Zuflucht bei Euch. Ich habe so arg gefrevelt, daß ich hoffnungslos verloren bin und nie von meinem Leid erlöst werde, wenn Ihr gerechte Vergeltung übt. Beklagt lieber meine Unerfahrenheit und gebt mir Euern wohlmeinenden Rat. Der Ritter, der nach Munsalwäsche kam, das jammervolle Elend sah und dennoch keine Frage stellte, war ich Unglückseliger! Herr, es war mein Vergehen!«

Da rief der Hausherr: »Was sagst du, Neffe? Nun haben wir wirklich allen Grund, aus tiefstem Herzen zu klagen und zu trauern! Du hast deinen Verstand nicht gebraucht und dein Glück verscherzt! Deine fünf Sinne, die Gott dir gab, haben versagt! Warum ließen sie dich beim Anblick der Wunde des Anfortas nicht Teilnahme empfinden? Trotz allem aber will ich dir meinen Rat nicht vorenthalten. Zunächst dies: Überlaß dich nie völlig der Verzweiflung und halte deine Trauer in Grenzen! Die Menschen sind seltsame Wesen. Manchmal

    wil denne daz alter tumpheit üeben
    unde lûter site trüeben,
    dâ von wirt daz wîze sal
10 unt diu grüene tugent val,
    dâ von beclîben möhte
    daz der werdekeit töhte.
    möht ich dirz wol begrüenen
    unt dîn herze alsô erküenen
15 daz du den prîs bejagtes
    unt an got niht verzagtes,
    so gestüende noch dîn linge
    an sô werdeclîchem dinge,
    daz wol ergetzet hieze.
20 got selbe dich niht lieze:
    ich bin von gote dîn râtes wer.
    nu sag mir, saehe du daz sper
    ze Munsalvaesche ûf dem hûs?
    dô der sterne Sâturnus
25 wider an sîn zil gestuont,
    daz wart uns bî der wunden kunt,
    unt bî dem sumerlîchen snê.
    im getet der vrost nie sô wê,
    dem süezen oeheime dîn.
    daz sper muos in die wunden sîn:
490 Dâ half ein nôt vür die andern nôt:
    des wart daz sper bluotec rôt.
    etslîcher sterne komende tage
    die diet dâ lêret jâmers clage,
5 die sô hôhe ob ein ander stênt
    und ungelîche wider gênt:
    unt des mânes wandelkêre
    schadet ouch zer wunden sêre.
    dise zît die ich hie benennet hân,
10 sô muoz der künec ruowe lân:
    sô tuot im grôzer vrost sô wê
    sîn vleisch wirt kelter denne der snê.

ist man in der Jugend weise und im Alter töricht genug, den
Spiegel der Lauterkeit zu trüben. Damit aber wird das reine
Wollen des Anfangs beschmutzt; die frischgrünende Tugend
der Jugendzeit verdorrt, und sie sollte sich doch im Alter
bewähren und Wurzeln schlagen, damit der Mensch den
anderen wohlgefällig ist. Sollte es mir gelingen, deine
Tugend wieder grünen und dein Herz neuen rechten Mut
fassen zu lassen, damit du die Wertschätzung der Menschen
erringst und an Gott nicht verzweifelst, dann wirst du deine
hohen Ziele erreichen und Verlorenes wiedergewinnen.
Gott hat dich nicht verlassen; in seinem Namen stehe ich dir
mit Rat und Hilfe zur Seite. Sag, hast du die Lanze in der
Burg Munsalwäsche gesehen? Hat der Saturn seinen höch-
sten Stand erreicht, so merken wir das am Zustand der
Wunde und am Schnee, der mitten im Sommer fällt. Damals
hat der innere Frost deinen lieben Oheim besonders gepei-
nigt; man mußte die Lanzenspitze in die Wunde stoßen,
damit ein Schmerz den anderen betäubte. Das erklärt,
warum die Spitze blutgerötet war. Wenn nämlich bestimmte
Planeten, die sich hoch über den anderen Sternen in unregel-
mäßigen Bahnen bewegen, ihren Lauf beginnen, ertönt beim
Gralsvolk jammervolle Klage. Auch bei Mondwechsel ver-
schlimmert sich der Zustand der Wunde. Zu solchen Zeiten
findet der König keine Ruhe, ein innerer Frost befällt ihn,
sein Körper wird kälter als der Schnee. Dann legt man auf

sît man daz gelüppe heiz
an dem spers îsen weiz,
15 die zît man ez ûf die wunden leit:
den vrost ez ûz dem lîbe treit,
al umbe daz sper glas var als îs.
dazne mohte aber keinen wîs
vome sper niemen bringen dan:
20 wan Trebuchet der wîse man
der worht zwei mezzer, diu ez sniten,
ûz silber, diu ez niht vermiten.
den list tet im ein segen kunt,
der an des küneges swerte stuont.
25 maneger ist der gerne giht,
aspindê daz holz enbrinne niht:
sô dises glases drûf iht spranc,
viuwers lohen dâ nâch swanc:
aspindê dâ von verbran.
waz wunders diz gelüppe kan!
491   Er mac gerîten noch gegên,
der künec, noch geligen noch gestên:
er lent, âne sitzen,
mit siufzebaeren witzen.
5 gein des mânen wandel ist im wê.
Brumbâne ist genant ein sê:
dâ treit man in ûf durch süezen luft,
durch sîner sûren wunden gruft.
daz heizt er sînen weidetac:
10 swaz er aldâ gevâhen mac
bî sô smerzlîchem sêre,
er bedarf dâ heime mêre.
dâ von kom ûz ein maere,
er waere ein vischaere.
15 daz maere muose er lîden:
salmen, lamprîden,
hât er doch lützel veile,
der trûrege, niht der geile.'

die Wunde das Lanzeneisen, das ja mit einem brennenden Gift bestrichen ist, womit es die Kälte aus dem Körper zieht. Das Eisen bedeckt sich mit einer glasklaren, eisähnlichen Schicht, die sich nur mit den beiden von Trebuchet kunstreich geschmiedeten Silbermessern entfernen läßt. Wie man den Klingen solche Schärfe verleiht, hat ihm ein Segensspruch verraten, der im Schwert des Königs eingraviert war. Mancher behauptet zwar, Asbest brenne nicht, doch läßt man ein Stück von diesem Glas darauf fallen, dann lodern Flammen auf, die selbst Asbest verzehren. Solche Wunderkraft besitzt das Gift.

Der König kann nicht reiten, nicht gehen, nicht liegen und nicht stehen, er kann nicht richtig sitzen, lehnt nur halb und kennt seinen jammervollen Zustand genau. Bei Mondwechsel peinigen ihn furchtbare Schmerzen. Nun liegt in der Nähe der See Brumbane. Dorthin bringt man ihn dann, damit die wohlriechenden Lüfte über dem See den üblen Geruch der Wunde vertreiben. Das nennt er seinen Jagdtag, doch er braucht auf der Burg viel mehr, als er dort schmerzgepeinigt fangen kann. So entstand die Mär, er sei ein Fischer, bei der er es belassen muß, obgleich der traurige, freudlose Mann weder Salme noch Lampreten feilbietet.«

Parzivâl sprach al zehant
20 'in dem sê den künec ich vant
    gankert ûf dem wâge,
    ich waen durch vische lâge
    oder durch ander kurzewîle.
    ich hete manege mîle
25 des tages dar gestrichen.
    Pelrapeire ich was entwichen
    reht umbe den mitten morgen.
    des âbents pflac ich sorgen,
    wâ diu herberge möhte sîn:
    der beriet mich der oeheim mîn.'
492 'Du rite ein angestlîche vart,'
    sprach der wirt, 'durch warte wol bewart.
    ieslîchiu sô besetzet ist
    mit rotte, selten iemens list
5   in hilfet gein der reise:
    er kêrte ie gein der vreise,
    swer jenen her dâ zuo ze in reit.
    si nement niemens sicherheit,
    si wâgent ir leben gein jenes leben:
10 daz ist vür sünde in dâ gegeben.
    'nu kom ich âne strîten
    an den selben zîten
    geriten dâ der künec was,'
    sprach Parzivâl. 'des palas
15 sach ich des âbents jâmers vol.
    wie tet in jâmer dô sô wol?
    ein knappe aldâ zer tür în spranc,
    dâ von der palas jâmers clanc.
    der truoc in sînen henden
20 einen schaft zen vier wenden,
    dar inne ein sper bluotec rôt.
    des kom diu diet in jâmers nôt.'
    der wirt sprach 'neve, sît noch ê
    wart dem künige niht sô wê.

Da sagte Parzival: »Ich begegnete dem König, als sein Boot auf dem See vor Anker lag, und glaubte wirklich, er fange Fische oder suche sonst Zerstreuung. Ich war an diesem Tage bereits viele Meilen weit geritten, obwohl ich Pelrapeire erst am späten Vormittag verlassen hatte. Gegen Abend suchte ich nach einem Unterkommen. Dazu hat mein Oheim mir dann auch verholfen.«

»Du bist einen gefährlichen Weg geritten«, sprach der Hausherr. »Er führte an vielen Wachtposten vorbei, deren jeder mit einer Ritterschar besetzt ist, und noch nie hat jemand mit List diese Sperre durchbrochen. Wer auf seinem Ritt bis zu den Gralswächtern vordringt, setzt sein Leben aufs Spiel. Dort gibt's keinen Pardon, dort geht's um Leben und Tod! Dieser Einsatz ist den Gralshütern als Buße für ihre Sünden auferlegt.«

»Ich gelangte damals unangefochten dorthin, wo der König weilte«, sprach Parzival. »Am Abend war dann sein Palast erfüllt von Jammer. Fühlen sie sich denn wohl dabei? Als nämlich ein Knappe den Saal betrat und eine Lanze mit blutiger Spitze an den vier Wänden entlangtrug, brach die ganze Gesellschaft in Wehklagen aus.«

Der Hausherr aber sprach: »Neffe, damals quälten den König die furchtbarsten Schmerzen; der Saturn näherte sich

25 wan dô sîn komen zeigte sus
    der sterne Sâturnus:
    der kan mit grôzem vroste komen.
    drûf legen mohte uns niht gevromen,
    als manz ê drûffe ligen sach:
    daz sper man in die wunden stach.
493 Sâturnus louft sô hôhe enbor,
    daz ez diu wunde wesse vor,
    ê der ander vrost koem her nâch.
    dem snê was ninder als gâch,
  5 er viel alrêrst an der andern naht
    in der sumerlîchen maht.
    dô man des küneges vrost sus werte,
    die diet ez vröuden herte.'
        dô sprach der kiusche Trevrizzent
 10 'si enpfiengen jâmers soldiment:
    daz sper in vröude enpfuorte,
    daz ir herzen verch sus ruorte.
    dô machte ir jâmers triuwe
    des toufes lêre al niuwe.'
 15   Parzivâl zem wirte sprach
    'vünf und zweinzec meide ich dâ sach,
    die vor dem künege stuonden
    und wol mit zühten kunden.'
    der wirt sprach 'es suln meide pflegen
 20 (des hât sich got gein im bewegen)
    des grâls, dem si dâ dienden vür.
    der grâl ist mit hôher kür.
    sô suln sîn ritter hüeten
    mit kiuscheclîchen güeten.
 25 der hôhen sterne komendiu zît
    der diet aldâ grôz jâmer gît,
    den jungen unt den alten.
    got hât zorn behalten
    gein in alze lange dâ:
    wenne suln si vröude sprechen jâ?

nämlich seinem höchsten Stand und brachte schneidenden
Frost. Es nützte nichts mehr, das Lanzeneisen wie gewöhn-
lich nur aufzulegen, sondern man mußte es in die Wunde
hineinbohren. Nähert sich der Saturn auf seiner Bahn dem
höchsten Punkt, dann spürt es der König in seiner Wunde
im voraus, während die Kälte in der Natur erst später
einsetzt. Der Schnee hatte es nicht so eilig; er fiel erst in der
folgenden Nacht, obwohl der Sommer schon seine Herr-
schaft angetreten hatte. Daß man die innere Kälte des
Königs auf so furchtbare Weise bekämpfen mußte, war der
Grund für den Jammer des Gralsvolks«, sprach der fromme
Trevrizent. »Der Schmerz hatte alle überwältigt, denn jeder
fühlte die Lanzenspitze in seinem Herzen und sah sich der
Freude beraubt. Ihr aufrichtiges Mitleid aber beweist, daß
die Lehre des Christentums in ihnen lebendig war.«
Parzival sprach nun zum Hausherrn: »Ich sah vor dem
König in edler Haltung auch fünfundzwanzig Jung-
frauen.«
Der Hausherr erwiderte: »Gott hat bestimmt, daß beim
Gral Jungfrauen dienen sollen; der Gralsdienst ist eine hohe
Auszeichnung. So dürfen ihn nur Ritter verrichten, die
keusch und enthaltsam sind. Steigen die Sterne auf ihrer
Bahn empor, dann überkommt das Gralsvolk tiefer Gram.
Zu lange währt schon Gottes Zorn! Wie könnten sie da
fröhlich sein?

494   Neve, nu wil ich sagen dir
       daz du maht wol gelouben mir.
       ein tschanze dicke stêt vor in,
       si gebent unde nement gewin.
5   si enpfâhent cleiniu kinder dar
       von hôher art unt wol gevar.
       wirt iender hêrrenlôs ein lant,
       erkennt si dâ die gotes hant,
       sô daz diu diet eins hêrren gert
10   von des grâles schar, die sint gewert.
       des müezen ouch si mit zühten pflegen:
       sîn hüet aldâ der gotes segen.
       got schaft verholne dan die man,
       offenlîch gît man meide dan.
15   du solt des sîn vil gewis
       daz der künec Castis
       Herzeloyden gerte,
       der man in schône werte:
       dîne muoter gap man im ze konen.
20   er solt aber niht ir minne wonen:
       der tôt in ê leit in daz grap.
       dâ vor er dîner muoter gap
       Wâleis unt Norgâls,
       Kanvoleis und Kingrivâls,
25   daz ir mit sale wart gegeben.
       der künec niht lenger solde leben.
       diz was ûf sîner reise wider:
       der künec sich leite sterbens nider.
       dô truoc si crône über zwei lant:
       da erwarp si Gahmuretes hant.

495   Sus gît man vome grâle dan
       offenlîch meide, verholn die man,
       durch vruht ze dienste wider dar,
       ob ir kint des grâles schar
5   mit dienste suln mêren:
       daz kan si got wol lêren.

Neffe, jetzt will ich dir noch etwas erzählen, was du gern glauben darfst. Das Gralsvolk nimmt und gibt zugleich. So nehmen sie Kinder von vornehmer Geburt und körperlicher Schönheit bei sich auf. Erlischt aber andererseits in der Welt ein Herrschergeschlecht und wünscht das Volk des verwaisten Landes in Ehrfurcht vor Gott einen Herrscher aus der Gralsgemeinschaft, dann wird dieser Wunsch erfüllt. Sie müssen ihm aber untertänig dienen, denn auf ihm ruht Gottes Segen. Die Männer sendet Gott im geheimen aus, die Jungfrauen dagegen werden öffentlich aus der Gralsgemeinschaft entlassen. Folgendes sollst du erfahren: Vor vielen Jahren warb König Castis um Herzeloyde, und sie wurde in aller Form mit ihm vermählt. Man gab ihm also deine Mutter zur Ehefrau, doch er sollte sich ihrer Liebe nicht erfreuen; der Tod ließ ihn ins Grab sinken. Vorher noch schenkte er deiner Mutter die Länder Valois und Norgals mit den Städten Kanvoleis und Kingrivals. Vom Tode gezeichnet, starb der König auf der Heimreise von der Gralsburg. So war Herzeloyde die rechtmäßige Königin zweier Reiche, als sie Gachmuret erwählte.

Die Jungfrauen werden also öffentlich, die Ritter heimlich vom Gral in die Welt gesandt, um ihre Nachkommen wieder für den Gralsdienst gewinnen zu können; die Kinder sollen die Gralsgemeinschaft vermehren und den Gralsdienst nach

swer sich dienstes geim grâle hât bewegen,
gein wîben minne er muoz verpflegen.
wan der künec sol haben eine
10   ze rehte ein konen reine,
unt ander die got hât gesant
ze hêrrn in hêrrenlôsiu lant.
über daz gebot ich mich bewac
daz ich nâch minnen dienstes pflac.
15   mir geriet mîn vlaeteclîchiu jugent
unde eins werden wîbes tugent,
daz ich in ir dienste reit,
da ich dicke herteclîchen streit.
die wilden âventiure
20   mich dûhten sô gehiure
daz ich selten turnierte.
ir minne condwierte
mir vröude in daz herze mîn:
durch si tet ich vil strîtes schîn.
25   des twanc mich ir minnen craft
gein der wilden verren ritterschaft.
ir minne ich alsus koufte:
der heiden unt der getoufte
wârn mir strîtes al gelîch.
si dûhte mich lônes rîch.
496   Sus pflac ichs durch die werden
ûf den drîn teilen der erden,
ze Eurôpâ unt in Asîâ
unde verre in Affricâ.
5   so ich rîche tjoste wolde tuon,
sô reit ich vür Gaurîûn.
ich hân ouch manege tjoste getân
vor dem berc ze Fâmorgân.
ich tet vil rîcher tjoste schîn
10   vor dem berc ze Agremontîn.
swer einhalp wil ir tjoste hân,
dâ koment ûz viurige man:

dem Willen Gottes erfüllen. Doch wenn ein Ritter sich zum Gralsdienst entschlossen hat, muß er auf Frauenliebe verzichten. Nur dem König ist die Ehe mit einer makellos reinen Frau gestattet, ebenso den Rittern, die Gott als Herrscher in herrenlose Länder entsandt hat. Ich nun übertrat dieses Gebot und diente einer Frau, um ihre Liebe zu erringen. Getrieben vom Tatendurst meiner blühenden Jugend und von den Vorzügen der Edeldame, stürzte ich mich in ihrem Dienst in viele harte Kämpfe. Das ungebundene Abenteuerleben reizte mich so sehr, daß ich Turniere verschmähte. Meine Liebe erfüllte mich mit unbändiger Lebenslust und ließ mich viele Kämpfe bestehen. Ihre Macht trieb mich auf Ritterfahrt in unbekannte Fernen. Ich gewann ihre Liebe, indem ich mich für den lockenden Liebeslohn mit Heiden und Christen schlug. So durchstreifte ich kämpfend im Dienst der edlen Frau alle drei Erdteile: Europa, Asien und das ferne Afrika. Wollte ich mich besonders hervortun, dann ritt ich nach Gaurion. So manchen Zweikampf habe ich vor dem Berge zu Feimurgan ausgetragen. Viele harte Zweikämpfe bestand ich auch vor dem Berge zu Agremontin. Hier treten einem feuerumlohte Männer entge-

Gaurion: offenbar ein Berg.
Feimurgan: Land der keltischen Sagenwelt.
Agremontin: offenbar ein vulkanischer Berg. Ein Agrimonte liegt östlich von Salerno.

anderhalp si brinnent niht,
swaz man dâ tjostiure siht.
15 und dô ich vür den Rôhas
durch âventiure gestrichen was,
dâ kom ein werdiu windisch diet
ûz durch tjoste gegenbiet.
    ich vuor von Sibilje
20 daz mer alumb gein Zilje,
durch Frîûl ûz vür Aglei.
ôwê unde heiâ hei
daz ich dînen vater ie gesach,
der mir ze sehen aldâ geschach.
25 do ich ze Sibilje zogte în,
dô het der werde Anschevîn
vor mir geherberget ê.
sîn vart tuot mir iemer wê,
die er vuor ze Baldac:
ze tjostiern er dâ tôt lac.
497 Daz was ê von im dîn sage:
ez ist imêr mîns herzen clage.
    mîn bruoder ist guotes rîche:
verholne ritterlîche
5 er mich dicke von im sande.
sô ich von Munsalvaesche wande,
sîn insigel nam ich dâ
und vuort ez ze Karchobrâ,
dâ sich sewet der Plimizoel,
10 in dem bistuom ze Barbigoel.
der burcgrâve mich dâ beriet
ûf daz insigel, ê ich von im schiet,
knappen und ander koste
gein der wilden tjoste
15 und ûf ander ritterlîche vart:
des wart vil wênc von im gespart.
ich muose al eine komen dar:
an der widerreise liez ich gar

gen oder solche, die nicht brennen, je nachdem, auf welcher
Seite man seine Herausforderung ruft. Als ich auf Abenteu-
ersuche vor den Rohas zog, stellte sich mir eine Schar
tapferer wendischer Ritter in den Weg. Ein anderes Mal
segelte ich von Sevilla übers Meer und gelangte über Cilli
und Friaul nach Aquileja. Ach, daß ich deinem Vater je
begegnen mußte! Das geschah bei meinem Einzug in Sevilla,
wo der edle Herr von Anjou schon vor mir Herberge
genommen hatte. Mein Leben lang werde ich beklagen, daß
er nach Bagdad zog und im Zweikampf den Tod fand. Du
hast schon früher davon erzählt, und der Gram darüber wird
mein Herz nie verlassen. Mein Bruder Anfortas ist uner-
meßlich reich und ließ mich oft heimlich auf Ritterfahrt
ausziehen. Ich nahm aus Munsalwäsche sein Siegel mit und
ritt nach Karcobra im Bistum Barbigöl, wo sich der Plimiz-
öl in einen See ergießt. Wies ich das Siegel vor, dann gab
mir der Burggraf an Knappen und Ausrüstung, was ich
für meine abenteuerlichen Zweikämpfe und Ritterfahrten
brauchte. Und er ließ es an nichts fehlen. Von Munsalwä-
sche her mußte ich allerdings allein zu ihm kommen, und

Rohas: eigtl. Name des steirischen Rohitscher Berges. Hier liegt aber wohl eine
Verwechslung mit Roha vor, dem arabischen Namen von Edessa.
Cilli: in der südlichen Steiermark.

bî im swaz ich gesindes pflac:
20 ich reit dâ Munsalvaesche lac.
    nu hoere, lieber neve mîn.
    dô mich der werde vater dîn
    ze Sibilje alrêste sach,
    balde er mîn ze bruoder jach
25 Herzeloyden sînem wîbe,
    doch wart von sîme lîbe
    mîn antlütze nie mêr gesehen.
    man muose ouch mir vür wâr dâ jehen
    daz nie schoener mannes bilde wart:
    dannoch was ich âne bart.
498 In mîne herberge er vuor.
    vür dise rede ich dicke swuor
    manegen ungestabten eit.
    dô er mich sô vil an gestreit,
 5 verholne ichz im dô sagte;
    des er vröude vil bejagte.
      er gap sîn cleinoete mir:
    swaz ich im gap daz was sîn gir.
    mîne kefsen, die du saehe ê,
10 (diu ist noch grüener denne der clê)
    hiez ich wurken ûz eim steine
    den mir gap der reine.
    sînen neven er mir ze knehte liez,
    Ithêrn, den sîn herze hiez
15 daz aller valsch an im verswant,
    den künec von Kucûmerlant.
    wir mohten vart niht lenger sparn,
    wir muosen von ein ander varn.
    er kêrte dâ der bâruc was,
20 und ich vuor vür den Rôhas.
      ûz Zilje ich vür den Rôhas reit,
    drî maentage ich dâ vil gestreit.
    mich dûhte ich het dâ wol gestriten:
    dar nâch ich schierste kom geriten

bevor ich nach Munsalwäsche zurückkehrte, ließ ich meine
Begleitung bei ihm.

Höre noch dies, lieber Neffe. Als mich dein edler Vater in
Sevilla erblickte, erklärte er sofort, ich sei der Bruder seiner
Frau Herzeloyde. Dabei hatte er mich nie zuvor gesehen.
Damals war ich wirklich ein bildschöner, bartloser Jüngling.
Als er in meine Herberge kam, versicherte ich ihm hoch und
heilig, daß er sich irre. Erst als er sich nicht davon abbringen
ließ, gestand ich es ihm zu seiner großen Freude unter vier
Augen ein. Wir tauschten kostbare Geschenke aus. Der
Reliquienschrein, den du gesehen hast, ist aus dem Edelstein
geschaffen, den mir der untadelige Held damals gab. In der
Farbe ist er grüner noch als Klee. Dein Vater überließ mir
auch seinen Neffen Ither, den König von Kukumerland, als
Schildknappen, der sein Herz vor allem Falsch bewahrte.
Als wir unsern Aufbruch nicht mehr verzögern konnten,
nahmen wir Abschied voneinander. Gachmuret zog zum
Baruc, ich zum Rohas. Als ich von Cilli aus dort eingetrof-
fen war, trug ich an drei Montagen zahlreiche Kämpfe aus,
und ich meine, recht tüchtig gestritten zu haben. Unmittel-

25　in die wîten Gandîne,
　　dâ nâch der ane dîne
　　Gandîn wart genennet.
　　dâ wart Ithêr bekennet.
　　diu selbe stat lît aldâ
　　dâ diu Greian in die Trâ,
499　Mit golde ein wazzer, rinnet.
　　dâ wart Ithêr geminnet.
　　dîne basen er dâ vant:
　　diu was vrouwe überz lant:
5　Gandîn von Anschouwe
　　hiez si dâ wesen vrouwe.
　　si heizet Lammîre:
　　so ist daz lant genennet Stîre.
　　swer schildes ambet üeben wil,
10　der muoz durchstrîchen lande vil.
　　　nu riuwet mich mîn knappe rôt,
　　durch den si mir grôz êre bôt.
　　von Ithêr du bist erborn:
　　dîn hant die sippe hât verkorn:
15　got hât ir niht vergezzen doch,
　　er kan si wol geprüeven noch.
　　wilt du gein got mit triuwen leben,
　　sô solt du im wandel drumbe geben.
　　mit riuwe ich dir daz künde,
20　du treist zwuo grôze sünde:
　　Ithêrn du hâst erslagen,
　　du solt ouch dîne muoter clagen.
　　ir grôziu triuwe daz geriet,
　　dîn vart si vome leben schiet,
25　die du jungest von ir taete.
　　nu volge mîner raete,
　　nim buoz vür missewende,
　　unt sorge et umb dîn ende,
　　daz dir dîn arbeit hie erhol
　　daz dort diu sêle ruowe dol.'

bar darauf ritt ich in die große Stadt Gandin, nach der dein Großvater genannt ist. Die Stadt liegt an der Stelle, wo die Grajena in die goldführende Drau mündet. Ither war dort wohlbekannt, denn in der Stadt lebte seine Liebste, deine Base. Sie war die Landesherrin; Gandin von Anjou hatte sie als Regentin des Landes eingesetzt. Ihr Name ist Lammire, und das Land heißt Steiermark. Ja, wer das Leben eines Ritters führen will, muß durch viele Länder ziehen.

Tief betrübt hat mich der Tod meines roten Schildknappen; ihm zu Ehren wurde ich von Lammire mit größter Höflichkeit aufgenommen. Ither war dir blutsverwandt; du hast die Bande des Blutes mißachtet! Gott hat deine Freveltat nicht vergessen, und vielleicht fordert er noch Rechenschaft von dir. Willst du Gott wohlgefällig handeln, dann leiste Buße für die Tat! In tiefem Schmerz muß ich dir sagen, daß du zwei schwere Sünden begangen hast: Du hast Ither erschlagen und mußt auch deine Mutter betrauern. Sie hat dich innig und treu geliebt und fand den Tod, als du sie verließest. Folge meinem Rat und tu Buße für deine Missetaten! Denk an dein Ende und scheu auf Erden keine Mühe, deiner Seele die ewige Seligkeit zu erringen!«

Grajena: Bach, der dicht bei Pettau (slowen. *Ptuj*) in die Drau mündet.
goldführende Drau: An der Drau gab es im Mittelalter Goldwäschen.

500   Der wirt ân allez bâgen
       begunde in vürbaz vrâgen
       'neve, noch hân ich niht vernomen
       wannen dir diz ors sî komen.'
  5   'hêrre, daz ors ich erstreit,
       dô ich von Sigûnen reit.
       vor einer clôsen ich die sprach:
       dar nâch ich vlügelingen stach
       einen rîter drabe und zôch ez dan.
 10   von Munsalvaesche was der man.'
       der wirt sprach 'ist aber der genesen,
       des ez von rehte solde wesen?'
       'hêrre, ich sach in vor mir gên,
       unt vant daz ors bî mir stên.'
 15   'wilt du des grâls volc sus rouben,
       unt dâ bî des gelouben,
       du gewinnest ir noch minne,
       sô zweient sich die sinne.'
       'hêrre, ich namz in eime strît.
 20   swer mir dar umbe sünde gît,
       der prüeve alrêrste wie diu stê.
       mîn ors het ich verlorn ê.'
          dô sprach aber Parzivâl
       'wer was ein maget diu den grâl
 25   truoc? ir mantel lêch man mir.'
       der wirt sprach 'neve, was er ir
       (diu selbe ist dîn muome),
       sine lêch dirs niht ze ruome:
       si wând du soltst dâ hêrre sîn
       des grâls unt ir, dar zuo mîn.

501   Dîn oeheim gap dir ouch ein swert,
       dâ mit du sünden bist gewert,
       sît daz dîn wol redender munt
       dâ leider niht tet vrâge kunt.
  5   die sünde lâ bî den andern stên:
       wir suln ouch tâlanc ruowen gên.'

Ruhig fragte der Hausherr nun weiter: »Neffe, du hast mir noch nicht gesagt, wie du zu diesem Pferd gekommen bist!«

»Herr, ich habe es im Kampf erbeutet, nachdem ich von Sigune fortgeritten bin, mit der ich vor einer Klause sprach. Unmittelbar darauf stach ich in raschem Anlauf einen Ritter aus Munsalwäsche von diesem Pferd und nahm es mit mir.«

Der Hausherr fragte: »Ist der rechtmäßige Eigentümer mit dem Leben davongekommen?«

»Herr, ich sah ihn zurückgehen, sein Pferd dagegen ist neben mir stehengeblieben.«

»Wenn du das Gralsvolk beraubst und dann noch glaubst, seine Liebe gewinnen zu können, dann paßt das schlecht zusammen.«

»Herr, ich habe es im Kampf errungen! Wer mich darum verurteilen will, sollte die Dinge erst gründlich prüfen. Außerdem habe ich im Kampf mein eignes Pferd verloren.«

Und weiter sprach Parzival: »Wer war die Jungfrau, die den Gral trug und mir ihren Mantel lieh?«

Der Hausherr antwortete: »Sie ist deine Tante, lieber Neffe, und sie überließ dir ihren Mantel nicht, damit du prahlen kannst. Sie glaubte, du würdest zum Gralsherrscher und damit zu ihrem wie zu meinem Herrn erhoben. Dein Oheim schenkte dir auch ein Schwert, und du hast dich versündigt, als dein sonst so redegewandter Mund leider auch dann nicht die erwartete Frage stellte. Doch lassen wir jetzt diese Sünde und die beiden anderen auf sich beruhen. Es ist an der Zeit, zur Ruhe zu gehen.«

wênc wart in bette und kulter brâht:
si giengen et ligen ûf ein bâht.
daz leger was ir hôhen art
10   gelîche ninder dâ bewart.
       sus was er dâ vünfzehen tage.
der wirt sîn pflac als ich iu sage.
crût und würzelîn
daz muose ir bestiu spîse sîn.
15   Parzivâl die swaere
truoc durch süeziu maere,
wand in der wirt von sünden schiet
unt im doch ritterlîchen riet.
       eins tages vrâgte in Parzivâl
20   'wer was ein man lac vor dem grâl?
der was al grâ bî liehtem vel.'
der wirt sprach 'daz was Titurel.
der selbe ist dîner muoter an.
dem wart alrêrst des grâles van
25   bevolhen durch schermens rât.
ein siechtuom heizet pôgrât
treit er, die leme helfelôs.
sîne varwe er iedoch nie verlôs,
wand er den grâl sô dicke siht:
dâ von mag er ersterben niht.
502   Durch rât si hânt den betterisen.
in sîner jugent vürt unde wisen
reit er vil durch tjostieren.
wilt du dîn leben zieren
5   und rehte werdeclîchen varn,
sô muostu haz gein wîben sparn.
wîp und pfaffen sint erkant,
die tragent unwerlîche hant:
sô reicht über pfaffen gotes segen.
10   der sol dîn dienst mit triuwen pflegen,
dar umbe, ob wirt dîn ende guot:
du muost zen pfaffen haben muot.

Niemand brachte ihnen Bett und Decke. Sie mußten sich auf einer Strohschütte zur Ruhe legen, obgleich diese Lagerstatt ihrer hohen Abkunft nicht entsprach. So lebte Parzival fünfzehn Tage, in denen ihn der Hausherr lediglich mit Kräutern und Wurzeln bewirten konnte. Die tröstlichen Worte des Hausherrn ließen aber Parzival allen Mangel vergessen. Trevrizent erlöste ihn von der Sünde, ohne ihn dem ritterlichen Leben zu entfremden.

Eines Tages fragte Parzival: »Wer war der Mann, der in der Nähe des Grals auf einem Lager ruhte? Sein Haar war zwar schon grau, doch sein Antlitz jugendfrisch.«

Der Hausherr sprach: »Das war Titurel, der Großvater deiner Mutter. Er erhielt als erster mit der Gralsfahne den Auftrag, den Gral zu schützen. Ihn plagt das Podagra, eine Lähmung, die nicht heilbar ist. Die frische Gesichtsfarbe blieb ihm, da er stets den Gral vor Augen hat. Aus diesem Grunde kann er auch nicht sterben. Sie halten den bettlägerigen Greis am Leben, denn sie wollen auf seinen Rat nicht verzichten. In seiner Jugend hat er viele Länder und Meere durchquert, um Zweikämpfe auszutragen.

Willst du ein glanz- und würdevolles Leben führen, dann erzeige dich den Frauen stets ehrerbietig. Frauen und Priester, das weiß jeder, können sich nicht wehren, und auf den Priestern ruht der Segen Gottes! Darum diene ihnen stets in Treue, dann wirst du ein seliges Ende finden. Du mußt den Priestern immer freundlich begegnen. Nichts auf Erden

swaz dîn ouge ûf erden siht,
daz glîchet sich dem priester niht.
15 sîn munt die marter sprichet,
diu unser vlust zebrichet:
ouch grîfet sîn gewîhtiu hant
an daz hoeheste pfant
das ie für schult gesetzet wart:
20 swelh priester sich hât sô bewart
daz er dem kiusche kan gegeben,
wie möht der heileclîcher leben?'
    diz was ir zweier scheidens tac.
Trevrizent sich des bewac,
25 er sprach 'gip mir dîn sünde her:
vor gote ich bin dîn wandels wer.
und leiste als ich dir hân gesagt:
belîp des willen unverzagt.'
von ein ander schieden sie:
ob ir welt, sô prüevet wie.

kommt dem Priester gleich: Er verkündet das Martyrium Christi, das uns aus der Verdammnis erlöste. Seine geweihte Hand berührt in Gestalt der Hostie den Leib Christi, das höchste Gut, das je für eine Schuld hingegeben wurde. Übt ein Priester sein Amt in Frömmigkeit und Reinheit aus, dann kann es kein heiligeres Leben geben als das seine.«
Nun war der Tag des Abschieds gekommen. Trevrizent sprach zu Parzival: »Gib deine Sünde nun mir! Ich bin vor Gott Bürge für deine Buße. Befolge alles, was ich dir gesagt habe, und halte unverzagt daran fest!« Damit schieden sie voneinander; wenn ihr wollt, so macht euch Gedanken darüber, wie das geschah.

X.

503   Ez naehet nu wilden maeren,
      diu vröuden kunnen laeren
      und diu hôchgemüete bringent:
      mit den bêden si ringent.
5   nu was ez ouch über des jâres zît.
      gescheiden was des kampfes strît,
      den der lantgrâve zem Plimizoel
      erwarp. der was ze Barbigoel
      von Tschanfanzûn gesprochen:
10   da beleip ungerochen
      der künec Kingrisîn.
      Vergulaht der sun sîn
      kom gein Gâwâne dar:
      dô nam diu werlt ir sippe war,
15   und schiet den kampf ir sippe maht,
      wand ouch der grâve Ehcunaht
      ûf im die grôzen schulde truoc,
      der man Gâwân zêch genuoc.
      des verkôs Kingrimursel
20   ûf Gâwân den degen snel.
      si vuoren beide sunder dan,
      Vergulaht unt Gâwân,
      an dem selben mâle
      durch vorschen nâch dem grâle,
25   aldâ si mit ir henden
      mange tjoste muosen senden.
      wan swer des grâles gerte,
      der muose mit dem swerte
      sich dem prîse nâhen.
      sus sol man prîses gâhen.

Zehntes Buch

Nun begeben sich wunderbare Dinge, dazu angetan, die Herzen zu erschrecken, doch auch zu erheben. Für beides ist gesorgt!

Die Jahresfrist war abgelaufen, doch der Zweikampf, der dem Landgrafen Kingrimursel am Plimizöl zugesagt worden war, konnte beigelegt werden. Er sollte nicht in Schanpfanzun, sondern in Barbigöl ausgetragen werden, doch König Kingrisin blieb ungerächt. Sein Sohn Vergulacht erschien zwar, um mit Gawan zu kämpfen, doch erfuhr nun die ritterliche Gesellschaft von ihrer Verwandtschaft, und das war Grund genug, den Zwist zu schlichten. Eigentlich hatte ja auch Graf Echkunacht die große Schuld auf sich geladen, die man Gawan aufbürden wollte. Deshalb versöhnte sich Kingrimursel mit Gawan, dem tapferen Helden. Danach brachen Vergulacht und Gawan zur gleichen Zeit auf, um jeder für sich nach dem Gral zu forschen. Unterwegs hatten sie viele Zweikämpfe zu bestehen, denn wer nach dem Gral strebte, der mußte das ersehnte Ruhmesziel mit dem Schwert erringen. Das ist der rechte Weg zu Ruhm und Ehre!

504   Wie ez Gâwâne komen sî,
       der ie was missewende vrî,
       sît er von Tschanfanzûn geschiet,
       ob sîn reise ûf strît geriet,
5   des jehen die ez dâ sâhen:
       er muoz nu strîte nâhen.
          eins morgens kom hêr Gâwân
       geriten ûf einen grüenen plân.
       dâ sach er blicken einen schilt:
10   dâ was ein tjoste durch gezilt;
       und ein pfert daz vrouwen gereite truoc:
       des zoum unt satel was tiur genuoc.
       ez was gebunden vaste
       zuo dem schilte an einem aste.
15   dô dâhte er 'wer mac sîn diz wîp,
       diu alsus werlîchen lîp
       hât, daz si schildes pfligt?
       ob si sich strîtes gein mir bewigt,
       wie sol ich mich ir danne wern?
20   ze vuoz trûw ich mich wol ernern.
       wil si die lenge ringen,
       si mac mich nider bringen,
       ich erwerbes haz oder gruoz,
       sol dâ ein tjost ergên ze vuoz.
25   ob ez halt vrou Kamille waere,
       diu mit ritterlîchem maere
       vor Laurente prîs erstreit,
       waer si gesunt als si dort reit,
       ez wurde iedoch versuocht an sie,
       ob si mir strîten büte alhie.'
505   Der schilt was ouch verhouwen:
       Gâwân begunde in schouwen,
       dô er derzuo kom geriten.
       der tjoste venster was gesniten
5   mit der glâvîne wît.
       alsus mâlet si der strît:

Wie es dem allezeit untadeligen Gawan seit seinem Abschied
von Schanpfanzun ergangen ist, ob er auf seiner Fahrt
kämpfen mußte, das mag erzählen, wer es sah. Nun aller-
dings geht er dem Kampf entgegen. Eines Tages ritt er
nämlich auf einen grünen Wiesenplan, als er einen vom
Lanzenstoß durchlöcherten Schild aufblitzen und ein Pferd
mit prächtigem Frauensattel und ebensolchem Zaumzeug
sah. Es war neben dem Schild an einem Ast festgebunden.
Da dachte er bei sich: »Was für eine wehrhafte Frau mag das
sein, daß sie einen Schild mit sich führt? Wenn sie mit mir
kämpfen wollte, wie sollte ich mich ihrer wohl erwehren?
Zu Fuß wüßte ich schon meinen Mann zu stehen! Wenn es
dann aber zu einem Stechen kommt und sie den Ringkampf
in die Länge zieht, könnt's schon geschehen, daß sie mich
niederstreckt – mag's sie dann freuen oder nicht. Ob es gar
die edle Dame Kamille ist, die nach ritterlicher Kunde
ruhmvoll vor Laurente kämpfte? Wäre sie noch lebendig,
wie sie dort einstmals ritt, ich würde, wäre sie bereit, mein
Glück bei ihr versuchen.«
Der Schild war auch von Schwerthieben gezeichnet. Als
Gawan näher ritt und ihn betrachtete, sah er, welch großes
Fenster die Lanze beim Zusammenstoß herausgebrochen
hatte. Auf solche Art malt der Kampf! Wie lohnte man's den

Kamille: kämpft in Heinrich von Veldekes »Eneide« (8784 ff.) ruhmvoll gegen
die Trojaner und findet im Kampf den Tod. Ihre Leiche wird nach Laurente
gebracht.

wer gulte es den schiltaeren,
ob ir varwe alsus waeren?
der linden grôz was der stam.
10 ouch saz ein vrouwe an vröuden lam
derhinder ûf grüenem clê:
der tet grôz jâmer als wê,
daz si der vröude gar vergaz.
er reit hin umbe gein ir baz.
15 ir lac ein ritter in der schôz,
dâ von ir jâmer was sô grôz.
      Gâwân sîn grüezen niht versweic:
diu vrouwe im dancte unde neic.
er vant ir stimme heise,
20 verschrît durch ir vreise.
do erbeizte mîn hêr Gâwân.
dâ lac durchstochen ein man:
dem gienc daz bluot in den lîp.
dô vrâgt er des heldes wîp,
25 ob der ritter lebte
oder mit dem tôde strebte.
dô sprach si 'hêrre, er lebet noch:
ich waen daz ist unlenge doch.
got sande iuch mir ze trôste her:
nu rât nâch iuwerre triuwen ger.
506 Ir habt kumbers mêr dan ich gesehen:
lât iuwern trôst an mir geschehen,
daz ich iuwer hilfe schouwe.'
'ich tuon,' sprach er, 'vrouwe.
5   disem ritter wolde ich sterben wern,
ich trûwte in harte wol ernern,
hete ich eine roeren:
sehen unde hoeren
möht ir in dicke noch gesunt.
10 wan er ist niht ze verhe wunt:
daz bluot ist sînes herzen last.'
er begreif der linden einen ast,

Wappenmalern, wenn ihre Farben auch so wären! Hinter
dem dicken Stamm der Linde saß auf dem grünen Klee eine
tiefbekümmerte Frau. Ihr großer Jammer hatte allen Froh-
sinn vertrieben. Als Gawan zu ihr hinter den Stamm ritt,
erblickte er einen Ritter in ihrem Schoß, und das war der
Anlaß ihres Jammers. Gawan hielt seinen Gruß nicht
zurück, und die Dame verneigte sich mit Dank. Er fand ihre
Stimme vom Wehklagen schon ganz heiser. Herr Gawan
schwang sich nun vom Pferd. Vor ihm lag ein durchbohrter
Ritter, der innerlich verblutete. Er fragte die Frau des Hel-
den, ob der Ritter noch am Leben sei oder mit dem Tode
ringe, und sie sagte: »Herr, er lebt noch, doch nicht mehr
lange, wie ich fürchte. Gott hat Euch mir zur Hilfe gesandt!
Nun gebt mir freundlich Euren Rat! Ihr habt mehr Not als
ich gesehen. Laßt mich Eure Hilfe und damit Eure Teil-
nahme erfahren!«
»Das soll geschehen, edle Frau«, erwiderte er. »Ich wollte
diesen Ritter schon vorm Tod bewahren und traue es mir zu,
ihn zu retten, wenn ich nur eine Röhre hätte! Ihr solltet ihn
dann oft und gesund sehen und sprechen hören; denn seine
Wunde ist nicht tödlich, das Blut drückt nur aufs Herz.«

er sleiz ein louft drab als ein rôr
(er was zer wunden niht ein tôr):
15 den schoup er zer tjost in den lîp.
dô bat er sûgen daz wîp,
unz daz bluot gein ir vlôz.
des heldes craft sich ûf entslôz,
daz er wol redte unde sprach.
20 do er Gâwânen ob im ersach,
dô dancte er im sêre,
und jach, er hetes êre
daz er in schiede von uncraft,
und vrâgte in ob er durch ritterschaft
25 waer komen dar gein Lôgrois.
'ich streich ouch verr von Punturtois
und wolt hie âventiure bejagen.
von herzen sol ichz immer clagen
daz ich sô nâhe geriten bin.
ir sultz ouch mîden, habt ir sin.
507 Ich enwânde niht deiz koeme alsus.
Lishoys Gwelljus
hât mich sêre geletzet
und hinderz ors gesetzet
5 mit einer tjoste rîche:
diu ergienc sô hurteclîche
durch mînen schilt und durch den lîp.
dô half mir diz guote wîp
ûf ir pfert an diese stat.'
10 Gâwân er sêre belîben bat.
Gâwân sprach, er wolde sehen
wâ im der schade dâ waere geschehen.
'lît Lôgroys sô nâhen,
mac ich in dervor ergâhen,
15 sô muoz er antwurten mir:
ich vrâge in waz er raeche an dir.'
'des entuo niht,' sprach der wunde man
'der wârheit ich dir jehen kan.

Gawan, der sich auf Wundbehandlung verstand, nahm einen
Lindenast und löste die Rinde, so daß eine Röhre entstand.
Die schob er in die Stichwunde. Nun bat er die Frau zu
saugen, bis ihr Blut entgegenkäme. Da kehrte dem Helden
die Kraft zurück, und er konnte wieder sprechen. Als er
Gawan über sich stehen sah, dankte er ihm herzlich und
sagte, es vermehre seinen Ruhm, daß er ihn aus der Ohn-
macht erlöst habe. Dann fragte er, ob er in Logroys ritterli-
che Kämpfe suche. »Auch ich kam weither aus Punturtoys
und spürte Abenteuern nach. Von Herzen muß ich jetzt
beklagen, daß ich der Stadt so nahe kam. Seid klug und
haltet Euch fern! Ich dachte nicht, daß es so kommen
würde. Lischoys Gwelljus hat mich schwer verletzt und
beim harten Zusammenprall vom Pferd geworfen. Die
Lanze fuhr geradezu durch meinen Schild und meinen Leib.
Danach half mir diese edle Frau auf ihr Pferd und brachte
mich hierher.« Er bat Gawan inständig zu bleiben, doch
Gawan wollte den Ort sehen, wo er zu Schaden gekommen
war. »Liegt Logroys in der Nähe und kann ich deinen
Gegner vorher einholen, dann muß er mir Rechenschaft
geben. Ich will ihn fragen, was er an dir zu rächen hatte.«
»Tu das nicht!« rief der Verwundete. »Ich versichere dir, das
ist kein Kinderspiel! Es geht um Leben und Tod!«

dar engêt niht kinde reise:
20   ez mac wol heizen vreise.'
     Gâwân die wunden verbant
     mit der vrouwen houbtgewant,
     er sprach zer wunden wunden segen,
     er bat got man und wîbes pflegen.
25   er vant al bluotec ir slâ,
     als ein hirze waere erschozzen dâ.
     daz enliez niht irre in rîten:
     er sach in kurzen zîten
     Lôgroys die gehêrten.
     vil liute mit lobe si êrten.
508   An der bürge lâgen lobes werc.
     nâch trendeln mâze was ir berc:
     swâ si verre sach der tumbe,
     er wânde si liefe alumbe.
5   der bürge man noch hiute giht
     daz gein ir sturmes hôrte niht:
     si vorhte wênec selhe nôt,
     swâ man hazzen gein ir bôt.
     alumbe den berc lac ein hac,
10   des man mit edelen boumen pflac.
     vîgen boum, grânât,
     öle, wîn und ander rât,
     des wuohs dâ ganziu rîcheit.
     Gâwân die strâze al ûf hin reit:
15   da ersach er niderhalben sîn
     vröude und sîns herzen pîn.
       ein brunne ûz dem velse schôz:
     dâ vand er, des in niht verdrôz,
     ein alsô clâre vrouwen,
20   die er gerne muose schouwen,
     aller wîbes varwe ein bêâ flûrs.
     âne Condwîrn âmûrs
     wart nie geborn sô schoener lîp.
     mit clârheit süeze was daz wîp,

Gawan verband die Wunde mit dem Kopftuch der Dame, sprach einen Wundsegen darüber und empfahl dann Ritter und Frau der Fürsorge Gottes. Viel Blut fand er auf ihrer Spur, als sei ein Hirsch angeschossen worden. So konnte er nicht in die Irre reiten, und bald sah er die stolze, weitberühmte Burg Logroys vor sich liegen. Eindrucksvoll erhob sie sich auf einem Berg, und der Weg hinauf wand sich ringsherum, so daß ein Dummkopf, sah er sie von ferne, wohl denken konnte, sie drehe sich immerfort im Kreise. Noch heute heißt es von der Burg, ein Sturm könne ihr nichts anhaben, auf keiner Seite sei Bedrängnis zu erwarten noch zu fürchten. Rings um den Berg zog sich ein Hain aus edlen Bäumen; üppig gediehen Feigenbäume, Granatapfelbäume, Ölbäume, Weinstöcke und anderes mehr. Gawan ritt hinauf, als er unterhalb der Straße sein Glück und seine Herzensnot erblickte. Bei einem Quell, der aus dem Felsen sprang, entdeckte er zu seiner Freude eine wunderschöne Dame, eine wahre Blüte weiblicher Anmut, auf der er seine Augen voll Entzücken ruhen ließ. Außer Condwiramurs wurde eine schönere Frau nie geboren. Sie war von großem

---

Wundsegen: Zauberspruch, der nach dem Volksglauben die Heilung von Wunden bzw. Krankheiten bewirken oder befördern soll.

25 wol geschict unt kurtoys.
    si hiez Orgelûse de Lôgroys.
    ouch sagt uns diu âventiure von ir,
    si waere ein reizel minnen gir,
    ougen süeze ân smerzen,
    unt ein spansenwe des herzen.

509 Gâwân bôt ir sînen gruoz.
    er sprach 'ob ich erbeizen muoz
    mit iuweren hulden, vrouwe,
    ob ich iuch des willen schouwe
5   daz ir mich gerne bî iu hât,
    grôz riuwe mich bî vröuden lât:
    sone wart nie ritter mêr sô vrô.
    mîn lîp muoz ersterben sô
    daz mir nimmer wîp gevellet baz.'
10 'deist et wol: nu weiz ich ouch daz.'
    selh was ir rede, dô si an in sach.
    ir süezer munt mêr dannoch sprach
        'nu enlobt mich niht ze sêre:
    ir enpfâht es lîhte unêre.
15 ichn wil niht daz ieslîch munt
    gein mit tuo sîn prüeven kunt.
    waer mîn lop gemeine,
    daz hiez ein wirde cleine,
    dem wîsen unt dem tumben,
20 dem slehten und dem crumben:
    wâ riht ez sich danne vür
    nâch der werdekeite kür?
    ich sol mîn lop behalten,
    daz es die wîsen walten.
25 ichn weiz niht, hêrre, wer ir sît:
    iuwers rîtens waere von mir zît.
        mîn prüeven lât iuch doch niht vrî:
    ir sît mînem herzen bî,
    verre ûzerhalp, niht drinne.
    gert ir mîner minne,

Liebreiz, wohlgestaltet, fein gebildet und hieß Orgeluse von
Logroys. Die Aventüre sagt von ihr, sie sei eine Lockspeise
der Liebe gewesen, eine ungetrübte Lust der Augen, eine
Sehne, die den Herzensbogen spannte.

Gawan grüßte sie und sprach: »Edle Frau, wenn Ihr mir
gestattet, hier bei Euch abzusitzen, und gar zu erkennen
gebt, daß Euch meine Anwesenheit nicht unangenehm ist,
dann fühle ich ungetrübte Freude, dann war nie ein Ritter
glücklicher als ich. Ich schwöre Euch bei meinem Leben:
Keine Frau gefällt mir so gut wie Ihr!«

»Schon gut! Das weiß ich auch selbst!« sagte sie schnippisch,
während sie ihn betrachtete. Und weiter spöttelte ihr liebli-
cher Mund: »Übertreibt Euer Lob nur nicht, es könnte
Euch übel bekommen. Hier soll nicht jeder sagen, was er
von mir hält. Wollten alle, der Weise und der Narr, der
Ehrenmann und jedes Lügenmaul, mich preisen, das wäre
kein Gewinn, wie er mir zukommt. Von mir soll reden, wer
seinen Verstand zu gebrauchen weiß. Ich kenne nicht einmal
Euren Namen. Nun wird's Zeit für Euch davonzureiten.
Vorher aber will ich Euch noch meine Meinung sagen: Von
meinem Herzen seid Ihr meilenweit entfernt, geschweige
denn, daß Ihr darin wärt! Wie könnt Ihr Liebe von mir

510 Wie habt ir minne an mich erholt?
    maneger sîniu ougen bolt,
    er möht si ûf einer slingen
    ze senfterm wurfe bringen,
5   ob er sehen niht vermîdet
    daz im sîn herze snîdet.
    lât walzen iuwer cranken gir
    ûf ander minne dan ze mir.
    dient nâch minne iuwer hant,
10 hât iuch âventiure gesant
    nâch minne ûf ritterlîche tât,
    des lônes ir an mir niht hât:
    ir mugt wol laster hie bejagen,
    muoz ich iu die wârheit sagen.'
15   dô sprach er 'vrouwe, ir sagt mir wâr.
    mîn ougen sint des herzen vâr:
    die hânt an iuwerem lîbe ersehen,
    daz ich mit wârheit des muoz jehen
    daz ich iuwer gevangen bin.
20 kêrt gein mir wîplîchen sin.
    swie es iuch habe verdrozzen,
    ir habt mich în geslozzen:
    nu loeset oder bindet.
    des willen ir mich vindet,
25 het ich iuch swâ ich wolte,
    den wunsch ich gerne dolte.'
        si sprach 'nu vüert mich mit iu hin.
    welt ir teilen den gewin,
    den ir mit minne an mir bejagt,
    mit laster irz dâ nâch beclagt.
511 Ich wiste gerne ob ir der sît,
    der durch mich getorste lîden strît.
    daz verbert, bedurft ir êre.
    solt ich iu râten mêre,
5   spraecht ir denne der volge jâ,
    sô suocht ir minne anderswâ.

fordern? Erklärt mir doch, wie kommt Ihr eigentlich dazu? Mancher läßt seine Augen schweifen, wie nicht einmal ein Schleuderstein das kann. Ihm täte aber besser, er sähe gar nicht erst, was nur sein Herz verwundet. Gebt Eurer ohnmächtigen Begierde ein andres Ziel! Wollt Ihr um Liebe dienen, hat Euch die Aventüre ausgesandt, für Liebeslohn ritterliche Taten zu vollbringen, dann habt Ihr bei mir keinen Lohn zu erwarten. Bei mir könnt Ihr höchstens Schimpf und Schande ernten; verlaßt Euch darauf!«

Gawan aber sprach: »Edle Frau, was Ihr sagt, ist wahr. Meine Augen haben mein Herz in Gefahr gestürzt. Ich gebe Euch mein Wort: Euer Liebreiz hat sie so in Bann geschlagen, daß ich fortan Euer Gefangener bin. Zeigt doch als Frau ein fühlendes Herz! Auch wenn's Euch verdrießt, Ihr habt mich in Fesseln gelegt! Nun löst sie oder löst sie nicht! Ihr findet mich entschlossen, auszuharren, bis ich Euch habe, wo ich will.«

Sie erwiderte: »Nun gut, dann nehmt mich mit Euch! Denkt aber daran: Wollt Ihr am Ende den Gewinn einstreichen, den Ihr durch Liebe bei mir zu erringen hofft, dann wird der Jammer über die Euch widerfahrene Schmach groß sein! Ich will doch einmal sehen, ob Ihr für mich auch Kampfesnot wagt. Ist Euch aber an Eurer Ehre gelegen, so laßt lieber die Finger davon! Wenn ich Euch schließlich noch einen beherzigenswerten Rat geben darf: Werbt lieber bei einer anderen

ob ir mîner minne gert,
minne und vröude ir sît entwert.
ob ir mich hinnen vüeret,
10   grôz sorge iuch dâ nâch rüeret.'
        dô sprach mîn hêr Gâwân
'wer mac minne ungedienet hân?
muoz ich iu daz künden,
der treit si hin mit sünden.
15   swem ist ze werder minne gâch,
dâ hoeret dienst vor unde nâch.'
si sprach 'welt ir mir dienst geben,
sô müezt ir werlîche leben,
unt megt doch laster wol bejagen.
20   mîn dienst bedarf deheines zagen.
vart jenen pfat (êst niht ein wec)
dort über jenen hôhen stec
in jenen boumgarten.
mîns pferdes sult ir dâ warten.
25   dâ hoert ir und seht manege diet,
die tanzent unde singent liet,
tambûren, floitieren.
swie si iuch condwieren,
gêt durch si dâ mîn pfärt dort stêt,
unt loest ez ûf: nâch iu ez gêt.'
512   Gâwân von dem orse spranc.
dô hete er mangen gedanc,
wie daz ors sîn erbite.
dem brunnen wonte ninder mite
5   dâ erz geheften möhte.
er dâhte, ob im daz töhte
daz siz ze behalten naeme,
ob im diu bete gezaeme.
'ich sihe wol wes ir angest hât,'
10   sprach si. 'diz ors mir stên hie lât:
daz behalte ich unz ir wider kumt.
mîn dienst iu doch vil cleine vrumt.'

um Liebe! Werbt Ihr um meine Liebe, dann habt Ihr weder
auf Liebe noch auf Glück zu hoffen! Führt Ihr mich jetzt
wirklich mit Euch, dann werdet Ihr in große Not ge-
raten.«

Unser Herr Gawan aber erwiderte unerschrocken: »Wer
wollte schon Liebe ohne Dienst! Laßt Euch versichern: Wer
sie auf solche Art gewinnt, trägt einen Sündenlohn davon.
Wer aber edle Liebe erstrebt, muß unbeirrbar dienen, auch
wenn er Erhörung gefunden hat.«

Da sprach sie warnend: »Tretet Ihr in meinen Dienst, dann
wählt Ihr ein kampferfülltes Leben und erringt am Ende nur
Schimpf und Schande dabei. In meinem Dienst kann ich
keinen Feigling brauchen. Geht also diesen Fußweg entlang
– es ist keine Straße, auf der Ihr reiten könntet –, dann über
den schmalen Steg in den Baumgarten dahinter, kümmert
Euch dort um mein Pferd. Ihr werdet ein Gewimmel von
Menschen treffen, die tanzen, singen, Tamburin schlagen
und Flöte spielen. Auch wenn sie Euch noch so freundlich
umdrängen, bahnt Euch einen Weg durch die Menge zu
meinem Pferd und bindet es los. Es wird Euch dann
folgen.«

Gawan sprang vom Pferd und überlegte hin und her, wo er
es bis zu seiner Rückkehr lassen sollte. Am Quell war nichts
zu sehen, woran er es hätte festbinden können. Da fragte er
sich, ob es vielleicht gegen den Anstand verstieße, sie darum
zu bitten, das Pferd bis zu seiner Rückkehr festzuhalten.

»Ich merke schon, was Euch verlegen macht«, sprach sie.
»Laßt das Pferd bei mir. Ich will es halten, bis Ihr zurück-
kehrt; doch mein Dienst wird Euch wenig nützen.«

     dô nam mîn hêr Gâwân
     den zügel von dem orse dan:
15 er sprach 'nu habt mirz, vrouwe.'
     'bî tumpheit ich iuch schouwe,'
     sprach si: 'wan dâ lac iuwer hant,
     der grif sol mir sîn unbekant.'
     dô sprach der minne gernde man
20 'vrouwe, ichn greif nie vorn dran.'
     'nu, dâ wil ichz enpfâhen,'
     sprach si. 'nu sult ir gâhen,
     und bringt mir balde mîn pfert.
     mîner reise ir sît mit iu gewert.'
25 daz dûhte in vröudehaft gewin:
     dô gâhte er balde von ir hin
     über den stec zer porten în.
     dâ sach er manger vrouwen schîn
     und mangen ritter jungen,
     die tanzten unde sungen.
513   Dô was mîn hêr Gâwân
     sô gezimiert ein man,
     daz ez si lêrte riuwe:
     wan si heten triuwe,
5 die des boumgarten pflâgen.
     si stuonden oder lâgen
     oder saezen in gezelten,
     die vergâzen des vil selten,
     sine clageten sînen kumber grôz.
10 man unt wîp des niht verdrôz,
     genuoge sprâchen, den ez was leit,
     'mîner vrouwen trügeheit
     wil disen man verleiten
     ze grôzen arbeiten.
15 ôwê daz er ir volgen wil
     ûf alsus riuwebaeriu zil.'
     manec wert man dâ gein im gienc,
     der in mit armen umbevienc

Da ergriff unser Herr Gawan den Zügel seines Pferdes und
sprach: »Haltet es fest, edle Frau!«

»Ihr seid wohl närrisch!« rief sie. »Ich werde mich hüten,
die Zügel an der Stelle zu fassen, die Ihr mit Eurer Hand
berührt habt!«

»Edle Frau, ich fasse die Zügel nie so weit vorn!« sprach der
liebesdurstige Ritter.

»Nun gut, dann will ich es festhalten«, sprach sie. »Beeilt
Euch aber und bringt mir schleunigst mein Pferd, dann will
ich mit Euch ziehen.«

Gawan erblickte in ihrem Verhalten einen glückverheißen-
den ersten Erfolg und verließ sie in großer Eile. Er über-
querte den Steg und betrat durch eine Pforte den Baumgar-
ten. Da fand er viele wunderschöne Edelfrauen und zahlrei-
che junge Ritter, die tanzten und sangen. Als unser Herr
Gawan im Schmuck seiner prächtigen Rüstung erschien,
schlug die Fröhlichkeit in Trauer um, denn die Hüter des
Baumgartens waren redliche, treue Menschen. Wer dort
stand, lag oder in den Zelten saß, beklagte die ihm drohende
schwere Bedrängnis. Männer und Frauen empfanden Bedau-
ern darüber und redeten eifrig untereinander: »Unsre Herrin
in ihrer Falschheit will diesem Ritter große Mühsal bereiten.
Weh, wenn er auf sie hört! Ein trauriges Ende ist unab-
wendbar!«

Viele edle Ritter eilten zu ihm und schlossen ihn mit herzli-
chem Willkommensgruß in die Arme. Gawan aber drängte

      durch vriuntlîch enpfâhen.
20 dar nâch begunde er nâhen
      einem ölboum: dâ stuont daz pfert:
      ouch was maneger marke wert
      der zoum unt sîn gereite.
      mit einem barte breite,
25 wol gevlohten unde grâ
      stuont derbî ein ritter dâ
      über eine crücken geleinet:
      von dem wart ez beweinet
      daz Gâwân zuo dem pfärde gienc.
      mit süezer rede er in doch enpfienc.

514   Er sprach 'welt ir râtes pflegen,
      ir sult dises pfärdes iuch bewegen.
      ezn wert iu doch niemen hie.
      getât aber ir daz waegest ie,
 5 sô sult irz pfärt hie lâzen.
      mîn vrouwe sî verwâzen,
      daz si sô manegen werden man
      von dem lîbe scheiden kan.'
      Gâwân sprach, ern lieze es niht.
10 'ôwê des dâ nâch geschiht!'
      sprach der grâwe ritter wert.
      die halftern lôste er von dem pfert,
      er sprach 'ir sult niht langer stên:
      lât diz pfärt nâch iu gên.
15 des hant daz mer gesalzen hât,
      der geb iu vür kumber rât.
      hüet daz iuch iht gehoene
      mîner vrouwen schoene:
      wan diu ist bî der süeze al sûr,
20 reht als ein sunnenblicker schûr.'
      'nu walte es got,' sprach Gâwân.
      urloup nam er zem grâwen man:
      als tet er hie unde dort.
      si sprâchen alle clagendiu wort.

sich zu einem Ölbaum, wo das gesuchte Pferd stand, dessen Zaum und Reitzeug recht kostspielig waren. Ein Ritter mit langwallendem, sorgfältig geflochtenem grauem Bart stützte sich neben dem Pferd auf einen Krückstock. Als Gawan auf das Pferd zuschritt, brach er in Tränen aus. Dennoch empfing er ihn mit freundlichen Worten und sprach: »Wenn Ihr einen guten Rat hören wollt, dann laßt das Pferd hier. Es wird Euch zwar niemand daran hindern, es mitzunehmen, doch das klügste wäre, Ihr ließet es stehen. Verflucht sei meine Gebieterin, die so viele edle Ritter in den Tod treibt!«

Als Gawan erwiderte, er ließe sich nicht abhalten, rief der edle graue Ritter: »Weh über das, was dann geschieht!« Als Gawan das Halfter losgebunden hatte, fuhr er fort: »Jetzt dürft Ihr hier nicht länger bleiben. Laßt das Pferd Euch folgen. Der Herr, dessen Hand die Meeresfluten salzig werden ließ, stehe Euch bei in der Not! Hütet Euch, daß Euch die Schönheit meiner Gebieterin nicht in Schande stürzt! Bei allem äußeren Liebreiz ist sie kalt und herzlos; sie gleicht einem Hagelwetter, über dem die Sonne glänzt.«

»Gottes Wille möge geschehen!« sprach Gawan. Er nahm Abschied von dem grauen Ritter und allen Anwesenden, die nun in Wehklagen ausbrachen. Das Pferd folgte ihm den

25 daz pfärt gienc einen smalen wec
    zer porte ûz nâch im ûf den stec.
    sîns herzen voget er dâ vant:
    diu was vrouwe über daz lant.
    swie sîn herze gein ir vlôch,
    vil kumbers si im doch drîn zôch.

515 Si hete mit ir hende
    underm kinne daz gebende
    hin ûf daz houbet geleit.
    kampfbaeriu lide treit
5   ein wîp die man vindet sô:
    diu waer vil lîhte eins schimpfes vrô.
    waz si anderr cleider trüege?
    ob ich nu des gewüege,
    daz ich prüeven solte ir wât,
10   ir liehter blic mich des erlât.
        dô Gâwân zuo der vrouwen gienc,
    ir süezer munt in sus enpfienc.
    si sprach 'west willekomen, ir gans.
    nie man sô grôze tumpheit dans,
15   ob ir mich dienstes welt gewern.
    ôwê wie gerne irz möht verbern!'
    er sprach 'ist iu nu zornes gâch,
    dâ hoert iedoch genâde nâch.
    sît ir strâfet mich sô sêre,
20   ir habt ergetzens êre.
    die wîl mîn hant iu dienst tuot,
    unz ir gewinnet lônes muot.
    welt ir, ich hebe iuch ûf diz pfert.'
    si sprach 'des hân ich niht gegert.
25   iuwer unversichert hant
    mac grîfen wol an smaeher pfant.'
    hin umbe von im si sich swanc,
    von den bluomen ûf daz pfärt si spranc.
    si bat in daz er rite vür.
    'ez waere et schade ob ich verlür

schmalen Pfad entlang durch die Pforte bis auf den Steg, wo seine Herzensgebieterin, die Herrscherin des Landes, ihn erwartete. Sein Herz suchte Zuflucht bei ihr, sollte aber statt dessen schwere Mühsal finden.

Die Dame hatte ihre Haubenbänder unter dem Kinn gelöst und über dem Kopf zusammengebunden. Wenn eine Frau auf diese Weise alle Reize ihres Antlitzes enthüllt, scheint sie zu Plänkelei und Scherz aufgelegt. Was sie an Kleidern trug? Selbst wenn ich es beschreiben wollte, ich könnte es nicht, denn meine Augen sind vom Glanz ihrer Schönheit geblendet. Als Gawan sich der Edelfrau näherte, tönten ihm aus ihrem süßen Mund folgende Worte entgegen: »Seid mir willkommen, Ihr Dummkopf! Wenn Ihr in meinen Dienst tretet, seid Ihr der größte Narr auf der ganzen Welt. Ach, laßt ab davon!«

Er aber erwiderte: »Wenn Ihr jetzt zornig seid, müßt Ihr mich um so gewisser erhören, denn nach heftigen Worten kann's Euch nur ehren, mich dafür zu entschädigen. Ich werde Euch so lange dienen, bis Ihr Euch dazu entschließt, mich zu belohnen. Gestattet, daß ich Euch aufs Pferd hebe.«

Sie aber wies ihn ab: »Ich habe nicht darum gebeten! Noch hat Eure Hand nichts vollbracht, also greift nach geringerem Pfand!«

Damit wandte sie ihm den Rücken und sprang vom blumenübersäten Rasen mit einem Satz aufs Pferd. Dann forderte sie ihn auf, voranzureiten: »Es wäre ja ein Jammer, wenn

516 Sus ahtbaeren gesellen,'
sprach si: 'got müeze iuch vellen!'
    swer nu des wil volgen mir,
der mîde valsche rede gein ir.
5 niemen sich verspreche,
ern wizze ê waz er reche,
unz er gewinne künde
wie ez umbe ir herze stüende.
ich kunde ouch wol gerechen dar
10 gein der vrouwen wol gevar:
swaz si hât gein Gâwân
in ir zorne missetân,
oder daz si noch getuot gein im,
die râche ich alle von ir nim.
15   Orgelûs diu rîche
vuor ungeselleclîche:
zuo Gâwân si kom geriten
mit alsô zornlîchen siten,
daz ich michs wênec trôste
20 daz si mich von sorgen lôste.
si riten dannen beide,
ûf eine liehte heide.
ein crût Gâwân dâ stênde sach,
des würze er wunden helfe jach.
25 do erbeizte der werde
nider zuo der erde:
er gruop si, wider ûf er saz.
diu vrouwe ir rede ouch niht vergaz,
si sprach 'kan der geselle mîn
arzet unde ritter sîn,
517 Er mac sich harte wol bejagen,
gelernt er bühsen veile tragen.'
zer vrouwen sprach Gâwânes munt
'ich reit vür einen ritter wunt:
5 des dach ist ein linde.
ob ich den noch vinde,

mir solch hochachtbarer Gefährte unversehens verlorenginge!« spottete sie. »Gott soll Euch verderben!«

Folgt meinem Rat und hütet euch, die Frau zu schmähen! Niemand soll übereilt urteilen! Erst muß man wissen, wofür man tadelt und wie es in ihrem Herzen aussah. Ich könnte die Schöne wohl rasch verurteilen. Aber nein: was sie Gawan im Zorn auch antat oder antun wird, verdient nicht Tadel, sondern Mitgefühl.

Die mächtige Orgeluse ritt so unnahbar und in so feindseliger Haltung auf Gawan zu, daß ich mir wenig Hoffnung gemacht hätte, je von ihr erhört zu werden. Gemeinsam zogen sie über eine blühende Heide, als Gawan eine Pflanze erblickte, deren Wurzeln, wie er wußte, Wunden heilen konnten. Unser Edelmann schwang sich vom Pferd, grub sie aus und saß wieder auf. Die Edelfrau aber begleitete sein Tun mit folgenden Worten: »Mein Gefährte ist also Arzt und Ritter zugleich. Ja, wenn man Arzneibüchsen verkauft, braucht man sich um seinen Lebensunterhalt nicht zu sorgen!«

Gawan erwiderte gelassen: »Ich bin einem verwundeten Ritter begegnet, er ruht unter dem Laubdach einer Linde.

disiu wurz sol in wol ernern
unt al sîn uncraft erwern.'
si sprach 'daz sihe ich gerne.
10   waz ob ich kunst gelerne?'
        dô vuor in balde ein knappe nâch:
dem was zer botschefte gâch,
die er werben solte.
Gâwân sîn beiten wolte:
15   dô dûht er in ungehiure.
Malcrêatiure
hiez der knappe fiere:
Cundrîe la surziere
was sîn swester wol getân:
20   er muose ir antlütze hân
gar, wan daz er was ein man.
im stuont ouch ietweder zan
als einem eber wilde,
unglîch menschen bilde.
25   im was daz hâr ouch niht sô lanc
als ez Cundrîen ûf den mûl dort swanc:
kurz, scharf als igels hût ez was.
bî dem wazzer Ganjas
ime lant ze Trîbalibôt
wahsent liute alsus durch nôt.

518   Unser vater Adâm,
die kunst er von gote nam,
er gap allen dingen namen,
beidiu wilden unde zamen:
5   er erkante ouch ieslîches art,
dar zuo der sterne umbevart,
der siben plânêten,
waz die crefte hêten:
er erkante ouch aller würze maht,
10   und waz ieslîcher was geslaht.
dô sîniu kint der jâre craft
gewunnen, daz si berhaft

Sollte ich ihn dort noch finden, wird diese Wurzel ihm
helfen und seine Schwäche vertreiben.«
Sie sprach: »Das säh' ich gern! Vielleicht kann ich die
Heilkunst auch noch lernen.«
Da erblickten sie einen Knappen, der ihnen in großer Eile
folgte und eine dringende Botschaft ausrichten wollte.
Gawan beschloß, auf ihn zu warten, und als er näher kam,
schien er ihm ein wahrer Ausbund an Häßlichkeit. Malcrea-
türe hieß dieser stolze Knappe, und die Zauberin Cundry
war seine liebreizende Schwester. Er sah ihr zum Verwech-
seln ähnlich, nur daß er ein Mann war. Auch bei ihm ragten
die Eckzähne hervor wie bei einem wilden Eber, so daß er
kaum wie ein Mensch wirkte. Seine Haare waren allerdings
nicht so lang wie die seiner Schwester, die ja bis auf den
Maultierrücken hinabhingen. Sie waren vielmehr kurz und
spitz wie Igelstacheln. Im Lande Tribalibot, das am Flusse
Ganges liegt, wachsen solche Menschen auf. Ihre Häßlich-
keit beruht auf einer weit zurückliegenden Verfehlung.
Unserem Stammvater Adam verlieh nämlich Gott die Gabe,
alle Kreatur, ob wild oder zahm, mit Namen zu benennen.
Er wußte auch um das Wesen aller Dinge, selbst um den
Umlauf der Sterne und um die Kraftströme der sieben
Planeten. Dazu hatte er Kenntnis von den Kräften aller
Pflanzen; er wußte, wozu man sie verwenden konnte. Als
seine Töchter alt genug waren, Kinder zu gebären, warnte er

wurden menneschlîcher vruht,
er widerriet in ungenuht.
15   swâ sîner tohter keiniu truoc,
vil dicke er des gein in gewuoc,
den rât er selten gein in liez,
vil würze er si mîden hiez
die menschen vruht verkêrten
20   unt sîn geslähte unêrten,
'anders denne got uns maz,
dô er ze werke über mich gesaz,'
sprach er. 'mîniu lieben kint,
nu sît an saelekeit niht blint.'
25   diu wîp tâten et als wîp:
etslîcher riet ir broeder lîp
daz si diu werc volbrâhte,
des ir herzen gir gedâhte.
sus wart verkêrt diu mennischeit:
daz was iedoch Adâme leit,
519   Doch engezwîvelt nie sîn wille.
diu küneginne Secundille,
die Feirefîz mit ritters hant
erwarp, ir lîp unt ir lant,
5   diu het in ir rîche
harte unlougenlîche
von alter dar der liute vil
mit verkêrtem antlützes zil:
si truogen vremdiu wilden mâl.
10   dô sagete man ir umb den grâl,
daz ûf erde niht sô rîches was,
unt des pflaege ein künec hiez Anfortas.
daz dûhte si wunderlîch genuoc:
wan vil wazzer in ir lant truoc
15   vür den griez edel gesteine:
grôz, niht ze cleine,
het si gebirge guldîn.
dô dâht diu edele künegîn

sie vor Ungenügsamkeit. Wenn eine Tochter schwanger wurde, schärfte er ihr ein, bestimmte Pflanzen zu meiden, da sie die Nachkommenschaft verunstalten und so das Menschengeschlecht schänden würden: »Sie verändern die Gestalt, die Gott uns beim Schöpfungsakt gab.« Und weiter sprach er: »Meine lieben Töchter, seid also nicht blind gegen euer Glück!«

Die Weiber aber taten, wie man's von ihnen kennt. Einige wurden schwach und gaben ihren Begierden nach, so daß Mißgeburten zur Welt kamen. Adam war sehr betrübt darüber, doch wich er nie vom rechten Wege.

Im Reiche der Königin Secundille, deren Hand und Land Feirefiz durch ritterliche Taten erringen konnte, lebten wahr und wahrhaftig von alters her viele Menschen mit mißgestaltetem Antlitz und Körper. Einst erzählte man ihr vom Gral, daß es nichts Kostbareres auf Erden gebe und daß ein König namens Anfortas ihn hüte. Das dünkte sie recht seltsam, denn viele Flüsse ihres Landes führten nicht Kiesel, sondern Edelsteine; auch nannte sie gewaltige, goldhaltige Gebirge ihr eigen. Daher dachte die edle Königin: »Wie erfahre ich

'wie gewinne ich künde dises man,
20 dem der grâl ist undertân?'
si sante ir cleinoete dar,
zwei mennesch wunderlîch gevar,
Cundrîen unde ir bruoder clâr.
si sante im mêr dennoch für wâr,
25 daz niemen möhte vergelten:
man vünde ez veile selten.
dô sande der süeze Anfortas,
wand er et ie vil milte was,
Orgelûsen de Lôgroys
disen knappen kurtoys.
520 Von wîbes gir ein underscheit
in schiet von der mennescheit.
der würze unt der sterne mâc
huop gein Gâwân grôzen bâc.
5 der hete sîn ûf dem wege erbiten.
Malcrêatiure kom geriten
ûf eime runzîde cranc,
daz von leme an allen vieren hanc.
ez strûchte dicke ûf die erde.
10 vrou Jeschût diu werde
iedoch ein bezzer pfärt reit
des tages dô Parzivâl erstreit
ab Orilus die hulde:
die vlôs si ân alle ir schulde.
15 der knappe an Gâwânen sach:
Malcrêatiur mit zorne sprach
'hêr, sît ir von ritters art,
sô möht irz gerne hân bewart:
ir dunket mich ein tumber man,
20 daz ir mîne vrouwen vüeret dan:
ouch wert irs underwîset,
daz man iuch drumbe prîset,
ob sichs erwert iuwer hant.
sît aber ir ein sarjant,

mehr über den Mann, dem der Gral untertan ist?« Und sie
sandte Kostbarkeiten hin, dazu zwei seltsam gestaltete Men-
schen, nämlich Cundry und ihren anmutigen Bruder. Sie
schenkte Anfortas noch vieles andre mehr, was niemand
kaufen kann, weil es zu selten ist. Darauf sandte der freund-
liche und freigebige Anfortas den höfisch feinen Knappen
Malcreatüre zu Orgeluse von Logroys. Weibliche Begierde
trug Schuld daran, daß er von allen Menschen abstach.
Dieser Abkömmling der Pflanzen und Gestirne erhob beim
Anblick Gawans, der ihn auf dem Wege erwartet hatte, ein
wüstes Geschrei. Malcreatüre kam auf einer klapprigen
Mähre daher, die auf allen vier Füßen lahmte und ständig
stolperte. Selbst die edle Frau Jeschute hatte einst, als Parzi-
val ihr die schuldlos verlorene Zuneigung des Orilus im
Kampfe wiedergewann, ein besseres Pferd geritten. Der
Knappe Malcreatüre musterte Gawan und schrie zornig:
»Herr, wenn Ihr ein Ritter seid, dann hättet Ihr Euch anders
benehmen müssen! Ihr scheint aber ein rechter Einfaltspinsel
zu sein, daß Ihr meine Herrin einfach mitnehmt. Euch wird
dafür eine Lehre erteilt, daß man Euch preisen wird, wenn
Ihr mit heiler Haut davonkommt. Seid Ihr aber nur ein

25   sô wert ir gâlûnt mit staben,
   daz irs gern wandel möhtet haben.'
    Gâwân sprach 'mîn ritterschaft
   erleit nie sölher zühte craft.
   sus sol man walken gampelher,
   die niht sint mit manlîcher wer:
521 Ich bin noch ledec vor solhem pîn.
   welt aber ir unt diu vrouwe mîn
   mir smaehe rede bieten,
   ir müezt iuch eine nieten
5   daz ir wol meget vür zürnen hân.
   swie vreislîche ir sît getân,
   ich enbaer doch sanfte iuwer drô.'
   Gâwân in bî dem hâre dô
   begreif und swang in underz pfert.
10   der knappe wîs unde wert
   vorhtlîche wider sach.
   sîn igelmaezec hâr sich rach:
   daz versneit Gâwân sô die hant,
   diu wart von bluote al rôt erkant.
15   des lachte diu vrouwe:
   si sprach 'vil gerne ich schouwe
   iuch zwêne sus mit zornes site.'
   si kêrten dan: daz pfärt lief mite.
    si kômen dâ si vunden
20   ligen den ritter wunden.
   mit triuwen Gâwânes hant
   die wurz ûf die wunden bant.
   der wunde sprach 'wie ergienc ez dir,
   sît daz du schiede hie von mir?
25   du hâst eine vrouwen brâht,
   diu dîns schaden hât gedâht.
   von ir schulden ist mir sô wê:
   in Âv'estroit mâvoiê
   half si mir schärpfer tjoste
   ûf lîbes und guotes koste.

Fußknecht, dann wird Euer Fell mit einem Knüppel gegerbt, daß Euch alles andere lieber wäre!«

Gawan sprach gelassen: »Solange ich Ritter bin, habe ich solche Prügel nicht dulden müssen. So mag man fahrendes Lumpenpack durchwalken, das sich nicht mannhaft zu wehren versteht. Mir ist solches noch nicht geschehen. Wollt Ihr mich aber wie meine Herrin schmähen, dann sollt Ihr wohl genießen, was Euch wie Zorn anmuten wird. Seht Ihr auch noch so furchterregend aus, mich schreckt Eure Drohung nicht.« Damit packte Gawan den Knappen bei den Haaren und riß ihn vom Pferd. Der kluge, vieledle Knappe blickte ängstlich zu Gawan auf, doch seine Igelborsten hatten die empfangene Beleidigung schon vergolten: sie hatten Gawans Hand zerschnitten, so daß sie über und über rot war von Blut. Die Dame lachte schadenfroh und höhnte: »Mir macht's Vergnügen, was ihr im Zorne tut.« Während Orgeluse mit Gawan weiterritt, lief ihnen das Pferd des Knappen nach.

Sie gelangten nun zu der Linde, wo der verwundete Ritter lag. Während Gawan ihm sorgsam das Heilkraut auf die Wunde band, fragte der Verwundete: »Wie ist es dir inzwischen ergangen? Du hast eine Dame bei dir, die nur darauf sinnt, dich ins Verderben zu stürzen. Sie trägt auch Schuld an meinen Schmerzen. In Avestroit mavoie stürzte sie mich in einen gefährlichen Kampf um Leib und Gut. Hängst du

---

Avestroit mavoie: entspricht afrz. *cave estroite malvoiee* ›Bach im Hohlweg‹.

522 Wellestu behalten dînen lîp,
sô lâ diz trügehafte wîp
rîten unde kêr von ir.
nu prüeve selbe ir rât an mir.

5 doch möhte ich harte wol genesen,
ob ich bî ruowe solte wesen.
des hilf mir, getriuwer man.'
dô sprach mîn hêr Gâwân
'nim aller mîner helfe wal.'

10 'hie nâhen stêt ein spitâl:
alsô sprach der ritter wunt:
'koeme ich dar in kurzer stunt,
dâ möhte ich ruowen lange zît.
mîner vriundîn runzît

15 hab wir noch stênde al starkez hie:
nu heb si drûf, mich hinder sie.'
    dô bant der wol geborne gast
der vrouwen pfärt von dem ast:
er wolde ez ziehen nâher ir.

20 der wunde sprach 'hin dan von mir!
wie ist iuch tretens mich sô gâch?'
er zôhz ir verr: diu vrouwe gienc nâch,
sanfte unt doch niht drâte,
al nâch ir mannes râte.

25 Gâwân ûf daz pfärt si swanc.
innen des der wunde ritter spranc
ûf Gâwânes kastelân.
ich waene daz was missetân.
er unt sîn vrouwe riten hin:
daz was ein sündehaft gewin.

523   Gâwân daz clagete sêre:
diu vrouwe es lachete mêre
denn inder schimpfes in gezam.
sît man im daz ors genam,

5 ir süezer munt hin ze im dô sprach
'vür einen ritter ich iuch sach:

am Leben, dann laß dieses verräterische Weib allein weiterreiten; trenne dich von ihr! Sieh mich an, dann weißt du, wessen sie fähig ist! Ich brauche Pflege und Ruhe, wenn ich meine volle Gesundheit wiedererlangen will. Verhilf mir dazu, treuer Held!«

Herr Gawan erwiderte mitleidig: »Verfüge voll und ganz über mich!«

»Hier in der Nähe ist ein Spital«, sprach der verwundete Ritter. »Käme ich bald dorthin, könnte ich in Ruhe genesen. Hier steht das kräftige Pferd meiner Liebsten. Heb sie hinauf und setze mich dann hinter sie!«

Gawan band das Pferd der fremden Dame vom Ast los und wollte es näher heranführen, doch der Verwundete schrie: »Nicht näher! Wollt Ihr mich denn unbedingt treten?«

Gawan führte das Tier ein Stück weiter, und die Dame, die einem Wink ihres Mannes gehorchte, folgte ihm gemächlich, ohne Eile. Als Gawan sie aufs Pferd hob, schwang sich der verwundete Ritter blitzschnell auf Gawans Kastilianer und sprengte mit seiner Dame davon. Ich meine, das war schändlich und sündhaft gehandelt.

Grimm erfaßte Gawan, während seine Dame mehr lachte, als ihm der Spaß gefallen konnte. Als er sein Pferd verloren hatte, ließ sich ihr süßer Mund vernehmen: »Erst hielt ich

      dar nâch in kurzen stunden
      wurdet ir arzet vür die wunden:
      nu müezet ir ein garzûn wesen.
10   sol iemen sîner kunst genesen,
      sô troest iuch iuwerre sinne.
      gert ir noch mîner minne?'
         'jâ, vrouwe,' sprach hêr Gâwân:
      'möhte ich iuwer minne hân,
15   diu waer mir lieber danne iht.
      ez enwont ûf erde nihtes niht,
      sunder crône und al die crône tragent,
      unt die vröudehaften prîs bejagent:
      der gein iu teilte ir gewin,
20   sô raetet mir mîns herzen sin
      daz ichz in lâzen solte:
      iuwer minne ich haben wolte.
      mag ich der niht erwerben,
      sô muoz ein sûrez sterben
25   sich schiere an mir erzeigen.
      ir wüestet iuwer eigen.
      ob ich vrîheit ie gewan,
      ir sult mich doch vür eigen hân:
      daz dunct mich iuwer ledec reht.
      nu nennt mich ritter oder kneht,
524   Garzûn oder vilân.
      swaz ir spottes hât gein mir getân,
      dâ mite ir sünde enpfâhet,
      ob ir mîn dienst smâhet.
5   solte ich dienstes geniezen,
      iuch möhte spotes verdriezen.
      ob ez mir nimmer wurde leit,
      ez crenket doch iuwer werdekeit.'
         wider zuo ze in reit der wunde man
10   und sprach 'bistuz Gâwân?
      hâstu iht geborget mir,
      daz ist nu gar vergolten dir,

Euch für einen Ritter, dann zeigtet Ihr Euch als Wundarzt, und jetzt müßt Ihr gar als Page zu Fuß gehn. Soll einer von seinen Künsten leben, dann hättet Ihr ein prächtiges Auskommen. Verzehrt Ihr Euch immer noch nach meiner Liebe?«

»Gewiß, edle Frau«, sprach Herr Gawan. »Eure Liebe wäre mir das Höchste auf Erden. Hätte ich die Wahl zwischen Euch und allem Reichtum der Welt, dem Besitz aller Herrscher und Beherrschten, den Schätzen der berühmtesten Erdenbewohner, ich würde der Stimme meines Herzens gehorchen und statt des Reichtums Eure Liebe wählen! Kann ich sie nicht erringen, wird mich der bittere Tod bald hinwegraffen. Ihr vernichtet, was Euch gehört; denn obwohl ich als freier Mann geboren bin, könnt Ihr mich mit Fug und Recht als Euern Leibeigenen betrachten. Nennt mich also nach Belieben Ritter oder Knappe, Page oder Bauerntölpel, doch denkt auch daran, daß Ihr Euch versündigt, wenn Ihr mich und meinen Ritterdienst mit Spott überschüttet. Sollte mir Lohn für meinen Dienst werden, dann müßte Euch der Hohn leid sein. Auch wenn's mich nicht verdrösse, so untergrabt Ihr doch damit Euer Ansehen.«

Da näherte sich der verwundete Ritter und rief: »Du bist's also, Gawan! Endlich habe ich dir heimgezahlt, was du mir

dô mich dîn manlîchiu craft
vienc in herter ritterschaft,
15   und dô du braehte mich ze hûs
dînem oeheim Artûs.
vier wochen er des niht vergaz:
die zît ich mit den hunden az.'
    dô sprach er 'bistuz Urjâns?
20   ob du mir nu schaden gans,
den trage ich âne schulde:
ich erwarp dir des küneges hulde.
ein swach sin half dir unde riet:
von schildes ambet man dich schiet
25   und sagte dich gar rehtlôs,
durch daz ein magt von dir verlôs
ir reht, dar zuo des landes vride.
der künec Artûs mit einer wide
woltz gerne hân gerochen,
het ich dich niht versprochen.'
525   'Swaz dort geschach, du stêst nu hie.
du hôrtest ouch vor dir sprechen ie,
swer dem andern half daz er genas,
daz er sîn vîent dâ nâch was.
5   ich tuon als die bî witzen sint.
sich vüeget baz ob wint ein kint
denne ein bartohter man.
ich wil diz ors al eine hân.'
mit sporn erz vaste von im reit:
10   daz was doch Gâwâne leit.
    der sprach ze der vrouwen 'ez kom alsô.
der künec Artûs der was dô
in der stat ze Dîanazdrûn,
mit im dâ manec Bertûn.
15   dem was ein vrouwe dar gesant
durch botschaft in sîn lant.
ouch was dirre ungehiure
ûz komen durch âventiure.

angetan hast! Erinnere dich: Du nahmst mich nach hartem
Kampf mit starker Hand gefangen und brachtest mich auf
die Burg deines Oheims Artus, wo ich nach seinem Willen
vier Wochen lang mit den Hunden aus einem Troge fressen
mußte!«

Gawan rief zurück: »Aha, du bist es, Urians! Wenn du mir
auch schaden willst, ich habe keine Schuld! Im Gegenteil!
Ich gewann dir des Königs Huld. Nur dein Unverstand hat
dich so weit gebracht, daß man dich aus dem Ritterstand
ausstieß und für rechtlos erklärte, denn du hast dich an einer
Jungfrau vergangen und damit den Landfrieden gebrochen.
König Artus hätte dich hängen lassen, wenn ich nicht für
dich eingetreten wäre.«

»Das hilft dir nichts, du stehst nun hier! Du kennst doch das
alte Sprichwort: Güte schützt vor Feindschaft nicht! Ich
halte es wie alle klugen Leute, und es ist eine Schande, wenn
ein Mann, dem schon der Bart sprießt, flennt wie ein Kind.
Das Pferd gehört jetzt mir!« Er gab dem Tier die Sporen und
sprengte zum großen Ärger Gawans davon.

Der Edelfrau erklärte Gawan nun: »Das war so: König
Artus weilte damals mit vielen Bretonen in Dianasdrun, als
eine Dame mit einer Botschaft in sein Reich kam. Zur
gleichen Zeit war jenes Ungeheuer auf Abenteuersuche.

er was gast, unt si gestin.
20 do geriet im sîn cranker sin
daz er mit der vrouwen ranc
nâch sînem willen âne ir danc,
hin ze hove kom daz geschrei:
der künec rief lûte heiâ hei.
25 diz geschach vor einem walde:
dar gâht wir alle balde.
ich vuor den andern verre vor
unt begreif des schuldehaften spor:
gevangen vuorte ich wider dan
vür den künec disen man.
526   Diu juncvrouwe reit uns mite:
riuwebaerec was ir site,
durch daz ir hête genomen
der nie was in ir dienst komen
5 ir kiusheclîchen magetuom.
ouch bezalte er dâ vil cleinen ruom
gein ir unwerlîchen hant.
mînen hêrren si mit zorne vant,
Artûsen den getriuwen.
10 er sprach 'die werlt sol riuwen
dirre vermaldîte mein.
ôwê daz ie der tag erschein,
bî des liehte disiu nôt geschach,
unt dâ man mir gerihtes jach,
15 unt dâ ich hiute rihter bin.'
er sprach ze der vrouwen 'habt ir sin,
nemt vürsprechen unde clagt.'
diu vrouwe was des unverzagt,
si tet als ir der künec riet.
20 dâ stuont von rittern grôziu diet.
Urjâns der vürste ûz Punturtoys
der stuont dâ vor dem Bertenoys
ûf al sîn êre und ûf den lîp.
vür gienc daz clagehafte wîp,

Obwohl er und die Botin bei Artus Gastrecht genossen, ließ
sich der Unhold hinreißen, die Dame seinen Wünschen
gewaltsam gefügig zu machen. Als die Nachricht davon an
den Hof gelangte, rief uns der König zur Rachefahrt zusam-
men. Wir lagerten vor einem Wald und brachen unverzüg-
lich auf. Ich ritt den andern weit voraus, fand die Spur des
Übeltäters und führte ihn gefangen vor den König. Tieftrau-
rig begleitete uns die Jungfrau, denn ohne ihr zuvor gedient
zu haben, hatte ihr der Bösewicht ihre keusch behütete
Jungfräulichkeit geraubt. Was er der Wehrlosen tat, hat ihm
wenig Ruhm erworben. Als sie vor meinen Herrscher trat,
fand sie den treuen Artus in hellem Zorn. Er rief: ›Alle Welt
soll diese ruchlose Missetat beklagen! Verflucht sei der Tag,
an dem sie geschah! Noch dazu in einem Lande, in dem ich
das Recht wahre, so daß ich heute die Gewalttat richten
muß!‹ Und zu der Dame gewandt: ›Seid klug, nehmt einen
Rechtsbeistand und erhebt Klage!‹
Sie folgte unverzüglich dem Rat des Königs. Um Artus
hatten sich zahlreiche Ritter geschart, als Urians, der Fürst
von Punturtoys, vor ihn geführt wurde. Jetzt ging's um
seine Ehre und sein Leben. Die Klägerin trat vor. Laut

25 da ez rîche und arme hôrten.
si bat mit clagenden worten
den künec durch alle wîpheit,
daz er im lieze ir laster leit,
unt durch magtuomlîch êre.
si bat in vürbaz mêre

527 Durch der tavelrunder art,
und durch der botschefte vart,
als si waere an in gesant;
waer er ze rihtaere erkant,

5 daz er denne riht ir swaere
durch gerihtes maere.
si bat der tavelrunder schar
alle ir rehtes nemen war,
sît daz ir waere ein roup genomen,

10 der nimmer möhte wider komen,
ir magtuom kiusche reine,
daz si al gemeine
den künec gerihtes baeten
und an ir rede traeten.

15   vürsprechen nam der schuldec man,
dem ich nu cranker êren gan.
der werte in als er mohte.
diu wer im doch niht tohte:
man verteilte im daz leben unt sînen prîs,

20 unt daz man winden solte ein rîs,
dar an im sterben wurde erkant
âne bluotige hant.
er rief mich an (des twang in nôt)
unt mant mich dez daz er mir bôt

25 sicherheit durch genesen.
ich vorhte ân al mîn êre wesen,
ob er verlür dâ sînen lîp.
ich bat daz clagehafte wîp,
sît si mit ir ougen sach
daz ich si manlîche rach,

erhob sie Klage vor den Versammelten und bat den König, dem ganzen weiblichen Geschlecht und ihrer jungfräulichen Ehre Achtung zu verschaffen und die erlittene Schmach zu rächen. Sie erinnerte ihn an die Bestimmung der Tafelrunde und an ihr Botenamt. Er als Richter solle sich der Klage annehmen und ihr zum Ruhme des Gerichts Gerechtigkeit widerfahren lassen. Sie bat auch die Angehörigen der Tafelrunde, ihr Rechtsbeistand zu gewähren, könne sie doch das keusche, unberührte Magdtum, das man ihr raubte, nie wiedererlangen. Alle sollten ihre Sache vertreten und den König um richterliche Entscheidung bitten.

Der Angeklagte, dem ich jetzt nur noch Schmach und Schande wünsche, wählte einen Verteidiger, der ihm nach Kräften beistand, ohne daß es allerdings viel nützte. Man sprach ihm Leben und Ehre ab und legte fest, er solle ohne Blutvergießen, das heißt durch den Strang, hingerichtet werden. In seiner Herzensangst rief er mich um Hilfe an mit dem Hinweis, daß er sich mir ergeben und damit sein Leben meinem Schutz anvertraut hatte. Ich fürchtete nun, durch seine Hinrichtung meine Ehre zu verlieren. So bat ich die Klägerin, mit weiblicher Güte ihren Zorn zu besänftigen, da sie doch mit eignen Augen gesehen habe, wie mannhaft ich

528   Daz si durch wîbes güete
    senfte ir gemüete,
    sît daz si müese ir minne jehen
    swaz ir dâ was von im geschehen,
5   unt ir clârem lîbe:
    unt ob ie man von wîbe
    mit dienstc koeme in herzenôt,
    ob si im dâ nâch ir helfe bôt,
    'der helfe tuot ez ze êren,
10   lât iuch von zorne kêren.'
    ich bat den künec unt sîne man,
    ob ich im hête getân
    kein dienst, daz ers gedaehte,
    daz er mir lasters aehte
15   mit eime site werte,
    daz er den ritter nerte.
    sîn wîp die küneginne
    bat ich durch sippe minne,
    wand mich der künec von kinde zôch
20   und daz mîn triuwe ie gein ir vlôch,
    daz si mir hulfe. daz geschach.
    die juncvrouwen si sunder sprach:
    do genas er durch die künegîn,
    er muose aber lîden hôhen pîn.
25   sus wart sîn lîp gereinet,
    solh wandel im bescheinet:
    ez waer vorlouft oder leithunt,
    ûz eime troge az sîn munt
    mit in dâ vier wochen.
    sus wart diu vrouwe gerochen.

529   Vrouwe, daz ist sîn râche ûf mich.'
    si sprach 'sich twirhet sîn gerich.
    ich enwirde iu lîhte nimmer holt:
    noch enpfaeht er drumbe alsolhen solt,
5   ê er scheid von mîme lande,
    des er jehen mac vür schande.

sie an dem Übeltäter rächte. Auch sei seine Tat nur ihrem
Liebreiz und ihrer Schönheit zuzuschreiben. ›Wenn je ein
Ritter im Dienst einer Frau in Herzensnot geriet und erhört
wurde, dann ehrt solch gnädiges Erhören dadurch, daß auch
Ihr Euch gnädig zeigt!‹

Dann bat ich den König und seine Ritter, meiner Dienste zu
gedenken und mich durch Begnadigung des Täters vor
Schande zu bewahren. Auch die Königin bat ich um Hilfe.
Ich erwähnte unsere Blutsverwandtschaft, zumal der König
mich von Kindheit an bei sich großgezogen hatte; ich erin-
nerte sie ferner an meine unbeirrbare Treue. Sie erfüllte
meine Bitte, indem sie mit der Jungfrau unter vier Augen
sprach. So wurde Urians durch das Eingreifen der Königin
gerettet, doch er mußte eine harte Strafe auf sich nehmen.
Um seine Schuld zu büßen, mußte er vier Wochen lang mit
Spürhunden und Leithunden aus einem Troge essen. So
erhielt die Edelfrau Genugtuung. Seht, Herrin, dafür hat er
sich an mir rächen wollen.«

Sie sagte mit Nachdruck: »Seine Rache wird mißlingen!
Glaubt aber nicht, daß Ihr nun meine Gunst erlangen könnt!
Ehe er mein Reich verläßt, erhält er seinen Lohn, und zwar
so, daß er mit Schimpf und Schande weichen wird. Da Artus

    sît ez der künec dort niht rach,
    alda ez der vrouwen dâ geschach,
    und ez sich hât an mich gezogt,
10 ich bin nu iuwer bêder vogt,
    und enweiz doch wer ir bêdiu sît.
    er muoz dar umbe enpfâhen strît,
    durch die vrouwen eine,
    unt durch iuch harte cleine.
15 man sol unvuoge rechen
    mit slahen unt mit stechen.'
      Gâwân zuo dem pfärede gienc,
    mit lîhtem sprunge erz doch gevienc.
    dâ was der knappe komen nâch,
20 ze dem diu vrouwe heidensch sprach
    al daz si wider ûf enbôt.
    nu naehet ouch Gâwânes nôt.
      Malcrêatiur ze vuoz vuor dan.
    do gesach ouch mîn hêr Gâwân
25 des junchêrren runzît:
    daz was ze cranc ûf einen strît.
    ez hete der knappe dort genomen,
    ê er von der halden waere komen,
    einem vilâne:
    do geschach ez Gâwâne
530 Vür sîn ors ze behalten:
    des geltes muose er walten.
      si sprach hin ze im, ich waen durch haz,
    'sagt an, welt ir iht vürbaz?'
5 dô sprach mîn hêr Gâwân
    'mîn vart von hinnen wirt getân
    al nâch iuwerm râte.'
    si sprach 'der kumt iu spâte.'
    'nu diene ich iu doch drumbe.'
10 'des dunct ir mich der tumbe.
    welt ir daz niht vermîden,
    sô müezt ir von den blîden

die Schändung der Jungfrau nicht an Ort und Stelle rächte und die Entscheidung in meine Hände gelegt ist, bin ich Euer und jener Dame Schutzvogt, ohne zu wissen, wer ihr beide seid. Allerdings wird er nur der geschändeten Jungfrau wegen, nicht etwa um Euretwillen zum Kampf gezwungen werden. Mit Hauen und Stechen soll man die Untat rächen!«

Gawan ging zum Pferd des Knappen und fing es ohne Mühe ein. Seine Begleiterin gab indes dem Knappen, der ihnen gefolgt war, in arabischer Sprache verschiedene Aufträge, mit denen er zur Burg eilen sollte. Nachdem sich Malcreatüre zu Fuß davongemacht hatte, begannen für Gawan gefährliche Abenteuer.

Herr Gawan betrachtete die Mähre des Junkers. Sie war viel zu schwächlich für einen Kampf. Der Knappe hatte sie unterwegs am Burghang einem Bauern weggenommen. Gawan blieb freilich nichts weiter übrig, als den Klepper als Ersatz für sein Streitroß zu behalten.

Die Dame fragte boshaft: »Habt Ihr keine Lust mehr weiterzureiten?«

»Natürlich«, erwiderte Herr Gawan, »ganz nach Euerm Wunsch.«

Sie gab zurück: »Da könnt Ihr lange warten, bis ich etwas von Euch wünsche!«

»Dennoch werde ich mich in meinem Dienst nach Euern Wünschen richten.«

»Ihr scheint mir ein rechter Einfaltspinsel. Besteht Ihr auf Eurem Willen, dann wird Euch kein Vergnügen, sondern

       kêren gein der riuwe:
       iuwer kumber wirt al niuwe.'
15   dô sprach der minnen gernde
       'ich bin iuch dienstes wernde,
       ich enpfâhe es vröude oder nôt,
       sît iuwer minne mir gebôt
       daz ich muoz ze iuwerm gebote stên,
20   ich mege rîten oder gên.'
          al stênde bî der vrouwen
       daz marc begunde er schouwen.
       daz was ze draeter tjoste
       ein harte crankiu koste,
25   diu stîcleder von baste.
       dem edeln werden gaste
       was etswenne gesatelt baz.
       ûf sitzen meit er umbe daz,
       er vorht daz er zetraete
       des sateles gewaete:
531 Dem pfärde was der rücke junc:
       waer drûf ergangen dâ sîn sprunc,
       im waere der rücke gar zevarn.
       daz muose er allez dô bewarn.
5   es hete in etswenne bevilt:
       er zôch ez unde truoc den schilt
       unt eine glaevîne.
       sîner scharpfen pîne
       diu vrouwe sêre lachte,
10   diu im vil kumbers machte.
       sînen schilt er ûf daz pfärt bant.
       si sprach 'vüert ir crâmgewant
       in mîme lande veile?
       wer gap mir ze teile
15   einen arzet unde eins crâmes pflege?
       hüet iuch vor zolle ûf dem wege:
       eteslîch mîn zolnaere
       iuch sol machen vröuden laere.'

nur Trübsal erwarten! Ihr werdet aus einer Bedrängnis in die andere geraten!«

Der liebesdurstige Ritter aber sprach: »Ich werde Euch unerschütterlich dienen, mag mich nun Glück oder Unglück erwarten. Die Liebe hat mir befohlen, Euch zu Gebot zu sein, ob zu Pferd oder zu Fuß.« Als er neben der Dame stand, musterte er sein stolzes Streitroß. Zu stürmischem Angriff taugte es ganz und gar nicht. Die Steigriemen waren aus Bast. Der edle, berühmte Gawan war sonst besser beritten gewesen. Er wagte nicht aufzusitzen, denn er fürchtete, das Sattelzeug würde zerreißen, beim Aufspringen aber wäre der schwache Rücken des Pferdes unter seinem Gewicht sicher zerbrochen. Er mußte also darauf verzichten und voller Verdruß Schild und Lanze selber tragen. Die Dame verlachte seine beschwerliche, niederdrückende Lage. Als er dem Pferd schließlich seinen Schild auflud, höhnte sie: »Wollt Ihr in meinem Reich etwa Handel treiben? Wer hat es nur fertiggebracht, mir einen Arzt und gar einen Krämer zum Begleiter zu geben? Paßt auf, daß man Euch nicht unterwegs den Zoll abnimmt! Meine Zöllner werden Euch in trübe Stimmung versetzen.«

ir scharpfiu salliure
20 in dûhte sô gehiure
daz ern ruochte waz si sprach:
wan immer swenne er an si sach,
sô was sîn pfant ze riuwe quît.
si was im rehte ein meien zît,
25 vor allem blicke ein flôrî,
ougen süeze unt sûr dem herzen bî.
sît vlust unt vinden an ir was,
unt des siechiu vröude wol genas,
daz vrumt in ze allen stunden
ledec unt sêre gebunden.

532   Manec mîn meister sprichet sô,
daz Amor unt Cupîdô
unt der zweier muoter Vênus
den liuten minne geben alsus,
5 mit geschôze und mit viure.
diu minne ist ungehiure.
swem herzenlîchiu triuwe ist bî,
der wirt nimmer minne vrî,
mit vröude, etswenn mit riuwe.
10 reht minne ist wâriu triuwe.
Cupîdô, dîn strâle
mîn misset ze allem mâle:
als tuot des hêrn Amores gêr.
sît ir zwêne ob minnen hêr,
15 unt Vênus mit ir vackeln heiz,
umb solhen kumber ich niht weiz.
sol ich der wâren minne jehen,
diu muoz durch triuwe mir geschehen.
hulfen mîne sinne
20 iemen iht vür minne,
hêrn Gâwân bin ich wol sô holt,
dem wolte ich helfen âne solt.
er ist doch âne schande,
lît er in minnen bande;

Selbst diese gesalzene Spottrede tönte Gawan so lieblich im
Ohr, daß er den Sinn der Worte nicht verstand. Sobald er sie
ansah, fühlte er sich wie im Himmel. Sie war für ihn wie ein
Maientag, wie die strahlendste aller Blüten, lieblich anzuse-
hen, doch bitter fürs Herz. Von ihrer Hand war Glück und
Unglück zu erwarten, sie allein konnte sein trauriges Herz
wieder fröhlich machen. So kam es, daß er sich in ihrer
Gegenwart frei und gebunden fühlte: frei von Kümmernis-
sen, gebunden von seiner Liebe.

Von meinen gelehrten Gewährsleuten behauptet mancher,
daß Amor, Cupido und ihre Mutter Venus die Liebe der
Menschen mit Pfeil und Fackel entfachen. Solche Liebe ist
aber sehr bedenklich. In wessen Herz jedoch die Treue
wohnt, den verläßt die Liebe nie, auch wenn sie nicht nur
Freude, sondern zuweilen auch Schmerz bringt. Echte Liebe
ist wahre Treue! Cupido, dein Geschoß und Amors Pfeil
haben mich noch nie getroffen. Wenn ihr beide und Venus
mit ihrer brennenden Fackel wirklich Liebe entfachen
könnt, dann muß ich gestehen, daß ich solche Not nicht
kenne. Soll ich an wahre Liebe glauben, dann muß sie sich
auf Treue gründen. Könnte meine Kunst den Menschen in
Liebesnöten helfen, dann wollte ich Gawan, der meinem
Herzen nahe ist, auch ohne Lohn helfen. Es ist keine
Schande für ihn, wenn er in Liebesbanden liegt. Wenn ihn

25 ob in diu minne rüeret,
    diu starke wer zevüeret.
    er was doch ie sô werlîch,
    der werden wer alsô gelîch.
    daz niht twingen solte ein wîp
    sînen werlîchen lîp.

533   Lât nâher gên, hêr minnen druc.
    ir tuot der vröude alsolhen zuc,
    daz sich dürkelt vröuden stat
    unt bant sich der riuwen pfat.

 5 sus breitet sich der riuwen slâ:
    gienge ir reise anderswâ
    dann in des herzen hôhen muot,
    daz diuhte mich gein vröuden guot.
    ist minne ir unvuoge balt,

10 dar zuo dunket si mich ze alt,
    oder giht si es ûf ir kintheit,
    swem si vüeget herzeleit?
    unvuoge gan ich baz ir jugent,
    dan daz si ir alter braeche tugent.

15 vil dinges ist von ir geschehen:
    wederhalp sol ich des jehen?
    wil si mit jungen raeten
    ir alten site unstaeten,
    sô wirt si schiere an prîse laz.

20 man sol si es underscheiden baz.
    lûter minne ich prîse
    unt alle die sint wîse,
    ez sî wîp oder man:
    von den ichs ganze volge hân.

25 swâ liep gein liebe erhüebe
    lûter âne trüebe,
    da newederz des verdrüzze
    daz minne ir herze slüzze
    mit minne von der wanc ie vlôch,
    diu minne ist ob den andern hôch.

auch die Liebe ergreift und seine Kraft erschüttert, so ist er
doch wehrhaft genug, den Herrschafts- und Unterdrük-
kungsgelüsten jeder Frau standzuhalten.
Greift nur an, Herr Liebeszwang! Ihr trefft das Glück so
hart, daß es den Boden unter den Füßen verliert und der
Schmerz freie Bahn findet, sich auszubreiten. Zielte die
Liebe mit ihrem Angriff nicht auf das hochgemute Herz, so
müßte die Freude nicht leiden. Sie scheint mir uber das Alter
hinaus, in dem man sich der eignen Unarten noch freut.
Oder will sie ihre Lust, den Menschen Herzeleid zuzufügen,
mit ihrer Jugend entschuldigen? Nun ließe ich ihre Unart
eher ihrer Jugend hingehen, als daß ich sie im Alter noch so
unvernünftig glaube. Vieles hat sie schon angerichtet! Soll
ich das ihrer Jugend oder ihrem Alter anrechnen? Will sie
mit jugendlicher Unbesonnenheit ihre Altersgewohnheiten
durchbrechen, so wird ihr Ansehen bald leiden. Man sollte
sie darüber belehren. Ich preise die Liebe ohne Falsch, und
jeder Mann und jede Frau mit Verstand wird mir darin
zustimmen. Wenn sich zwei Menschen treu und aufrichtig
lieben, wenn beide keine Scheu fühlen, ihr Herz dem ande-
ren mit dem Schlüssel lauterer Liebe zu öffnen, dann ist das

534   Swie gerne ich in naeme dan,
    'doch mac mîn hêr Gâwân
    der minne des niht entwenken,
    sine welle in vröude crenken.
5 waz hilfet dan mîn underslac,
    swaz ich dâ von gesprechen mac?
    wert man sol sich niht minne wern:
    wan den muoz minne helfen nern.
    Gâwân durch minne arbeit enpfienc.
10 sîn vrouwe reit, ze vuoz er gienc.
    Orgelûse unt der degen balt
    die kômen in einen grôzen walt.
    dennoch muose er gêns wonen.
    er zôch daz pfärt zuo ze eime ronen.
15 sîn schilt, der ê drûfe lac,
    des er durch schildes ambet pflac,
    nam er ze halse: ûf daz pfärt er saz.
    ez truog in kûme vürbaz,
    anderhalp ûz in erbûwen lant.
20 eine burg er mit den ougen vant:
    sîn herze unt diu ougen jâhen
    daz si erkanten noch gesâhen
    deheine burc nie der gelîch.
    si was alumbe ritterlîch:
25 türne unde palas
    manegez ûf der bürge was.
    dar zuo muose er schouwen
    in den venstern manege vrouwen:
    der was vier hundert oder mêr,
    viere under in von arde hêr.
535   Von passâschen ungeverte grôz
    gienc an ein wazzer daz dâ vlôz,
    schefraehe, snel unde breit,
    da engein er unt diu vrouwe reit.
5 an dem urvar ein anger lac,
    dar ûfe man vil tjoste pflac.

die einzig wahre Liebe! Wie gern ich es Herrn Gawan ersparen möchte, er kann sich seiner Liebe nicht entziehen, obwohl sie seine Freude überschatten wird. Was soll ich also mit einem Wortschwall dazwischenfahren? Ein edler Mann darf sich der Liebe nicht entziehen, denn die Liebe macht ihn unüberwindlich.

Gawan hatte um seiner Liebe willen mancherlei zu leiden. Seine Dame saß zu Pferd, er mußte zu Fuß gehen. Schließlich gelangten Orgeluse und der tapfere Held in einen großen Wald, und noch immer ritt Gawan auf Schusters Rappen. Da zog er sein Pferd zu einem Baumstumpf, hängte sich den Schild, den das Pferd getragen hatte, um den Hals und saß auf. Mühsam schleppte sich das Pferd bis zur anderen Seite des Waldes, wo bewohntes Land begann. Gawan erblickte eine Burg, und seine Erfahrung wie seine Augen überzeugten ihn davon, daß er noch nie solche Burg gesehen hatte. Sie war wahrhaft ritterlich, mit vielen Türmen und Palästen. Auch bemerkte er in den Fensternischen wohl vierhundert Damen oder mehr, darunter vier von besonders vornehmer Herkunft.

Ein tief ausgefahrener Weg führte zu einem schiffbaren, rasch dahineilenden breiten Fluß, auf den er mit seiner Dame zuritt. Am Landeplatz dehnte sich eine Wiese, auf der

über daz wazzer stuont daz kastel.
Gâwân der degen snel
sach einen ritter nâch im varn,
10   der schilt noch sper niht kunde sparn.
    Orgelûs diu rîche
sprach hôchverteclîche
'ob mirs iuwer munt vergiht,
sô briche ich mîner triuwe niht:
15   ich hete es iu ê sô vil gesagt,
daz ir vil lasters hie bejagt.
nu wert iuch, ob ir kunnet wern:
iuch enmac anders niht ernern.
der dort kumt, iuch sol sîn hant
20   sô vellen, ob iu ist zetrant
inder iuwer nidercleit,
daz lât iu durch die vrouwen leit,
die ob iu sitzent unde sehent.
waz ob die iuwer laster spehent?'
25   des schiffes meister über her
kom durch Orgelûsen ger.
vome lande in daz schif si kêrte,
daz Gâwânen trûren lêrte.
diu rîche und wol geborne
sprach wider ûz mit zorne
536   'Ir enkomt niht zuo mir dâ her în:
ir müezet pfant dort ûze sîn.'
er sprach ir trûreclîchen nâch
'vrouwe, wie ist iu von mir sô gâch?
5   sol ich iuch immer mêr gesehen?'
si sprach 'iu mac der prîs geschehen.
ich state iu sehens noch an mich.
ich waen daz sêre lenget sich.'
    diu vrouwe schiet von im alsus:
10   hie kom Lischoys Gwelljus.
sagte ich iu nu daz der vlüge,
mit der rede ich iuch betrüge:

häufig Kampfspiele stattfanden. Die Burg erhob sich jenseits des Flusses.

Da sah Gawan, der kühne Held, daß ein Ritter ihnen folgte, der weder Schild noch Lanze Ruhe gönnte. Die mächtige Orgeluse sprach hochmütig zu Gawan: »Ihr müßt zugeben, daß ich mein Wort halte, denn ich habe Euch wiederholt erklärt, daß Ihr hier eine schmachvolle Niederlage erleiden würdet. Nun wehrt Euch Eurer Haut, so gut Ihr könnt; sonst kann Euch nichts mehr retten. Der Ritter, der dort kommt, wird Euch mit solchem Schwung zu Boden schleudern, daß Ihr um Eure heilen Hosen fürchten müßt. Das dürfte Euch vor den Augen der Damen, die da oben sitzen und Eure Niederlage miterleben werden, recht peinlich sein!«

Auf Orgeluses Ruf setzte der Fahrmann über, und sie ritt zum großen Mißvergnügen Gawans vom Uferrand auf die Fähre. Die mächtige, vornehme Dame rief ihm dabei zornig zu: »Ihr kommt mir nicht aufs Schiff! Ihr bleibt als Pfand am Ufer zurück!«

Betrübt rief Gawan ihr nach: »Herrin, warum habt Ihr es so eilig, mich zu verlassen? Soll ich Euch denn nie mehr sehen?«

Sie antwortete: »Bleibt Ihr im Kampfe siegreich, dürft Ihr mir wieder vor Augen kommen. Ich glaube aber, das wird lange dauern.« Damit verließ sie ihn.

Da kam auch schon Lischoys Gwelljus heran. Zwar würde ich lügen, wenn ich behaupte, daß er Flügel hätte, doch er

er gâhte aber anders sêre,
daz es daz ors het êre
15 (wan daz erzeigte snelheit),
über den grüenen anger breit.
dô dâhte mîn hêr Gâwân
'wie sol ich beiten dises man?
wederz mac daz waeger sîn?
20 ze vuoz oder ûf dem pfärdelîn?
wil er vollîch an mich varn,
daz er den poinder niht kan sparn,
er sol mich nider rîten:
wes mac sîn ors dâ bîten,
25 ez enstrûche ouch über daz runzît?
wil er mir denne bieten strît
aldâ wir bêde sîn ze fuoz,
ob mir halt nimmer wurde ir gruoz,
diu mich dises strîtes hât gewert,
ich gibe im strît, ob er des gert.'
537   Nu, diz was unwendec.
der komende was genendec:
als was ouch der dâ beite.
zer tjost er sich bereite.
5 dô sazt er die glaevîn
vorn ûf des satels vilzelîn,
des Gâwân vor het erdâht.
sus wart ir bêder tjoste brâht:
diu tjost ieweder sper zebrach,
10 daz man die helde ligen sach.
dô strûchte der baz geriten man,
daz er unt mîn hêr Gâwân
ûf den bluomen lâgen.
wes si dô bêde pflâgen?
15 ûf springens mit den swerten:
si bêde strîtes gerten.
die schilde wâren unvermiten:
die wurden alsô hin gesniten,

sprengte so schnell über den weiten grünen Wiesenplan, daß
man sein Pferd loben muß. Herr Gawan überlegte: »Wie soll
ich diesem Mann begegnen? Was ist am besten? Zu Fuß oder
auf dem Klepper hier? Wenn er mit voller Wucht angreift,
reitet er mich unweigerlich über den Haufen. Da wird's aber
auch nicht ausbleiben, daß sein Pferd über meine Mähre
stolpert und wir uns beide auf dem Boden wiederfinden. Zu
Fuß soll er in mir schon seinen Gegner finden, auch wenn
mir meine Schöne, der ich diesen Kampf verdanke, keinen
freundlichen Blick mehr schenken sollte!«

Der Kampf war unvermeidlich – denn der da kam, war
ebenso kühn und mutig wie der, der ihn erwartete –, und
Gawan machte sich bereit. Er setzte wohlüberlegt das
stumpfe Lanzenende vorn auf die Filzdecke des Sattels, so
daß beim Zusammenprall beide Lanzen brachen, und die
Helden auf dem Rasen lagen. Der besser Berittene war in der
Tat gestrauchelt, so daß er und Herr Gawan auf den Blumen
lagen. Und was taten sie? Sie sprangen auf und griffen
kampfeslustig nach den Schwertern. Die Schilde wurden

       ir bleip in lützel vor der hant:
20   wan der schilt ist immer strîtes pfant.
        man sach dâ blicke und helmes viur.
     ir megt es im jehen vür âventiur,
     swen got den sic dan laezet tragen:
     der muoz vil prîses ê bejagen.
25   sus tûrten si mit strîte
     ûf des angers wîte:
     es waeren müede zwêne smide,
     ob si halt heten starker lide,
     von alsô manegem grôzem slage.
     sus rungen si nâch prîses bejage.
538 Wer solte si drumbe prîsen,
     daz die unwîsen
     striten âne schulde,
     niwan durch prîses hulde?
 5   sine heten niht ze teilen,
     ân nôt ir leben ze veilen.
     ietweder ûf den andern jach,
     daz er die schulde nie gesach.
        Gâwân kunde ringen
10   unt mit dem swanke twingen:
     swem er daz swert undergienc
     unt in mit armen ze im gevienc,
     den twang er swes er wolde.
     sit er sich weren solde,
15   do gebârte er werlîche.
     der werde muotes rîche
     begreif den jungen ellenthaft,
     der ouch het manlîche craft.
     er warf in balde under sich:
20   er sprach hin ze im 'helt, nu gich,
     wellestu genesen, sicherheit.'
     der bete volge unbereit
     was Lischoys der dâ unden lac,
     wand er nie sicherheit gepflac.

schonungslos zerhauen, beiden blieb nur wenig vor der
Hand. Ja, der Schild muß im Kampf am meisten herhalten!
Man sah die Schwerter blitzen und Funken von den Helmen
stieben. Wer am Ende mit Gottes Hilfe siegte, konnte von
Glück sagen, denn es ging hart zu. Lange wogte der Kampf
auf der Wiese hin und her; auch zwei starken Schmieden
wären die Arme bei so vielen wuchtigen Hieben allmählich
müde geworden. Beide rangen um den Siegesruhm, doch
warum soll man sie noch dafür preisen, daß sie in Unver-
stand und ohne Ursache, nur aus Ruhmsucht miteinander
kämpften? Sie hatten keinen Streit zu entscheiden und kei-
nen Anlaß, ihr Leben aufs Spiel zu setzen. Keiner trug
Schuld und bot dem andern Grund zum Angriff.
Gawan war ein guter Ringer und verstand sich darauf,
seinen Gegner durch einen Niederwurf zu besiegen. Wenn
er das Schwert des Feindes unterlief und den andern mit den
Armen umklammerte, so war er ihm ausgeliefert. Da er sich
wehren mußte, wehrte er sich auch! Der edle, kühne Held
packte den tapferen, keineswegs schwächlichen Jüngling
Lischoys Gwelljus bei den Hüften und warf ihn mit blitz-
schnellem Schwung zu Boden. Dann rief er: »Held, ist dir
dein Leben lieb, ergib dich!«
Obwohl Lischoys unter ihm lag, war er nicht bereit dazu,
denn er hatte noch keine Niederlage hinnehmen müssen. Es

25   daz dûhte in wunderlîch genuoc,
    daz ie man die hant getruoc,
    diu in solte überkomen
    daz nie wart von im genomen,
    betwungenlîchiu sicherheit,
    der sîn hant ê vil erstreit.
539   Swie ez dâ was ergangen,
    er hete vil enpfangen
    des er niht vürbaz wolde geben:
    vür sicherheit bôt er sîn leben,
5   und jach, swaz im geschache,
    daz er nimer verjaehe
    sicherheit durch twingen.
    mit dem tôde wolde er dingen.
      dô sprach der unde ligende
10   'bistu nu der gesigende?
    des pflag ich dô got wolte
    und ich prîs haben solte:
    nu hât mîn prîs ein ende
    von dîner werden hende.
15   swâ vreischet man oder wîp
    daz überkomen ist mîn lîp,
    des prîs sô hôhe ê swebte enbor,
    sô stêt mir baz ein sterben vor,
    ê mîne vriunt diz maere
20   sol machen vröuden laere.'
    Gâwân warp sicherheit an in:
    dô stuont sîn gir und al sîn sin
    niwan ûf des lîbes verderben
    oder ûf ein gaehez sterben.
25   dô dâhte mîn hêr Gâwân
    'durch waz toete ich disen man?
    wolt er sus ze mîme gebote stên,
    gesunt lieze ich in hinnen gên.'
    mit rede warb erz an in sô:
    daz enwart niht gar geleistet dô.

war ihm unfaßbar, daß ihn jemand an Stärke übertreffen und
zum Aufgeben zwingen sollte; bisher war stets er es gewe-
sen, der seinen Gegner zur Unterwerfung gezwungen hatte.
Obwohl er besiegt worden war, wollte er um keinen Preis
tun, wozu er oft andere genötigt hatte. Er wollte lieber
sterben, als sich ergeben, und keuchte, er ließe sich nie und
nimmer zur Unterwerfung zwingen, was ihm auch ge-
schähe. Lieber wollte er mit dem Leben zahlen.
Er sprach: »Du hast gesiegt! Solange es Gott gefiel, mir den
Ruhm zu lassen, war ich der Sieger. Deine Heldenhand hat
die Säule meines Ruhms gestürzt. Wenn es bekannt wird,
daß ich, dessen Ruhm hell leuchtete, unterlag, so will ich
lieber sterben, ehe solche Kunde meine Freunde trauern
läßt!«
Obwohl Gawan von neuem Unterwerfung von ihm for-
derte, beharrte er dabei, sein Leben zu verlieren und einen
raschen Tod zu finden. Herr Gawan dachte: »Warum soll
ich den Ritter töten? Wenn er sonst nach meinem Gebot
handelte, ließe ich ihn heil und gesund von dannen ziehen.«
Wie Gawan ihn auch drängte, sich zu fügen, der andre blieb

540   Uf liez er doch den wîgant
âne gesicherte hant.
ietweder ûf die bluomen saz.
Gâwân sîns kumbers niht vergaz,
5 daz sîn phärt was sô cranc:
den wîsen lêrte sîn gedanc
daz er daz ors mit sporn rite
unz er versuochte sînen site.
daz was gewâpent wol vür strît:
10 pfellel unde samît
was sîn ander covertiur.
sît erz erwarp mit âventiur,
durch waz solt erz nu rîten niht,
sît ez ze rîten im geschiht?
15 er saz drûf: dô vuor ez sô,
sîner wîten sprunge er was al vrô.
    dô sprach er 'bistuz Gringuljete?
daz Urjâns mit valscher bete,
er weiz wol wie, an mir erwarp:
20 dâ von iedoch sîn prîs verdarp.
wer hât dich sus gewâpent sider?
ob du ez bist, got hât dich wider
mir schône gesendet,
der dicke kumber wendet.'
25 er erbeizte drab. ein marc er vant:
des grâles wâpen was gebrant,
ein turteltûbe, an sînen buoc.
Lähelîn zer tjoste sluoc
drûffe den von Prienlascors.
Oriluse wart ditze ors:
541 Der gab ez Gâwâne
ûf dem Plimizoels plâne.
    hie kom sîn trûrec güete
aber wider in hôchgemüete;
5 wan daz in twang ein riuwe
unt dienstbaeriu triuwe,

unbeugsam. So ließ er den Helden ohne Unterwerfungsge-
löbnis aufstehen, und beide setzten sich auf den Rasen.
Gawan hatte den Ärger über seinen schwächlichen Gaul
noch nicht verwunden, da kam ihm der Gedanke, sich auf
das Streitroß seines Gegners zu schwingen und seine Taug-
lichkeit zu erproben. Das Pferd war für den Kampf wohlge-
rüstet: über dem Kettenpanzer trug es eine Decke aus Samt
und Seide. Er hatte es im Kampf errungen, warum sollte er
es nicht reiten, da es ihm nun bestimmt war? Als er im Sattel
saß, sprengte es so feurig dahin, daß ihm die weiten Sprünge
große Freude machten. Er rief: »Bist du es, Gringuljete, die
Urians mir, zu seiner Schande, er weiß es wohl, mit hinter-
hältiger Bitte entführte? Wer hat dich so anders gewappnet?
Bist du's wirklich, dann hat dich Gott in seiner oft erprobten
Güte glücklich zu mir zurückgesandt!« Er sprang ab und
erkannte das Pferd an einem Zeichen. In die Kruppe war
nämlich das Gralswappen, eine Turteltaube, eingebrannt.
Es war das Pferd des Herrn von Prienlascors, den Lähelin
im Zweikampf erschlagen hatte. Später hatte es Orilus ge-
hört, der es auf dem Feld am Plimizöl Gawan überließ. Ga-
wans Niedergeschlagenheit wich froher Zuversicht. Traurig
stimmte ihn nur der Gedanke an Orgeluse, der er treu

    die er nâch sîner vrouwen truoc,
    diu im doch smaehe erbôt genuoc:
    nâch der jaget in sîn gedanc.
10 innen des der stolze Lischoys spranc
    da er ligen sach sîn eigen swert,
    daz Gâwân der degen wert
    mit strîte ûz siner hende brach.
    manec vrouwe ir ander strîten sach.
15   die schilde wâren sô gedigen,
    ieweder lie den sînen ligen
    und gâhten sus ze strite.
    ietweder kom bezîte
    mit herzenlîcher mannes wer.
20 ob in saz vrouwen ein her
    in den venstern ûf dem palas
    unt sâhen kampf der vor in was.
    dô huop sich êrste niuwer zorn.
    ietweder was sô hôch geborn
25 daz sîn prîs unsanfte leit
    ob in der ander überstreit.
    helm unt ir swert liten nôt:
    diu wâren ir schilde vür den tôt:
    swer dâ der helde strîten sach,
    ich waene ers in vür kumber jach.
542   Lischoys Gwelljus
    der junge süeze warb alsus:
    vrechheit und ellenthaftiu tât,
    daz was sîns hôhen herzen rât.
  5 er vrumte manegen snellen swanc:
    dicke er von Gâwâne spranc,
    und aber wider sêre ûf in.
    Gâwân truoc staetlîchen sin:
    er dâhte 'ergrîfe ich dich zuo mir,
10 ich sols vil gar gelônen dir.'
     man sach dâ viures blicke
    unt diu swert ûf werfen dicke

ergeben war, obwohl sie ihn schmählich und unwürdig genug behandelte. All seine Gedanken umkreisten sie.

Plötzlich sprang der stolze Lischoys zu seinem Schwert, das ihm Gawan, der edle Held, im Kampf entwunden hatte. Auch der zweite Waffengang fand unter den Augen vieler Damen statt. Die Schilde waren so zerfetzt, daß beide sie liegenließen und sich so in den Kampf stürzten. Beherzt und entschlossen drangen sie aufeinander ein. Oben im Palast saßen viele Damen in den Fensternischen und verfolgten, was sich vor ihnen abspielte. Der Streit entbrannte mit neuer Heftigkeit. Beide Kämpfer waren aus edlem Geschlecht und wollten ihren Heldenruhm vom anderen nicht schmälern lassen. Helme und Schwerter waren jetzt der einzige Schutz vor einem tödlichen Streich und hatten viel auszuhalten. Daß sie einander schwer zu schaffen machten, merkte jeder, der sie streiten sah.

Lischoys Gwelljus war ein stattlicher Jüngling; sein ruhmbegieriges Herz trieb ihn zu Kühnheit und heldenhafter Tat. Wie Blitze zuckten seine Hiebe; geschmeidig wich er vor Gawan zurück, um ihn dann wieder anzugreifen. Gawan hielt unbeirrt stand und dachte: »Kriege ich dich zu packen, so wird dir alles heimgezahlt!« Man sah Funken sprühen und die Schwerter, von kraftvollen Händen geführt, hoch

ûz ellenthaften henden.
si begunden ein ander wenden
15 neben, vür unt hinder sich.
âne nôt was ir gerich:
si möhtenz âne strîten lân.
do begreif in mîn hêr Gâwân,
er warf in under sich mit craft.
20 mit halsen solh geselleschaft
müeze mich vermîden:
ine möhte ir niht erlîden.
    Gâwân bat sicherheite:
der was als unbereite
25 Lischoys der dâ unde lac,
als do er von êrste strîtes pflac.
er sprach 'du sûmest dich ân nôt:
vür sicherheit gib ich den tôt.
lâz enden dîne werden hant
swaz mir ie prîses wart bekant.
543 Vor gote ich bin vervluochet,
mîns prîses er nimmer ruochet.
durch Orgelûsen minne,
der edelen herzoginne,
5 muose mir manc werder man
sînen prîs ze mînen handen lân:
du maht vil prîses erben,
ob du mich kanst ersterben.'
    dô dâht des künec Lôtes sun
10 'deiswâr ichn sol alsô niht tuon:
so verlüre ich prîses hulde,
erslüege ich âne schulde
disen küenen helt unverzagt.
in hât ir minne ûf mich gejagt,
15 der minne mich ouch twinget
und mir vil kumbers bringet:
wan lâze ich in durch si genesen?
ob mîn teil an ir sol wesen,

aufblitzen. Der Streit wogte hin und her, und doch schlugen
sie grundlos aufeinander ein und hätten auf den Kampf
besser verzichten sollen. Da bekam Herr Gawan seinen
Gegner zu packen und warf ihn mit voller Wucht zu Boden.
Solch freundschaftliche Umarmung möge mir erspart blei-
ben! Ich möchte sie nicht am eignen Leibe spüren.

Gawan forderte wiederum Unterwerfung, doch Lischoys,
der unten lag, weigerte sich wie nach dem ersten Kampf. Er
sprach: »Du verlierst nur deine Zeit! Statt Unterwerfung
biete ich dir mein Leben. Soll deine edle Hand meinen
Heldenruhm auslöschen! Gott hat mich verflucht, denn
meine Ehre gilt ihm nichts mehr. Um ihre Liebe zu erringen,
diente ich der edlen Herzogin Orgeluse; in diesem Dienst
habe ich viele edle Ritter ruhmvoll besiegt. Du kannst
deinen Ruhm nur vermehren, wenn du mich tötest.«

Da dachte König Lots Sohn: »Das werde ich gewiß nicht
tun! Ich verlöre all meinen Heldenruhm, wenn ich den
Tapferen ohne Grund erschlüge. Ihn hat die Liebe auf mich
gehetzt, die auch mich bezwungen hat und traurig macht.
Warum sollte ich ihn nicht ihr zuliebe am Leben lassen?
Will's das Schicksal, daß ich sie zu eigen gewinne, kann er es

des enmag er niht erwenden,
20 sol mirz gelücke senden
waer unser strît von ir gesehen,
ich waen si müese ouch mir des jehen
daz ich nâch minnen dienen kan.'
dô sprach mîn hêr Gâwân
25 'ich wil durch die herzogîn
dich bî dem leben lâzen sîn.'
    grôzer müede sî niht vergâzen:
er liez in ûf, si sâzen
von ein ander verre.
dô kom des schiffes hêrre

544 Von dem wazzer ûf daz lant.
er gienc unt truog ûf sîner hant
ein mûzersprinzelîn al grâ.
ez was sîn reht lêhen dâ,
5 swer tjostierte ûf dem plân,
daz er daz ors solte hân
jenes der dâ laege:
unt disem der siges pflaege,
des hende solte er nîgen.
10 und sîn prîs niht verswîgen.
sus zinste man im blüemîn velt:
daz was sîn beste huoben gelt,
oder ob sîn mûzersprinzelîn
ein galandern lêrte pîn.
15 von anders nihtiu gienc sîn pfluoc:
daz dûhte in urbor genuoc.
er was geborn von ritters art,
mit guoten zühten wol bewart.
    er gienc zuo Gâwâne,
20 den zins von dem plâne
den iesch er zühteclîche.
Gâwân der ellens rîche
sprach 'hêrre, ichn wart nie koufman:
ir megt mich zolles wol erlân.'

nicht verhindern. Hat sie unserem Kampf zugesehen, dann wird sie zugeben müssen, daß ich für den Preis der Liebe Ritterdienste zu leisten weiß.« Laut sagte er: »Um der Herzogin willen lasse ich dich am Leben!«

Beide waren nun sehr erschöpft. Gawan ließ seinen Gegner aufstehen, dann setzten sie sich weit entfernt voneinander nieder. Da betrat der Besitzer der Fähre das Ufer. Auf seiner Faust trug er ein graues Sperberweibchen. Ihm war das Recht verliehen, bei Zweikämpfen, die auf dieser Wiese ausgetragen wurden, das Pferd des Unterlegenen einzufordern. Dafür mußte er sich dankbar vor dem Sieger verneigen und laut seinen Ruhm verkünden. Dieser Zins für seine blumenübersäte Wiese war sein einziger und reichster Bodenertrag, es sei denn, sein Sperberweibchen schlug eine Haubenlerche. So bestritt er seinen Unterhalt und lebte nicht schlecht dabei. Der Fährmann war von ritterlicher Geburt und edler Erziehung. Er schritt auf Gawan zu und bat höflich um den Zins für die Wiese. Der tapfere Gawan aber sprach: »Herr, mein Leben lang war ich kein Kaufmann! Erlaßt mir also den Zoll!«

25   des schiffes hêrre wider sprach
     'hêr, sô manec vrouwe sach
     daz iu der prîs ist hie geschehen:
     ir sult mir mînes rehtes jehen.
     hêrre, tuot mir reht bekant.
     ze rehter tjost hât iuwer hant

545 Mir diz ors erworben
     mit prîse al unverdorben,
     wand iuwer hant in nider stach,
     dem al diu werlt ie prîses jach

5   mit wârheit unz an disen tac.
     iuwer prîs, sînhalp der gotes slac,
     im vröude hât enpfüeret:
     grôz saelde iuch hât gerüeret.'

     Gâwân sprach 'er stach mich nider:

10 des erholte ich mich sider.
     sît man iu tjost verzinsen sol,
     er mag iu zins geleisten wol.
     hêr, dort stêt ein runzît:
     daz erwarb an mir sîn strît:

15 daz nemt, ob ir gebietet.
     der sich dises orses nietet,
     daz bin ich: ez muoz mich hinnen tragen,
     solt halt ir niemer ors bejagen.
     ir nennet reht: welt ir daz nemen,

20 sone darf iuch nimmer des gezemen
     daz ich ze vuoz hinnen gê.
     wan daz taete mir ze wê,
     solt diz ors iuwer sîn:
     daz was sô ledeclîche mîn

25 dennoch hiute morgen vruo.
     wolt ir gemaches grîfen zuo,
     sô ritet ir sanfter einen stap.
     diz ors mir ledeclîchen gap
     Orilus der Burgunjoys:
     Urjâns der vürste ûz Punturtoys

Der Schiffseigner entgegnete: »Herr, viele Damen können bezeugen, daß Ihr hier siegreich gekämpft habt. Ihr dürft mir daher mein Recht nicht vorenthalten. Gewährt mir, Herr, was mir zukommt! Im ehrlichen Zweikampf habt Ihr mir dieses Pferd, Euch selbst aber Heldenruhm erkämpft. Ihr habt einen Ritter niedergestochen, der hier bis heute als der berühmteste Held galt. Daß Ihr ihn ruhmreich besiegtet, war für ihn eine Schickung Gottes und hat ihn verzweifeln lassen. Ihr könnt Euch wahrhaftig glücklich schätzen!«

Gawan aber entgegnete: »O nein, er hat vielmehr mich niedergestochen, und erst später habe ich ihm mit gleicher Münze heimgezahlt. Dürft Ihr für den Reiterkampf Zins beanspruchen, dann fordert ihn von meinem Gegner! Herr, dort steht die Mähre, die er im Kampf von mir erbeutet hat. Nehmt sie, wenn Ihr wollt! Doch dieses Pferd hier ist mein! Ich werde mit ihm davonreiten, auch wenn Ihr niemals mehr ein Pferd gewinnen solltet. Ihr beruft Euch auf das Recht, doch wenn Ihr es in Anspruch nehmt, wär's unrecht, daß Ihr mich zu Fuß davongehen laßt. Es schmerzte mich zutiefst, sollte dieses Pferd nun Euer sein. Noch heute morgen gehörte es unbestreitbar mir, und wollt Ihr nur einfach die Hand ausstrecken, so nehmt Euch lieber ein Steckenpferd. Dieses Tier überließ mir der Burgunder Orilus, und Urians, ein Fürst aus Punturtoys, hat es mir

546 Eine wîl het mirz verstolen.
einer mûlinne volen
möht ir noch ê gewinnen.
ich kan iuch anders minnen:
5 sît er iuch dunket alsô wert,
vür daz ors des ir hie gert
habt iu den man der ez gein mir reit.
ist im daz liep oder leit,
dâ kêre ich mich wênec an.'
10 dô vröute sich der schifman.
mit lachendem munde er sprach
'sô rîche gâbe ich nie gesach,
swem si rehte waere
ze enpfâhen gebaere.
15 doch, hêrre, welt irs sîn mîn wer,
übergolten ist mîn ger.
vür wâr sîn prîs was ie sô hel,
vünf hundert ors starc unde snel
ungerne ich vür in naeme,
20 wand ez mir niht gezaeme.
welt ir mich machen rîche,
sô werbet ritterlîche:
megt irs sô gewaldec sîn,
antwurt in in den kocken mîn,
25 sô kunnt ir werdekeit wol tuon.'
dô sprach des künec Lôtes sun
'beidiu drîn unt dervür,
unz innerhalp iuwer tür,
antwurte ich in iu gevangen.'
'sô wert ir wol enpfangen,'
547 Sprach der schifman: des grôzer danc
was mit nîgen niht ze cranc.
dô sprach er 'lieber hêrre mîn,
dar zuo ruochet selbe sîn
5 mit mir hînte durch gemach.
groezer êre nie geschach

gestohlen. Eher noch wirft Euch eine Mauleselin ein Fohlen.
Ich will Euch aber auf andre Art beschenken. Scheint's Euch
ein gleichwertiger Ersatz für das geforderte Pferd, dann
nehmt Euch diesen Ritter, der es im Kampf gegen mich
geritten hat. Es schert mich wenig, ob es ihm paßt oder
nicht!«

Der Fährmann freute sich über das Angebot und rief
lachend: »Solch reiches Geschenk erhielt ich nie! Ich weiß
nur nicht recht, ob ich es annehmen kann. Herr, wenn Ihr
Euch allerdings dafür verbürgt, dann ist meine Forderung
mehr als erfüllt. Wahrhaftig, er ist ein so berühmter Held,
daß ich für ihn nicht einmal fünfhundert starke, schnelle
Rosse tauschen würde; sie wiegen seinen Wert nicht auf.
Wollt Ihr mich wirklich reich machen, dann zeigt Euch als
ein rechter Ritter und bringt ihn in meine Barke, wenn Ihr es
vermögt. So würdet Ihr wahrhaft edel handeln!«

Da sprach König Lots Sohn: »Ich liefere ihn Euch als Euern
Gefangenen aufs Schiff und wieder hinaus bis in Euer
Haus!«

»Dann werdet Ihr mir hochwillkommen sein«, versicherte
der Fährmann, der sich mit dankbaren Verneigungen nicht
genug tun konnte. Und weiter sprach er: »Mein lieber Herr,
geruht diese Nacht bei mir zu bleiben. Ihr werdet mir damit

    deheinem verjen, mîme genôz:
    man prüevet mirz vür saelde grôz,
    behalte ich alsus werden man.'
10   dô sprach mîn hêr Gâwân
    'des ir gert, des solte ich biten.
    mich hât grôz müede überstriten,
    daz mir ruowens waere nôt.
    diu mir diz ungemach gebôt,
15   diu kan wol süeze siuren
    unt dem herzen vröude tiuren
    unt der sorgen machen rîche:
    si lônet ungelîche.
    ôwê vindenlîchiu vlust,
20   du senkest mir die einen brust,
    diu ê der hoehe gerte
    dô mich got vröuden werte.
    dâ lag ein herze unden:
    ich waen daz ist verswunden.
25   wâ sol ich nu troesten holn,
    muoz ich âne helfe doln
    nâch minne alsolhe riuwe?
    pfligt si wîplîcher triuwe,
    si sol mir vröude mêren,
    diu mich kan sus versêren.'
548   Der schifman hôrte daz er ranc
    mit sorge und daz in minne twanc.
    dô sprach er 'hêrre, ez ist hie reht,
    ûf dem plâne unt in dem fôreht
5   unt aldâ Clinschor hêrre ist:
    zageheit noch manlîch list
    vüegentz anders niht wan sô,
    hiute riuwec, morgen vrô.
    ez ist iu lîhte unbekant:
10   gar âventiure ist al diz lant:
    sus wert ez naht und ouch den tac.
    bî manheit saelde helfen mac.

die größte Ehre erweisen, die je einem Fährmann widerfahren ist! Man wird mich glücklich preisen, wenn ich einen so vornehmen Ritter gastlich aufnehmen darf.«

Herr Gawan erwiderte: »Was Ihr wünscht, wollte ich eben selbst von Euch erbitten. Ich bin rechtschaffen müde, und Ruhe tut mir not. Die Frau, der ich diese Prüfung verdanke, kann wirklich alle Süßigkeit verbittern, dem Herzen jede Freude rauben und es mit Trübsal füllen! An Lohn ist nicht zu denken, im Gegenteil! Wo ich Gewinn erhoffte, habe ich verloren! Solange ich mit Gottes Hilfe glücklich war, schwoll mein Herz vor Lebenslust; jetzt aber ist es kraftlos geworden, vielleicht sogar verschwunden! Was soll ich tun? Soll ich wirklich ungetröstet solchen Liebesschmerz erdulden? Als Frau von rechter Treue müßte sie mich glücklich machen, nachdem sie mich so schwer verwundet hat.«

Als der Fährmann hörte, daß ihn Kummer und Liebesschmerz quälten, sagte er: »Herr, hier auf der Wiese, im Walde und überall im Reiche Clinschors geht's so zu: heute traurig, morgen froh, und daran ändern auch Feigheit oder Tapferkeit nichts. Wahrscheinlich wißt Ihr gar nicht, daß das ganze Land ein einziges Wunder ist, bei Tag und Nacht, und selbst der Tapferste bedarf des Glücks. Doch die

    diu sunne kan sô nider stên:
    hêrre, ir sult ze schiffe gên.'
15 des bat in der schifman.
    Lischoysen vuorte Gâwân
    mit im dannen ûf den wâc:
    gedulteclîche ân allen bâc
    man den helt des volgen sach.
20 der verje zôch daz ors hin nâch.
      sus vuoren si über an den stat.
    der verje Gâwânen bat
    'sît selbe wirt in mîme hûs.'
    daz stuont alsô daz Artûs
25 ze Nantes, dâ er dicke saz,
    niht dorfte hân gebûwet baz.
    dâ vuorte er Lischoysen în.
    der wirt unt daz gesinde sîn
    sich des underwunden.
    an den selben stunden
549 Der wirt ze sîner tohter sprach
    'du solt schaffen guot gemach
    mîme hêrren der hie stêt.
    ir zwei mit ein ander gêt.
5 nu diene im unverdrozzen:
    wir hân sîn vil genozzen.'
      sîme sune bevalh er Gringuljeten.
    des diu maget was gebeten,
    mit grôzer zuht daz wart getân.
10 mit der meide Gâwân
    ûf eine kemenâten gienc.
    den estrîch al übervienc
    niuwer binz und bluomen wol gevar
    wâren drûf gesniten dar.
15 do entwâppent in diu süeze.
    'got iu des danken müeze,'
    sprach Gâwân. 'vrouwe, es ist mir nôt:
    wan daz manz iu von hove gebôt,

Sonne steht schon tief am Himmel; kommt zum Schiff, Herr.«

Gawan folgte der Aufforderung des Fährmanns und führte zugleich seinen Gegner Lischoys aufs Schiff, der sich erge- ben und ohne Widerrede fügte. Der Fährmann zog das Pferd hinterher. Als sie ans andere Ufer übergesetzt waren, bat der Fährmann Herrn Gawan: »Fühlt Euch wie zu Hause!« Sein Haus war recht stattlich; Artus hätte sich in Nantes, wo er häufig weilte, kein schöneres wünschen können. Gawan führte Lischoys hinein, und Herr und Gesinde nahmen sich seiner an. Danach sprach der Hausherr zu seiner Tochter: »Sorge für meinen Herrn hier, er soll sich wohl fühlen. Bringe ihn auf sein Zimmer und lies ihm jeden Wunsch von den Augen ab, denn wir verdanken ihm viel.« Seinem Sohn gebot er, sich um Gringuljete zu kümmern. Die Jungfrau tat gehorsam alles, was ihr der Vater aufgetragen hatte. Sie brachte Gawan in eine Kemenate, deren Estrich mit frisch- geschnittenen Binsen und bunten Blumen bestreut war. Nachdem ihm das liebliche Mädchen beim Ablegen der Rüstung geholfen hatte, sprach Gawan: »Gott lohne es Euch, edle Frau! Es wurde wirklich Zeit. Doch wäre es nicht

       sô dient ir mir ze sêre.'
20 si sprach 'ich diene iu mêre,
       hêr, nâch iuweren hulden
       dan von andern schulden.'
          des wirtes sun, ein knappe, truoc
       senfter bette dar genuoc
25 an der want gein der tür:
       ein teppich wart geleit dervür.
       dâ solte Gâwân sitzen.
       der knappe truoc mit witzen
       eine kultern sô gemâl
       ûf daz bet, von rôtem zindâl.
550 Dem wirte ein bette ouch wart geleit.
       dar nâch ein ander knappe treit
       dar vür tischlachen unde brôt.
       der wirt den bêden daz gebôt:
5   dâ gienc diu hûsvrouwe nâch.
       dô diu Gâwânen sach,
       si enpfieng in herzenlîche.
       si sprach 'ir hât uns rîche
       nu alrêrst gemachet:
10 hêr, unser saelde wachet.'
          der wirt kom, daz wazzer man dar truoc.
       dô sich Gâwân getwuoc,
       eine bete er niht vermeit,
       er bat den wirt gesellekeit,
15 'lât mit mir ezzen dise magt.'
       'hêrre, ez ist si gar verdagt
       daz si mit hêrren aeze
       oder in sô nâhe saeze:
       si wurde lîhte mir ze hêr.
20 doch habe wir iuwer genozzen mêr.
       tohter, leiste al sîne ger:
       des bin ich mit der volge wer.'
          diu süeze wart von scheme rôt,
       doch tet si daz der wirt gebôt:

der Wille des Hausherrn, ich hätte Eure Dienste gar nicht
annehmen dürfen.«

Sie erwiderte: »Herr, ich diene Euch, um Eure Gunst zu
gewinnen, aus keinem andern Grund.«

Der Sohn des Hausherrn, ein Knappe, trug viele weiche
Polster herbei und legte sie an der Wand gegenüber der Tür
nieder. Davor wurde noch ein Teppich ausgebreitet. Das
sollte Gawans Lager sein. Sorgsam brachte der Knappe noch
eine rote Taftdecke für das Ruhelager. Auch für den Haus-
herrn wurde ein Lager gerichtet. Ein zweiter Knappe trug
Tischtücher und Brot herbei. Alles geschah, wie es der
Hausherr beiden befohlen hatte. Nun trat auch die Hausfrau
ein und hieß Gawan herzlich willkommen: »Mit Eurer Hilfe
sind wir reiche Leute geworden. Herr, unser Glück ist nicht
müßig gewesen.«

Als der Hausherr gekommen war, wurde Waschwasser
gebracht. Nachdem Gawan sich gewaschen hatte, bat er den
Hausherrn um Gesellschaft: »Erlaubt dieser Jungfrau, mit
mir zu speisen.«

»Herr, sie durfte noch nie mit einem Edelmann essen oder
an seiner Seite sitzen, sie könnte mir zu übermütig werden.
Aber wir haben Euch viel zu danken. Tochter, erfülle seinen
Wunsch! Ich bin einverstanden.«

Das liebliche Mädchen errötete verschämt, gehorchte aber
dem Gebot des Hausherrn. Fräulein Bene, so hieß das

25 zuo Gâwân saz vrou Bêne.
    starker süne zwêne
    het der wirt ouch erzogen.
    nu hete daz sprinzelîn ervlogen
    des âbents drî galander:
    die hiez er mit ein ander
551 Gâwân tragen alle drî,
    und eine salsen derbî.
    diu juncvrouwe niht vermeit,
    mit guoten zühten si sneit
5   Gâwân süeziu mursel
    ûf einem blanken wastel
    mit ir clâren henden.
    dô sprach si 'ir sult senden
    dirre gebrâten vogel einen
10 (wan si hât enkeinen),
    hêrre, mîner muoter dar.'
    er sprach zer meide wol gevar,
    daz er gerne ir willen taete
    dar an oder swes si baete.
15 ein galander wart gesant
    der wirtîn. Gâwânes hant
    wart mit zühten vil genigen
    unt des wirtes danken niht verswigen.
        dô brâhte ein des wirtes sun
20 purzeln unde lâtûn
    gebrochen in den vînaeger.
    ze grôzer craft daz unwaeger
    ist die lenge solhiu nar:
    man wirt ir ouch niht wol gevar.
25 solh varwe tuot die wârheit kunt,
    die man sloufet in den munt.
    gestrichen varwe ûf daz vel
    ist selten worden lobes hel.
    swelh wîplîch herze ist staete ganz,
    ich waen diu treit den besten glanz.

Mädchen, nahm also an Gawans Seite Platz. Außer ihr besaß
der Hausherr noch zwei kräftige Söhne. Nun hatte das
Sperberweibchen an diesem Abend drei Haubenlerchen
geschlagen, die der Hausherr mit einer Brühe vor Gawan
auftragen ließ. Die Jungfrau verzichtete nicht darauf, ihm
mit zarter Hand auf einer Scheibe Weißbrot wohlschmek-
kende Leckerbissen zurechtzuschneiden. Dabei sprach sie:
»Bitte reicht einen von den gebratenen Vögeln meiner Mut-
ter; denn sie hat keinen.«
Gawan erwiderte der schönen Jungfrau, er wolle sich stets
und gern ihren Wünschen fügen, und ließ eine Haubenler-
che der Hausfrau reichen. Höflich verneigte man sich wieder
und wieder vor Gawan, und der Hausherr dankte ihm
herzlich.
Danach brachte der eine Sohn Portulak- und Lattichsalat,
mit Weinessig angerichtet. Will man bei Kräften bleiben,
sind solche Gerichte unzuträglich, zumal regelmäßiger
Genuß nicht gerade frische Wangen gibt. Die Gesichtsfarbe,
die man der Nahrung verdankt, trügt nicht. Schminke aber,
die das wahre Aussehen verbergen soll, bietet selten Anlaß
zu lautem Lob. Ich glaube, im schönsten Glanz strahlt eine
Frau, wenn sie im Herzen treu ist.

552   Kunde Gâwân guoten willen zern,
des möhte er sich dâ wol nern:
nie muoter gunde ir kinde baz
denn im der wirt des brôt er az.
5   dô man den tisch hin dan enpfienc
unt dô diu wirtin ûz gegienc,
vil bette man dar ûf dô treit:
diu wurden Gâwâne geleit.
einez was ein pflûmît,
10 des zieche ein grüener samît;
des niht von der hôhen art:
ez was ein samît bastart.
ein kulter wart des bettes dach,
niht wan durch Gâwâns gemach,
15 mit einem pfellel, sunder golt
verre in heidenschaft geholt.
gesteppet ûf palmât.
dar über zôch man linde wât,
zwei lîlachen snêvar.
20 man leit ein wanküssen dar,
unt der meide mantel einen,
härmîn niuwe reinen.
   mit urloube erz undervienc,
der wirt, ê daz er slâfen gienc.
25 Gâwân al eine, ist mir gesagt,
beleip aldâ, mit im diu magt.
hete er iht hin ze ir gegert,
ich waen si hete es in gewert.
er sol ouch slâfen, ob er mac.
got hüete sîn, sô kom der tac.

Hätte Gawan vom guten Willen leben können, wäre er mehr
als satt geworden. Keine Mutter mochte ihrem Kind das
Essen herzlicher gönnen als der Hausherr seinem Gast.
Nachdem man den Tisch hinausgetragen und die Hausfrau
sich entfernt hatte, brachte man reichlich Bettzeug und
richtete Gawan das Nachtlager. Ein Daunenkissen war mit
grünem Samt bezogen, doch war's kein guter, er war nach-
gemacht. Zu Gawans Behaglichkeit erhielt das Bett eine
seidene Steppdecke, allerdings ohne Goldfäden, die man ja
aus fernem Heidenland holen muß. Zwei schneeweiße
Laken aus weichem Leinen wurden darübergelegt, dazu ein
Kopfkissen und ein neuer weißer Pelzmantel der Jungfrau.
Der Hausherr verabschiedete sich und begab sich zur Ruhe.
Es heißt, daß Gawan mit der Jungfrau allein im Zimmer
blieb. Hätte er etwas von ihr begehrt, so wäre es ihm kaum
verwehrt worden. Doch er hat seinen Schlaf verdient und
mag nun ruhen. Gott behüte ihn! Der neue Tag bringt neue
Gefahren.

553 Grôz müede im zôch diu ougen zuo:
   sus slief er unze des morgens vruo.
   do erwachete der wîgant.
   einhalp der kemenâten want
5 vil venster hete, dâ vor glas.
   der venster einez offen was
   gein dem boumgarten:
   dar în gienc er durch warten,
   durch luft und durch der vogel sanc.
10 sîn sitzen wart dâ niht ze lanc,
   er kôs ein burc, die er des âbents sach,
   dô im diu âventiure geschach;
   vil vrouwen ûf dem palas:
   mangiu under in vil schoene was.
15 ez dûhte in ein wunder grôz,
   daz die vrouwen niht verdrôz
   ir wachens, daz si sliefen niht.
   dennoch der tac was niht ze lieht.
      er dâhte 'ich wil in ze êren
20 mich an slâfen kêren.'
   wider an sîn bette er gienc:
   der meide mantel übervienc
   in: daz was sîn decke.
   ob man in dâ iht wecke?
25 nein, daz waere dem wirte leit.
   diu maget durch gesellekeit,
   aldâ si vor ir muoter lac,
   si brach ir slâf des si pflac,
   unt gienc hin ûf ze ir gâste:
   der slief dennoch al vaste.

Elftes Buch

Große Müdigkeit hatte Gawan die Augen zugedrückt und ihn bis zum frühen Morgen schlafen lassen. Als der Held erwachte, sah er, daß eine Wand der Kemenate viele verglaste Fenster hatte. Ein Fenster war geöffnet und führte in den Baumgarten. Er ging in den Garten, um sich umzusehen, die frische Luft und den Gesang der Vögel zu genießen. Noch nicht lange hatte er da gesessen, als seine Blicke auf die Burg fielen, die er schon am Abend zuvor gesehen hatte, als ihm das Abenteuer mit Lischoys zustieß. Oben im Palast waren viele Edeldamen, einige von ungewöhnlicher Schönheit. Er wunderte sich, daß die Damen noch wachten und nicht schliefen, denn noch war es nicht heller Tag, und er dachte: »Ihnen zu Ehren will ich mich wieder schlafen legen!« Er ging zurück zu seinem Lager und zog den Mantel der Jungfrau als Decke über sich. Ob man ihn nicht weckte? O nein, das hatte der Hausherr verboten.

Die Jungfrau, die zu Füßen der Mutter geruht hatte, erwachte indes und ging leise hinauf zu ihrem Gast, um ihm Gesellschaft zu leisten. Da er noch tief und fest schlief,

554 Diu magt ir dienstes niht vergaz:
vürz bette ûf den teppech saz
diu clâre juncvrouwe.
bî mir ich selten schouwe
5 daz mir âbents oder vruo
sölh âventiure slîche zuo.
    bi einer wîl Gâwân erwachte:
er sach an si und lachte,
unt sprach 'got halde iuch, vröuwelîn,
10 daz ir durch den willen mîn
iuwern slâf sus brechet
und an iu selber rechet
des ich niht hân gedienet gar.'
dô sprach diu maget wol gevar
15 'iuwers dienstes wil ich enbern:
ich ensol niwan hulde gern.
hêrre, gebietet über mich:
swaz ir gebiet, daz leiste ich.
al die mit mînem vater sint,
20 beidiu mîn muoter unde ir kint
suln iuch ze hêrren immer hân:
sô liebe habt ir uns getân.'
    er sprach 'sît ir iht lange komen?
het ich iuwer kunft ê vernomen,
25 daz waer mir liep durch vrâgen,
wolt iuch des niht betrâgen
daz ir mirz geruochet sagen.
ich hân in disen zwein tagen
vil vrouwen obe mir gesehen:
von den sult ir mir verjehen
555 Durch iuwer güete, wer die sîn.'
do erschrac daz juncvröuwelîn,
si sprach 'hêr, nu vrâgt es niht:
ich bin diu es nimmer iu vergiht.
5 ichn kan iu nicht von in gesagen:
ob ichz halt weiz, ich solz verdagen.

setzte sich die schöne Jungfrau diensteifrig auf den Teppich vor dem Bett. Mir ist solch Abenteuer abends oder morgens kaum je widerfahren.

Als Gawan nach einer Weile erwachte, sah er sie lächelnd an und sprach: »Vergelt's Euch Gott, mein Fräulein, daß Ihr meinetwegen Euern Schlaf unterbrochen habt und damit ein Opfer bringt, das ich gar nicht verdient habe.«

Da sprach die schöne Jungfrau: »Eure Dienste darf ich nicht beanspruchen. Mir genügt es, wenn ich Eure Gunst erlangen kann. Verfügt über mich, Herr. Ich erfülle Euch jeden Wunsch. Unsere ganze Familie wird Euch für Eure Güte stets als ihren Herrn verehren.«

Er fragte sie: »Seid Ihr schon lange hier? Hätte ich Euch eher kommen hören, hätte ich Euch gern eine Frage gestellt, wenn Ihr so freundlich sein wollt, sie zu beantworten. Ich habe oben auf der Burg gestern und heute viele Damen gesehen. Habt die Güte, mir zu sagen, wer sie sind.«

Die Jungfrau erschrak und sprach: »Herr, fragt nicht danach! Ihr werdet von mir nichts erfahren! Ich weiß es zwar, doch ich muß schweigen und darf Euch nichts sagen.

       lât ez iu von mir niht swaere,
       und vrâget ander maere:
       daz râte ich, welt ir volgen mir.'
10   Gâwân sprach aber wider ze ir,
       mit vrâge er gienc dem maere nâch
       umb al die vrouwen die er dâ sach
       sitzende ûf dem palas.
       diu magt wol sô getriuwe was
15   daz si von herzen weinde
       und grôze clage erscheinde.
         dennoch was ez harte vruo:
       innen des gienc ir vater zuo.
       der liez ez âne zürnen gar,
20   ob diu maget wol gevar
       ihtes dâ waere betwungen,
       und ob dâ was gerungen:
       dem gebârt si gelîche,
       diu maget zühte rîche,
25   wand si dem bette nâhe saz.
       daz liez ir vater âne haz.
       dô sprach er 'tohter, weine et niht.
       swaz in schimpfe alsus geschiht,
       ob daz von êrste bringet zorn,
       der ist schier dâ nâch verkorn.'
556   Gâwân sprach 'hie ist niht geschehen,
       wan des wir vor iu wellen jehen.
       ich vrâgte dise magt ein teil:
       daz dûhte si mîn unheil,
5   und bat mich daz ichz lieze.
       ob iuch des niht verdrieze,
       sô lât mîn dienst umb iuch bejagen,
       wirt, daz ir mirz ruochet sagen,
       umb die vrouwen ob uns hie.
10   ich envriesch in al den landen nie
       dâ man möhte schouwen
       sô manege clâre vrouwen

Nehmt's mir nicht übel und fragt nach andern Dingen. Das
ist ein guter Rat, Ihr solltet ihn befolgen!«

Gawan aber ließ nicht ab und fragte wieder, was es mit den
Damen oben im Palast auf sich hätte. Die Jungfrau, die es
gut mit ihm meinte, begann bitterlich zu weinen und zu
klagen. Obwohl es noch früh am Tage war, trat ihr Vater
herein. Er wäre gar nicht böse gewesen, wenn Gawan das
schöne Mädchen genommen und zu sich gezwungen hätte.
Ihr Gebaren ließ zwar so etwas vermuten, zumal sie dicht an
Gawans Bett saß, doch ihr Vater hätte nicht gezürnt, denn er
sprach zu ihr: »Weine nicht, meine Tochter. Was so im
Scherz geschieht, verschmerzt man doch recht bald, ist man
auch erst erzürnt.«

Aber Gawan sprach: »Hier ist nichts geschehen, was wir
Euch verheimlichen müßten. Ich habe dem Mädchen nur
eine Frage gestellt, die ihr für mich gefährlich schien, und sie
hat mich gebeten, ihr die Antwort zu erlassen. Seid so
freundlich und erklärt mir, was es mit den Damen oben in
der Burg auf sich hat. Das sei der Lohn für den Dienst, den
ich Euch geleistet habe. Nirgendwo habe ich je so viele
anmutige und herrlich geputzte Damen gesehen.«

mit sô liehtem gebende.'
der wirt want sîne hende:
15   dô sprach er 'vrâget es niht durch got:
hêr, dâ ist nôt ob aller nôt.'
    'sô muoz ich doch ir kumber clagen,'
sprach Gâwân. 'wirt, ir sult mir sagen,
war umbe ist iu mîn vrâgen leit?'
20   'hêr, durch iuwer manheit.
kunnet ir vrâgen niht verbern,
sô welt ir lîhte vürbaz gern:
daz lêrt iuch herzen swaere
und macht uns vröuden laere,
25   mich und elliu mîniu kint,
diu iu ze dienste erboren sint.'
Gâwân sprach 'ir sult mirz sagen.
welt aber ir michz gar verdagen,
daz iuwer maere mich vergêt,
ich vreische iedoch wol wie ez dâ stêt.'
557   Der wirt sprach mit triuwen
'hêr, sô muoz mich riuwen
daz iuch des vrâgens niht bevilt.
ich wil iu lîhen einen schilt:
5   nu wâpent iuch ûf einen strît.
ze Terre marveile ir sît:
Lît marveile ist hie.
hêrre, ez wart versuochet nie
ûf Schastel marveil diu nôt.
10   iuwer leben wil in den tôt.
ist iu âventiure bekant,
swaz ie gestreit iuwer hant,
daz was noch gar ein kindes spil:
nu naehent iu riubaeriu zil.'
15   Gâwân sprach 'mir waere leit,
ob mîn gemach ân arbeit
von disen vrouwen hinnen rite,
ichn versuochte ê baz ir site.

Der Hausherr rang die Hände und rief: »Herr, um Gottes willen, fragt nicht! Die Not dort oben läßt sich nicht beschreiben.«

»Um so beklagenswerter dünkt mich die Bedrängnis der Damen!« rief Gawan. »Hausherr, sprecht ohne Umschweife, warum bedrückt Euch meine Frage?«

»Herr, wenn Ihr als tapferer Mann auf Eurer Frage beharrt, werdet Ihr leicht noch mehr wissen wollen. Doch damit beschwört Ihr für Euch selbst eine furchtbare Gefahr herauf, mir und meinen Kindern aber, die Euch zu dienen geboren sind, raubt Ihr alle Freude.«

Gawan sprach fest und bestimmt: »Jetzt redet! Solltet Ihr aber schweigen, mir Euer Wissen vorenthalten, dann werde ich schon auf andre Weise die Geschichte in Erfahrung bringen.«

Der getreue Hausherr erwiderte: »Herr, es schmerzt mich, daß Ihr auf einer Antwort besteht. Gut, so rüstet Euch zum Kampfe! Einen Schild will ich Euch leihen. Ihr seid in Terre marveile; hier steht auch das Lit marveile. Bisher hat niemand das gefährliche Abenteuer auf Schastel marveile bestanden. Versucht Ihr's, findet Ihr den Tod! Seid Ihr auch in Abenteuern erfahren, so ist doch alles, was Euch bisher begegnet ist, ein Kinderspiel: Ihr geht einem todbringenden Abenteuer entgegen!«

Da sprach Gawan: »Ich könnte es nicht verwinden, wenn ich in aller Ruhe fortritte, ohne mehr über die Damen

---

Terre marveile: (afrz.) Wunderland.
Lit marveile: (afrz.) Wunderbett.
Schastel marveile: (afrz.) Wunderburg.

ich hân ouch ê von in vernomen:
20 sît ich sô nâhen nu bin komen,
mich ensol des niht betrâgen,
ich enwelle ez durch si wâgen.'
der wirt mit triuwen clagete.
sîme gaste er dô sagete
25 'aller kumber ist ein niht,
wan dem ze lîden geschiht
disiu âventiure:
diu ist scharpf und ungehiure
vür wâr und âne liegen.
hêrre, ichn kan niht triegen.'
558   Gâwân der prîses erkande
an die vorhte sich niht wande:
er sprach 'nu gebt mir strîtes rât.
ob ir gebietet, ritters tât
5 sol ich hie leisten, ruochet es got.
iuwern rât und iuwer gebot
wil ich immer gerne hân.
hêr wirt, es waere missetân,
solt ich sus hinnen scheiden:
10 die lieben unt die leiden
heten mich vür einen zagen.'
alrêrst der wirt begunde clagen,
wand im sô leide nie geschach.
hin ze sîme gaste er sprach
15 'ob daz got erzeige
daz ir niht sît veige,
sô wert ir hêr dises landes:
swaz vrouwen hie stêt pfandes,
die starkez wunder her betwanc,
20 daz noch nie ritters prîs erranc,
manc sarjant, edeliu ritterschaft,
ob die hie erloeset iuwer craft,
sô sît ir prîses gehêret
und hât iuch got wol gêret:

erfahren zu haben. Schon früher habe ich von ihnen gehört. Da ich nun einmal hier in ihrer Nähe bin, gelüstet's mich, das Abenteuer für sie zu wagen.«

Der getreue Hausherr beklagte diesen Entschluß und sprach zu seinem Gast: »Nichts kommt der Gefahr gleich, die dieses Abenteuer birgt. Sie ist wahr und wahrhaftig furchtbar und ungeheuer. Ihr könnt mir glauben, Herr, ich lüge nie.«

Der berühmte Gawan ließ sich dadurch nicht schrecken, sondern sprach: »Nun gebt mir Euren Rat für den Kampf! Wenn Ihr erlaubt, will ich mit Gottes Segen hier eine echte Rittertat vollbringen. Für Rat und Hinweis werde ich Euch dankbar sein. Hausherr, es wäre übel gehandelt, wollte ich untätig von hier scheiden. Für Freund und Feind wäre ich ein Feigling dann!«

Er vermehrte damit die Klagen des Hausherrn, der solchen Kummer nie erfahren hatte. Er sprach zu seinem Gast: »Entgeht Ihr mit Gottes Hilfe dem Tode, dann seid Ihr Herrscher dieses Landes. Viele Damen werden hier gefangengehalten, die ein mächtiger Zauber hergezwungen hat. Mancher Knappe und edle Ritter hat schon versucht, sie zu befreien und damit ritterlichen Ruhm zu ernten, doch alle sind gescheitert. Erlöst Ihr sie mit Eurer Heldenkraft, so erringt Ihr gewaltigen Ruhm und könnt Gott für die große

25 ir muget mit vröuden hêrre sîn
    über manegen liehten schîn,
    vrouwen von manegen landen.
    wer jaehe iu des ze schanden,
    ob ir hinnen schiet alsus?
    sît Lischoys Gwelljus

559 Iu sînen prîs hie lâzen hât,
     der manege ritterlîche tât
     gevrümet hât, der süeze:
     von rehte ich in alsus grüeze.
 5   mit ellen ist sîn ritterschaft:
     sô manege tugent diu gotes craft
     in mannes herze nie gestiez,
     ân Ithêrn von Gahaviez.

     der Ithêrn vor Nantes sluoc,
10   mîn schif in gestern über truoc.
     er hât mir vünf ors gegeben
     (got in mit saelden lâze leben),
     diu herzogen und künege riten.
     swaz er hât ab in erstriten,
15   daz wirt ze Pelrapeire gesagt:
     ir sicherheit hât er bejagt.
     sîn schilt treit maneger tjoste mâl.
     er reit hie vorschen umb den grâl.'
        Gâwân sprach 'war ist er komen?
20   saget mir, wirt, hât er vernomen,
     dô er sô nâhe was hie bî,
     waz disiu âventiure sî.'
     'hêrre, ern hât es niht ervarn.
     ich kunde mich des wol bewarn
25   daz ichs im zuo gewüege:
     unvuoge ich danne trüege.
     het ir selbe vrâgens niht erdâht,
     nimmer waert irs innen brâht
     von mir, waz hie maeres ist,
     mit vorhten scharpf ein strenger list.

Ehre danken. Froh und stolz werdet Ihr dann über viele
wunderschöne Damen aus aller Herren Länder gebieten
können. Doch auch wenn Ihr fortrittet, ohne das gefährliche
Abenteuer zu wagen, könnte Euch niemand schmähen, da
Lischoys Gwelljus Euch seinen Ritterruhm lassen mußte!
Mit Recht kann ich ihn einen prächtigen Jüngling nennen,
der viele Rittertaten vollbracht hat und tapfer zu kämpfen
weiß. Wenn man Ither von Gaheviez ausnimmt, hat Gott
keinem anderen so viele Vorzüge verliehen wie ihm. Den
Mann, der Ither vor Nantes erschlug, habe ich gestern
übrigens mit meinem Schiff übergesetzt. Er ließ mir fünf
Pferde, die Herzöge und Könige geritten haben. Gott möge
ihm dafür Glück schenken im Leben! Sein Siegesruhm wird
sich in Pelrapeire verbreiten: Er hat alle seine Gegner
gezwungen, sich zu unterwerfen. Sein Schild ist von zahlrei-
chen Kämpfen gezeichnet. Er kam hierher, um nach dem
Gral zu suchen.«
»Wohin ist er gezogen?« fragte Gawan. »Sagt, Hausherr, hat
er nichts von dem Abenteuer erfahren, das es hier zu beste-
hen gibt, obwohl es doch so nahe war?«
»Nein, Herr, er hat es nicht erfahren. Ich habe mich gehü-
tet, ihm davon zu erzählen. Es hätte unziemlich gewirkt.
Wäre Euch die Frage nicht eingefallen, hättet Ihr von mir nie
und nimmer erfahren, was hier am Wirken ist: ein unheimli-
cher Zauber mit großen Schrecknissen. Wenn Ihr nicht

560 Welt ir niht erwinden,
mir unt mînen kinden
geschach sô rehte leide nie,
ob ir den lîp verlieset hie.

5 sult aber ir prîs behalten
unt dises landes walten,
sô hât mîn armuot ende.
ich getrûw des iuwerre hende,
si hoehe mich mit rîcheit.

10 mit vröuden liep âne leit
mac iuwer prîs hie erwerben,
sult ir niht ersterben.
   nu wâpent iuch gein kumber grôz.'
dennoch was Gâwân al blôz:

15 er sprach 'tragt mir mîn harnasch her.'
der bete was der wirt sîn wer.
von vuoz ûf wâpent in dô gar
diu süeze maget wol gevar.
der wirt nâch dem orse gienc.

20 ein schilt an sîner wende hienc,
der dicke unt alsô herte was,
dâ von doch Gâwân sît genas.
schilt und ors im wâren brâht.
der wirt was alsô bedâht

25 daz er wider vür in stuont:
dô sprach er 'hêrre, ich tuon iu kunt
wie ir sult gebâren
gein iuwers verhes vâren.
   mînen schilt sult ir tragen.
dern ist durchstochen noch zerslagen:

561 Wande ich strîte selten:
wes möhte er danne engelten?
hêrre, swenne ir ûf hin kumt,
ein dinc iu zem orse vrumt.

5 ein crâmer sitzet vor dem tor:
dem lât daz ors hie vor.

Abstand nehmt und den Tod dabei findet, wird dies mir und
meinen Kindern nie gekanntes Leid bereiten. Solltet Ihr aber
Siegesruhm erringen und Herrscher dieses Landes werden,
so hat meine Armut hoffentlich ein Ende. Ich vertraue
darauf, daß Ihr mich dann durch reiche Gaben erhöhen
werdet. Ist Euch der Tod nicht bestimmt, so werdet Ihr
hier nach Euerm Sieg voll Lust und Freude ungetrübtes
Glück genießen. Nun wappnet Euch für den gefährlichen
Kampf!«

Gawan, der noch nicht gewappnet war, rief: »Bringt mir
meine Rüstung!« Der Hausherr erfüllte seinen Wunsch, und
das schöne, liebliche Mädchen wappnete ihn von Kopf bis
Fuß, während der Hausherr nach dem Pferde sah. An der
Wand hing ein dickwandiger und fester Schild, der Gawans
Rettung sein sollte. Als Schild und Pferd bereitstanden,
erschien der Hausherr wieder und sprach: »Herr, laßt Euch
raten, wie Ihr Euch in dieser tödlichen Gefahr verhalten
müßt. Tragt meinen Schild! Er ist unversehrt von Lanze und
Schwert, denn ich kämpfe nie! Wie sollte er also Schaden
nehmen? Herr, wenn Ihr hinauf vor das Burgtor kommt,
laßt Euer Pferd zu seinem Besten in der Obhut eines Krä-
mers, der vor dem Tore sitzt. Handelt ihm irgend etwas ab.

kouft umb in, enruochet waz:
er behalt iu daz ors deste baz,
ob irz im versetzet.
10 wert ir niht geletzet,
ir mugt daz ors gerne hân.'
dô sprach mîn hêr Gâwân
'sol ich niht ze orse rîten în?'
'nein, hêrre, al der vrouwen schîn
15 ist vor iu verborgen:
sô naehet ez den sorgen.
den palas vint ir eine:
weder grôz noch cleine
vint ir niht daz dâ lebe.
20 sô wald es diu gotes gebe,
so ir in die kemenâten gêt
dâ Lît marveile stêt.
daz bette und die stollen sîn
von Marroch der mahmumelîn,
25 des crône und al sîn rîcheit,
waere daz dar gegen geleit,
dâ mit ez waere vergolten niht.
dar an ze lîden iu geschiht
swaz got an iu wil meinen:
nâch vröude erz müeze erscheinen.
562 Gedenket, hêrre, ob ir sît wert,
disen schilt unt iuwer swert
lâzet ninder von iu komen.
so ir waent daz ende habe genomen
5 iuwer kumber groezlîch,
alrêrst strîte ist er gelîch.'
dô Gâwân ûf sîn ors gesaz,
diu maget wart an vröuden laz.
al die dâ wâren, clageten:
10 wênc si des verdageten.
er sprach zem wirte 'gan mirs got,
iuwer getriulîch urbot,

Bleibt ihm dann Euer Pferd als Pfand für die ausgewählte Ware, wird er es um so sorgsamer behüten. Solltet Ihr unversehrt zurückkehren, gibt er's Euch ohne weiteres heraus.«

Da fragte Herr Gawan: »Soll ich denn nicht hoch zu Roß in die Burg reiten?«

»Nein, Herr. All die schönen Damen sind vor Euch verborgen. Sobald Ihr die Burg betreten habt, beginnen die Gefahren. Den Palast werdet Ihr vereinsamt und ohne Leben vorfinden. Sobald Ihr den Fuß in die Kemenate setzt, wo das Lit marveile steht, möge Euch Gott in seiner Gnade beschützen. Selbst die Krone und der ganze Reichtum des Machmumelin von Marokko würden das Bett und sein Gestell nicht aufwiegen, wollte man beides auf die Waagschale legen. Auf diesem Bett müßt Ihr erdulden, was Gott Euch bestimmt hat. Möge er's glücklich für Euch ausgehen lassen! Herr, denkt daran, diesen Schild und Euer Schwert während der ganzen Prüfung nie aus den Händen zu geben! Wenn Ihr nämlich meint, die Schrecknisse hätten ein Ende, dann beginnt der Kampf erst.«

Als sich Gawan auf sein Pferd schwang, wurde das Mädchen tieftraurig. Auch die anderen Anwesenden hielten ihre Klagen nicht zurück. Gawan sprach zum Hausherrn: »Will's

---

Machmumelin: aus arab. *Emir-al-Mumenim* ›Beherrscher der Gläubigen; Kalif‹.

       daz ir mîn sus pflâget,
       geltes mich niht betrâget.'
15   urloup er zer meide nam,
       die grôzes jâmers wol gezam.
       er reit hin, si clageten hie.
       ob ir nu gerne hoeret wie
       Gâwâne dâ geschaehe,
20   deste gerner ichs iu verjaehe.
         ich sage als ichz hân vernomen.
       do er was vür die porten komen,
       er vant den crâmaere,
       unt des crâm niht laere.
25   dâ lac inne veile,
       daz ichs waere der geile,
       hete ich alsô rîche habe.
       Gâwân vor im erbeizte abe.
       sô rîchen markt er nie gesach,
       als im ze sehen aldâ geschach.
563   der crâm was ein samît,
       vierecke, hôch unde wît.
       waz dar inne veiles laege?
       derz mit gelte widerwaege,
5   der bâruc von Baldac
       vergulte niht daz drinne lac:
       als taete der katolicô
       von Ranculât: dô Kriechen sô
       stuont daz man hort dar inne vant,
10   da vergulte ez niht des keisers hant
       mit jener zweier stiure.
       daz crâmgewant was tiure.
         Gâwân sîn grüezen sprach
       zuo dem crâmer. do er gesach
15   waz wunders dâ lac veile.
       nâch sîner mâze teile
       bat im zeigen Gâwân
       gürtelen oder vürspan.

Gott, so werde ich Euch Eure treuen Dienste gern vergelten.« Er nahm Abschied von der Jungfrau, deren großer Jammer sich begreifen ließ, und ritt davon. Die andern blieben in trüben Gedanken zurück.

Wenn ihr nun gern wissen wollt, was Gawan auf der Burg erlebte, dann erzähle ich's euch um so lieber, und zwar so, wie ich es gehört habe. Als er vor dem Tor anlangte, fand er dort den Krämer mit einem wohlgefüllten Laden. So viel wurde dort feilgeboten, daß ich von Herzen froh wäre, wenn ich solchen Reichtum hätte. Gawan sprang vor dem Kramladen vom Pferd. Solch reiches Angebot hatte er noch nie gesehen. Hoch und weit war das viereckige Zelt aus Samt. Was es darin zu kaufen gab? Nun, wer die Dinge mit Geld hätte aufwiegen wollen, hätte sie nicht bezahlen können, nicht einmal der Baruc von Bagdad oder der Patriarch von Ranculat. Auch wenn der Kaiser alle Schätze Griechenlands zu den Reichtümern des Baruc und des Patriarchen gelegt hätte, so wären die kostbaren Waren nicht aufgewogen worden.

Gawan grüßte den Krämer, und als er gesehen hatte, was für wunderbare Dinge es da zu kaufen gab, ließ er sich, seinen Verhältnissen gemäß, Gürtel und Spangen vorlegen. Der

der crâmer sprach 'ich hân vür wâr
20 hie gesezzen manec jâr,
daz nie man getorste schouwen
(niht wan werde vrouwen)
waz in mîne crâme ligt.
ob iuwer herze manheit pfligt,
25 sô sît irs alles hêrre.
ez ist gevüeret verre.
habt ir den prîs an iuch genomen,
sît ir durch âventiure komen
her, sol iu gelingen,
lîhte ir megt gedingen
564 Um mich: swaz ich veiles hân,
daz ist iu gar dan undertân.
vart vürbaz, lât es walten got.
hât iuch Plippalinôt
5 der verje her gewîset?
manec vrouwe prîset
iuwer komen in ditze lant,
ob si hie erloeset iuwer hant.
    welt ir nâch âventiure gên,
10 sô lât daz ors al stille stên:
des hüete ich, welt irz an mich lân.'
dô sprach mîn hêr Gâwân
'waerz in iuwern mâzen,
ich wolte ez iu gerne lâzen.
15 nu entsitze ich iuwer rîcheit:
sô rîchen marschalc ez erleit
nie, sît ich dar ûf gesaz.'
der crâmer sprach ân allen haz
'hêrre ich selbe und al mîn habe
20 (waz möhte ich mêr nu sprechen drabe?)
ist iuwer, sult ir hie genesen.
wes möhte ich billîcher wesen?'
    Gâwân sîn ellen lêrte,
ze vuoz er vürbaz kêrte

Krämer sprach: »Schon manches Jahr sitze ich hier, und niemand – nur die Damen aus der Burg – hat gewagt, meine Waren zu betrachten. Besitzt Ihr ein männlich-tapferes Herz, dann wird alles Euch gehören, was aus fernen Ländern zusammengetragen wurde. Habt Ihr den rühmlichen Entschluß gefaßt, das Abenteuer zu bestehen, so werden wir bei siegreichem Gelingen rasch handelseinig, Herr. Alles, was ich feilzubieten habe, gehört dann Euch. Geht also in die Burg und laßt Gottes Willen geschehen! Hat Euch der Fährmann Plippalinot hergewiesen? So manche Dame wird den Tag Eurer Ankunft preisen, falls es Euch gelingt, sie zu erlösen. Wollt Ihr Euch in das Abenteuer stürzen, dann laßt das Pferd nur bei mir. Wenn Ihr es mir anvertraut, ist es gut aufgehoben.«

Gawan antwortete: »Aber gern, wenn ich Euch solchen Dienst zumuten darf. Nur trage ich Bedenken bei Euerm Reichtum. Solange ich das Pferd reite, hat es solch reichen Pferdeknecht noch nicht gehabt.«

Der Krämer sagte freundlich: »Herr, ich sagte es doch schon: Kommt Ihr heil davon, gehören ich und mein ganzer Besitz Euch! Das ist nur recht und billig.«

Von Kampfesmut beseelt, ging Gawan mannhaft und unver-

25   manlîche und unverzagt.
　　als ich iu ê hân gesagt,
　　er vant der bürge wîte,
　　daz ieslîch ir sîte
　　stuont mit bûwenlîcher wer.
　　vür allen sturm niht ein ber
565   Gaeb si ze drîzec jâren,
　　ob man ir wolte vâren.
　　enmitten drûf ein anger:
　　daz Lechvelt ist langer.
5   vil türne ob den zinnen stuont.
　　uns tuot diu âventiure kunt,
　　dô Gâwân den palas sach,
　　dem was alumbe sîn dach
　　reht als pfâwîn gevider gar,
10   lieht gemâl unt sô gevar,
　　weder regen noch der snê
　　entet des daches blicke wê.
　　　innen er was gezieret
　　unt wol gefeitieret,
15   der venster siule wol ergraben,
　　dar ûf gewelbe hôhe erhaben.
　　dar inne bette ein wunder
　　lac her unt dar besunder:
　　kultern maneger slahte
20   lâgen drûf von rîcher ahte.
　　dâ wâren die vrouwen gesezzen.
　　diene heten niht vergezzen,
　　sine waeren dan gegangen.
　　von in wart niht enpfangen
25   ir vröuden kunft, ir saelden tac,
　　der gar an Gâwâne lac.
　　müesen si in doch hân gesehen,
　　waz möhte in liebers sîn geschehen?
　　ir deheiniu daz tuon solte,
　　swie er in dienen wolte.

zagt zu Fuß weiter. Wie ich bereits erzählte: Die weiträumige Burg war auf allen Seiten von festen Wehrmauern umgeben. Ein Sturmangriff hätte nichts ausrichten können, und hätte er dreißig Jahre lang gewährt. Inmitten der Burg befand sich eine Wiese, fast so groß wie das Lechfeld. Viele Wehrtürme überragten die Mauerzinnen. Die Aventüre berichtet uns noch: Als Gawan den Palast betrachtete, sah er, daß sein Dach leuchtete wie das Federkleid eines Pfaus. Die hellen Farben der Dachziegel waren so dauerhaft, daß weder Regen noch Sonne ihren Glanz trüben konnten.

Auch innen war der Palast reich verziert und ausgeschmückt. Die Fenstersäulen waren sorgfältig kanneliert und hoch überwölbt. In den Fensternischen waren zahlreiche Ruhelager aufgeschlagen und mit verschiedenfarbigen kostbaren Decken versehen, doch stand jedes Lager für sich in einer Nische. Hier hatten die Damen gesessen, die Gawan gesehen hatte, doch sie waren fortgegangen, ohne Gawan – ihren Glücksbringer, die Verkörperung ihres Erlösungstages – gebührend zu empfangen. Dabei wäre ihnen nichts lieber gewesen, als ihn sehen zu dürfen! Aber es traf sie keine Schuld, denn keiner war es erlaubt, obwohl er ihnen dienen

---

Lechfeld: 40 km lange und 6–10 km breite Schotterebene zwischen Lech und Wertach, reicht von Landsberg am Lech bis Augsburg; bekannt durch den Sieg des Ritterheeres Ottos I. über die Magyaren am 10. 8. 955.

566 Dâ wâren si doch unschuldec an.
    dô gienc mîn hêr Gâwân
    beidiu her unde dar,
    er nam des palases war.
5   er sach an einer wende,
    ine weiz ze wederre hende,
    eine tür wît offen stên,
    dâ innerhalp im solte ergên
    hôhes prîses erwerben
10 oder nâch dem prîse ersterben.
      er gienc zer kemenâten în.
    der was ir estrîches schîn
    lûter, haele, als ein glas,
    dâ Lît marveile was,
15 daz bette von dem wunder.
    vier schîben liefen drunder,
    von rubbîn lieht sinewel,
    daz der wint wart nie sô snel:
    dâ wâren die stollen ûf gecloben.
20 den estrîch muoz ich iu loben:
    von jaspis, von crisolte,
    von sardîn, als er wolte,
    Clinschor, der des erdâhte,
    ûz manegem lande brâhte
25 sîn listeclîchiu wîsheit
    werc daz hier an was geleit.
      der estrîch was gar sô sleif,
    daz Gâwân kûme aldâ begreif
    mit den vuozen stiure.
    er gienc nâch âventiure.
567 Immer, als dicke er trat,
    daz bette vuor von sîner stat,
    daz ê was gestanden.
    Gâwâne wart enblanden
5 daz er den swaeren schilt getruoc,
    den im sîn wirt bevalh genuoc.

wollte. Herr Gawan ging nun auf und ab und betrachtete
den Palast. Da entdeckte er in einer Wand – ich weiß nicht,
auf welcher Seite – eine weitgeöffnete Tür. Dahinter warte-
ten Ruhm oder Tod auf ihn. Er betrat eine Kemenate, deren
glänzender Estrich spiegelblank und glatt war wie Glas.
Dort stand das Lit marveile, das Wunderbett. Vier Räder aus
runden blinkenden Rubinen waren in die Bettfüße einge-
fügt, und es lief schneller als der Wind. Der Estrich verdient
alles Lob: er bestand aus Jaspis, Chrysolith und Sardin, ganz
nach Clinschors Wunsch, der alles erdacht und das Nötige
klug und besonnen aus vielen Ländern zusammengetragen
hatte. Der Estrich war so glatt, daß Gawans Füße kaum Halt
fanden. Er ging also auf gut Glück los. Sobald er sich jedoch
dem Bett näherte, rollte es davon und wechselte seinen
Platz. Bei diesem Spiel wurde Gawan allmählich der schwere
Schild lästig, den er nach dem dringenden Rat des Fähr-
manns nicht aus der Hand geben sollte. Er dachte bei sich:

er dâhte 'wie kum ich ze dir?
wiltu wenken sus vor mir?
ich sol dich innen bringen,
10   ob ich dich mege erspringen.'
do gestuont im daz bette vor:
er huop sich zem sprunge enbor,
und spranc rehte enmitten dran.
die snelheit vreischet niemer man,
15   wie daz bette her unt dar sich stiez.
der vier wende deheine ez liez,
mit hurte an icslîche ez swanc,
daz al diu burc dâ von erclanc.
   sus reit er manegen poynder grôz.
20   swaz der doner ie gedôz,
und al die pusûnaere,
ob der êrste waere
bî dem jungesten dinne
und bliesen nâch gewinne,
25   ezn dorft niht mêr dâ crachen.
Gâwân muose wachen,
swie er an dem bette laege.
wes der helt dô pflaege?
des galmes hete in sô bevilt
daz er zucte über sich den schilt:
568   Er lac, unde liez es walten
den der helfe hât behalten,
und den der helfe nie verdrôz,
swer in sînem kumber grôz
5   helfe an in versuochen kan.
der wîse herzehafte man,
swâ dem kumber wirt bekant,
der rüefet an die hôhsten hant:
wan diu treit helfe rîche
10   und hilft im helfeclîche.
daz selbe ouch Gâwân dâ geschach.
dem er ie sîns prîses jach,

»Wie soll ich zu dir kommen, wenn du mir ausweichst? Ob ich es schaffe, wenn ich auf dich springe?« Und als das Bett gerade vor ihm stand, schnellte er in die Höhe und warf sich mitten darauf. Niemand kann sich vorstellen, mit welcher Geschwindigkeit das Bett nun hin und her schoß. Es ließ keine Wand aus, sondern stieß mit solcher Wucht dagegen, daß die ganze Burg erdröhnte. So ritt Gawan manchen scharfen Angriff. Selbst wenn der stärkste Donner getost und alle Posaunenbläser der Welt um die Wette geblasen hätten, es hätte nicht lauter dröhnen können. Obwohl Gawan auf einem Ruhebett lag, war an Ruhe nicht zu denken. Was unser Held tat? Als ihm der Lärm zuviel wurde, zog er einfach den Schild über sich. So lag er da und überließ sein Schicksal Gott, der helfen kann und nie müde wird zu helfen, wenn man in harter Bedrängnis seine Hilfe erfleht. Gerät ein kluger und besonnener Mann in Bedrängnis, dann ruft er den Allerhöchsten um Hilfe an. Er allein kann wirksam helfen und hilft auch gern, was nun auch

    sînen crefteclîchen güeten,
    den bat er sich behüeten.
15   nu gewan daz crachen ende,
    sô daz die vier wende
    gelîche wâren gemezzen dar
    aldâ daz bette wol gevar
    an dem estrîche enmitten stuont.
20   dâ wart im groezer angest kunt.
    vünf hundert stabeslingen
    mit listeclîchen dingen
    zem swanke wâren bereite.
    der swanc gab in geleite
25   ûf daz bette aldâ er lac.
    der schilt alsolher herte pflac,
    daz ers enpfant vil cleine.
    ez wâren wazzersteine
    sinewel unde hart:
    etswâ der schilt doch dürkel wart.
569   Die steine wâren ouch verbolt.
    er hete selten ê gedolt
    sô swinde würfe ûf in gevlogen.
    nu was zem schuzze ûf gezogen
5   vünf hundert armbrust oder mêr.
    die heten algelîchen kêr
    reht ûf daz bette aldâ er lac.
    swer ie solher noete gepflac,
    der mag erkennen pfîle.
10   daz werte kurze wîle,
    unz daz si wâren versnurret gar.
    swer wil gemaches nemen war,
    dern kume an solh bette niht:
    gemaches im dâ niemen giht.
15   es möhte jugent werden grâ,
    des gemaches alsô dâ
    Gâwân an dem bette vant.
    dannoch sîn herze und ouch sîn hant

Gawan erfuhr. Er bat Gott, dessen überreicher Gnade er seinen Ruhm stets zugeschrieben hatte, um Schutz und Hilfe.

Da nahm das Dröhnen plötzlich ein Ende, und das prächtige Bett kam mitten auf dem Estrich zum Stehen, so daß es von allen Wänden gleich weit entfernt war. Nun begannen aber größere Schrecknisse: Durch kunstvollen Mechanismus standen fünfhundert Stockschleudern bereit, und sie zielten haargenau auf das Bett, auf dem Gawan lag. Harte runde Kieselsteine wurden geschleudert, doch Gawan verspürte wenig, denn der Schild war so fest, daß er nur an einigen Stellen durchschlagen wurde.

Die Steine waren also vertan. Nie zuvor hatte Gawan solch scharfe Würfe erlebt. Kaum war dies überstanden, waren fünfhundert Armbrüste oder mehr gespannt und auf das Bett gerichtet, wo Gawan lag. Wer jemals in solche Bedrängnis geriet, der weiß genug von Pfeilen. Binnen kurzem waren alle Pfeile verschossen. Wer die Bequemlichkeit liebt, gehe solchem Bett aus dem Wege; denn niemand wird es ihm behaglich machen. Selbst ein Jüngling würde bei den Annehmlichkeiten, wie sie Gawan auf dem Bett genoß, graue Haare bekommen. Dennoch, sein Herz und seine

der zagheit lâgen eine.
20 die pfîle und ouch die steine
heten in niht gar vermiten:
zequaschiert und ouch versniten
was er durch die ringe.
dô het er gedinge,
25 sîns kumbers waere ein ende:
dannoch mit sîner hende
muose er prîs erstrîten.
an den selben zîten
tet sich gein im ûf ein tür.
ein starker gebûr gienc dar vür:
570 Der was vreislîch getân.
von visches hiute truog er an
ein surkôt unt ein bônît,
und des selben zwuo hosen wît.
5 einen kolben er in der hende truoc,
des kiule groezer denne ein cruoc.
   er gienc gein Gâwâne her:
daz enwas doch ninder sîn ger,
wand in sîns kumens dâ verdrôz.
10 Gâwân dâhte 'dirre ist blôz:
sîn wer ist gein mir harte laz.'
er riht sich ûf unde saz,
als ob in swaere ninder lit.
jener trat hinder einen trit,
15 als ob er wolde entwîchen,
und sprach doch zornlîchen
'irn durfet mich entsitzen niht:
ich vüege aber wol daz iu geschiht
dâ von ir den lîp ze pfande gebt.
20 von des tiuvels creften ir noch lebt:
sol iuch der hie hân ernert,
ir sît doch sterbens unerwert.
des bringe ich iuch wol innen,
als ich nu scheide hinnen.'

Hand zitterten nicht! Pfeile und Steine hatten ihn allerdings nicht völlig verschont. Trotz des Panzerhemdes hatte er Prellungen und Wunden erlitten. Als er schon hoffte, die Schrecknisse wären zu Ende, mußte er mit seinen Händen den Siegesruhm erkämpfen. Ihm gegenüber tat sich nämlich eine Tür auf, und ein kraftstrotzender, ungeschlachter Kerl von schrecklichem Aussehen trat ein. Sein Wams, seine Mütze und seine weite Hose waren aus Fischotterhaut; in der Hand trug er eine Keule, deren Ende dicker war als ein Wasserkrug. Er näherte sich Gawan, dem das gar nicht gefiel. Er dachte aber: »Der Bursche ist ungerüstet und wird sich daher gegen mich schwerlich zur Wehr setzen können.« Er richtete sich also auf und saß da, als wäre ihm nichts geschehen. Da zuckte sein Gegner einen Schritt zurück, als wolle er sich zur Flucht wenden, doch er besann sich und brüllte wutentbrannt: »Ihr macht mir keine Angst! Jetzt wird Euch etwas zuteil, was Ihr mit dem Leben bezahlen werdet! Der Teufel hat Euch gerettet! Doch konnte er Euch bis jetzt beschützen, so ist nun unabwendbar die Stunde Eures Verderbens gekommen. Das werdet Ihr erkennen, sobald ich gehe!«

25   der vilân trat wider în.
      Gâwân mit dem swerte sîn
      von dem schilde sluoc die zeine.
      die pfîle al gemeine
      wâren hin durch gedrungen,
      daz si in den ringen clungen.

571   Dô hôrte er ein gebrummen,
      als der wol zweinzec trummen
      slüege hie ze tanze.
      sîn vester muot der ganze,
5   den diu wâre zageheit
      nie verscherte noch versneit,
      dâhte 'waz sol mir geschehen?
      ich möhte nu wol kumbers jehen:
      wil sich mîn kumber mêren?
10   ze wer sol ich mich kêren.'
      nu sach er gein des gebûres tür.
      ein starker lewe spranc dervür:
      der was als ein ors sô hôch.
      Gâwân der ie ungerne vlôch,
15   den schilt er mit den riemen nam,
      er tet als ez der wer gezam,
      er spranc ûf den estrîch.
      durch hunger was vreislîch
      dirre starke lewe grôz,
20   des er doch wênec dâ genôz.
      mit zorne lief er an den man:
      ze wer stuont hêr Gâwân.
        er hete im den schilt nâch genomen:
      sîn êrster grif was alsô komen,
25   durch den schilt mit al den clân.
      von tiere ist selten ê getân
      sîn grif durch solhe herte.
      Gâwân sich zuckes werte:
      ein bein hin abe er im swanc.
      der lewe uf drîen vüezen spranc:

Damit verließ der grobe Klotz das Zimmer. Gawan schlug
nun mit dem Schwert die Pfeilschäfte vom Schild. Die Pfeile
waren nämlich sämtlich durch den Schild gedrungen und
gegen die Panzerringe seiner Rüstung geklirrt. Da hörte er
ein dumpfes Grollen, als würden zwanzig Trommeln zum
Tanze geschlagen. Voll ungebeugter und unbeugsamer Tap-
ferkeit dachte er: »Was wartet noch auf mich? Ich wurde
doch schon hart genug gepruft! Soll's denn noch schlimmer
kommen? Nun heißt's auf der Hut sein!«

Zur Tür herein, die der ungehobelte Bursche benutzt hatte,
sprang plötzlich ein gewaltiger Löwe, so groß wie ein Pferd.
Gawan, der dem Feinde nie den Rücken kehrte, packte den
Schild bei den Halterriemen und sprang auf den Estrich, um
sich zu verteidigen. Der gewaltige, starke Löwe war vor
Hunger schrecklich wild, doch sollte ihm das wenig nützen.
In rasender Wut stürzte er sich auf den Ritter, doch Gawan
stand bereit. Dennoch hätte ihm der Löwe den Schild fast
entrissen, denn schon beim ersten Angriff schlugen seine
Krallen durch den Schild. Kein andres Tier hätte den festen
Schild durchbohren können. Der Löwe wollte seinem Geg-
ner den Schild entreißen, doch Gawan wehrte sich und
schlug dem Lowen eine Pranke ab. Nun hatte der Löwe nur

572 Ime schilde beleip der vierde vuoz.
mit bluote gab er solhen guz
daz Gâwân mohte vaste stên:
her unt dar begunde ez gên.
5 der lewe spranc dick an den gast:
durch die nasen manegen pfnast
tet er mit bleckenden zenen.
wolt man in solher spîse wenen
daz er guote liute gaeze,
10 ungerne ich bî im saeze.
ez was ouch Gâwâne leit,
der ûf den lîp dâ mit im streit.
er hete in sô geletzet,
mit bluote wart benetzet
15 al diu kemenâte gar
mit zorne spranc der lewe dar
und wolte in zucken under sich.
Gâwân tet im einen stich
durch die brust unz an die hant,
20 dâ von des lewen zorn verswant:
wande er strûchte nider tôt.
Gâwân het die grôze nôt
mit strîte überwunden.
in den selben stunden
25 dâhte er 'waz ist mir nu guot?
ich sitze ungerne in ditze bluot.
ouch sol ich mich des wol bewarn:
(diz bette kan sô umbe varn),
daz ich dran sitze oder lige,
ob ich rehter wîsheit pflige.'
573 Nu was im sîn houbet
mit würfen sô betoubet,
unt dô sîne wunden
sô bluoten begunden,
5 daz in sîn snellîchiu craft
gar liez mit ir geselleschaft:

noch drei Pranken, die vierte blieb im Schilde haften. Aus
der Wunde schoß eine solche Blutfontäne, daß Gawan schon
gut Fuß fassen mußte, während der Kampf hin und her
wogte. Der Löwe schnaubte vor Wut, fletschte die Zähne
und sprang den Fremden immer wieder an. Wollte man ihn
erst daran gewöhnen, brave Menschen aufzufressen, dann
bliebe ich kaum in seiner Nähe sitzen. Er machte Gawan in
diesem Kampf auf Leben und Tod schwer zu schaffen,
obwohl ihn Gawan so schwer verwundet hatte, daß die
Kemenate über und über mit Blut bespritzt war. Schließlich
sprang der ergrimmte Löwe mit einem gewaltigen Satz auf
ihn zu und wollte ihn zu Boden reißen. Da stieß ihm Gawan
das Schwert bis ans Heft in die Brust. Aus war's mit der Wut
des Löwen, denn er sank tot zu Boden. Als Gawan die große
Gefahr siegreich bestanden hatte, dachte er: »Was tu' ich
nun am besten? In die Blutlachen mag ich mich nicht setzen.
Und wenn ich meine fünf Sinne beisammen habe, werde ich
mich hüten, mich wieder auf das Bett zu setzen oder zu
legen, denn es rast wie wild umher.« Plötzlich überkam ihn
eine Schwäche, denn sein Kopf war von den Steinwürfen
benommen und seine Wunden bluteten. Alles drehte sich

    durch swindeln er strûchens pflac.
    daz houbt im ûf dem lewen lac,
    der schilt viel nider under in.
10 gewan er ie craft oder sin,
    diu wâren im beide enpfüeret:
    unsanfte er was gerüeret.
      aller sin tet im entwîch.
    sîn wanküssen ungelîch
15 was dem daz Gymêle
    von Monte Rybêle,
    diu süeze und diu wîse,
    legete Kahenîse,
    dar ûffe er sînen prîs verslief.
20 der prîs gein disem manne lief:
    wande ir habt daz wol vernomen,
    wâ mit er was von witzen komen,
    daz er lac unversunnen,
    wie des wart begunnen.
25   verholne ez wart beschouwet,
    daz mit bluote was betouwet
    der kemenâten estrîch.
    si bêde dem tôde wâren gelîch,
    der lewe unde Gâwân.
    ein juncvrouwe wol getân
574 Mit vorhten luogete oben în:
    des wart vil bleich ir liehter schîn.
    diu junge sô verzagete
    daz ez diu alte clagete,
5 Arnîve diu wîse,
    dar umbe ich si noch prîse,
    daz si den ritter nerte
    unt im dô sterben werte.
      si gienc ouch dar durch schouwen.
10 dô wart von der vrouwen
    zem venster oben în gesehen
    daz si neweders mohte jehen,

um ihn, und er sank zu Boden. Dabei fiel er auf den Schild,
sein Haupt aber auf den Körper des Löwen. Die Prüfungen
waren so hart gewesen, daß ihn alle Kraft und alle Sinne
verließen und eine tiefe Ohnmacht ihn umfing. Doch lag er
nicht auf einem Kopfkissen, wie es die reizende, kluge
Gymele von Monte Ribbele dem Kahenis unterschob, so
daß er in tiefen Schlummer sank und seine Ehre verschlief.
Im Gegenteil: Gawan nahten Ruhm und Ehre, denn ihr habt
ja gehört, warum seine Sinne schwanden und er ohnmächtig
war.

Verstohlene Blicke erspähten das Blut auf dem Estrich der
Kemenate und entdeckten auch den Löwen und Gawan, die
beide wie tot dalagen. Durch ein hochgelegenes Fenster
schaute nämlich furchtsam eine schöne Jungfrau und wurde
bei dem Anblick totenbleich. Ängstlich eilte sie zurück und
berichtete der alten, klugen Arnive, die bestürzt zuhörte.
Noch heute singe ich ihr Lob, denn sie war es, die den Ritter
rettete und dem Tod entriß. Arnive ging, um nachzu-
schauen. Was sie durchs Fenster erblickte, ließ sie vorerst

Gymele ... Kahenis: Anspielung auf das Epos »Tristrant und Isalde« Eilharts
von Oberge (1170/80). Kehenis darf sich, als er mit Tristrant zu Isalde kommt,
neben Gymele betten, doch wird ihm ein betäubendes Zauberkissen unterge-
schoben (7856 ff.).

ir künfteclîcher vröuden tage
oder immer herzenlîcher clage.
15 si vorhte, der ritter waere tôt:
des lêrten si gedanke nôt;
wand er sus ûf dem lewen lac
unt anders keines bettes pflac.
si sprach 'mir ist von herzen leit,
20 ob dîn getriuwiu manheit
dîn werdez leben hât verlorn.
hâstu den tôt alhie erkorn
durch uns vil ellenden diet,
sît dir dîn triuwe daz geriet,
25 mich erbarmet immer dîn tugent,
du habest alter oder jugent.'
hin ze al vrouwen si dô sprach,
wand si den helt sus ligen sach,
'ir vrouwen die des toufes pflegen,
rüeft alle an got umb sînen segen.'
575 Si sande zwuo juncvrouwen dar,
und bat si rehte nemen war
daz si sanfte slichen,
ê daz si dan entwichen,
5 daz si ir braehten maere,
ob er bî leben waere
oder ob er waere verscheiden.
daz gebôt si den beiden.
die süezen meide reine,
10 ob ir dewedriu weine?
jâ si beide sêre,
durch rehtes jâmers lêre,
dô si in sus ligen vunden,
daz von sînen wunden
15 der schilt mit bluote swebete.
si besâhen ob er lebete.
einiu mit ir clâren hant
den helm von sîme houbte bant,

zweifeln, ob Freudentage angebrochen seien oder unstillbarer Jammer drohe. Sie fürchtete schon, der Ritter sei tot, da er sich so unbequem auf den Löwen gebettet hatte – ein Gedanke, der sie mit tiefem Schmerz erfüllte. Sie sprach: »Mir tut's von Herzen leid, wenn dich männliche Tapferkeit und Treue um dein edles Leben gebracht haben. Hat dir deine Treue geboten, für uns bedauernswerte Schar dein Leben zu opfern, dann soll mich deine Tugend stets erbarmen, seist du nun alt oder jung.« Und zu den andern Frauen sprach sie angesichts des hingestreckten Helden: »Ihr edlen christlichen Frauen, fleht alle Gott um seinen Segen an!«

Dann bestimmte sie zwei Jungfrauen und bat sie, vorsichtig und leise hinabzuschleichen, um zu erkunden, ob er noch am Leben oder tot sei, und ihr zu berichten. Ob die liebreizenden, unschuldigen Mädchen beim Anblick Gawans weinten? Gewiß, als sie ihn auf dem Schild in seinem Blute liegen sahen, erfaßte beide großer Jammer. Sie untersuchten, ob noch Leben in ihm sei. Eine band ihm mit weißen

      und ouch die fintâlen sîn.
20   dâ lag ein cleinez schiumelîn
      vor sîme rôten munde.
      ze warten si begunde,
      ob er den âtem inder züge
      oder ob er si des lebens trüge:
25   daz lac dannoch in strîte.
      ûf sîme kursîte
      von zobele wâren zwei gampilûn,
      als Ilynôt der Bertûn
      mit grôzem prîse wâpen truoc:
      der brâhte werdekeit genuoc
576   In der jugende an sîn ende.
      diu maget mit ir hende
      des zobels roufte und habt in dar
      vür sîne nasen: dô nam si war,
5   ob der âtem daz hâr sô regete
      daz er sich inder wegete.
        der âtem wart dâ vunden.
      an den selben stunden
      hiez si balde springen,
10   ein lûter wazzer bringen:
      ir gespil wol gevar
      brâht ir daz snellîche dar.
      diu maget schoub ir vingerlîn
      zwischen die zene sîn:
15   mit grôzen vuogen daz geschach.
      dô gôz si daz wazzer nâch,
      sanfte, und aber mêre.
      sine gôz iedoch niht sêre,
      unz daz er diu ougen ûf swanc.
20   er bôt in dienst und sagt in danc,
      den zwein süezen kinden.
      'daz ir mich soldet vinden
      sus ungezogenlîche ligen!
      ob daz wirt von iu verswigen,

Händen den Helm vom Haupte und auch die Fintale. Da
entdeckte sie auf seinem roten Mund feine Luftbläschen und
horchte voller Zweifel, ob er noch atme oder dieses Zeichen
nur täusche. Nun zeigte Gawans Überwurf zwei Chamäle-
ons aus Zobelpelz, das gleiche Wappen, das der Bretone
Ilinot als Jüngling und bis an sein Ende ruhmreich getragen
hatte. Die Jungfrau zupfte einige Zobelhaare aus, hielt sie
Gawan unter die Nase und wartete, ob sein Atem die Haare
hin und her bewegte. So entdeckte sie, daß er noch atmete.
Sogleich ließ sie ihre schöne Gefährtin nach reinem Wasser
eilen. Die brachte es geschwind herbei, und nun schob das
Mädchen ihre zarten Finger geschickt zwischen Gawans
Zähne und flößte dem Ohnmächtigen Wasser ein, zuerst nur
wenig, dann mehr. Bedachtsam fuhr sie darin fort, bis er die
Augen aufschlug. Gawan begrüßte die beiden reizenden
Mädchen und dankte ihnen. »Es tut mir leid, daß ihr mich so
unschicklich liegen finden mußtet. Es wäre sehr freundlich

Fintale: Halsschutz aus Panzerringen.

25 daz prüeve ich iu vür güete.
    iuwer zuht iuch dran behüete.'
        si jâhen 'ir lâget unde liget
    als der des hôhsten prîses pfliget.
    ir habt den prîs alhie bezalt,
    des ir mit vröuden werdet alt:
577 Der sig ist iuwer hiute.
    nu troest uns armen liute,
    ob iuwern wunden sî alsô
    daz wir mit iu wesen vrô.'
5 . er sprach 'saeht ir mich gerne leben,
    sô sult ir mir helfe geben.'
    des bat er die vrouwen.
    'lât mîne wunden schouwen
    etswen der dâ künne mite.
10 sol ich begên noch strîtes site,
    sô bint mir den helm ûf [und] gêt ir hin:
    den lîp ich gerne wernde bin.'
    sî jâhen 'ir sît nu strîtes vrî:
    hêr, lât uns iu wesen bî.
15 wan einiu sol gewinnen
    an vier küneginnen
    daz botenbrôt, ir lebet noch.
    man sol iu bereiten och
    gemach und erzenîe clâr,
20 unt wol mit triuwen nemen war
    mit salben sô gehiure,
    diu vür die quaschiure
    unt vür die wunden ein genist
    mit senfte helfeclîchen ist.'
25   der meide einiu dannen spranc
    sô balde daz si ninder hanc.
    diu brâht ze hove maere
    daz er bî lebene waere,
    'unt alsô lebelîche,
    daz er uns vröuden rîche

von euch, wenn ihr es für euch behieltet. Ich rechne auf eure gute Erziehung.«

Sie erwiderten: »So wie Ihr lagt und liegt, seid Ihr des höchsten Ruhmes wert. Ihr habt hier solchen Ruhm erkämpft, daß er bis an Euer Lebensende nicht verblassen wird. Der Sieg ist Euer! Doch nun gebt uns Armen die tröstliche Gewißheit, das Eure Wunden nicht gefährlich sind, damit wir uns mit Euch freuen können.«

»Wenn euch an meinem Leben liegt, dann helft mir«, sagte er und bat die beiden Edelfrauen: »Laßt meine Wunden jemand untersuchen, der sich darauf versteht. Muß ich aber noch weiter kämpfen, dann bindet mir den Helm auf und geht fort. Ich werde mich schon zu wehren wissen.«

Sie antworteten: »Ihr braucht nicht mehr zu kämpfen. Laßt uns bei Euch bleiben, Herr. Einer von uns wird für die Nachricht, daß Ihr am Leben seid, von vier Königinnen Botenlohn. Ihr sollt Pflege haben und gute Arzneien dazu, für Eure Prellungen und Wunden wohltuende, schmerzlindernde Salben, die Genesung bringen.«

Ein Mädchen sprang davon, ohne zu säumen, und berichtete dem Hofe, er sei am Leben, »und so lebendig, daß er,

578 mit vröuden machet, ruochet es got.
im ist aber guoter helfe nôt.'
Si sprâchen alle 'die merzîs.'
diu alte küniginne wîs
5 ein bette hiez bereiten,
dâ vür ein teppech breiten,
bî einem guotem viure.
salben harte tiure,
wol geworht mit sinne,
10 die gewan diu küneginne,
zer quaschiure unt zc wunden.
do gebôt si an den stunden
vier vrouwen daz si giengen
unt sîn harnasch enpfiengen,
15 daz si ez sanfte von im naemen,
unt daz si kunden raemen
daz er sich des iht dorfte schemen.
'einen pfelle sult ir umbe iuch nemen,
unde entwâpent in in dem schate.
20 ob danne gên sî sîn state,
daz dolt, oder tragt in hin
aldâ ich bî dem bette bin:
ich warte aldâ der helt sol ligen.
ob sîn kampf ist sô gedigen
25 daz er niht ist ze verhe wunt,
ich mache in schiere wol gesunt.
swelh sîn wunde stüende ze verhe,
daz waer diu vröuden twerhe:
dâ mite waern ouch wir erslagen
und müesen lebendec sterben tragen.'
579   Nu, diz wart alsô getân.
entwâpent wart hêr Gâwân
unt dannen geleitet
unde helfe bereitet
5 von den die helfen kunden.
dâ wâren sîner wunden

wenn's Gott gefällt, uns überglücklich machen wird. Er
braucht jedoch tatkräftige Hilfe!«
Da riefen alle: »Gott sei Dank!« Die kluge alte Königin ließ
an einem wärmenden Feuer ein Lager richten und einen
Teppich auslegen. Dann brachte die Königin sehr kostbare,
sachkundig bereitete Heilsalbe für Quetschungen und Wun-
den herbei und gebot vier Edelfrauen, zu Gawan zu gehen
und ihn vorsichtig von seiner Rüstung zu befreien. Dabei
sollten sie ihm jede Scham ersparen. »Nehmt eine Seiden-
decke mit und entwappnet ihn in ihrem Schutz. Wenn er
noch gehen kann, dann mag er's tun; sonst aber tragt den
Helden zu dem Lager, wo ich auf ihn warten werde. Hat er
im Kampf keine tödlichen Wunden erhalten, dann mache ich
ihn in kurzer Frist gesund. Sollte er aber zu Tode getroffen
sein, so ist alle Freude dahin. Dann hätte der tödliche Streich
auch uns getroffen, und wir müssen weiterhin ein Leben
führen, das nicht besser ist als der Tod.«
Alles geschah nach ihrem Gebot: Herr Gawan wurde von
seiner Rüstung befreit, fortgeführt und von den heilkundi-
gen Damen behandelt. Fünfzig Wunden oder mehr hatte er

vünfzec oder mêre,
die pfîle iedoch niht sêre
durch die ringe [wârn] gedrucket:
10 der schilt was vür geruckte.
dô nam diu alte künegîn
dictam und warmen wîn
unt einen blâwen zindâl:
do erstreich si diu bluotes mâl
15 ûz den wunden, swâ deheiniu was,
unt bant in sô daz er genas.
swâ der helm was în gebogen,
da engein daz houbet was erzogen,
daz man die würfe erkande:
20 die quaschiur si verswande
mit der salben crefte
unt von ir meisterschefte.
    si sprach 'ich senfte iu schiere.
Cundrîe la surziere
25 ruochet mich sô dicke sehen:
swaz von erzênîe mac geschehen,
des tuot si mich gewaltec wol.
sît Anfortas in jâmers dol
kom, daz man im helfe warp,
diu salbe im half, daz er niht starp:
580 Si ist von Munsalvaesche komen.'
dô Gâwân hête vernomen
Munsalvaesche nennen,
do begunde er vröude erkennen:
5 er wânde er waer dâ nâhe bî.
dô sprach der ie was valsches vrî,
Gâwân, zer küneginne
'vrouwe, mîne sinne,
die mir wâren entrunnen,
10 die habt ir gewunnen
wider in mîn herze:
ouch senftet sich mîn smerze.

davongetragen, doch die Pfeile waren nur mit der Spitze durch den Kettenpanzer gedrungen, da Gawan sich ja mit dem Schild gedeckt hatte. Nun nahm die greise Königin Diptam, angewärmten Wein und blauen Taft. Damit reinigte sie die Wunden und verband Gawan so geschickt, daß er sich rasch erholte. An einigen Stellen hatten Schleudersteine den Helm eingedrückt, so daß Gawans Kopf nicht ohne Beulen geblieben war, doch unter der heilkräftigen Salbe der kundigen Königin schwanden sie zusehends. Die alte Königin sprach: »Ich werde Eure Schmerzen schnell lindern. Die Zauberin Cundry macht mir oft einen freundlichen Besuch und gibt mir gute Lehren, was Heilmittel vermögen. Als Anfortas so furchtbare Schmerzen litt und man auf Hilfe sann, da hielt ihn diese Salbe am Leben. Sie stammt aus Munsalwäsche.«

Als Gawan den Namen Munsalwäsche hörte, freute er sich sehr, denn er glaubte, die Burg sei ganz in der Nähe, und er, der ohne Falsch war, sprach zur Königin: »Herrin, Ihr habt mich aus meiner Ohnmacht erweckt und meine Schmerzen

---

Diptam: Heilpflanze (Dictamnus albus), Pfefferkraut, deren Wurzel als Volksarznei diente.

swaz ich crefte oder sinne hân,
die hât iuwer dienstman
15 gar von iuwern schulden.'
si sprach 'hêr, iuwern hulden
sul wir uns alle nâhen
unt des mit triuwen gâhen.
nu volgt mir unt enredet niht vil.
20 eine wurz ich iu geben wil,
dâ von ir slâfet: deist iu guot.
ezzens trinkens keinen muot
sult ir haben vor der naht.
sô kumt iu wider iuwer maht:
25 sô trite ich iu mit spîse zuo,
daz ir wol bîtet unze vruo.'
        eine wurz si leite in sînen munt:
dô slief er an der selben stunt.
wol si sîn mit decke pflac.
alsus überslief den tac
581 Der êren rîche und lasters arm
lag al sanfte unt im was warm.
etswenne in doch in slâfe vrôs,
daz er heschte unde nôs,
5 allez von der salben craft.
von vrouwen grôz geselleschaft
giengen ûz, die andern în:
die truogen liehten werden schîn.
Arnîve diu alte
10 gebôt mit ir gewalte
daz ir deheiniu riefe
die wîle der helt dâ sliefe.
si bat ouch den palas
besliezen: swaz dâ ritter was,
15 sarjande, burgaere,
der deheiner disiu maere
vriesch vor dem andern tage.
dô kom den vrouwen niuwiu clage.

gelindert. Euch verdanke ich, daß ich meine Kräfte und
Sinne wiedererlangt habe; ich bin daher Euer ergebener
Diener.«

Sie aber sagte: »Herr, wir alle haben Grund, redlich und
eifrig auf Eure Gunst bedacht zu sein. Nun hört auf mich:
Schont Euch und redet nicht so viel. Ich werde Euch ein
Schlafkraut reichen, es wird Euch wohltun. Bis zum
Anbruch der Nacht müßt Ihr auf Essen und Trinken ver-
zichten. Dann werdet Ihr wieder bei Kräften sein und sollt
Speise von mir haben, so daß Ihr bis zum Morgen zufrieden
seid!«

Sie legte ihm ein Kraut in den Mund, das ihn auf der Stelle
einschlummern ließ. Sorgsam deckte sie ihn zu. An Ehre
reich, an Schande arm, war Gawan weich und warm gebettet
und schlief den ganzen Tag hindurch. Nur ab und zu ließ
ihn die Wirkung der Heilsalbe im Schlaf zusammenschau-
ern, schlucken und niesen. Währenddessen gingen die neu-
gierigen edlen Schönen aus und ein, doch die alte Arnive
gebrauchte ihre Macht und verbot jedes laute Sprechen,
solange der Held schlief. Auch befahl sie, den Palast zu
schließen; keiner von den Rittern, Knappen und Burgleuten,
die dort lebten, sollten vor Anbruch des nächsten Tages von
den Geschehnissen erfahren. Das tat den Damen doch sehr
leid.

       sus slief der helt unz an die naht.
20 diu künegîn was sô bedâht,
       die wurz si im ûz dem munde nam.
       er erwachte: trinkens in gezam.
       dô hiez dar tragen diu wîse
       trinken unt guote spîse.
25 er riht sich ûf unde saz,
       mit guoten vröuden er az.
       vil manec vrouwe vor im stuont.
       im wart nie werder dienst kunt:
       ir dienst mit zühten wart getân.
       dô prüevete mîn hêr Gâwân
582 Dise, die, und aber jene:
       er was et in der alten sene
       nâch Orgelûse der clâren.
       wand im in sînen jâren
5 kein wîp sô nâhe nie gegienc
       etswâ dâ er minne enpfienc
       oder dâ im minne was versagt.
       dô sprach der helt unverzagt
       zuo sîner meisterinne,
10 der alten küneginne.
       'vrouwe, ez crenkt mir mîne zuht,
       ir meget mirs jehen vür ungenuht,
       suln dise vrouwen vor mir stên:
       gebiet in daz si sitzen gên,
15 oder heizt si mit mir ezzen.'
       'alhie wirt niht gesezzen
       von ir deheiner unz an mich.
       hêr, si möhten schamen sich,
       solten si iu niht dienen vil:
20 wand ir sît unser vröuden zil.
       doch, hêr, swaz ir gebietet in,
       daz suln si leisten, hab wir sin.'
       die edelen mit der hôhen art
       wâren ir zühte des bewart,

So schlief unser Held bis zum Anbruch der Nacht. Nun nahm die Königin das Kraut aus seinem Mund. Als Gawan erwachte, verspürte er Durst. Die kluge Königin ließ jetzt Getränke und erlesene Speisen herbeitragen. Gawan setzte sich auf und aß mit gutem Appetit. Viele Damen umstanden sein Lager und bedienten ihn so aufmerksam, wie er es nie zuvor erfahren hatte. Wenn auch Herr Gawan diese oder jene mit Wohlgefallen ansah, so hielt ihn doch die Sehnsucht nach der schönen Orgeluse unablässig gefangen. Sooft er in seinem Leben erfolgreich oder vergeblich um Liebe geworben hatte: nie war eine Frau seinem Herzen so nahegekommen wie sie. Der unverzagte Held sprach zu seiner Pflegerin, der alten Königin: »Herrin, es ziemt sich nicht, daß diese Damen vor mir stehen; ließe ich es zu, könntet Ihr mich für unbescheiden halten. Laßt sie Platz nehmen oder mit mir speisen!«

»Eigentlich sollte sich niemand außer mir bei Euch niedersetzen. Sie müßten sich schämen, Herr, wenn sie Euch nicht aufmerksam bedienten, denn Ihr seid unser höchstes Glück. Es wäre aber töricht, wollten sie Euren Befehlen nicht gehorchen.« Allein die edlen Frauen willfahrten ihm nicht

25   wan siz mit willen tâten.
      ir süezen munde in bâten
      dâ stênes unz er gaeze,
      daz ir deheiniu saeze.
      dô daz geschach, si giengen wider:
      Gâwân sich leite slâfen nider.

trotz ihrer Vornehmheit. Freundlich baten sie, er möge sie stehen lassen, bis er gegessen hätte, keine wollte sich setzen. Danach entfernten sie sich, und Gawan legte sich zum Schlafen nieder.

XII.

583 Swer im nu ruowe naeme,
ob ruowens in gezaeme,
ich waen der hete es sünde.
nâch der âventiure urkünde
5 hete er sich garbeitet,
gehoehet unt gebreitet
sînen prîs mit grôzer nôt.
swaz der werde Lanzilôt
ûf der swertbrücke erleit
10 unt sît mit Meljacanze streit,
daz was gein dirre nôt ein niht,
unt des man Gârelle giht,
dem stolzen künege rîche,
der alsô ritterlîche
15 den lewen von dem palas
warf, der dâ ze Nantes was.
Gârel ouch daz mezzer holte,
dâ von er kumber dolte
in der marmelînen sûl.
20 trüege dise pfîle ein mûl,
er waer ze vil geladen dermite,
die Gâwân durch ellens site
gein sîme verhe snurren liez,
als in sîn manlîch herze hiez.
25 Li gweiz prelljûs der vurt,
und Erec der Schoydelakurt
erstreit ab Mâbonagrîn,
der newederz gap sô hôhen pîn,
noch dô der stolze Iwân
sînen guz niht wolde lân

Zwölftes Buch

Wer Gawans wohlverdiente Ruhe stören wollte, ich denke, der beginge eine Sünde. Wie die Aventüre bezeugt, hatte er sich redlich abgemüht, in schwerem Kampfe seinen Ruhm zu mehren. Was der edle Lanzilot auf der Schwertbrücke und dann im Kampf mit Meljakanz erleiden mußte, war gegen solch schwere Prüfung ein Nichts. Desgleichen auch, was man vom stolzen, mächtigen König Garel erzählt, der mit Ritterkühnheit aus dem Palast von Nantes einen Löwen warf und bei der bekannten Eroberung des Messers in der Marmorsäule in Bedrängnis geriet. Hätte man die Pfeile, denen der beherzte Gawan mit gewohntem Heldenmut die Brust bot, einem Maultier aufgeladen, so wäre die Last zu schwer gewesen. So gefährlich war weder das Abenteuer an der Wilden Schlucht noch das Abenteuer um die Hoffreude, die Erec von Mabonagrin im Streit ertrotzte; nicht zu vergleichen war auch das Erlebnis des stolzen

---

Lanzilot: Ritter aus der Tafelrunde des König Artus.
Garel: Ritter der Tafelrunde des Artus, der auch in anderen mittelalterlichen Epen Erwähnung findet. Möglicherweise wird hier auf eine verlorengegangene Dichtung Bezug genommen.
Erec ... Mabonagrin: Anspielung auf Hartmanns von Aue Ritterepos »Erec«.

584   Uf der âventiure stein.
      solten dise kumber sîn al ein,
      Gâwâns kumber slüege vür,
      waege iemen ungemaches kür.
5   welhen kumber mein ich nû?
      ob iuch des diuhte niht ze vruo,
      ich solte in iu benennen gar.
      Orgelûse kom aldar
      in Gâwâns herzen gedanc,
10   der ie was zageheite cranc
      unt gein dem wâren ellen starc.
      wie kom daz sich dâ verbarc
      sô grôz wîp in sô cleiner stat?
      si kom einen engen pfat
15   in Gâwânes herze,
      daz aller sîn smerze
      von disem kumber gar verswant.
      ez was iedoch ein kurziu want,
      dâ sô lanc wîp inne saz,
20   der mit triuwen nie vergaz
      sîn dienstlîchez wachen.
      niemen sol des lachen,
      daz alsus werlîchen man
      ein wîp enschumpfieren kan.
25   wohrî woch, waz sol daz sîn?
      dâ tuot vrou Minne ir zürnen schîn
      an dem der prîs hât bejagt.
      werlîch und unverzagt
      hât si in iedoch vunden.
      gein dem siechen wunden
585   solte si gewaltes verdriezen:
      er möht doch des geniezen,
      daz si in âne sînen danc
      wol gesunden ê betwanc.
5   Frou Minne, welt ir prîs bejagen,
      möht ir iu doch lâzen sagen,

Iwein, als er den Abenteuerstein mit Wasser netzte. Ja, alle
diese Nöte zusammen wögen nicht so schwer wie Gawans
Not.

Ihr wollt wissen, welche Not ich meine? Wenn ihr erlaubt,
will ich sie euch ausführlich schildern. In Gawans unverzag-
tes, heldenmütiges Herz war Orgeluse eingezogen. Wie sich
solch stattliche Frau in einer so kleinen Kammer verbergen
konnte? Auf schmalem Pfad war sie in Gawans Herz
gelangt, und über dieser Not vergaß er seine Schmerzen. Ein
recht kleiner Raum war's, in dem solch große Frau nun lebte
und Gawan nicht zur Ruhe kommen ließ. Niemand möge
darüber lächeln, daß ein wehrhafter Mann von einer schwa-
chen Frau besiegt wurde. Ach, ach, was soll das nur? Frau
Liebe läßt ihren Zorn an einem Manne aus, der Heldenruhm
errungen hat! Sie hat ihn doch als wehrhaften, furchtlosen
Streiter kennengelernt und sollte sich schämen, ihre Macht
an ihm zu offenbaren, solange er siech und wund ist. Es
sollte ihr genug sein, ihn trotz Widerstrebens bei voller
Gesundheit schon bezwungen zu haben! Frau Liebe, ist's
Euch um Ruhm zu tun, dann laßt Euch sagen, daß Euch

Iwein: Anspielung auf Hartmann von Aues Ritterepos »Iwein«.

iu ist ân êre dirre strît.
Gâwân lebte ie sîne zît
als iuwer hulde im gebôt:
10   daz tet ouch sîn vater Lôt.
muoterhalp al sîn geslehte
daz stuont iu gar ze rehte
sît her von Mazadâne,
den ze Fâmurgâne
15   Terdelaschoye vuorte,
den iuwer craft dô ruorte.
Mazadânes nâchkomen,
von den ist dicke sît vernomen
daz ir dehein iuch nie verliez.
20   Ithêr von Gaheviez
iuwer insigel truoc:
swâ man vor wîben sîn gewuoc,
des wolte sich ir keiniu schamen,
swâ man nante sînen namen,
25   ob si der minne ir crefte jach.
nu prüevet denne diu in sach:
der wâren diu rehten maere komen.
an dem iu dienst wart benomen.
    Nu tuot ouch Gâwân den tôt,
als sîme neven Ilynôt,
586   den iuwer craft dar zuo betwanc
daz der junge süeze ranc
nâch werder âmîen,
von Kanadic Flôrîen.
5   sîns vater lant von kinde er vlôch:
diu selbe küneginne in zôch:
ze Bertâne er was ein gast.
Flôrîe in luot mit minnen last,
daz si in verjagte vür daz lant.
10   in ir dienste man in vant
tôt, als ir wol hât vernomen.
Gâwâns künne ist dicke komen

dieser Kampf keine Ehre bringt. Gawan hat doch gleich seinem Vater Lot sein ganzes Leben lang um Eure Gunst gedient. Auch sein Geschlecht mütterlicherseits stand in Eurem Dienst, seit Mazadan von Terdelaschoye nach Feimurgan geführt wurde, wo Ihr ihn unwiderstehlich in Bann schlugt. In vielen Geschichten wird erzählt, daß die Nachkommen Mazadans Euch stets treu gedient haben. So trug Ither von Gahcviez Euer Wappen; wenn man vor Damen von ihm sprach und nur seinen Namen nannte, dann schämte sich keine, Euch untertan zu sein. Nun malt Euch aus, wie es wohl der erging, die Aug in Auge vor ihm stand. Die wußte genau, was Liebe ist! Sein Tod hat Euch um manchen Dienst gebracht, den er noch hätte leisten können.

Nun treibt nur auch noch Gawan in den Tod wie seinen Vetter Ilinot! Übermächtig habt Ihr den liebenswerten Jüngling gezwungen, um eine edle Geliebte, Florie von Kanedic, zu dienen. Schon als Kind verließ er seines Vaters Reich; Königin Florie zog ihn bei sich auf, und seine Heimat, die Bretagne, war ihm fremd. Von Liebe zu Florie überwältigt, verließ er schließlich auch ihr Reich und fand, wie ihr bereits gehört habt, in ihrem Dienst den Tod. Großes Herzeleid hat

durch minne in herzebaeriu sêr.
ich nenne iu sîner mâge mêr,
15   den ouch von minne ist worden wê.
wes twanc der bluotvarwe snê
Parzivâls getriuwen lîp?
daz schuof diu künegîn sîn wîp.
Gâlôesen und Gahmureten,
20   die habt ir bêde übertreten,
daz ir si gâbet an den rê.
diu junge werde Itonjê
truoc nâch roys Gramoflanz
mit triuwen staete minne ganz:
25   daz was Gâwâns swester clâr.
vrou Minne, ir teilt ouch iuwern vâr
Sûrdâmûr durch Alexandern.
die eine unt die andern,
Swaz Gâwân künnes ie gewan,
vrou Minn, die wolt ir niht erlân,
587   sine müesen dienst gein iu tragen:
nu welt ir prîs an im bejagen.
ir soltet craft gein creften geben,
und liezet Gâwânen leben
5   siech mit sînen wunden,
unt twunget die gesunden.
maneger hât von minnen sanc,
den nie diu minne alsô getwanc.
ich möhte nu wol stille dagen:
10   ez solten minnaere clagen,
waz dem von Norwaege was,
dô er der âventiure genas,
daz in bestuont der minnen schûr
âne helfe gar ze sûr.
15   er sprach 'ôwê daz ich ie erkôs
disiu bette ruowelôs.
einz hât mich versêret,
unt daz ander mir gemêret

die Liebe oft Gawans Geschlecht gebracht. Ich nenne euch
noch weitere Verwandte Gawans, denen die Liebe gleichfalls
Schmerz bereitet hat. Überwältigte nicht auch den treuen
Parzival die Erinnerung an seine königliche Gattin, als er
den blutgefärbten Schnee sah? Ihr habt Galoes und Gach-
muret so in Euern Bann geschlagen, daß sie am Ende
Euretwegen in den Tod gingen. Die edle junge Itonje,
Gawans wunderschöne Schwester, hing in treuer, unwan-
delbarer Liebe an König Gramoflanz. Frau Liebe, auch
Surdamur lernte Eure gefährliche Macht kennen, als sie
Alexander liebte. Alle Angehörigen von Gawans Geschlecht
habt Ihr, Frau Liebe, in Euern Dienst gezwungen. Nun
wollt Ihr auch durch seine Unterwerfung Ruhm gewinnen!
Ihr solltet Eure Kraft lieber mit denen messen, die alle
Kräfte noch besitzen! Laßt den kranken, wunden Gawan am
Leben und unterwerft Euch die Gesunden! Von Liebe singt
schließlich gar mancher, den ihre Allgewalt längst nicht so
wie Gawan bezwang. Mehr sage ich nicht. Wer selber liebt,
mag die Drangsal des Norwegers Gawan beklagen! Kaum
hatte er das Abenteuer in der Burg bestanden, sah er sich
rettungslos schmerzlichstem Liebesleid ausgeliefert. Er rief:
»Ach, daß ich je an diese Ruhelager geriet, auf denen man
vergebens Ruhe sucht! Das eine brachte mir Wunden, das

Surdamur: Schwester Gawans, die der griechische Herrscher Alexander liebte
(vgl. Chrétien de Troyes »Cligès«).

gedanke nâch minne.
20 Orgelûs diu herzoginne
muoz genâde an mir begên,
ob ich bî vröuden sol bestên.'
vor ungedult er sich sô want
daz brast etslîch sîn wunden bant.
25 in solhem ungemache er lac.
nu seht, dô schein ûf in der tac:
des het er unsanfte erbiten.
er hete dâ vor dicke erliten
mit swerten manegen scharpfen strît
sanfter dan die ruowens zît.
588 Ob kumber sich gelîche dem,
swelh minnaer den an sich genem,
der werde alrêrst wol gesunt
mit pfilen alsus sêre wunt:
5 daz tuot im lîhte als wê
als sîn minnen kumber ê.
Gâwân truoc minne und ander clage.
do begunde ez liuhten von dem tage,
daz sîner grôzen kerzen schîn
10 unnâch sô virrec mohte sîn.
ûf rihte sich der wîgant.
dô was sîn lînîn gewant
nâch wunden unde harnaschvar.
zuo ze im was geleget dar
15 hemde und bruoch von buckeram:
den wehsel er dô gerne nam,
unt eine garnasch märderîn,
des selben ein kürsenlîn,
ob den bêden schürbrant
20 von Arraze aldar gesant.
zwên stivâle ouch dâ lâgen,
die niht grôzer enge pflâgen.
diu niuwen cleider leite er an:
dô gienc mîn hêr Gâwân

andere vermehrt meine Liebessehnsucht. Nur die Gunst der Herzogin Orgeluse kann mich froh und glücklich machen!«

Ungeduldig warf er sich hin und her, so daß sich einige Wundverbände lösten. In Qualen lag er, bis ihn das erste Licht des schmerzlich erwarteten anbrechenden Tages traf. So manchen harten Schwertkampf hätte er leichter ertragen als die erzwungene Ruhe.

Wer Gawans Liebesqual an der seinen messen will, der soll sich nur wie Gawan den gesunden Leib schmerzhaft mit Pfeilen spicken lassen. Er wird dann schon merken, daß Gawan doppelte Schmerzen ertragen mußte: die Qualen der Liebe und die seiner Wunden.

Nun strahlte das Tageslicht bereits so hell, daß der Schein der großen Kerzen verblaßte. Der Held erhob sich. Da lagen Hemd und Hose aus festem Wollstoff für ihn bereit, denn seine Leinenwäsche war vom Blut der Wunden und vom Rost der Rüstung gar zu schmutzig, und der Tausch war ihm recht angenehm. Auch fand er ein Obergewand und ein Pelzwams aus Marderfell, beides mit Seide aus Arras gefüttert, ferner ein Paar bequemer Stiefel. Nachdem er die Kleider angelegt hatte, trat Herr Gawan durch die Tür der

25 ûz zer kemenâten tür.
sus gienc er wider unde vür,
unz er den rîchen palas vant.
sînen ougen wart nie bekant
rîchheit diu dar zuo töhte
daz si dem glîchen möhte.

589 Uf durch den palas einesît
gienc ein gewelbe niht ze wît,
gegrêdet über den palas hôch:
sinwel sich daz umbe zôch.

5 dar ûffe stuont ein clâriu sûl:
diu was niht von holze fûl,
si was lieht unde starc,
sô grôz, vroun Camillen sarc
waer drûffe wol gestanden.

10 ûz Feirefîzes landen
brâht ez der wîse Clinschor,
were daz hie stuont enbor.
    sinwel als ein gezelt ez was.
    der meister Jêometras,

15 solt ez geworht hân des hant,
diu kunst waere im unbekant.
ez was geworht mit liste.
adamas und amatiste
(diu âventiure uns wizzen lât).

20 thôpazje und grânât,
crisolte, rubbîne,
smârâde, sardîne,
sus wâren diu venster rîche.
wît unt hôch gelîche

25 als man der venster siule sach,
der art was obene al daz dach.
    dehein sûl stuont dar unde
    diu sich gelîchen kunde
    der grôzen sûl dâ zwischen stuont.
    uns tuot diu âventiure kunt

Kemenate und schlenderte draußen so lange umher, bis er
den prächtigen Palast wiederfand, in dem er das Abenteuer
bestanden hatte. Nie zuvor hatte er solch prächtiges Bau-
werk erblickt. An der einen Seite stieg eine überwölbte enge
Wendeltreppe empor und führte über den Saal hinaus. Dort
oben auf der Plattform stand eine glänzende Säule. Sie war
nicht etwa aus morschem Holz, sondern schimmernd
poliert, fest und so dick, daß sie Frau Kamilles Sarg getragen
hätte. Von Feirefiz, aus dessen Reich, hatte der kunstreiche
Clinschor das Werk mitgebracht, das hier aufragte. Es war
kreisrund wie ein Zelt. Nicht einmal Meister Geometras
hätte dieses Gebilde zustande gebracht, da er von solcher
Kunst nichts wußte. Die Fenster waren, so sagt die Aven-
türe, verschwenderisch mit Diamanten, Amethysten, Topa-
sen, Granaten, Chrysolithen und Rubinen geschmückt.
Hoch und breit wie die Säulenarchitektur der Fenster war
auch das Dach, doch keine Säule konnte sich mit der großen
Säule auf der Plattform messen, von deren wunderbaren
Eigenschaften uns die Aventüre jetzt berichtet.

Kamille: s. Anm. zu S. 127. Nach der Beschreibung in Heinrich von Veldekes
»Eneide« (9413 ff.) lag der Sarg Kamilles auf einem Pfeiler über einem hohen
Gewölbe.
Geometras: in Heinrich von Veldekes »Eneide« der Erbauer des kunstvollen
Bauwerks.

590   Waz diu wunders mohte hân.
      durch schouwen gienc hêr Gâwân
      ûf daz warthûs eine
      zuo manegem tiurem steine.
  5   dâ vand er solh wunder grôz,
      des in ze sehen niht verdrôz.
      in dûhte daz im al diu lant
      in der grôzen siule waeren bekant,
      unt daz diu lant umb giengen,
 10   unt daz mit hurte enpfiengen
      die grôzen berge ein ander.
      in der siule vand er
      liute rîten unde gên,
      disen loufen, jenen stên.
 15   in ein venster er gesaz,
      er wolt daz wunder prüeven baz.
         dô kom diu alte Arnîve,
      und ir tohter Sangîve,
      unde ir tohter tohter zwuo:
 20   die giengen alle viere zuo.
      Gâwân spranc ûf, dô er si sach.
      diu küneginne Arnîve sprach
      'hêrre, ir solt noch slâfes pflegen.
      habt ir ruowens iuch bewegen,
 25   dar zuo sît ir ze sêre wunt,
      sol iu ander ungemach sîn kunt.'
      dô sprach er 'vrouwe und meisterin,
      mir hât craft unde sin
      iuwer helfe alsô gegeben,
      daz ich gediene, muoz ich leben.'
591   Diu künegin sprach 'muoz ich sô spehen
      daz ir mir, hêrre, habt verjehen,
      daz ich iuwer meisterinne sî,
      sô küsset dise vrouwen [alle] drî.
  5   dâ sît ir lasters an bewart:
      si sint erborn von küneges art.'

Um Ausschau zu halten, stieg Herr Gawan allein auf den Wartturm, der mit vielen kostbaren Edelsteinen geschmückt war. Er fand ein solches Wunderwerk, daß er nicht müde wurde, es anzusehen. Ihm schien, als sähe er auf der großen Säule alle Länder der Erde kreisen, so daß die großen Berge einander in rascher Folge ablösten. Er sah auf der Säule Menschen reiten und gehen, diesen laufen und jenen stehen. Schließlich setzte er sich in eine Fensternische, um das Wunderwerk genauer zu betrachten. Da kam die alte Arnive mit ihrer Tochter Sangive und ihren beiden Enkelinnen. Alle vier traten auf ihn zu, und als Gawan sie erblickte, sprang er auf.

Die Königin Arnive sprach: »Herr, Ihr solltet eigentlich noch schlafen. Ihr seid zu schwer verwundet, als daß Ihr schon auf Ruhe verzichten könnt. Soll Euch neues Ungemach treffen?«

Da antwortete er: »Meine Herrin und Gebieterin! Dank Eurer Hilfe sind mir Kraft und Sinne zurückgegeben. Dafür will ich Euch zeit meines Lebens dankbar sein.«

Die Königin fuhr fort: »Wenn ich erproben darf, ob ich wirklich, wie Ihr gesagt habt, Eure Gebieterin bin, dann küßt zur Begrüßung die drei Damen hier. Um Eure Ehre braucht Ihr dabei nicht zu fürchten; alle drei sind von königlicher Geburt.«

     dirre bete was er vrô,
     die clâren vrouwen kuste er dô,
     Sangîven unde Itonjê
10   und die süezen Cundrîê.
     Gâwân saz selbe vünfte nider.
     dô sach er vür unde wider
     an der clâren meide lîp:
     iedoch twang in des ein wîp
15   diu in sîme herzen lac,
     dirre meide blic ein nebeltac
     was bî Orgelûsen gar.
     diu dûhte et in sô wol gevar,
     von Lôgroys diu herzogin:
20   dâ jagete in sîn herze hin.
      nu, diz was ergangen,
     daz Gâwân was enpfangen
     von den vrouwen allen drîn.
     die truogen sô liehten schîn,
25   des lîhte ein herze waere versniten,
     daz ê niht kumbers hete erliten.
     zuo sîner meisterinne er sprach
     umb die sûl die er dâ sach,
     daz si im sagete maere,
     von welher art diu waere.

592   Dô sprach si 'hêrre, dirre stein
     bî tage und alle nähte schein,
     sît er mir êrste wart erkant,
     alumbe sehs mîle in daz lant.
  5 swaz in dem zil geschiht,
     in dirre siule man daz siht,
     in wazzer und ûf velde:
     des ist er wâriu melde.
     ez sî vogel oder tier,
10   der gast unt der forehtier,
     die vremden unt die kunden,
     die hât man drinne vunden.

Froh über das Gebot, küßte Gawan die beiden schönen
Damen Sangive und Itonje sowie die reizende Cundrie.
Dann setzte er sich zu den vier Frauen und ließ seine Blicke
von einer Schönen zur andern wandern. Da aber eine andre
Frau sein Herz beherrschte, erschien ihm die strahlende
Schönheit der Damen im Vergleich zu Orgeluse wie ein
nebelverhangener Tag. Die Herzogin von Logroys, nach der
sein Herz sich sehnte, dunkte ihn nun einmal so schön, daß
jede andre Schönheit neben ihr verblaßte. Dabei waren die
drei Damen, die Gawan eben begrüßt hatten, so wunder-
schön und anmutsvoll, daß ihr Anblick ein Herz schon
verwunden konnte, auch wenn es noch nie die Nöte der
Liebe kennengelernt hatte. Gawan fragte nun seine Helferin,
was es mit der Säule, die da stand, auf sich hätte und
welchem Zweck sie diene. Sie erwiderte: »Herr, seit ich hier
bin, leuchtet dieser Stein bei Tag und Nacht sechs Meilen in
die Runde, und was in diesem Umkreis zu Wasser und zu
Lande geschieht, ist auf der Säule zu sehen. Ob Vogel oder
Wild, ob Fremdling oder Landsmann, alles findet man auf

über sehs mîle gêt sîn glanz:
er ist sô veste und ouch sô ganz
15 daz in mit starken sinnen
kunde nie gewinnen
weder hamer noch der smit.
er wart verstolen ze Thabronit
der künegîn Secundillen,
20 ich waene des, âne ir willen.'
      Gâwân an den zîten
sach in der siule rîten
ein ritter und ein vrouwen
moht er dâ beidiu schouwen.
25 dô dûht in diu vrouwe clâr,
man und ors gewâpent gar,
unt der helm gezimieret.
si kômen geheistieret
durch die passâschen ûf den plân.
nâch im diu reise wart getân.

593   Si kômen die strâzen durch daz muor,
als Lischoys der stolze vuor,
den er entschumpfierte.
diu vrouwe condwierte
5 den ritter mit dem zoume her:
tjostieren was sîn ger.
Gâwân sich umbe kêrte,
sînen kumber er gemêrte.
in dûht diu sûl het in betrogen:
10 dô sach er vür ungelogen
Orgelûsen de Lôgroys
und einen ritter kurtoys
gein dem urvar ûf den wasen.
ist diu nieswurz in der nasen
15 draete unde strenge,
durch sîn herze enge
kom alsus diu herzogîn,
durch sîniu ougen oben în.

ihr. Ihr Schein reicht sechs Meilen weit, und sie ist so fest
und fugenlos, daß ihr weder Schmied noch Hammer mit
Gewalt etwas anhaben können. Ich glaube, man hat sie der
Königin Secundille zu Tabronit sehr gegen ihren Willen
entwendet.«

In diesem Augenblick sah Gawan zwei Reiter auf der Säule
und erkannte einen Ritter und eine Dame. Die Dame schien
ihm wunderschön, Ritter und Roß waren ganz und gar
gerüstet und der Helm des Ritters kostbar verziert. Beide
jagten durch den Hohlweg auf den Wiesenplan am Ufer zu,
um Gawan aus der Burg zu locken. Sie nahmen den gleichen
Weg durch die sumpfige Niederung, den auch der stolze,
später von Gawan besiegte Lischoys geritten war. Die Dame
hatte den Zaum des Streitrosses ergriffen, auf dem ihr der
Ritter folgte, der offenbar eine Lanze brechen wollte. Als
Gawan sich umdrehte, wuchs sein Unmut. Hatte er noch an
ein Trugbild der Säule geglaubt, so sah er nun unbezweifel-
bar Orgeluse von Logroys und einen höfischen Ritter auf
der Wiese vor der Anlegestelle. Wie der Geruch der Nies-
wurz rasch und stark in die Nase steigt, so drang das Bild
der Herzogin durch seine Augen in sein Herz. Ach, Herr

gein minne helfelôs ein man,
20   ôwê daz ist hêr Gâwân.
zuo sîner meisterinne er sprach,
dô er den ritter komen sach,
'vrouwe, dort vert ein ritter her
mit ûf gerihtem sper:
25   der wil suochens niht erwinden,
ouch sol sîn suochen vinden.
sît er ritterschefte gert,
strîtes ist er von mir gewert.
sagt mir, wer mac diu vrouwe sîn?'
si sprach 'daz ist diu herzogîn
594   Von Lôgroys, diu clâre.
wem kumt si sus ze vâre?
der turkoyte ist mit ir komen,
von dem sô dicke ist vernomen
5   daz sîn herze ist unverzagt.
er hât mit speren prîs bejagt,
es waeren gehêret driu lant.
gein sîner werlîchen hant
sult ir strîten mîden nû.
10   strîten ist iu gar ze vruo:
ir sît ûf strît ze sêre wunt.
ob ir halt waeret wol gesunt,
ir solt doch strîten gein im lân.'
dô sprach mîn hêr Gâwân
15   'ir jeht, ich sül hie hêrre sîn:
swer denne ûf al die êre mîn
ritterschaft sô nâhe suochet,
sît er strîtes geruochet,
vrouwe, ich sol mîn harnasch hân.'
20   des wart grôz weinen dâ getân
von den vrouwen allen vieren.
sî sprâchen 'welt ir zieren
iuwer saelde und iuwern prîs,
sô strîtet niht deheinen wîs.

Gawan ist der Liebe hilflos ausgeliefert! Als er den Ritter
nahen sah, wandte er sich an seine Helferin: »Herrin, dort
kommt ein Ritter mit erhobener Lanze, und was er sucht,
das soll er finden! Ritterlichen Zweikampf will er, und den
soll er haben! Doch sagt, wer ist die Dame bei ihm?«
Sie antwortete: »Es ist die schöne Herzogin von Logroys.
Auf wen hat sie es abgesehen? Der Turkoyte begleitet sie, er
ist bekannt als Mann mit tapferem Herzen. Beim Lanzenste-
chen hat er so viel Ruhm geerntet, daß man drei Königreiche
damit schmücken könnte. Hütet Euch in Eurem Zustand,
mit diesem wehrhaften Mann einen Kampf zu wagen! Das
wäre bei Euren schweren Wunden viel zu früh. Auch wenn
Ihr heil und gesund wärt, solltet Ihr ihn meiden.«
Unser Herr Gawan aber sprach: »Ihr habt gesagt, ich soll
jetzt Herr hier sein. Wer mich also auf meine Ehre hin so
unverblümt zum Kampfe fordert und den Streit will, der soll
bekommen, was er wünscht! Ich muß meine Rüstung haben,
edle Frau.«
Die vier Damen vergossen bittere Tränen und beschworen
ihn: »Liegt Euch an Glück und Ruhm, so kämpft auf keinen

Turkoyte: So nennt Wolfram den fürstlichen Begleiter und Wächter Orgeluses,
Florand von Itolac. Die Bezeichnung ist wahrscheinlich von *turkôpel* ›berittene
Bogenschützen‹ abgeleitet, deren Anführer hohe Staatsämter bekleideten (afrz.
turcoplier für Kanzler, Gouverneur; *turkopel* für den persönlichen Diener der
Hochmeister, der obersten Leiter der Deutschordensritter und anderer geist-
licher Ritterorden).

25   laeget ir dâ vor im tôt,
        alrêrst wüehse unser nôt.
        sult aber ir vor im genesen,
        welt ir in harnasche wesen,
        iu nement iuwer êrsten wunden daz leben:
        sô sîn wir an den tôt gegeben.'

595   Gâwân sus mit kumber ranc:
        ir mugt wol hoeren waz in twanc.
        vür schande het er an sich genomen
        des werden turkoyten komen:
5   in twungen ouch wunden sêre,
        unt diu minne michels mêre,
        unt der vier vrouwen riuwe:
        wand er sach an in triuwe.
        er bat si weinen verbern:
10   sîn munt dar zuo begunde gern
        harnasch, ors unde swert.
        die vrouwen clâr unde wert
        vuorten Gâwânen wider.
        er bat si vor im gên dar nider,
15   dâ die andern vrouwen wâren,
        die süezen und die clâren.
        Gâwân ûf sînes strîtes vart
        balde aldâ gewâpent wart
        bî weinden liehten ougen:
20   si tâtenz alsô tougen
        daz niemen vriesch diu maere,
        niwan der kameraere,
        der hiez sîn ors erstrîchen.
        Gâwân begunde slîchen
25   aldâ Gringuljete stuont.
        doch was er sô sêre wunt,
        den schilt er kûme dar getruoc:
        der was dürkel ouch genuoc.
        Uf daz ors saz hêr Gâwân.
        dô kêrte er von der burc her dan

Fall! Lägt Ihr ihm tot zu Füßen, dann wäre unser Elend
unermeßlich groß. Wollt Ihr Euch zum Kampfe rüsten, so
kommt Ihr vielleicht mit dem Leben davon; doch Eure
früheren Wunden brächten Euch den Tod, und das wäre
unser Verderben.«

Gawan war in großer Not. Hört was ihn so bedrängte: Er
rechnete sich die Ankunft des edlen Turkoyten als Schande
an, auch schmerzten ihn seine Wunden; um vieles mehr
peinigten ihn aber seine Liebe und der Kummer der vier
Edelfrauen, die es, wie er wohl sah, nur gut mit ihm
meinten. Er bat sie, nicht mehr zu weinen, und verlangte
nach Rüstung, Roß und Schwert. Die vier schönen Edel-
frauen wollten Gawan hinabgeleiten, doch sollten sie vor
ihm zu den anderen liebreizenden Schönen hinabgehen. Als
er zum Kampf gerüstet wurde, stahl sich in schöne Augen
manche Träne. Alles geschah ganz heimlich, so daß außer
dem Kämmerer, der Gawans Streitroß striegeln ließ, nie-
mand etwas erfuhr. Langsam schritt Gawan auf Gringuljete
zu, doch war er von seinen Wunden noch so schwach, daß
er kaum seinen durchlöcherten Schild bis zum Pferd tragen
konnte.

Gawan schwang sich aufs Pferd, verließ die Burg und ritt zu

596   gein sîme getriuwen wirte,
       der in vil wênec irte
       alles des sîn wille gerte.
       eines spers er in gewerte:
  5   daz was starc und unbeschaben.
       er hete ir manegez ûf erhaben
       dort anderhalp ûf sînem plân.
       dô bat in mîn hêr Gâwân
       überverte schiere.
 10   in einem ussiere
       vuort er in über an daz lant,
       dâ er den turkoyten vant
       wert unde hôchgemuot.
       er was vor schanden sô behuot
 15   daz missewende an im verswant.
       sîn prîs was sô hôh erkant,
       swer gein im tjostierens pflac,
       daz der hinder dem orse lac
       von sîner tjoste valle.
 20   sus het er si alle,
       die gein im ie durch prîs geriten,
       mit tjostieren überstriten.
       ouch tet sich ûz der degen wert,
       daz er mit spern sunder swert
 25   hôhen prîs wolt erben,
       oder sînen prîs verderben:
       swer den prîs bezalte
       daz er in mit tjoste valte,
       dâ wurde er âne wer gesehen,
       dem wolte er sicherheit verjehen.
597   Gâwân vriesch diu maere
       von der tjoste pfandaere.
       Plippalinôt nam alsô pfant:
       swelh tjoste wart aldâ bekant,
  5   daz einer viel, der ander saz,
       so enpfieng er âne ir beider haz

seinem treuen Gastgeber, der ihm keinen Wunsch abschlug.
So gab er ihm eine ungeglättete starke Lanze, denn er hatte
auf der Wiese jenseits viele aufgesammelt. Als unser Herr
Gawan darum bat, ihn rasch überzusetzen, brachte er ihn
auf einem Fährschiff ans andere Ufer, wo der edle, stolze
Turkoyte ihn erwartete. Dieser Mann hatte noch keine
schmähliche Niederlage hinnehmen müssen. Ihm wurde
nachgerühmt, daß er bislang im Zweikampf jeden Gegner
mit einem einzigen Lanzenstoß aus dem Sattel geschleudert
hatte. Alle, die sich gegen ihn hervortun wollten, hatte er im
ritterlichen Zweikampf besiegt. Auch hatte der edle Held
laut erklärt, daß er nur mit der Lanze, ohne Schwert,
Heldenruhm erringen oder verlieren wollte. Gelänge es
seinem Gegner, ihn mit der Lanze niederzuwerfen, so wollte
er auf weitere Gegenwehr verzichten und sich ergeben.
Gawan erfuhr dies von Plippalinot, dem Pfandeinnehmer
dieser Kämpfe, und das Pfandeinnehmen ging so vonstatten:
Stürzte im Zweikampf einer zu Boden, dann erhielt Plippali-

dises vlust unt jens gewin:
ich mein daz ors: daz zôh er hin.
ern ruochte, striten si genuoc:
10 swer prîs oder laster truoc,
des liez er jehen die vrouwen:
si mohtenz dicke schouwen.
Gâwânen er vaste sitzen bat.
er zôch im daz ors an den stat,
15 er bôt im schilt unde sper.
hie kom der turkoyte her,
kalopierende als ein man
der sîne tjoste mezzen kan
weder ze hôch noch ze nider.
20 Gâwân kom gein im hin wider.
von Munsalvaesche Gringuljete
tet nâch Gâwânes bete
als ez der zoum gelêrte.
ûf den plân er kêrte.
25   hurtâ, lât die tjoste tuon.
hie kom des künec Lôtes sun
manlîch unde ân herzen schric.
wâ hât diu helmsnuor ir stric?
des turkoyten tjost in traf aldâ.
Gâwân ruorte in anderswâ,
598 Durch die barbiere.
man wart wol innen schiere,
wer dâ gevelles was sîn wer.
an dem kurzen starken sper
5 den helm enpfienc hêr Gâwân:
hin reit der helm, hie lac der man,
der werdekeit ein bluome ie was,
unz er verdacte alsus daz gras
mit valle von der tjoste.
10 sîner zimierde koste
ime touwe mit den bluomen striten.
Gâwân kom ûf in geriten,

not ohne Einspruch der beiden Kämpfer des einen Verlust,
des andern Gewinn, das Pferd des Unterlegenen nämlich,
und führte es hinweg. Ihn kümmerte es wenig, wie lang der
Kampf war und wer siegte oder unterlag. Darüber ließ er die
Frauen befinden, die eifrig zuschauen mochten. Er schärfte
Gawan ein, nur fest im Sattel zu bleiben. Dann führte er sein
Pferd ans Ufer und reichte ihm Schild und Lanze. Schon
galoppierte der Turkoyte heran, und man sah, daß er mit
seiner Lanze gut zu zielen wußte, weder zu hoch noch zu
tief. Gawan wandte sich ihm zu, und als er auf den Wiesen-
plan ritt, gehorchte Gringuljete von Munsalwäsche jedem
Zügeldruck.

Nun frisch drauflos! Laßt die Zügel schießen! Mannhaft und
unerschrocken preschte König Lots Sohn heran. Der Lan-
zenstoß des Turkoyten traf die Verknotung seiner Helm-
schnur. Gawan wiederum traf das Visier des andern, und
sogleich war zu sehen, wer zu Boden ging: Gawan trug
nämlich auf seiner kurzen, derben Lanze den Helm des
Gegners fort. Dort ritt der Helm, hier lag der Ritter, einst
eine Blüte ritterlichen Ruhms, jetzt, von Gawans Lanzen-
stoß gefällt, aufs Gras gestreckt und allen Ruhms beraubt.
Sein kostbarer Waffenschmuck wollte sich mit den Blumen
im Tau messen. Gawan ritt ihn nieder, bis er sich ergab. Der

    unz er im sicherheit verjach.
    der verje nâch dem orse sprach.
15   daz was sîn reht: wer lougent des?
    'ir vröut iuch gerne, west ir wes,'
    sprach Orgelûs diu clâre
    Gâwâne aber ze vâre,
    'durch daz des starken lewen vuoz
20   in iuwerem schilde iu volgen muoz.
    nu waent ir iu sî prîs geschehen,
    sît dise vrouwen hânt gesehen
    iuwer tjost alsô getân.
    wir müezen iuch bî vröuden lân,
25   sît ir des der geile,
    ob Lît marveile
    sô clein sich hât gerochen.
    iu ist doch der schilt zerbrochen,
    als ob iu strît sül wesen kunt.
    ir sît ouch lîht ze sêre wunt
599 Uf strîtes gedense:
    daz taete iu wê zer gense.
    iu mac durch rüemen wesen liep
    der schilt dürkel als ein sip,
5   den iu sô manec pfîl zebrach.
    an disen zîten ungemach
    muget ir gerne vliehen:
    lât iu den vinger ziehen.
    rîtet wider ûf zen vrouwen.
10   wie getörstet ir geschouwen
    strît, den ich werben solde,
    ob iuwer herze wolde
    mir dienen nâch minne.'
    er sprach zer herzoginne
15   'vrouwe, hân ich wunden,
    die hânt hie helfe vunden.
    ob iuwer helfe kan gezemen
    daz ir mîn dienst ruochet nemen,

Fährmann erhob sogleich Anspruch auf das Pferd des Besiegten. Das war sein gutes Recht, wer wollte es leugnen?

Die schöne Orgeluse aber sprach feindselig zu Gawan: »Ich möchte wissen, worüber Ihr Euch freut! Darüber etwa, daß die Pranke des starken Löwen in Euerm Schilde blieb? Ihr glaubt wohl, Ihr habt Ruhm gewonnen, weil die Damen auf der Burg Euerm Zweikampf zugesehen haben? Nun, wir gönnen Euch das Vergnügen, darüber zu triumphieren! Euch selbst hat zwar das Wunderbett wenig angetan, doch Euer Schild ist wenigstens durchlöchert; so will's fast scheinen, als hättet Ihr Euch im Kampf versucht. Wahrscheinlich lassen es auch Eure Wunden gar nicht zu, daß Ihr die Mühen eines ernsthaften Kampfes auf Euch nehmt, der Euch neben dem Titel ›Dummkopf‹ noch mehr Verdruß brächte. Euer Schild, von Pfeilen zu einem Sieb gemacht, ist Euch jetzt wohl besonders lieb und teuer. Ach, wie könnt Ihr mit ihm prahlen! Endlich habt Ihr einen Grund, allen Unannehmlichkeiten auszuweichen. Reitet zurück zu den Damen oben und laßt Euch hätscheln! Wie wolltet Ihr einen Kampf wagen, den ich bestimmen würde, wenn Ihr wirklich um meine Liebe dienen wolltet!«

»Edle Frau«, erwiderte Gawan der Herzogin, »meine Wunden haben hier bereits Heilung gefunden. Wollt auch Ihr Euch hilfreich zeigen und meinen Dienst annehmen, dann

sô wart nie nôt sô herte erkant,
20 ine sî ze dienste iu dar benant.'
si sprach 'ich lâze iuch rîten,
mêr nâch prîse strîten,
mit mir geselleclîche.'
des wart an vröuden rîche
25 der stolze werde Gâwân.
den turkoyten sante er dan
mit sînem wirt Plippalinôt:
ûf die burg er enbôt
daz sîn mit wirde naemen war
al die vruowen wol gevar.

600   Gâwâns sper was ganz beliben,
swie bêdiu ors waeren getriben
mit sporn ûf tjoste hurte:
in sîner hant erz vuorte
5 von der liehten ouwe.
des weinde manec vrouwe,
daz sîn reise aldâ von in geschach.
diu künegîn Arnîve sprach
'unser trôst hât im erkorn
10 sîner ougen senfte, des herzen dorn.
ôwê daz er nu volget sus
gein Li gweiz prelljûs
Orgelûse der herzogin!
deist sîner wunden ungewin.'
15 vier hundert vrouwen wâren in clage:
er reit von in nâch prîses bejage.
    swaz im an sînen wunden war,
die nôt hete erwendet gar
Orgelûsen varwe glanz.
20 si sprach 'ir sult mir einen cranz
von eines boumes rîse
gewinnen, dar umbe ich prîse
iuwer tât, welt ir michs wern:
sô muget ir mîner minne gern.'

ist mir keine Gefahr zu groß, die ich in Euerm Dienst
bestehen müßte.«

Darauf sagte sie: »Gut, ich will's Euch erlauben, mich zu
begleiten und um Heldenruhm zu kämpfen.«

Der stolze und edle Gawan war glücklich darüber. Den
Turkoyten sandte er mit seinem Gastgeber Plippalinot auf
die Burg und ließ bestellen, die schönen Damen sollten
seinen Gefangenen ehrenvoll behandeln. Obwohl beide
Pferde mit den Sporen zum Angriff getrieben worden
waren, war Gawans Lanze unversehrt geblieben. Er trug sie
fort vom prächtigen Wiesenplan. Manche Edelfrau vergoß
Tränen darüber, daß er sie verließ. Königin Arnive aber rief:
»Unser Retter hat für seine Augen ein Labsal, für sein Herz
jedoch einen Dorn gewählt. Ach, nun folgt er der Herzogin
Orgeluse zur Wilden Schlucht: Das kann seinen Wunden
nur schaden.« Vierhundert Damen beklagten es, daß er
davonritt, um Ruhm zu gewinnen.

Die strahlende Schönheit Orgeluses ließ Gawan alle Schmer-
zen vergessen. Sie sprach zu ihm: »Ihr sollt mir einen Kranz
aus dem Zweig eines Baumes bringen. Gelingt Euch das,
dann will ich Eure Tat rühmen, und Ihr dürft um meine
Liebe werben.«

25 dô sprach er 'vrouwe, swâ daz rîs
    stêt, daz alsô hôhen prîs
    mir ze saelden mac bejagen,
    daz ich iu, vrouwe, müeze clagen
    nâch iuwern hulden mîne nôt,
    daz briche ich, ob mich laet der tôt.'

601   Swaz dâ stuonden bluomen lieht,
    die wâren gein dirre varwe ein niht,
    die Orgelûse brâhte.
    Gâwân an si gedâhte
5   sô daz sîn êrste ungemach
    im deheines kumbers jach.
    sus reit si mit ir gaste
    von der burc wol ein raste,
    ein strâzen wît unde sleht,
10 vür ein clârez fôreht.
    der art des boume muosen sîn,
    tämris unt prisîn.
    daz was der Clinschores walt.
    Gâwân der degen balt
15 sprach 'vrouwe, wâ brich ich den cranz,
    des mîn dürkel vröude werde ganz?'
        er solt si et hân gediuhet nider,
    als dicke ist geschehen sider
    maneger clâren vrouwen.
20 si sprach 'ich lâze iuch schouwen
    aldâ ir prîs megt behaben.'
    über velt gein eime graben
    riten si sô nâhen,
    des cranzes boum si sâhen.
25 dô sprach si 'hêrre, jenem stam
    den heiet der mir vröude nam:
    bringet ir mir drabe ein rîs,
    nie ritter alsô hôhen prîs
    mit dienst erwarp durch minne.'
    sus sprach diu herzoginne.

Er erwiderte: »Edle Frau, wo immer der Zweig zu finden ist, dessen Gewinn mit dem unerhörten Glück gelohnt wird, daß ich Euch meine Liebesqual klagen und auf Erhörung hoffen darf, ich will ihn brechen oder sterben.«

Die herrlichsten Blumen, die auf dem Rasen standen, waren nichts gegen Orgeluses Schönheit. Gawan dachte nur an sie, so daß alle erduldete Mühsal vergessen war. Orgeluse ritt mit ihrem Begleiter eine breite, gerade Straße entlang, bis sie die Burg eine Meile hinter sich gelassen hatten. Nun gelangten sie an einen lichten Wald aus Tamarisken und Brasilholz. Das war Clinschors Wald. Der kühne Held Gawan fragte: »Edle Frau, wo soll ich nun den Kranz brechen, der mein zerstörtes Glück wieder heil machen wird?« Ach was, er hätte sie lieber niederwerfen und mit Gewalt nehmen sollen, wie es später so mancher vornehmen Schönen ergangen ist!

Sie erwiderte: »Ich zeige Euch den Ort, wo Ihr Euern Heldenruhm bewähren könnt.«

Beide ritten über offenes Feld bis zu einer Schlucht, und jenseits der Schlucht war der Baum zu sehen, aus dessen Zweig der Kranz bestehen sollte. Nun sprach Orgeluse: »Herr, jener Baum wird von einem Manne bewacht, der mein Lebensglück zerstörte. Bringt Ihr mir einen Zweig von diesem Baum, dann kann man sagen, daß kein Ritter im Dienst der Liebe höhern Ruhm errungen hat als Ihr.« Und weiter sprach die Herzogin: »Ich bleibe hier zurück. Gott

602   'Hie wil ich mîne reise sparn.
    got walde es, welt ir vürbaz varn:
    sone durfet irz niht lengen,
    ellenthafte sprengen
5   müezet ir ze orse alsus
    über Li gweiz prelljûs.'
      si habet al stille ûf dem plân:
    vürbaz reit hêr Gâwân.
    er erhôrte eins draeten wazzers val:
10 daz het durchbrochen wît ein tal,
    tief, ungeverteclîche.
    Gâwân der ellens rîche
    nam daz ors mit den sporn:
    ez treip der degen wol geborn,
15 daz ez mit zwein vüezen trat
    hin über an den andern stat.
    der sprunc mit valle muoste sîn.
    des weinde iedoch diu herzogîn.
    der wâc was snel unde grôz.
20 Gâwân sîner craft genôz:
    doch truog er harnasches last.
    dô was eines boumes ast
    gewahsen in des wazzers trân:
    den begreif der starke man,
25 wand er dennoch gerne lebte.
    sîn sper dâ bî im swebte:
    daz begreif der wîgant.
    er steic hin ûf an daz lant.
      Gringuljet swam ob und unde,
    dem er helfen dô begunde.
603 Daz ors sô verr hin nider vlôz:
    des loufens in dernâch verdrôz,
    wande er swaere harnas truoc:
    er hete wunden ouch genuoc.
5   nu treib ez ein werve her,
    daz erz erreichte mit dem sper,

schütze Euch! Wollt Ihr weiterreiten, dann zögert nicht!
Nehmt Euern Mut zusammen und setzt mit Eurem Pferd
über die Wilde Schlucht!«

Orgeluse blieb auf der Wiese, Herr Gawan jedoch ritt
weiter. Vor sich hörte er das Rauschen eines wilden Wasser-
falls, der eine tiefe, unwegsame Schlucht gegraben hatte. Der
tapfere Gawan stieß seinem Pferd die Sporen in die Weichen
und trieb es zu einem gewaltigen Sprung, so daß es mit
beiden Vorderfüßen den andern Rand der Schlucht
erreichte. Ein solcher Sprung mußte zwangsläufig mit einem
Sturz enden; als die Herzogin dies sah, brach sie in Tränen
aus. Die Strömung war wild und reißend, doch obwohl
Gawan die schwere Rüstung trug, rettete ihn seine unge-
heure Kraft. Als er einen Ast vor sich sah, der übers Wasser
ragte, griff der starke Ritter zu, denn er hing ja doch am
Leben. Der Held erhaschte auch noch die Lanze neben sich
im Wasser und kletterte dann ans Ufer. Nun suchte er
Gringuljete zu helfen, die ab und zu auftauchte, doch das
Pferd wurde so weit flußabwärts gerissen, daß Gawan nur
mit Mühe folgen konnte, denn er trug die schwere Rüstung
und war außerdem von vielen Wunden noch geschwächt.
Dort, wo ein Regenbach das Steilufer ausgewaschen und

aldâ der regen unt des guz
erbrochen hete wîten vluz
an einer tiefen halden:
10   daz uover was gespalden;
daz Gringuljeten nerte.
mit dem sper erz kêrte
sô nâhe her zuo an daz lant,
den zoum ergreif er mit der hant.
15   sus zôch mîn hêr Gâwân
daz ors hin ûz ûf den plân.
ez schutte sich. dô ez genas,
der schilt dâ niht bestanden was:
er gurt dem orse unt nam den schilt.
20   swen sîns kumbers niht bevilt,
daz lâze ich sîn: er het doch nôt,
sît ez diu minne im gebôt.
Orgelûs diu glanze
in jagete nâch dem cranze:
25   daz was ein ellenthaftiu vart.
der boum was alsô bewart.
waeren Gâwâns zwên, die müesen ir leben
umb den cranz hân gegeben:
des pflac der künec Gramoflanz.
Gâwân brach iedoch den cranz.
604   Daz wazzer hiez Sabîns.
Gâwân holte unsenften zins,
dô er unt daz ors drîn bleste.
swie Orgelûse gleste,
5   ich wolte ir minne alsô niht nemen:
ich weiz wol wes mich sol gezemen.
dô Gâwân daz rîs gebrach
unt der cranz wart sîns helmes dach,
ez reit zuo ze im ein ritter clâr.
10   dem wâren sîner zîte jâr
weder ze kurz noch ze lanc.
sîn muot durch hôchvart in twanc,

eine breite Bucht geschaffen hatte, wurde das Pferd von einem Strudel näher ans Ufer getrieben, so daß er es mit der Lanze erreichen konnte. Das war Gringuljetes Rettung. Gawan leitete sie mit der Lanze so nahe ans Ufer, daß er schließlich den Zaum ergreifen und das Pferd an Land ziehen konnte. Als es sich in Sicherheit fühlte, schüttelte es sich kräftig. Auch der Schild war damit gerettet. Gawan brachte den Gurt in Ordnung und ergriff den Schild. Wer seine Mühsal nicht bedauert, mag's bleibenlassen. Fest steht jedoch, daß Gawan um der Liebe willen in arge Bedrängnis geriet. Die schöne Orgeluse ließ ihn nach dem Kranz jagen, und zu solchem Unterfangen gehörte schon Mut. Der Baum war nämlich so gut bewacht, daß selbst zwei von Gawans Art ihr Leben für den Kranz hätten lassen müssen. Der Hüter des Baumes war König Gramoflanz. Doch Gawan brach den Kranz. Der Fluß hieß übrigens Sabbins, und Gawan wurde recht unerquicklicher Zins zuteil, als er mitsamt seinem Pferd drin platschte. Wie strahlendschön die Dame Orgeluse auch sein mochte, ich wollte ihre Liebe um solchen Preis nicht haben. Ich weiß nämlich selbst sehr wohl, was gut für mich ist.

Als Gawan den Zweig gebrochen und als Kranz um seinen Helm gewunden hatte, ritt ein schöner Ritter im besten Mannesalter auf ihn zu. Er war so überheblich, daß er

swie vil im ein man tet leit,
daz er doch mit dem niht streit,
15 irn waeren zwêne oder mêr.
sîn hôhez herze was sô hêr,
swaz im tet ein man,
den wolte er âne strît doch lân.
fil li roy Irôt
20 Gâwân guoten morgen bôt:
daz was der künec Gramoflanz.
dô sprach er 'hêrre, umb disen cranz
hân ich doch niht gar verzigen.
mîn grüezen waer noch gar verswigen.
25 ob iuwer zwêne waeren,
die daz niht verbaeren
sine holten hie durch hôhen prîs
ab mîme boume alsus ein rîs,
die müesen strît enpfâhen:
daz sol mir sus versmâhen.'
605 Ungerne ouch Gâwân mit im streit:
der künec unwerlîche reit.
doch vuort der degen maere
einen mûzersperwaere:
5 der stuont ûf sîner clâren hant.
Itonjê hete in im gesant,
Gâwâns süeziu swester.
phaewîn von Sinzester
ein huot ûf sîme houbte was.
10 von samît grüene als ein gras
der künec ein mantel vuorte,
daz vaste ûf die erden ruorte
iewederthalb die orte sîn:
diu veder was lieht härmîn.
15 niht ze grôz, doch starc genuoc
was ein pfärt daz den künec truoc,
an pfärdes schoene niht betrogen,
von Tenemarken dar gezogen

niemals gegen einen einzelnen zum Kampf antrat, was der
ihm auch angetan haben mochte, stets mußten es zwei sein
oder mehr. Sein Herz war so hochmütig, daß er einen
einzelnen ohne Kampf ziehen ließ, was immer er ihm
zufügte. König Gramoflanz, Sohn König Irots, bot Gawan
einen guten Morgen und sprach: »Herr, glaubt nur nicht,
daß ich auf den Kranz schon verzichtet hätte. Ihr hättet
keinen Gruß vernommen, wären es zwei gewesen, die sich
erkühnten, Ruhm zu ernten, indem sie einen Zweig von
meinem Baume brachen. Zu zweit hättet ihr kämpfen müs-
sen, doch so ist's nicht der Mühe wert.«
Nun hätte auch Gawan höchst ungern einen Kampf mit
Gramoflanz begonnen, denn der König war ungerüstet. Der
berühmte Held trug auf seiner wohlgepflegten Hand nur
einen Jungsperber, den ihm Itonje, Gawans liebreizende
Schwester, geschickt hatte. Auf seinem Haupte trug er einen
Hut aus Pfauenfedern, über die Schultern hatte er einen
grasgrünen Samtmantel geworfen, dessen Saum zu beiden
Seiten des Pferdes den Boden streifte. Das Pelzwerk des
Mantels war weißer Hermelin. Sein Pferd war zwar nicht
hoch, aber kräftig gebaut und von schönem Wuchs. Man

oder brâht ûf dem mer.
20 der künec reit ân alle wer:
wande er vuorte swertes niht.
'iuwer schilt iu strîtes giht,'
sprach der künec Gramoflanz.
'iuwers schildes ist sô wênec ganz:
25 Lît marveile
ist worden iu ze teile.
    ir habt die âventiure erliten,
diu mîn solte hân erbiten,
wan daz der wîse Clinschor
mir mit vriden gieng ie vor,
606 Unt daz ich gein ir crieges pflige,
diu den wâren minnen sige
mit clârheit hât behalden.
si kan noch zornes walden
5 gein mir. ouch twinget si des nôt:
Cidegasten sluog ich tôt,
in selbe vierden, ir werden man.
Orgelûsen vuorte ich dan,
ich bôt ir crône und al mîn lant:
10 swaz ir dienstes bôt mîn hant,
dâ kêrt si gegen ir herzen vâr.
mit vlêhen hête ich si ein jâr:
ine kunde ir minne nie bejagen.
ich muoz iu herzenlîche clagen.
15 ich weiz wol daz si iu minne bôt,
sît ir hie werbet mînen tôt.
waert ir nu selbe ander komen,
ir möht mirz leben hân benomen,
oder ir waeret bêde erstorben:
20 daz het ir drumbe erworben.
    mîn herz nâch ander minne gêt,
dâ helfe an iuwern genâden stêt,
sît ir ze Terr marveile sît
worden hêrre. iuwer strît

hatte es zu Lande oder zu Wasser aus Dänemark gebracht. Der König ritt ohne jede Waffe; er hatte nicht einmal ein Schwert.

»Euer Schild verrät, daß Ihr wacker gekämpft habt«, sprach König Gramoflanz. »Er ist so durchlöchert, daß Ihr wahrscheinlich mit dem Wunderbett Bekanntschaft gemacht habt. Ihr habt da ein Abenteuer bestanden, das eigentlich mir vorbehalten bleiben sollte, doch der weise Clinschor war stets darum bemüht, in Frieden mit mir zu leben. In Fehde lebe ich nur mit einer Frau, deren Schönheit im Wettstreit der Liebe den Siegespreis davontrug. Sie ist mir grimmig feind und hat auch allen Grund dazu. Ich erschlug nämlich ihren edlen Gatten Cidegast und drei seiner Leute. Danach entführte ich Orgeluse und trug ihr meine Krone und mein Reich an. Doch welche Dienste ich ihr auch anbot, ihr Herz blieb mir feindselig gesinnt. Ein Jahr lang warb ich vergeblich um ihre Liebe. Ich klage Euch mein Los aus tiefstem Herzen, denn ich weiß gar wohl, daß sie Euch ihre Liebe versprochen hat, da Ihr mir hier nach dem Leben trachtet. Wäret ihr zu zweit gekommen, hättet ihr entweder mich oder ich euch beide getötet. Das wäre der Lohn für Euer Wagnis gewesen. Mein Herz strebt jedoch jetzt nach der Liebe einer andern. Sie lebt dort, wo es in Eurer Macht steht, mir zu helfen, seid Ihr doch nun nach siegreichem Kampf Herrscher von Terre marveile. Wollt Ihr Euch

25 hât iu den prîs behalden:
welt ir nu güete walden,
sô helfet mir umb eine magt,
nâch der mîn herze kumber clagt.
diu ist des künec Lôtes kint.
alle die ûf erden sint,

607 Die getwungen mich sô sêre nie.
ich hân ir cleinoete alhie:
nu gelobet ouch mîn dienst dar
gein der meide wol gevar.

5 ouch trûwe ich wol, si sî mir holt:
wand ich hân nôt durch si gedolt.
sît Orgelûs diu rîche
mit worten herzenlîche
ir minne mir versagete,

10 ob ich sît prîs bejagete,
mir wurde wol oder wê,
daz schuof diu werde Itonjê.
ine hân ir leider niht gesehen.
wil iuwer trôst mir helfe jehen,

15 sô bringt diz cleine vingerlîn
der clâren süezen vrouwen mîn.
ir sît hie strîtes ledec gar,
ezn waere dan groezer iuwer schar,
zwêne oder mêre.

20 wer jaehe mir des vür êre,
ob ich iuch slüege oder sicherheit
twung? den strît mîn hant ie meit.'
    dô sprach mîn hêr Gâwân
'ich bin doch werlîch ein man.

25 wolt ir des niht prîs bejagen,
wurd ich von iuwerr hant erslagen,
sone hân ouch ichs deheinen prîs
daz ich gebrochen hân diz rîs.
wer jaehe mirs vür êre grôz,
ob ich iuch slüege alsus blôz?

freundlich zeigen, so unterstützt meine Werbung um eine
Jungfrau, nach der mein Herz sich in Sehnsucht verzehrt.
Sie ist König Lots Tochter. So hat noch keine Frau auf
Erden mich in ihren Bann gezwungen. Auf meiner Hand
trage ich ein Geschenk von ihr. Versichert das schöne Mäd-
chen meiner Dienste. Ich glaube daran, daß auch sie mir
zugetan ist, habe ich doch ihretwegen viele Kämpfe bestan-
den. Wenn ich seit jener Zeit, da mir die mächtige Orgeluse
mit zornigen Worten ihre Liebe versagte, ohne Rücksicht
auf mein Wohl und Wehe Siegesruhm errang, so hat das
einzig und allein die edle Itonje bewirkt. Leider habe ich sie
noch nie von Angesicht gesehen. Wollt Ihr mir hilfreich
beistehen, dann überbringt meiner schönen, liebreizenden
Dame diesen Ring. Ihr sollt hier unbehelligt bleiben, es sei
denn, größer wär' die Schar, zwei oder mehr. Was brächte es
mir an Ruhm, wenn ich Euch erschlüge oder zum Unter-
werfungsgelöbnis zwänge. Mit einem einzelnen habe ich nie
gekämpft.«
Da entgegnete unser Herr Gawan: »Ich bin ein Ritter, der
sich seiner Haut zu wehren weiß. Seht Ihr keine Ehre darin,
mich zu erschlagen, dann hat mir auch das Brechen dieses
Zweiges keinen Ruhm gebracht. Wer möchte es übrigens als
große Ehre zählen, wenn ich Euch, der Ihr ungerüstet seid,

608 Ich wil iuwer bote sîn:
    gebt mir her daz vingerlîn,
    und lât mich iuwern dienst sagen
    und iuwern kumber niht verdagen.'
5 der künec des dancte sêre.
    Gâwân vrâgte in mêre
    'sît iu versmâhet gein mir strît,
    nu sagt mir, hêrre, wer ir sît.'
    'irn sult ez niht vür laster doln,'
10 sprach der künec, 'mîn name ist unverholn.
    mîn vater der hiez Irôt:
    den ersluoc der künec Lôt.
    ich binz der künec Gramoflanz.
    mîn hôhez herze ie was sô ganz
15 daz ich ze keinen zîten
    nimmer wil gestrîten,
    swaz mir taete ein man,
    wan einer, heizet Gâwân,
    von dem ich prîs hân vernomen,
20 daz ich gerne gein im wolte komen
    ûf strît durch mîne riuwe.
    sîn vater der brach triuwe.
    ime gruoze er mînen vater sluoc.
    ich hân ze sprechen dar genuoc.
25 nu ist Lôt erstorben,
    und hât Gâwân erworben
    solhen prîs vor ûz besunder
    daz ob der tavelrunder
    im prîses niemen glîchen mac:
    ich gelebe noch gein im strîtes tac.'
609   Dô sprach des werden Lôtes sun
    'welt ir daz ze liebe tuon
    iuwer vriundîn, ob ez diu ist,
    daz ir sus valschlîchen list
5 von ir vater kunnet sagen
    unt dar zuo gerne het erslagen

erschlagen wollte! Doch Euer Bote will ich sein. Gebt mir
den Ring, ich will das Versprechen Eurer Dienste überbringen und auch Eure Liebespein nicht verschweigen.«

Der König war ihm herzlich dankbar, und Gawan sprach
weiter: »Sagt mir, Herr, wer Ihr seid, wenn Ihr schon den
Kampf mit mir verschmäht.«

»Das soll Euch nicht zur Unehre gereichen«, erwiderte der
König. »Auch mein Name sei Euch nicht verschwiegen.
Mein Vater hieß Irot, ihn erschlug König Lot; ich bin König
Gramoflanz. Mein edles Herz ist stolz genug, den Kampf
mit einem einzelnen Mann abzulehnen, was er mir auch
Böses zufügte. Nur einen nehme ich davon aus. Er heißt
Gawan, und von ihm habe ich schon so viel Rühmenswertes
gehört, daß ich mich mit ihm im Kampf messen würde.
Anlaß dazu ist auch das Leid, das mir zugefügt wurde. Sein
Vater handelte treulos, denn er erschlug meinen Vater bei
der Begrüßung. Ich habe also Grund genug zur Anklage.
Leider ist Lot gestorben, doch sein Sohn Gawan hat solchen
Heldenruhm errungen, daß sein Ansehen selbst außerhalb
der Tafelrunde von keinem Ritter übertroffen wird. Sicher
kommt der Tag, da ich mich im Kampfe mit ihm messen
kann.«

Da sprach der Sohn des edlen Lot: »Wollt Ihr vielleicht
Eurer Geliebten, wenn sie es wirklich ist, eine Freundlichkeit erweisen, wenn Ihr ihrem Vater unehrenhafte Arglist
nachsagt und dazu mit Freuden ihren Bruder erschlagen

ir bruoder, so ist si ein übel magt,
daz si den site an iu niht clagt.
kund si tohter unde swester sîn,
10 sô waere si ir beider vogetîn,
daz ir verbaeret disen haz.
wie stüende iuwerem sweher daz,
het er triuwe zebrochen?
habt ir des niht gerochen,
15 daz ir in tôt gein valsche sagt?
sîn sun ist des unverzagt,
in sol des niht verdriezen,
mag er niht geniezen
sîner swester wol gevar,
20 ze pfande er gît sich selben dar.
hêrre, ich heize Gâwân.
swaz iu mîn vater hât getân,
daz rechet an mir: er ist tôt.
ich sol vür sîn lasters nôt,
25 hân ich werdeclîchez leben,
ûf kampf vür in ze gîsel geben.'
    dô sprach der künec 'sît ir daz,
dar ich trage unverkornen haz,
sô tuot mir iuwer werdekeit
beidiu liep unde leit.
610 Ein dinc tuot mir an iu wol,
daz ich mit iu strîten sol.
ouch ist iu hôher prîs geschehen,
daz ich iu einem hân verjehen
5 gein iu ze kampfe kumende.
uns ist ze prîse vrumende
ob wir werde vrouwen
den kampf lâzen schouwen.
vünfzehen hundert bringe ich dar:
10 ir habt ouch eine clâre schar
ûf Schastel marveile.
iu bringet ze iuwerm teile

möchtet? Sie wäre ein schlechtes Mädchen, würde sie solche
Haltung nicht tief betrüben. Ist sie aber eine gute Tochter
und Schwester, dann wird sie Vater und Bruder schützen
und dafür sorgen, daß Ihr Eure Feindschaft vergeßt. Was
wäre das für ein Schwiegervater, wenn er treulos gehandelt
hätte? Leider habt Ihr nicht schon an Euch selbst Rache
genommen dafür, daß Ihr ihm nach seinem Tode noch
Falschheit nachsagt, doch sein Sohn wird furchtlos für ihn
eintreten, ihn wird es nicht verdrießen. Und hat er keinen
Vorteil von seiner Schwester Schönheit, wird er sich selbst
als Pfand anbieten. Herr, ich bin Gawan! Was Euch mein
Vater auch zuleide tat, Ihr mögt's nach seinem Tode an mir
rächen. Ich setze mein ehrenhaftes Leben als Pfand im
Zweikampf für ihn ein und werde jedem Makel wehren.«
Da rief der König: »Seid Ihr der Mann, den ich unversöhn-
lich hasse, so ist mir Euer Ansehen lieb und leid zugleich.
Lieb ist mir vor allem, daß ich mit Euch kämpfen kann.
Auch Euch gereicht's zu hoher Ehre, daß ich, entgegen
meinem Grundsatz, mit Euch als einzelnem Gegner einen
Kampf austrage. Auch wird es unser beider Ruhm erhöhen,
wenn der Kampf vor den Augen edler Damen stattfindet.
Ich werde fünfzehnhundert auf den Platz führen. Ihr selbst
habt auch eine reizende Schar auf Schastel marveile, und aus

iuwer oeheim Artûs
von eime lande daz alsus,
15 Löver, ist genennet;
habt ir die stat erkennet,
Bems bî der Korchâ?
diu massenîe ist elliu dâ:
von hiute übern ahten tac
20 mit grôzer joye er komen mac.
von hiute am sehzehenden tage
kume ich durch mîn alte clage
ûf den plân ze Jôflanze
nâch gelte disem cranze.'
25   der künec Gâwânen mit im bat
ze Rosche Sabbîns in die stat:
'irn mugt niht anderr brücken hân.'
dô sprach mîn hêr Gâwân
'ich wil hin wider alse her:
anders leiste ich iuwer ger.'
611 Si gâben fîanze,
daz si ze Jôflanze
mit rittern und mit vrouwen her
koemen durch ir zweier wer,
5 als was benant daz teidinc,
si zwêne al ein ûf einen rinc.
    sus schiet mîn hêr Gâwân
dannen von dem werden man.
mit vröuden er leischierte:
10 der cranz in zimierte:
er wolt daz ors niht ûf enthaben,
mit sporn treib erz an den graben.
Gringuljet nam bezîte
sînen sprunc sô wîte
15 daz Gâwân vallen gar vermeit.
zuo ze im diu herzoginne reit,
aldâ der helt erbeizet was
von dem orse ûf daz gras

dem Lande Löver kann Euer Oheim Artus mit den Seinen
zu Euch stoßen. Kennt Ihr die Stadt Bems an der Korca?
Dort ist sein ganzes Gefolge versammelt. Er könnte in acht
Tagen wohl mit großem Gepränge zum Kampfplatz kom-
men. Ich selbst werde meiner alten Klage wegen in sechzehn
Tagen auf dem Feld von Joflanze erscheinen, um mir diesen
Kranz bezahlen zu lassen.«
Der König bat Gawan dann, ihn in die Stadt Rosche Sabbins
zu begleiten. »Es führt sonst keine Brücke über den Fluß.«
Unser Herr Gawan aber sprach: »Ich kehre auf dem gleichen
Weg zurück, auf dem ich herritt. Sonst aber will ich all Eure
Wünsche gern erfüllen.«
Sie gaben sich ihr Wort, mit Rittern und Edelfrauen nach
Joflanze zu ziehen und dort miteinander, wie vereinbart, auf
dem Platz zu kämpfen. Darauf nahm Gawan Abschied von
dem edlen Ritter. Voller Freude darüber, daß ihn der
gewünschte Kranz zierte, sprengte er los. Ohne sein Pferd
zu zügeln, trieb er es mit den Sporen auf die Schlucht zu.
Gringuljete hob im rechten Augenblick ab und tat einen so
gewaltigen Satz, daß Gawan diesmal nicht zu Fall kam.
Die Herzogin ritt Gawan entgegen, der vom Pferd auf den

und er dem orse gurte.
20 ze sîner antwurte
erbeizte snellîche
diu herzoginne rîche.
gein sînen vuozen si sich bôt:
dô sprach si 'hêrre, solher nôt
25 als ich hân an iuch gegert,
der wart nie mîn wirde wert.
vür wâr mir iuwer arbeit
vüeget sölich herzeleit,
diu enpfâhen sol getriuwez wîp
umbe ir lieben vriundes lîp.'
612   Dô sprach er 'vrouwe, ist daz wâr
daz ir mich grüezet âne vâr,
sô nâhet ir dem prîse.
ich bin doch wol sô wîse:
5 ob der schilt sîn reht sol hân,
an dem hât ir missetân.
des schildes ambet ist sô hôch,
daz er von spote ie sich gezôch,
swer ritterschaft ze rehte pflac.
10 vrouwe, ob ich sô sprechen mac,
swer mich derbî hât gesehen,
der muoz mir ritterschefte jehen.
etswenne irs anders jâhet,
sît ir mich êrest sâhet.
15 daz lâze ich sîn: nemt hin den cranz.
ir sult durch iuwer varwe glanz
deheime ritter mêre
erbieten solh unêre.
solt iuwer spot wesen mîn,
20 ich wolte ê âne minne sîn.'
diu clâre unt diu rîche
sprach weinde herzenlîche
'hêrre, als ich iu nôt gesage,
waz ich der im herzen trage,

Rasen gesprungen war, um den Sattelgurt festzuziehen. Vor
seinen Augen glitt die mächtige Herzogin vom Pferd, warf
sich ihm zu Füßen und rief: »Herr, nie und nimmer war ich
dessen würdig, daß Ihr Euch auf mein Gebot in dieses
Wagnis stürztet. Was Euch zustieß, bereitet mir solche
Herzensnot, wie sie eine treu liebende Frau um den Gelieb-
ten empfindet.«

Gawan erwiderte: »Edle Frau, sprecht Ihr so freundlich
ohne Hintergedanken, dann ehrt Euch das. Doch weiß ich
wohl: Ihr habt den Ritterstand mißachtet! Er steht zu hoch,
als daß ein rechter Ritter Spott und Hohn erdulden müßte.
Edle Frau, gestattet mir zu sagen: Wer mich bei Rittertaten
sah, muß zugestehen, daß ich stets als rechter Ritter han-
delte. Ihr habt das allerdings seit unsrer ersten Begegnung
wiederholt bezweifelt. Doch das sei vergessen. Nehmt also
diesen Kranz! Hütet Euch aber, einem Ritter jemals wieder
solche Schmach anzutun! Auch Eure strahlende Schönheit
gibt Euch dazu kein Recht. Solltet Ihr mich noch einmal
verhöhnen, so wollte ich eher auf Eure Liebe verzichten.«

Die schöne, mächtige Orgeluse sprach unter bitteren Trä-
nen: »Herr, wenn ich Euch sage, welche Qualen ich im

25 sô gebt ir jâmers mir gewin.
gein swem sich crenket mîn sin,
der solz durch zuht verkiesen.
ine mac nimêr verliesen
vröuden, denne ich hân verlorn
an Cidegast dem ûz erkorn.

613   Mîn clâre süeze beâs âmîs,
sô durchliuhtic was sîn prîs
mit rehter werdekeit ger,
ez waere dirre oder der,
5 die muoter ie gebâren
dî sîner zîte jâren,
die muosen im jehen werdekeit
die ander prîs nie überstreit.
er was ein quecbrunne der tugent,
10 mit alsô berhafter jugent
bewart vor valscher pflihte.
ûz der vinster gein dem liehte
hete er sich enblecket,
sînen prîs sô hôch gestecket,
15 daz in niemen kunde erreichen,
den valscheit möhte erweichen.
sîn prîs hôch wahsen kunde,
daz die andern wâren drunde,
ûz sînes herzen kernen.
20 wie louft ob al den sternen
der snelle Sâturnus?
der triuwe ein monîzirus,
sît ich die wârheit sprechen kan,
sus was mîn erwünschet man.
25 daz tier die meide solten clagen:
ez wirt durch reinekeit erslagen.
ich was sîn herze, er was mîn lîp:
den vlôs ich vlüstebaerez wîp.
in sluoc der künec Gramoflanz,
von dem ir vüeret disen cranz.

Herzen trage, werdet Ihr erkennen, wie groß mein Leid ist.
Habe ich mich launenhaft gezeigt, so möge man mir groß-
mütig verzeihen. Schmerzlicher als der Verlust des edlen
Cidegast kann mich nichts treffen. Hell leuchtete der Ruhm
meines holden, schönen, herrlichen Geliebten; ein ehrenhaf-
tes Leben war sein einziges Streben. Ein jeder mußte aner-
kennen, daß ihn an Ruhm zu seinen Lebzeiten niemand
übertraf. Unerschöpflich waren seine Tugenden, und die
guten Gaben seiner Jugend bewahrten ihn vor schlechtem
Tun. Aus dem Dunkel trat er ins Licht und hat seinen Ruhm
so erhöht, daß sich niemand mit ihm messen konnte, der zu
Falschheit neigte. Tief aus seinem Herzen wuchs sein Anse-
hen empor, und alle andern standen weit darunter. Zieht
nicht auch der Saturn in schnellem Lauf hoch über allen
andern Sternen seine Bahn? An Treue dem Einhorn gleich
war dieses Ideal von einem Mann, das ist die Wahrheit. Alle
Jungfrauen sollten dies Tier beklagen, denn ihm wird zum
Verhängnis, daß es die Reinheit sucht. Ich war sein Herz, er
war mein Leib, den ich, vom Schicksal heimgesucht, verlo-
ren habe. Erschlagen hat ihn König Gramoflanz, von dem

Einhorn: s. Anm. zu S. 89.

614   Hêrre, ob ich iu leide sprach,
       von den schulden daz geschach,
       daz ich versuochen wolde
       ob ich iu minne solde
5   bieten durch iuwer werdekeit.
       ich weiz wol, hêrre, ich sprach iu leit:
       daz was durch ein versuochen.
       nu sult ir des geruochen
       daz ir zorn verlieset
10   unt gar ûf mich verkieset.
       ir sît ez der ellensrîche,
       dem golde ich iuch gelîche,
       daz man liutert in der gluot:
       als ist geliutert iuwer muot.
15   dem ich iuch ze schaden brâhte,
       als ich denke unt dô gedâhte,
       der hât mir herzeleit getân,'
       dô sprach mîn hêr Gâwân
         'vrouwe, esn wende mich der tôt,
20   ich lêre den künec sölhe nôt
       diu sîne hôchvart letzet.
       mîne triuwe ich hân versetzet
       gein im ûf kampf ze rîten
       in kurzlîchen zîten:
25   dâ sul wir manheit urborn.
       vrouwe, ich hân ûf iuch verkorn.
       ob ir iu mînen tumben rât
       durch zuht niht versmâhen lât,
       ich riet iu wîplîch êre
       und werdekeite lêre:
615   Nune ist hie niemen denne wir:
       vrouwe, tuot genâde an mir.'
         si sprach 'an gîsertem arm
       bin ich selten worden warm.
5   dâ gein ich niht wil strîten,
       irn megt wol ze andern zîten

Ihr diesen Kranz bringt. Herr, wenn ich Euch mit Worten kränkte, so geschah es, weil ich prüfen wollte, ob Ihr meiner Liebe wert seid. Ich weiß wohl, Herr, daß ich Euch kränkte, doch es geschah zur Prüfung. Nun seid nicht mehr zornig und vergebt, was ich Euch antat. Ihr seid ein tapfrer Held; dem Golde gleich, das man im Feuer läutert, ist Euer Mut. Ich habe Euch hierhergeführt, weil ich auf Rache sann und sinne an einem Mann, der mir großes Herzeleid zugefügt hat.«

Da sprach unser Herr Gawan: »Edle Frau, wenn mich der Tod nicht hindert, wird König Gramoflanz durch meine Hand in solche Not geraten, daß ihm der Hochmut vergeht. Ich habe mein Wort gegeben, in kurzer Frist gegen ihn zum Kampf zu reiten. Dann werden wir unsere Tapferkeit beweisen. Edle Frau, ich habe Euch verziehen, doch nun seid auch so freundlich, meinen bescheidenen Rat nicht zu verschmähen. Befolgt Ihr ihn, gereicht es Euch als Frau zur Ehre und führt Euch zu rechtem Ansehen: Außer uns ist niemand weit und breit zu sehen. Schenkt mir also Eure Gunst, edle Frau!«

Sie aber erwiderte: »In einem gepanzerten Arm bin ich noch nic warm geworden. Doch will ich nicht bestreiten, daß

dienstes lôn an mir bejagen.
ich wil iuwer arbeit clagen,
unz ir werdet wol gesunt
10   über al swâ ir sît wunt,
unz daz der schade geheile.
ûf Schastel marveile
wil ich mit iu kêren.'
'ir welt mir vröude mêren,'
15   sus sprach der minnen gernde man.
er huop die vrouwen wol getân
mit drucke an sich ûf ir pfert.
des dûhte er si dâ vor niht wert,
do er si ob dem brunnen sach
20   unt si sô twirhlingen sprach.

       Gâwân reit dan mit vröude siten:
doch wart ir weinen niht vermiten,
unz er mit ir clagete.
er sprach daz si sagete
25   war umbe ir weinen waere,
daz siz durch got verbaere.
si sprach 'hêrre, ich muoz in clagen
von dem der mir hât erslagen
den werden Cidegasten.
des muoz mir jâmer tasten
616   Inz herze, dâ diu vröude lac
do ich Cidegastes minne pflac.
ine bin sô niht verdorben,
ine habe doch sît geworben
5   des küneges schaden mit koste
unt manege schärpfe tjoste
gein sîme verhe gevrümt.
waz ob mir an iu helfe kümt,
diu mich richet unt ergetzet
10   daz mir jâmer daz herze wetzet.
       ûf Gramoflanzes tôt
enpfieng ich dienst, daz mir bôt

Euch zu andrer Zeit solcher Lohn von mir werden soll. Ich
will Euch beistehen und Euch pflegen, bis Ihr geheilt seid
und allen Schaden überwunden habt. Nach Schastel marveile
will ich Euch begleiten.«
»Ihr macht mich überglücklich!« rief der liebesdurstige
Mann. Dann hob er die reizende Dame aufs Pferd und
drückte sie dabei an sich. Als er ihr zum ersten Mal am Quell
begegnete und sie so sonderbar mit ihm redete, hielt sie ihn
dessen nicht für wert. Fröhlich ritt Gawan los, Orgeluse
aber konnte die Tränen nicht zurückhalten, bis er bewegt
nach dem Grunde dafür fragte und sie bat, um Gottes willen
nicht mehr zu weinen. Orgeluse sagte darauf: »Herr, ich
muß Euch klagen von jenem Mann, der mir den edlen
Cidegast erschlug. Der Schmerz über seinen Tod greift tief
in mein Herz, das voller Freuden war, als Cidegasts Liebe
mich noch umgab. Mit allen Mitteln habe ich versucht, mich
an König Gramoflanz zu rächen, in manchen harten Zwei-
kampf habe ich ihn verwickelt und ihm so nach dem Leben
getrachtet. Ach, fände ich doch an Euch den erhofften
Beistand, so daß ich endlich gerächt und für den herzzerrei-
ßenden Schmerz entschädigt werde. Um Gramoflanz zu
töten, nahm ich die Dienste eines Königs an, der Einzigarti-

ein künec der des wunsches hêrre was.
hêr, der heizet Amfortas.
15   durch minne ich nam von sîner hant
von Thabronit daz crâmgewant,
daz noch vor iuwerr porten stêt,
dâ tiurez gelt engegen gêt.
der künec in mîme dienst erwarp
20   dâ von mîn vröude gar verdarp.
dô ich in minne solte wern,
dô muose ich niuwes jâmers gern.
in mîme dienste erwarb er sêr.
glîchen jâmer oder mêr,
25   als Cidegast geben kunde,
gab mir Anfortases wunde.
nu jeht, wie solte ich armez wîp,
sît ich hân getriuwen lîp,
alsolher nôt bî sinne sîn?
etswenn sich crenket ouch der mîn,
617   Sît daz er lît sô helfelôs,
den ich nâch Cidegaste erkôs
ze ergetzen unt durch rechen.
hêr, nu hoeret sprechen,
5   wâ mit erwarp Clinschor
den rîchen crâm vor iuwerm tor.
     dô der clâre Amfortas
minne und vröude erwendet was,
der mir die gâbe sande,
10   dô vorht ich die schande.
Clinschore ist staeteclîchen bî
der list von nigrômanzî,
daz er mit zouber twingen kan
beidiu wîb unde man.
15   swaz er werder diet gesiht,
dien laet er âne kumber niht.
durch vride ich Clinschore dar
gap mînen crâm nâch rîcheit var:

ges besaß. Herr, er heißt Anfortas. Als Zeichen seiner Liebe schenkte er mir jene Waren aus Tabronit, die vor Euerm Burgtor lagern und so kostbar sind. Den König traf jedoch in meinem Dienst ein Unheil, das mich ganz und gar verzweifeln ließ. Statt ihm meine Liebe zu schenken, mußte ich neues Leid ertragen. Er wurde nämlich in meinem Dienst verwundet, und meine Trauer darüber war groß, vielleicht noch größer als über den Verlust von Cidegast. Sagt selbst, wie sollte ich arme Frau in diesem Elend noch klar bei Sinnen bleiben, zumal mir Treue eigen ist. Zuweilen geriet ich völlig außer mir, da er dahinsiecht, den ich nach Cidegast erwählte, um zu vergessen und Rache zu nehmen. Nun sollt Ihr noch erfahren, Herr, wie Clinschor das wertvolle Gut vor Euerm Burgtor in seinen Besitz brachte.

Seit der herrliche Anfortas, der mir diese Gabe sandte, Liebe und Glück verloren hatte, lebte ich in Furcht vor schmachvoller Demütigung, denn Clinschor übt die Kunst der Nigromantie und zwingt mit seiner Zauberkraft Frauen und Männern seinen Willen auf. Kein Edler, der ihm unter die Augen gerät, bleibt von solcher Drangsal verschont. Um des Friedens willen überließ ich Clinschor das kostbare Handelsgut, doch unter einer Bedingung: Wer das Abenteuer in

---

Nigromantie: Schwarze Kunst, Zauberei.

swenn diu âventiur wurde erliten,
20 swer den prîs hete erstriten,
an den solte ich minne suochen:
wolte er minne geruochen,
der crâm waer anderstunde mîn.
der sol sus unser zweier sîn.
25 des swuoren die dâ wâren.
dâ mite ich wolde vâren
Gramoflanzes durch den list
der leider noch ungendet ist.
het er die âventiure geholt,
sô müese er sterben hân gedolt.

618   Clinschor ist hövesch unde wîs:
der erloubet mir durch sînen prîs
von mîner massenîe erkant
ritterschaft über al sîn lant
5 mit manegem stiche unde slage.
die ganzen wochen, alle ir tage,
al die wochen in dem jâr,
sunderrotte ich hân ze vâr,
dise den tac und jene die naht:
10 mit koste ich schaden hân gedâht
Gramoflanz dem hôchgemuot.
manegen strît er mit in tuot.
waz bewart in ie drunde?
sîns verhes ich vâren kunde.
15 die wâren ze rîche in mînen solt,
wart mir der keiner anders holt,
nâch minne ich manegen dienen liez,
dem ich doch lônes niht gehiez.
mînen lîp gesach nie man,
20 ine möhte wol sîn sîn dienst hân;
wan einer, der truoc wâpen rôt.
mîn gesinde er brâhte in nôt:
vür Lôgroys er kom geriten:
da entworhte er si mit solhen siten,

der Burg siegreich bestünde, dem sollte ich meine Liebe
antragen. Verschmähte er sie, dann wäre der Schatz wieder
mein. Dieser Vertrag wurde von allen Anwesenden
beschworen. Nun wird der Schatz uns beiden gehören. Auf
solche Weise gedachte ich Gramoflanz ins Verderben zu
locken, was leider nicht gelang. Hätte er das Abenteuer
gewagt, so wäre er umgekommen. Nun ist Clinschor
höfisch gebildet und sehr klug. Um seines eignen Ansehens
willen erlaubte er meinen berühmten Gefolgsleuten, in sei-
nem Land mit Stich und Hieb Ritterkämpfe auszutragen.
Das ganze Jahr hindurch sind immer neue Scharen auf meine
Kosten unterwegs, um dem hochmütigen Gramoflanz nach-
zustellen. Schon manchen Strauß hat er mit meinen Rittern
ausfechten müssen! Wie kam es nur, daß er bewahrt blieb?
Ich habe doch allerlei versucht, sein Leben zu gefährden.
War einer zu vermögend, mir um Sold zu dienen, so ließ ich
ihn, wenn andres nicht verfing, um Liebe dienen, wenn ich
solchen Lohn auch nicht versprach. Noch jeden Mann, der
mich nur sah, habe ich zu meinem Dienst gewinnen können,
nur einen nicht, der eine rote Rüstung trug. Als er nach
Logroys kam, brachte er meine Leute in Bedrängnis; denn
zu meinem Verdruß trieb er sie mühelos auseinander und

25 sîn hant si nider ströute,
daz ich michs wênec vröute.
zwischen Lôgroys unde iuwerm urvar,
mîner ritter im volgeten vünfe dar:
die enschumpfierte er ûf dem plân
und gap diu ors dem schifman.

619 Dô er die mîne überstreit,
nâch dem helde ich selbe reit.
ich bôt im lant unt mînen lîp:
er sprach, er hete ein schoener wîp,
5 unt diu im lieber waere.
diu rede was mir swaere:
ich vrâgete wer diu möhte sîn.
'von Pelrapeir diu künegîn,
sus ist genant diu lieht gemâl:
10 sô heize ich selbe Parzivâl.
ichn wil iuwer minne niht:
der grâl mir anders kumbers giht.'
sus sprach der helt mit zorne:
hin reit der ûz erkorne.

15 hân ich dar an missetân,
welt ir mich daz wizzen lân,
ob ich durch mîne herzenôt
dem werden ritter minne bôt,
sô crenket sich mîn minne.'

20 Gâwân zer herzoginne
sprach 'vrouwe, ich erkenne in alsô wert,
an dem ir minne hât gegert,
hete er iuch ze minne erkorn,
iuwer prîs waere an im unverlorn.'

25   Gâwân der kurtoys
und diu herzoginne von Lôgroys
vast an ein ander sâhen.
dô riten si sô nâhen,
daz man si von der burg ersach,
dâ im diu âventiure geschach.

mähte sie nieder. Fünf meiner Ritter, die ihm von Logroys
bis zu Eurer Anlegestelle folgten, hat er auf der Wiese
allesamt besiegt und ihre Pferde dem Fährmann über-
lassen.

Als er nun meine Ritter überwunden hatte, ritt ich selbst zu
dem Helden und bot ihm mein Reich und meine Hand. Er
sagte aber, er habe eine schönere Frau, die ihm auch lieber
wäre. Seine Worte ärgerten mich, und ich fragte, wer das sei.
›Die Königin von Pelrapeire ist meine schöne Gemahlin; ich
selbst heiße Parzival. Eure Liebe begehre ich nicht, der Gral
ist mir Kummer genug!‹ So sprach der auserwählte Held voll
Unmut und ritt davon. Sagt mir doch, habe ich übel daran
getan, in meiner Herzensnot dem edlen Ritter meine Liebe
anzutragen? Wäre dies der Fall, so hätte meine Liebe keinen
Wert für Euch.«

Gawan sprach zur Herzogin: »Herrin, als vornehm ist mir
der bekannt, dem Ihr Eure Liebe angetragen habt. Hätte er
seine Liebe Euch zugewandt, so wäre Euer Ansehen nicht
geschmälert worden.«

Der edle Gawan und die Herzogin von Logroys blickten
einander innig an. Sie hatten sich der Burg, wo Gawan das
Abenteuer bestanden hatte, bereits so weit genähert, daß

620 Dô sprach er 'vrouwe, tuot sô wol,
ob ich iuch des biten sol,
lât mînen namen unerkant,
als mich der ritter hât genant,
5 der mir entreit Gringuljeten.
leist des ich iuch hân gebeten:
swer iuch des vrâgen welle,
sô sprecht ir 'mîn geselle
ist mir des unerkennet,
10 er wart mir nie genennet.'
si sprach 'vil gerne ich si ez verdage,
sît ir niht welt daz ichz in sage.'
er unt diu vrouwe wol gevar
kêrten gein der bürge dar.
15 die ritter heten dâ vernomen
daz dar ein ritter waere komen,
der het die âventiure erliten
unt den lewen überstriten
unt den turkoyten sider
20 ze rehter tjost gevellet nider.
innen des reit Gâwân
gein dem urvar ûf den plân,
daz si in von zinnen sâhen.
si begunden vaste gâhen
25 ûz der burc mit schalle.
dô vuorten si alle
rîche baniere:
sus kômen si schiere
ûf snellen râvîten.
er wânde si wolden strîten.

621   Do er si verre komen sach,
hin zer herzoginne er sprach
'kumt jenez volc gein uns ze wer?'
si sprach 'ez ist Clinschores her,
5 die iuwer kûme hânt erbiten.
mit vröuden koment si nu geriten

man sie erspähte. Da sagte Gawan: »Edle Frau, seid so gut
und behaltet meinen Namen für Euch. Ihr habt ihn aus dem
Munde des Ritters gehört, der mir Gringuljete entführte.
Erfüllt meine Bitte! Wenn Euch jemand danach fragt, so
antwortet: Den Namen meines Gefährten kenne ich nicht
und habe ihn nie nennen hören.«
Sie erwiderte: »Da Ihr es wünscht, will ich ihn gern ver-
schweigen und nichts sagen.«
Nun ritt Gawan mit seiner schönen Begleiterin weiter auf
die Burg zu. Die Ritter in der Burg hatten inzwischen
erfahren, daß einer gekommen sei, der das Abenteuer
bestanden, den Löwen besiegt und auch den Turkoyten in
ehrlichem Zweikampf niedergestreckt habe. Indes ritt
Gawan bereits über die Wiese an der Anlegestelle, so daß
man ihn von den Zinnen her erblickte. Da eilte alles unter
fröhlichem Lärm aus der Burg. Sie führten prächtige Banner
mit sich und preschten auf feurigen Streitrossen herbei, so
daß Gawan glaubte, sie wollten kämpfen.
Als er sie von weitem kommen sah, fragte er die Herzogin:
»Will diese Schar mit uns streiten?«
Sie erwiderte: »Das ist Clinschors Heer; es hat Euch schon
mit Ungeduld erwartet. Voll Freude reiten sie herbei, um

unt wellent iuch enpfâhen.
daz endarf iu niht versmâhen,
sît ez diu vröude in gebôt.'
10 nu was ouch Plippalinôt
mit sîner clâren tohter fier
komen in einem ussier.
verre ûf den plân si gein im gienc:
diu maget in mit vröude enpfienc.
15   Gâwân bôt ir sînen gruoz:
si kuste im stegreif unde vuoz,
und enpfienc ouch die herzogîn.
si nam in bî dem zoume sîn
und bat erbeizen den man.
20 diu vrouwe unde Gâwân
giengen an des schiffes ort.
ein teppich unt ein kulter dort
lâgen: an der selben stete
diu herzogîn durch sîne bete
25 zuo Gâwâne nider saz.
des verjen tohter niht vergaz,
si entwâpent in. sus hôrte ich sagen.
ir mantel hete si dar getragen,
der des nahtes ob im lac,
do er ir herberge pflac:
622 Des was im nôt an der zît.
ir mantel unt sîn kursît
leit an sich hêr Gâwân.
si truog daz harnasch her dan.
5   alrêrst diu herzoginne clâr
nam sînes antlützes war,
dâ si sâzen bî ein ander.
zwêne gebrâten gâlander,
mit wîn ein glesîn barel
10 unt zwei blankiu wastel
diu süeze maget dar nâher truoc
ûf einer tweheln wîz genuoc.

Euch willkommen zu heißen. Solch herzliche Begrüßung
braucht Euch nicht mißfällig zu sein.«
Inzwischen war auch Plippalinot mit seiner schönen, liebli-
chen Tochter auf einem Fährboot angelangt. Die Jungfrau
lief Gawan weit über die Wiese entgegen und hieß ihn froh
willkommen. Als Gawan sie begrüßte, küßte sie ihm Steig-
bügel und Fuß und hieß dann auch die Herzogin willkom-
men. Dann ergriff sie den Zaum des Pferdes und bat den
Helden abzusitzen. Orgeluse und Gawan gingen zum Bug
des Schiffes, wo ein Teppich und ein Sitzpolster lagen. Auf
Gawans Bitte hin nahm die Herzogin an seiner Seite Platz.
Die Tochter des Fährmanns vergaß nicht, Gawan die
Rüstung abzunehmen. Ja, sie soll auch ihren Mantel mitge-
bracht haben, mit dem er sich in der Nacht, als er Gast in
ihrem Hause war, zugedeckt hatte und der ihm jetzt zustat-
ten kam. Gawan zog seinen Waffenrock und ihren Mantel
an, während sie seine Rüstung davontrug.
Jetzt erst, als sie beieinandersaßen, konnte die schöne Her-
zogin sein Antlitz sehen. Inzwischen hatte das liebreizende
Mädchen auf blütenweißem Tuch zwei gebratene Hauben-
lerchen, einen Glaspokal mit Wein und zwei weiße Brötchen

die spîse ervloug ein sprinzelîn.
Gâwân unt diu herzogîn
15 mohten daz wazzer selbe nemen,
ob twahens wolde si gezemen;
daz si doch bêdiu tâten.
mit vröude er was berâten,
daz er mit ir ezzen solde,
20 durch die er lîden wolde
beidiu vröude unde nôt.
swenn si daz barel im gebôt,
daz gerüeret hete ir munt,
sô wart im niuwe vröude kunt
25 daz er dâ nâch solt trinken.
sîn riuwe begunde hinken,
und wart sîn hôchgemüete snel.
ir süezer munt, ir liehtez vel
in sô von kumber jagete,
daz er kein wunden clagete.

623   Von der burc die vrouwen
dise wirtschaft mohten schouwen.
anderhalp anz urvar,
manec wert ritter kom aldar:
5 ir buhurt mit kunst wart getân.
disehalb hêr Gâwân
dancte dem verjen unt der tohter sîn
(als tet ouch diu herzogîn)
ir güetlîchen spîse.
10 diu herzoginne wîse
sprach 'war ist der ritter komen,
von dem diu tjoste wart genomen
gester dô ich hinnen reit?
ob den iemen überstreit,
15 weder schiet daz leben oder tôt?'
dô sprach Plippalinôt
'vrouwe, ich sah in hiute leben.
er wart mir vür ein ors gegeben:

herbeigetragen. Für den Braten hatte der Sperber gesorgt. Gawan und die Herzogin hatten das Wasser bei der Hand, wenn sie sich waschen wollten, was sie auch taten. Gawan war glücklich, mit der geliebten Frau, für die er alles auf sich nehmen wollte, bei Tisch zu sitzen. Reichte sie ihm den Pokal, dessen Rand sie zuvor mit dem Mund berührt hatte, war er stets aufs neue froh, ihn nach ihr an die Lippen setzen zu dürfen. Seine Trübsal schwand, und seine Freude wuchs. Ihr süßer Mund und ihr liebreizendes Antlitz ließen ihn Kummer und Leid vergessen, er fühlte nicht einmal mehr seine Wunden. Die Damen auf Schastel marveile sahen der Mahlzeit der beiden zu, auch waren viele Ritter dort ans Ufer gekommen und zeigten kunstvolle Kampfspiele. Diesseits des Flusses dankten Gawan und die Herzogin dem Fährmann und seiner Tochter für die freundliche Bewirtung. Danach fragte die Fürstin: »Was ist mit dem Ritter geschehen, der gestern hier gekämpft hat, als ich fortgeritten war? Wurde er besiegt und über Leben und Tod entschieden?«

Da sprach Plippalinot: »Herrin, heute sah ich ihn am Leben. Er wurde mir statt eines Pferdes ausgeliefert. Wollt Ihr ihn

    welt ir ledegen den man,
20 dar umbe sol ich swalwen hân,
    diu der künegîn Secundillen was,
    und die iu sante Anfortas.
    mac diu härpfe wesen mîn,
    ledec ist duc de Gôwerzîn.'
25 'die härpfen und daz ander crâmgewant,'
    sprach si, 'wil er, mit sîner hant
    mac geben unt behalden
    der hie sitzet: lât es in walden.
    ob ich im sô liep wart ic,
    er loeset mir Lischoysen hie,
624 Den herzogen von Gôwerzîn,
    und ouch den andern vürsten mîn,
    Flôranden von Itolac,
    der nahtes mîner wahte pflac:
5   er was mîn turkoyte alsô,
    sînes trûrens wirde ich nimmer vrô.'
        Gâwân sprach zer vrouwen
    'ir muget si bêde schouwen
    ledec ê daz und kom diu naht.'
10 dô heten si sich des bedâht
    und vuoren über an daz lant.
    die herzoginne lieht erkant
    huop Gâwân aber ûf ir pfert.
    manec edel ritter wert
15 enpfiengen in unt die herzogin.
    si kêrten gein der bürge hin.
    dâ wart mit vröuden geriten,
    von in diu kunst niht vermiten,
    deis der buhurt het êre.
20 waz mag ich sprechen mêre?
    wan daz der werde Gâwân
    und diu herzoginne wol getân
    von vrouwen wart enpfangen sô,
    si mohten es bêdiu wesen vrô,

auslösen, dann gebt mir die Harfe der Königin Secundille, die Euch Anfortas schenkte. Bekomme ich die Harfe, ist der Herzog von Gowerzin frei.«

Sie gab zur Antwort: »Die Harfe und das andere Handelsgut gehören dem, der neben mir sitzt; nach seinem Willen kann er die Dinge verschenken oder behalten. Doch wenn er mich liebt, wird er mir den Herzog Lischoys von Gowerzin auslösen und auch einen andern meiner Fürsten, Florand von Itolac, freigeben. Als mein Turkoyte hütete er meinen Schlaf und war so zuverlässig, daß ich nicht froh sein kann, solange er traurig ist.«

Gawan versprach ihr ohne Zögern: »Noch ehe die Nacht anbricht, sollt Ihr beide frei sehen.«

Danach setzten sie zum andern Ufer über, wo Gawan die schöne Herzogin aufs Pferd hob. Viele edle, vornehme Ritter hießen ihn und die Herzogin willkommen und begleiteten sie zur Burg. Ausgelassen tummelten sie ihre Pferde und zeigten Reiterkünste, die ihnen alle Ehre machten. Was soll ich noch erzählen? Der edle Gawan und die stolze Herzogin wurden auf Schastel marveile so empfangen, daß beide herz-

25 ûf Schastel marveile.
    ir mugt es im jehen ze heile,
    daz im diu saelde ie geschach.
    dô vuort in an sîn gemach
    Arnîve: und die daz kunden,
    die bewarten sîne wunden.

625   Ze Arnîven sprach Gâwân
    'vrouwe, ich sol ein boten hân.'
    ein juncvrouwe wart gesant:
    diu brâhte einen sarjant,
5   manlîch, mit zühten wîse,
    in sarjandes prîse.
    der knappe swuor des einen eit,
    er wurbe lieb oder leit,
    daz er des niemen dâ
10 gewüege noch anderswâ,
    wan dâ erz werben solte.
    er bat daz man im holte
    tincten unde permint.
    Gâwân des künec Lôtes kint
15 schreib gevuoge mit der hant.
    er enbôt ze Löver in daz lant
    Artûse unt des wîbe
    dienst von sîme lîbe
    mit triuwen unverschertet:
20 und hete er prîs behertet,
    der waere an werdekeite tôt,
    sine hulfen im ze sîner nôt,
    daz si beide an triuwe daehten
    unt ze Jôflanze braehten
25 die massenîe mit vrouwen schar:
    und er koeme ouch selbe gein in dar
    durch kampf ûf al sîn êre.
    er enbôt in dennoch mêre,
    der kampf waere alsô genomen
    daz er werdeclîche müese komen.

lich froh darüber waren. Ihr könnt ihn preisen, daß ihm
solches Glück widerfuhr. Dann wurde er in eine Kemenate
geführt, wo Arnive und andere Heilkundige sich seiner
Wunden annahmen.

»Edle Frau«, sagte Gawan zu Arnive, »ich brauche einen
zuverlässigen Boten.«

Eine Jungfrau wurde ausgesandt, die einen unerschrocke-
nen, wohlerzogenen Knappen herbeiholte, eine wahre
Zierde aller Knappen. Gawan ließ ihn schwören, daß er die
Botschaft, sie sei angenehm oder nicht, weder auf der Burg
noch anderswo einem Menschen verraten würde; nur der
Empfänger sollte sie erfahren.

Dann ließ Gawan Tinte und Pergament bringen. In zierli-
cher Schrift versicherte König Lots Sohn dem König Artus
und seiner Gemahlin im Lande Löver seinen unverbrüch-
lich treuen Dienst. Habe er je in hartem Kampf Heldenruhm
errungen, so drohe dieser zu verblassen, wenn sie ihm in
seiner Bedrängnis nicht beistehen würden. Sie sollten ihre
Verbundenheit mit ihm bewähren und das ganze Gefolge
mit sämtlichen Edelfrauen nach Joflanze führen. Er selbst
müsse dorthin ziehen, um im Kampf seine Ehre zu vertei-
digen. Weiter schrieb er, für den Kampf sei ein würdiger
Rahmen vereinbart worden. Schließlich ließ Gawan alle

626   Do enbôt ouch hêr Gâwân,
　　　　ez waere vrouwe oder man,
　　　　al der massenîe gar,
　　　　daz si ir triuwe naemen war
5　　　und daz si dem künege rieten kumen:
　　　　daz möhte an werdekeit in vrumen.
　　　　al den werden er enbôt
　　　　sîn dienst unt sînes kampfes nôt.
　　　　der brief mit insigels truoc:
10　　　er schreib in sus erkant genuoc
　　　　mit wârzeichen ungelogen.
　　　　'nu ensoltuz niht langer zogen,'
　　　　sprach Gâwân zem knappen sîn.
　　　　'der künec unt diu künegîn
15　　　sint ze Bems bî der Korcâ.
　　　　die küneginne soltu dâ
　　　　sprechen eines morgens vruo:
　　　　swaz si dir râte, daz tuo.
　　　　unt lâz dir eine witze bî,
20　　　verswîc daz ich hie hêrre sî
　　　　daz du hie massenîe sîs,
　　　　daz ensage in niht deheinen wîs.'
　　　　　dem knappen was dannen gâch.
　　　　Arnîve sleich im sanfte nâch:
25　　　diu vrâgte in war er wolde
　　　　und waz er werben solde.
　　　　dô sprach er 'vrouwe, ichn sag es iu niht
　　　　ob mir mîn eit rehte giht.
　　　　got hüete iuwer, ich wil hinnen varn.
　　　　er reit nâch werdeclîchen scharn.

Damen und Ritter des Gefolges wissen, sie sollten der gegenseitigen Treuepflicht gedenken und dem König raten, nach Joflanze zu kommen, was aller Ansehen mehren würde. Er versicherte alle Edelleute seiner Dienste und unterrichtete sie über den bevorstehenden schweren Kampf.

Der Brief blieb ungesiegelt, wurde aber so geschrieben, daß untrügliche Zeichen auf Gawan wiesen. »Mach dich ohne Säumen auf den Weg«, schärfte er dem Knappen ein. »Der König und die Königin sind jetzt in Bems an der Korca. Geh früh am Morgen zur Königin und tue dann, was sie dir raten wird. Sei aber dessen eingedenk: Verschweige allen, daß ich Herrscher dieses Landes bin! Sage auch nicht, daß du hier zum Gefolge gehörst!«

Als der Knappe davoneilte, schlich ihm Arnive heimlich nach und fragte, wohin er wolle und wie sein Auftrag laute. Er aber sprach: »Herrin, wenn mein Eid gelten soll, darf ich Euch nichts sagen. Gott behüte Euch! Ich muß losreiten!« Damit machte er sich auf den Weg zu der vornehmen Artusgesellschaft.

XIII.

627 Arnîve zorn bejagete,
  daz der knappe ir niht ensagete
  alsus getâniu maere,
  war er gesendet waere.
5 si bat den der der porten pflac
  'ez sî naht oder tac,
  so der knappe wider rîte,
  vüeg daz er mîn bîte
  unz daz ich in gespreche:
10 mit dîner kunst daz zeche.'
  doch truoc si ûf den knappen haz.
  wider în durch vrâgen baz
  gienc si zer herzoginne.
  diu pflac ouch der sinne,
15 daz ir munt des niht gewuoc,
  welhen namen Gâwân truoc.
  sîn bete hete an ir bewart,
  si versweic sîn namen unt sînen art.
   pusîne unt ander schal
20 ûf dem palas erhal
  mit vroelîchen sachen.
  manec rückelachen
  in dem palas wart gehangen.
  aldâ wart niht gegangen
25 wan ûf teppichen wol geworht.
  ez het ein armer wirt ervorht.
  alumbe an allen sîten
  mit senften plûmîten
  manec gesiz dâ wart geleit,
  dar ûf man tiure kultern treit.

Dreizehntes Buch

Arnive war erzürnt darüber, daß der Knappe ihr nicht gesagt hatte, wohin er reiten sollte. Sie bat also den Torwächter: »Ob der Knappe nun bei Tage oder Nacht zurückkehrt, richte es so ein, daß er warten muß, bis ich mit ihm gesprochen habe. Du bist gewitzt genug und wirst es schon zuwege bringen!«

Ungehalten über den Knappen, ging sie zur Herzogin und wollte sie ausfragen. Doch diese hütete sich, den Namen Gawans auszusprechen. Sie dachte an seine Bitte und verschwieg seinen Namen und sein Herkunft. Mittlerweile ertönten heitere Klänge von Posaunen und andern Instrumenten im Palast, wo nicht nur der Fuß auf kunstreich gewebte Teppiche trat, sondern auch die Wände damit behängt wurden. Ein armer Hausherr hätte sich entsetzt über solchen Aufwand. Die Sitze an den Wänden waren mit weichen Kissen gepolstert und mit kostbaren Decken versehen.

628   Gâwân nâch arbeite pflac
slâfens den mitten tac.
im wâren sîne wunden
mit kunst alsô gebunden,
5   ob vriundîn waere bî im gelegen,
hete er minne gepflegen,
daz waere im senfte unde guot.
er hete ouch bezzern slâfes muot,
dan des nahtes dô diu herzogin
10 an ungemache im gap gewin.
er erwachte gein der vesper zît.
doch het er in slâfe strît
gestriten mit der minne
aber mit der herzoginne.
15   ein sîn kameraere
mit tiurem golde swaere
. brâhte im cleider dar getragen
von liehtem pfelle, hôrte ich sagen.
dô sprach mîn hêr Gâwân
20 'wir suln der cleider mêr noch hân,
diu al gelîche tiure sîn;
dem herzogen von Gôwerzîn,
unt dem clâren Flôrande,
der in manegem lande
25 hât gedienet werdekeit.
nu schaffet daz diu sîn bereit.'
    bî eime knappen er enbôt
sîme wirt Plippalinôt
daz er im sant Lischoysen dar.
bî sîner tohter wol gevar
629 Wart Lischoys dar ûf gesant.
vrou Bêne brâhte in an der hant,
durch Gâwânes hulde,
und ouch durch die schulde:
5   Gâwân ir vater wol gehiez,
dô er si sêre weinde liez,

Nach aller Mühsal schlief Gawan bis weit in den Tag hinein.
Seine Wunden waren so geschickt verbunden, daß es ihm
nur recht und angenehm gewesen wäre, wenn die Geliebte
bei ihm gelegen und er ihre Liebe hätte genießen können. Er
schlief diesmal auch besser als die Nacht zuvor, als ihn der
Gedanke an die Herzogin in Unruhe versetzt hatte. Als er
um die Vesperzeit erwachte, hatte er im Traum den Liebes-
streit mit der Herzogin erneut ausgefochten. Wie ich höre,
brachte einer seiner Kämmerer schimmernde Seidenkleider
mit kostbarer, schwerer Goldstickerei herbei. Da befahl
unser Herr Gawan: »Wir brauchen auch noch Kleider für
den Herzog von Gowerzin und für den schönen Florand,
der in vielen Ländern ruhmvoll gestritten hat, und sie müs-
sen ebenso kostbar sein wie diese. Sorgt dafür, daß sie bereit
sind!«
Seinem Wirt Plippalinot gebot er durch einen Knappen,
Lischoys zu ihm zu bringen. Es dauerte nicht lange, da
wurde Lischoys von der schönen Tochter des Fährmanns
auf die Burg geführt. Gawan zuliebe hielt Fräulein Bene
seine Hand in der ihren; auch darum tat sie's, weil Gawan
ihrem Vater viel Gutes versprochen hatte an dem Tag, als er

des tages dô er von ir reit
dâ prîs erwarp sîn manheit.
   der turkoyte was ouch komen.
10 an den bêden wart vernomen
Gâwâns enpfâhen âne haz.
iewederr nider zuo ze im saz,
unz man in cleider dar getruoc:
diu wâren kostlîch genuoc,
15 daz si niht bezzer möhten sîn.
diu brâhte man in allen drîn.
ein meister hiez Sârant,
nâch dem Sêres wart genant:
der was von Trîande.
20 in Secundillen lande
stêt ein stat heizet Thasmê:
diu ist groezer danne Ninnivê
oder dan diu wîte Acratôn.
Sârant durch prîses lôn
25 eines pfelles dâ gedâhte
(sîn werc vil spaehe brâhte):
der heizet saranthasmê.
ob der iht rîlîchen stê?
daz muget ir âne vrâgen lân:
wand er muoz grôze koste hân.
630   Diu selben cleider leiten an
die zwêne unde Gâwân.
si giengen ûf den palas,
dâ einhalp manec ritter was,
5 anderhalp die clâren vrouwen.
swer rehte kunde schouwen,
von Lôgroys diu herzogîn
truoc vor ûz den besten schîn.
der wirt unt die geste
10 stuonden vür si diu dâ gleste,
diu Orgelûse was genant.
der turkoyte Flôrant

sie tränenüberströmt zurückließ und fortritt, um mit Manneskühnheit Heldenruhm zu erringen. Auch der Turkoyte war erschienen, und Gawan empfing ihn und Lischoys mit großer Liebenswürdigkeit. Beide nahmen an seiner Seite Platz, und nun brachte man die überaus kostbaren Kleider.

Einst lebte ein Meister names Sarant, nach dem das Volk der Serer benannt ist. Er selbst stammte aus Triand. Im Reiche der Secundille aber liegt die Stadt Thasme, die größer ist als Ninive oder das riesige Acraton. Um recht berühmt zu werden, erfand dort Sarant eine kunstvoll gewebte Seide, die man Saranthasme nennt. Ob der Stoff prachtvoll wirkt, braucht ihr nicht erst zu fragen; sein Preis ist schließlich hoch genug.

Solche Kleider nun legten die beiden Ritter und Gawan an und begaben sich in den Palast, wo auf der einen Seite viele Ritter, auf der andern die schönen Damen warteten. Wer ein Auge dafür hatte, der sah, daß die Herzogin von Logroys die Herrlichste von allen war. Gawan und seine Begleiter traten vor die strahlendschöne Orgeluse, und nun erhielten die beiden höfischen Fürsten, der Turkoyte Florand und der

---

Serer: seit der Antike die Bezeichnung für die Chinesen; von altchin. *sir* = Seide, also ›Seidenleute‹.

und Lischoys der clâre
wurden ledec âne vâre,
15   die zwêne vürsten curtoys,
durch die herzogin von Lôgroys.
si dancte Gâwân drumbe,
gein valscheit diu tumbe
unt diu herzelîche wîse
20   gein wîplîchen prîse.
      dô disiu rede geschach,
Gâwân vier küneginne sach
bî der herzoginne stên.
er bat die zwêne nâher gên
25   durch sîne curtôsîe:
die jungeren drîe
hiez er küssen dise zwêne.
nu was ouch vrouwe Bêne
mit Gâwân dar gegangen:
diu wart dâ wol enpfangen.

631   Der wirt niht langer wolde stên:
er bat die zwêne sitzen gên
zuo den vrouwen swâ si wolden.
dô si sô tuon solden,
5   diu bete tete in niht ze wê.
'welhez ist Itonjê?'
sus sprach der werde Gâwân:
'diu sol mich bî ir sitzen lân.'
des vrâgte er Bênen stille.
10   sît ez was sîn wille,
si zeigete im die maget clâr,
'diu den rôten munt, daz brûne hâr
dort treit bî liehten ougen.
welt ir si sprechen tougen,
15   daz tuot gevuoclîche,'
sprach vrou Bên diu zühte rîche.
diu wesse Itonjê minnen nôt,
und daz ir herze dienst bôt

schöne Lischoys, zu Ehren der Herzogin von Logroys ohne
Vorbehalt ihre Freiheit wieder. Orgeluse sagte Gawan Dank
dafür; denn sie verstand nicht zu heucheln und wußte im
Herzen wohl, was einer rechten Frau geziemte. Neben der
Herzogin sah Gawan vier Königinnen stehen. Höflich bat er
Lischoys und Florand näher und forderte die drei jüngeren
Damen auf, die Fürsten mit einem Kuß zu begrüßen. Auch
Fräulein Bene, die bei Gawan war, wurde freundlich emp-
fangen.

Der Hausherr mochte nicht länger stehen bleiben und bat
die beiden Fürsten, nach Belieben bei den Damen Platz zu
nehmen, was diese recht gern taten.

»Wer von den Damen ist Itonje? Ich möchte bei ihr sitzen«,
so fragte der edle Gawan leise Fräulein Bene, die ihm die
schöne Jungfrau zeigen sollte.

»Die mit dem roten Mund, dem dunklen Haar und den
glänzenden Augen ist es. Wenn Ihr vertraulich mit ihr
sprechen wollt, so tut's auf rechte Weise«, antwortete das
wohlerzogene Fräulein Bene. Sie wußte um Itonjes Liebes-

       der werde künec Gramoflanz
20 mit ritterlîchen triuwen ganz.
     Gâwân saz nider zuo der magt
   (ich sage iu daz mir wart gesagt):
   sîner rede er dâ begunde
   mit vuoge, wande erz kunde.
25 ouch kunde si gebâren,
   daz von sô kurzen jâren
   als Itonjê diu junge truoc,
   den hete si zühte gar genuoc.
   er hete sich vrâgens gein ir bewegen,
   ob si noch minne kunde pflegen.
632 Dô sprach diu magt mit sinnen
   'hêr, wen solte ich minnen?
   sît mir mîn êrster tag erschein,
   sô wart ritter nie dehein
5   ze dem ich ie gespraeche wort,
   wan als ir hiute hât gehôrt.'
    'so möhten iu doch maere komen,
   wâ ir mit manheit hât vernomen
   bejagten prîs mit ritterschaft,
10 und wer mit herzenlîcher craft
   nâch minnen dienst bieten kan.'
   sus sprach mîn hêr Gâwân:
   des antwurte im diu clâre magt
   'nâch minne ist dienstes mich verdagt.
15 wan der herzoginne von Lôgroys
   dient manc ritter curtoys,
   beidiu nâch minne und umbe ir solt.
   der hât maneger hie geholt
   tjostieren dâ wirz sâhen.
20 ir keiner nie sô nâhen
   kom als ir uns komen sît.
   den prîs ûf hoehet iuwer strît.'
    er sprach zer meide wol gevar
   'war criegt der herzoginne schar.

nöte und darum, daß der edle König Gramoflanz ihr mit
ritterlicher Treue diente.

Ich erzähle euch, was ich davon hörte: Gawan setzte sich
neben die Jungfrau und begann höflich zu plaudern, worauf
er sich gut verstand. Aber auch Itonje zeigte sich im
Gespräch für ihre jungen Jahre recht gewandt. Gawan wagte
nun die Frage, ob ihr Herz schon von Liebe wüßte. Die
Jungfrau aber erwiderte wohlüberlegt: »Herr, wen sollte ich
denn lieben? Seit meinem ersten Lebenstag habe ich kein
Wort mit einem Ritter gewechselt; heute geschieht es zum
erstenmal.«

»Vielleicht habt Ihr erzählen hören von Siegesruhm, der
ritterlich erstritten wurde, und von einem, der mit der
ganzen Kraft seines Herzens um Liebe dienen kann«, so
sprach Herr Gawan.

Die schöne Jungfrau gab zur Antwort: »Vom Dienst um
Liebe weiß ich nichts. Ich weiß nur, daß der Herzogin von
Logroys viele edle Ritter dienen, um Liebe oder auch um
Sold. So mancher hat vor unsern Augen ritterlich gekämpft,
doch keiner kam uns je so nahe wie Ihr, der hohen Ruhm
errungen hat.«

Gawan fragte nun das schöne Mädchen: »Wen befehden
eigentlich die vielen tapfren Ritter im Gefolge der Herzogin?
Wer hat sich Orgeluses Gunst so sehr verscherzt?«

25 sus manec ritter ûz erkorn?
    wer hât ir hulde verlorn?'
    si sprach 'daz hât roys Gramoflanz,
    der der werdekeite cranz
    treit, als im diu volge giht.
    hêr, des erkenne ich anders niht.'

633   Dô sprach mîn hêr Gâwân
    'ir sult sîn vürbaz künde hân,
    sît er sich prîse nâhet
    unt des mit willen gâhet.
 5 von sînem munde ich hân vernomen,
    daz er herzenlîche ist komen
    mit dienst, ob irs geruochet,
    sô daz er helfe suochet
    durch trôst an iuwer minne.
10 künec durch küneginne
    sol billîche enpfâhen nôt.
    vrouwe, hiez iuwer vater Lôt,
    sô sît irz die er meinet,
    nâch der sîn herze weinet:
15 unde heizt ir Itonjê,
    sô tuot ir im von herzen wê.
      ob ir triuwe kunnet tragen,
    sô sult ir wenden im sîn clagen.
    beidenthalp wil ich des bote sîn.
20 vrouwe, nemt diz vingerlîn:
    daz sante iu der clâre.
    ouch wirbe ichz âne vâre:
    vrouwe, daz lât al balde an mich.'
    si begunde al rôt värwen sich:
25 als ê was gevar ir munt,
    wart al dem antlütze kunt:
    dar nâch schier wart si anders var.
    si greif al blûweclîche dar:
    daz vingerlîn wart schiere erkant:
    si enpfieng ez mit ir clâren hant.

»Es ist der König Gramoflanz, er soll weithin berühmt sein. Mehr weiß ich nicht von ihm, Herr.«

»Dann sollt Ihr mehr von ihm erfahren«, sprach Herr Gawan, »denn er strebt mit allen Kräften nach Ruhm. Wenn Ihr gestattet: Aus seinem eignen Munde habe ich vernommen, daß er Euch mit ganzem Herzen dient und von Eurer Liebe Hilfe und Trost erhofft. Es ist ja auch nur recht, wenn eine Königin einen König in Liebesnot verstrickt. Edle Dame, ist König Lot Euer Vater, dann seid Ihr es, die Gramoflanz liebt, nach der er sich in Sehnsucht verzehrt. Ist Euer Name Itonje, dann seid Ihr es, die ihm Herzeleid bereitet. Habt Ihr ein treues Herz, so stillt seine Klage! Ich will Euer beider Bote sein. Nehmt diesen Ring, Herrin. Ihn sendet Euch der schöne Gramoflanz, dessen Botschaft ich bedingungslos überbringe. Ihr könnt Euch ganz auf mich verlassen.«

Itonje wurde über und über rot wie ihre Lippen, doch gleich darauf erblaßte sie. Schüchtern streckte sie ihre zarte Hand aus und nahm den wohlbekannten Ring entgegen. Dann

634   Dô sprach si 'hêrre, ich sihe nu wol,
        ob ich sô vor iu sprechen sol,
        daz ir von im rîtet,
        nâch dem mîn herze strîtet.
5   ob ir der zuht ir reht nu tuot,
        hêr, diu lêrt iuch helenden muot.
        disiu gâbe ist mir ouch ê gesant
        von des werden küneges hant.
        von im sagt wâr diz vingerlîn:
10   er enpfieng ez von der hende mîn.
        swaz er kumbers ie gewan,
        dâ bin ich gar unschuldec an:
        man sînen lîp hân ich gewert
        mit gedanken swes er an mich gert.
15   er hete schiere daz vernomen,
        möhte ich iemmer vürbaz komen.
            Orgelûsen ich gegüsset hân,
        diu sînen tôt sus werben kan.
        daz was ein kus den Jûdas truoc,
20   dâ von man sprichet noch genuoc.
        elliu triuwe an mir verswant,
        daz der turkoite Flôrant
        unt der herzoge von Gôwerzîn
        von mir gegüsset solden sîn,
25   mîn suone wirt in doch nimmer ganz,
        die gein dem künege Gramoflanz
        mit staete ir hazzen kunnen tragen.
        mîn muoter sult ir daz verdagen,
        und mîn swester Cundriê.'
        des bat Gâwân Itonjê.

635   'Hêrre, ir bâtet mich alsus,
        daz ich enpfâhen müese ir kus,
        doch unverkorn, an mînen munt:
        des ist mîn herze ungesunt.
5   wirt uns zwein immer vröude erkant,
        diu helfe stêt in iuwer hant.

sagte sie: »Herr, wenn ich offen sprechen darf: Ich sehe nun,
daß Ihr von jenem Manne kommt, nach dem mein Herz sich
sehnt. Wollt Ihr so handeln, wie es der Anstand fordert,
Herr, dann behaltet Euer Wissen für Euch. Diesen Ring hat
mir der König nicht zum erstenmal geschickt; er dient als
Erkennungszeichen und ist ein Geschenk von mir. Ist er
traurig, so bin ich schuldlos daran, denn in Gedanken habe
ich ihm alle Wünsche gewährt. Er hätte es längst erfahren,
könnte ich nur die Burg verlassen. Als ich Orgeluse küßte,
die ihn verderben will, da war's, wie man so sagt, ein
Judaskuß, und ich beging eigentlich Verrat, als ich dem
Turkoyten Florand und dem Herzog von Gowerzin den
Mund zum Kusse bot. In Wahrheit aber bin ich allen feind,
die König Gramoflanz mit ihrem Haß verfolgen. Doch
meine Mutter darf davon nichts wissen und auch nicht meine
Schwester Cundrie!« Dies war's, worum Itonje Herrn
Gawan bat. »Herr, Ihr wünschtet, daß ich die Feinde von
Gramoflanz mit einem Kuß empfange, ohne Versöhnung.
Das hat mich schwer getroffen. Soll uns beiden je das Glück
lächeln, dann könnt nur Ihr uns dazu verhelfen. Der König

    vür wâr der künec mînen lîp
    minnet vür elliu wîp.
    des wil ich in geniezen lân:
10 ich bin im holt vür alle man.
    got lêre iuch helfe unde rât,
    sô daz ir uns bî vröuden lât.'
      dô sprach er 'vrouwe, nu lêrt mich wie.
    er hât iuch dort, ir habt in hie,
15 unt sît doch underscheiden:
    möht ich nu wol iu beiden
    mit triuwen solhen rât gegeben,
    des iuwer werdeclîchez leben
    genüzze, ich wolde ez werben:
20 des enlieze ich niht verderben.'
    si sprach 'ir sult gewaldec sîn
    des werden küneges unde mîn.
    iuwer helfe unt der gotes segen
    müez unser zweier minne pflegen,
25 sô daz ich ellende
    im sînen kumber wende.
    sît al sîn vröude stêt an mir,
    swenne ich untriuwe enbir,
    so ist immer mînes herzen ger
    daz ich in mîner minne wer.'

636   Gâwân hôrt an dem vrouwelîn,
    daz si bî minne wolde sîn:
    dar zuo was ouch niht ze laz
    gein der herzoginne ir haz.
5 sus truoc si minne unde haz.
    ouch hete er sich gesündet baz
    gein der einvaltigen magt
    diu im ir kumber hât geclagt,
    wande er ir niht zuo gewuoc
10 daz in unt si ein muoter truoc:
    ouch was ir bêder vater Lôt.
    der meide er sîne helfe bôt:

liebt mich wahr und wahrhaftig mehr als alle andern Frauen, und diese innige Liebe will ich ihm dadurch lohnen, daß ich ihm vor allen andern Männern zugetan bin. Gott lasse Euch einen hilfreichen Ausweg finden, damit unser Glück nicht zerstört wird.«

Er antwortete: »Edle Dame, dann sagt mir auch, was ich tun soll. Ihr seid eins miteinander und doch getrennt. Wüßte ich einen Weg, der euch zu einem Leben in Ehre und Glück führte, so wollte ich keine Mühe scheuen und euch dazu verhelfen.«

Sie erwiderte: »Ich und der edle König vertrauen voll und ganz auf Euch. Eure Hilfe und der Segen Gottes mögen unsre Liebe schützen, so daß ich ihn, obwohl der Heimat fern, von seinem Kummer erlöse. Da ich sein ganzes Glück bin, so muß mein Herz in Treue danach streben, ihm meine Liebe zu schenken.«

Gawan hörte also von dem Fräulein, daß sie sich nach Liebe sehnte und die Herzogin zutiefst haßte. In ihrem Herzen wohnten Liebe und Haß zugleich. Er selber aber hatte an dem arglosen Mädchen, das ihm sein Leid klagte, unrecht gehandelt, denn er hatte verschwiegen, daß eine Mutter sie getragen hatte und ihr beider Vater König Lot war. Nachdem er dem Mädchen seine Unterstützung zugesagt hatte,

da engein si tougenlîchen neic,
daz er si troesten niht versweic.
15   nu was ouch zît daz man dar truoc
tischlachen manegez wîz genuoc
unt daz brôt ûf den palas,
dâ manec clâriu vrouwe was.
daz hete ein underscheit erkant,
20   daz die ritter eine want
heten sunder dort hin dan.
den sedel schuof hêr Gâwân.
der turkoyte zuo ze im saz,
Lischoys mit Gâwâns muoter az,
25   der clâren Sangîven.
mit der küneginne Arnîven
az diu herzoginne clâr.
sîn swester bêde wol gevar
Gâwân zuo ze im sitzen liez:
iewedriu tete als er si hiez.
637   Mîn kunst mir des niht halbes giht,
ine bin solh küchenmeister niht,
daz ich die spîse künne sagen,
diu dâ mit zuht wart vür getragen.
5   dem wirte unt den vrouwen gar
dienden meide wol gevar:
anderhalp den rittern an ir want
diende manec sarjant.
ein vorhtlîch zuht si des betwanc,
10   daz sich der knappen keiner dranc
mit den juncvrouwen:
man muose si sunder schouwen,
si trüegen spîse oder wîn:
sus muosen si mit zühten sîn.
15   si mohten dô wol wirtschaft jehen.
ez was in selten ê geschehen,
den vrouwen unt der ritterschaft,
sît si Clinschores craft

verneigte sie sich unmerklich voller Dankbarkeit dafür, daß
er ihr helfen wollte.

Nun war es an der Zeit, viele blütenweiße Tischtücher und
Brot in den Palast zu bringen, wo all die schönen Damen
waren. Zum Essen fand eine Trennung statt: die Ritter
nahmen an der einen Seite gesondert von den Damen Platz.
Herr Gawan bestimmte die Sitzordnung: an seiner Seite
nahm der Turkoyte Platz, während Lischoys mit Gawans
Mutter, der schönen Sangive, die Mahlzeit einnahm. Die
schöne Herzogin speiste mit der Königin Arnive, und seine
beiden liebreizenden Schwestern ließ Gawan bei sich sitzen,
und alle folgten seinem Geheiß.

Ich bin kein großer Küchenmeister, und meine Kenntnisse
in dieser Kunst genügen nicht einmal, auch nur die Hälfte
der Gerichte zu benennen, die man mit Anstand herbeitrug.
Der Hausherr und die Damen wurden von lieblichen Mäd-
chen bedient, die Ritter auf ihrer Seite von zahlreichen
Knappen. Unter den Knappen herrschte solche Zucht, daß
keiner sich beim Tafeldienst zwischen die Mädchen drängte.
Ob sie Speisen oder Wein auftrugen, sie blieben stets geson-
dert voneinander, wie es der Anstand verlangt.

Es war ein wahrer Festschmaus, wie ihn die Damen und die
Ritter nicht mehr kannten, seit Clinschors mächtige Zauber-

mit sînen listen überwant.
20 si wâren ein ander unbekant,
unt beslôz si doch ein porte,
daz si ze gegenworte
nie kômen, vrouwen noch die man.
dô schuof mîn hêr Gâwân
25 daz diz volc ein ander sach,
dar an in liebes vil geschach.
Gâwân was ouch liep geschehen:
doch muose er tougenlîchen sehen
an die clâren herzoginne:
diu twanc sîns herzen sinne.

638   Nu begunde ouch strûchen der tac,
daz sîn schîn vil nâch gelac,
unt daz man durch diu wolken sach
des man der naht ze boten jach,
5 manegen stern, der balde gienc,
wand er der naht herberge vienc.
nâch der naht baniere.
kom si selbe schiere.
manec tiuriu crône
10 was gehangen schône
alumbe ûf den palas,
diu schiere wol bekerzet was.
ûf al die tische sunder
truoc man kerzen dar ein wunder.
15 dar zuo diu âventiure giht,
diu herzoginne waere sô lieht,
waere der kerzen keiniu brâht,
dâ waer doch ninder bî ir naht:
ir blic wol selbe kunde tagen.
20 sus hôrte ich von der süezen sagen.
man welle im unrehtes jehen,
sô habt ir selten ê gesehen
deheinen wirt sô vröuden rîch.
ez was den vröuden dâ gelîch.

kunst sie in seine Gewalt gezwungen hatte. Obwohl alle in
derselben Burg eingeschlossen waren, kannten Damen und
Ritter einander nicht und hatten nie ein Wort gewechselt.
Erst Herr Gawan hatte es vermocht, daß sie einander ken-
nenlernten, und alle waren herzlich froh darüber. Auch
Gawan war froh gestimmt, doch seine Blicke suchten immer
wieder die schöne Herzogin, die sein Herz bezwungen
hatte.

Allmählich neigte sich der Tag. Sein Licht war nahezu
erloschen, und zwischen den Wolken zogen die funkelnden
Sterne rasch herauf als Boten der Nacht, um ihr das Quartier
zu bestellen. Nach ihren Bannerträgern kam die Nacht
selbst herbei. Rings im Palast wurden an vielen kostbaren
Kronleuchtern die Kerzen entzündet; auch auf die Tische
stellte man zahlreiche Kerzen. Die Aventüre flicht hier ein,
die Herzogin sei von so strahlender Schönheit gewesen, daß
auch ohne das Licht der Kerzen in ihrer Nähe kein nächtli-
ches Dunkel geherrscht hätte, denn ihre Schönheit leuchtete
hell wie der Tag. Das wurde mir über die liebreizende
Orgeluse erzählt. Um die Wahrheit zu sagen: Solch glück-
lichen Hausherrn wie Gawan habt ihr kaum je gesehen. Die

25 alsus mit vröudehafter ger,
die ritter dar, die vrouwen her,
dicke an ein ander blicten.
die von der vremde erschricten,
werden si iemmer heinlîcher baz,
daz sol ich lâzen âne haz.

639 Ezn sî denne gar ein vrâz,
welt ir, si habent genuoc dâ gâz.
man truoc die tische gar her dan.
dô vrâgte mîn hêr Gâwân
5 umb guote videlaere,
ob der dâ keiner waere.
dâ was werder knappen vil,
wol gelêrt ûf seitspil.
ir keines kunst was doch sô ganz,
10 sine müesen strîchen alten tanz:
niuwer tänze was dâ wênc vernomen,
der uns von Dürngen vil ist komen.
nu danct es dem wirte:
ir vröude er si niht irte.
15 manec vrouwe wol gevar
giengen vür in tanzen dar.
sus wart ir tanz gezieret,
wol underparrieret
die ritter under daz vrouwen her:
20 gein der riuwe kômen si ze wer.
ouch mohte man dâ schouwen
ie zwischen zwein vrouwen
einen clâren ritter gên:
man mohte vröude an in verstên.
25 swelh ritter pflac der sinne,
daz er dienst bôt nâch minne,
diu bete was urlouplîch.
die sorgen arm und vröuden rîch
mit rede vertriben die stunde
gein manegem süezem munde.

Stimmung war heiter, Ritter und Damen suchten einander
voll frohem Verlangen immer häufiger mit Blicken. Mir
soll's nur recht sein, wenn sie, vorerst noch schüchtern, weil
sie sich nicht kannten, allmählich immer vertrauter mitein-
ander wurden.

Ihr seid wohl auch der Ansicht, daß sie nun genug gegessen
haben, es wäre denn ein rechter Vielfraß unter ihnen. Man
trug also die Tische hinaus, und unser Herr Gawan fragte,
ob denn niemand die Fiedel spielen könne. Manch edler
Knappe verstand sich auf das Saitenspiel, doch ihre Kunst
reichte gerade für alte Tänze; denn von den vielen neuen, die
aus Thüringen zu uns gekommen sind, hatte man dort noch
nichts gehört. Ihr könnt dem Hausherrn dafür danken, daß
er ihnen die Lustbarkeit gönnte. Viele schöne Damen sah er
zum Tanze schreiten, und bald wurde der Reigen bunter,
denn jetzt mischten sich die Ritter unter die Damen. So
feierten sie das Ende ihrer Trauer. Zwischen zwei Damen
ging stets ein stattlicher Ritter einher, und man kann ihre
Fröhlichkeit schon begreifen. Schwang sich ein Ritter dazu
auf, daß er um Liebeslohn zu dienen sich erbot, so wurde
solche Bitte nicht verworfen. Aller Sorgen ledig und voll
Freude vertrieb man sich die Zeit beim Plaudern mit man-
chem süßen Munde.

640   Gâwân und Sangîve
        unt diu künegîn Arnîve
        sâzen stille bî des tanzes schar.
        diu herzoginne wol gevar
5   her umb zuo Gâwân sitzen gienc.
        ir hant er in die sîne enpfienc:
        si sprâchen sus unde sô.
        ir komens was er zuo ze im vrô.
        sîn riuwe smal, sîn vröude breit
10   wart dô: sus swant im al sîn leit.
        was ir vröude am tanze grôz,
        Gâwân noch minre hie verdrôz.
            diu künegîn Arnîve sprach
        'hêr, nu prüevet iuwer gemach.
15   ir solt an disen stunden
        ruowen ze iuwern wunden.
        hât sich diu herzogîn bewegen
        daz si iuwer wil mit decke pflegen
        noch hînte geselleclîche,
20   diu ist helfe und râtes rîche.'
        Gâwân sprach 'des vrâget sie.
        in iuwer bêder gebot ich hie
        bin.' sus sprach diu herzogîn
        'er sol in mîner pflege sîn.
25   lât ditz volc slâfen varn:
        ich sol in hînte sô bewarn
        daz sîn nie vriundîn baz gepflac.
        Flôranden von Itolac
        und den herzogen von Gôwerzîn
        lât in der ritter pflege sîn.'
641   Gar schiere ein ende nam der tanz.
        juncvrouwen mit varwen glanz
        sâzen dort unde hie:
        die ritter sâzen zwischen sie.
5   des vröude sich an sorgen rach,
        swer dâ nâch werder minne sprach,

Gawan, Sangive und die Königin Arnive blieben sitzen und
sahen der tanzenden Menge zu. Die liebreizende Herzogin
ging nun zu Gawan und ließ sich neben ihm nieder. Er nahm
ihre Hand in die seine, und sie sprachen über mancherlei.
Gawan war glücklich, daß sie zu ihm gekommen war;
vergangen war sein Leid, unendlich groß sein Glück. All
seine Schmerzen waren vergessen. Fanden die andern am
Tanze auch große Freude, so war Gawans Freude nicht
geringer. Da mahnte die Königin Arnive: »Herr, denkt an
Eure Gesundheit! Mit Rücksicht auf Eure Wunden solltet
Ihr Euch jetzt zur Ruhe begeben. Hat sich die Herzogin
dazu entschlossen, schon heute Euer Lager zu teilen und
dafür zu sorgen, daß Ihr gut zugedeckt seid, soll's gesche-
hen; denn sie weiß zu raten und zu helfen.«
Gawan meinte: »Fragt sie selbst danach. Wie ihr beide es
bestimmt, soll es mir recht sein.«
Da sagte die Herzogin: »Ich will ihn in meine Obhut
nehmen. Laßt das Gefolge zur Ruhe gehen. Ich werde ihn
heute nacht besser als jede andere liebende Frau umsorgen.
Florand von Itolac und den Herzog von Gowerzin mögen
die Ritter zu ihrem Ruhelager geleiten.«
Nun nahm der Tanz sein Ende. Überall im Saal saßen
schöne Jungfrauen und die Ritter zwischen ihnen. Wer um
edle Liebe warb und süße Worte hörte, der besiegte mit

ob er vant süeziu gegenwort.
von dem wirte wart gehôrt,
man solt daz trinken vür in tragen.
10   daz mohten werbaere clagen.
der wirt warp, mit den gesten:
in kunde ouch minne lesten.
ir sitzen dûhte in gar ze lanc:
sîn herze ouch werdiu minne twanc.
15   daz trinken gab in urloup.
manegen kerzînen schoup
truogen knappen vor den rittern dan.
do bevalh mîn hêr Gâwân
dise zwêne geste in allen:
20   das muose in wol gevallen.
Lyschoys unt Flôrant
vuoren slâfen al zehant.
diu herzogîn was sô bedâht,
si sprach, si gunde in guoter naht.
25   dô vuor ouch al der vrouwen schar
dâ si gemaches nâmen war:
ir nîgens si begunden
mit zuht die si wol kunden.
Sangîve und Itonjê
vuoren dan: als tet ouch Cundrîê.

642   Bêne und Arnîve dô
schuofen daz ez stuont alsô,
dâ von der wirt gemach erleit:
diu herzogîn daz niht vermeit,
5   dane waere ir helfe nâhe bî.
Gâwân vuorten dise drî
mit in dan durch sîn gemach.
in einer kemenâte er sach
zwei bette sunder ligen.
10   nu wirt iuch gar von mir verswigen
wie diu gehêret waeren:
ez naehet andern maeren.

Freude allen Kummer. Nun ließ der Hausherr den Nacht-
trunk bringen. Das mochten die um Liebe Werbenden
bedauern, doch nicht nur die Gäste, sondern auch den
Hausherrn quälte Liebesverlangen. Da edle Liebe sein Herz
bezwungen hatte, schien es ihm, als säßen sie schon viel zu
lange im Saal. Der Abendtrunk des Hausherrn war also das
Zeichen zum Aufbruch. Die Knappen trugen den Rittern
auf Leuchtern viele Kerzen voran. Herr Gawan befahl seine
beiden fürstlichen Gäste ihrer Obhut an, was diese sich
gefallen ließen. Die Herzogin wünschte ihnen eine gute
Nacht, und Lischoys und Florand begaben sich zur Ruhe.
Auch die Damen verneigten sich höflich und gingen zu Bett.
Mit ihnen verließen Sangive, Itonje und Cundrie den Saal.
Bene und Arnive trugen nun Sorge für das Wohlbefinden
des Hausherrn, und die Herzogin beeilte sich, dabei zu
helfen. Zu dritt führten sie Gawan mit sich fort und geleite-
ten ihn zu seinem Ruhelager. In einer Kemenate fand er zwei
Betten, getrennt voneinander aufgeschlagen. Ich spare mir
die Schilderung, wie prächtig sie hergerichtet waren, denn

Arnîve zer herzoginne sprach
‘nu sult ir schaffen guot gemach

15 disem ritter den ir brâhtet her.
ob der helfe an iu ger,
iuwerr helfe habt ir êre.
ine sage iu nu niht mêre,
wan daz sîne wunden

20 mit kunst sô sint gebunden,
er möhte nu wol wâpen tragen.
doch sult ir sînen kumber clagen:
ob ir im senftet, daz ist guot.
lêret ir in hôhen muot,

25 des muge wir alle geniezen:
nu lat es iuch niht verdriezen.’
diu künegîn Arnîve gienc,
dô si ze hove urloub enpfienc:
Bêne ein lieht vor ir truoc dan.
die tür beslôz hêr Gâwân.

643 Kunnen si zwei nu minne steln,
daz mag ich unsanfte heln.
ich sage vil lîht waz dâ geschach,
wan daz man dem unvuoge ie jach,

5 der verholniu maere machte breit.
ez ist ouch noch den höfschen leit:
ouch unsaeliget er sich dermite.
zuht sî daz slôz ob minne site.
nu vuogt diu strenge minne

10 unt diu clâre herzoginne
daz Gâwâns vröude was verzert:
er waere immer unernert
sunder âmîen.
die philosophîen

15 und al die ie gesâzen
dâ si starke liste mâzen,
Kancor unt Thêbit,
unde Trebuchet der smit,

anderes ist wichtiger. Arnive sprach nämlich zur Herzogin:
»Nun kümmert Euch aufs beste um den Ritter, den Ihr
hergeführt habt. Bedarf er Eurer Hilfe, bringt's Euch Ehre,
wenn Ihr sie gewährt. Ich will Euch nur noch sagen, seine
Wunden sind so geschickt verbunden, daß er den Kampf
schon wagen könnte. Erbarmt Euch seines Liebeskummers.
Ihr tut recht daran, wenn Ihr ihn lindert. Versetzt Ihr ihn in
frohe Laune, kommt dies uns allen nur zugute. Laßt's Euch
also nicht verdrießen!«

Königin Arnive nahm Abschied vom Hausherrn und ging
davon, Bene trug ihr einen Leuchter voran. Herr Gawan
aber schloß die Tür. Genießen er und Orgeluse nun im
verborgnen ihre Liebe, so muß ich, wenn auch ungern,
davon schweigen. Ich wollte schon recht gern erzählen, was
geschah, wenn es nicht Frevel wäre, Heimlichkeiten offen
auszubreiten. Unschickliches Benehmen verdrießt alle
Edlen, und der Erzähler straft sich selbst damit. Der
Anstand soll ein Riegel sein vor Liebesdingen.

Die übermächtige Liebe und die schöne Herzogin hatten
Gawans Lebensfreude verlöschen lassen. Ohne die Geliebte
wäre er verloren gewesen. Quälende Liebespein hätte ihm
bitteren Tod gebracht, wäre die Geliebte ihm ferngeblieben.
Das hätten weder die Philosophen noch jene Männer hin-
dern können, die geheime Künste kennen, nicht Kancor,
nicht Thebit, nicht der Schmied Trebuchet, der Frimutels

Kancor ... Thebit: arabische Gelehrte des 9. Jh.s aus Bagdad.

der Frimutels swert ergruop,
20 dâ von sich starkez wunder huop,
dar zuo al der arzte kunst,
ob si im trüegen guote gunst
mit temperîe ûz würze craft,
âne wîplîch geselleschaft
25 sô müese er sîne schärpfe nôt
hân brâht unz an den sûren tôt.
　　ich wil iu daz maere machen kurz.
er vant die rehten hirzwurz,
diu im half daz er genas
sô daz im arges niht enwas:

644 Diu wurz was bî dem blanken brûn.
muoterhalp der Bertûn,
Gâwân fil li roy Lôt,
süezer senft vür sûre nôt
5 er mit werder helfe pflac
helfeclîche unz an den tac.
sîn helfe was doch sô gedigen
deiz al daz volc was verswigen.
sît nam er mit vröuden war
10 al der ritter unt der vrouwen gar,
sô daz ir trûren vil nâch verdarp.
nu hoert ouch wie der knappe warp,
den Gâwân hête gesant
hin ze Löver in daz lant,
15 ze Bems bî der Korcâ.
der künec Artûs was aldâ,
unt des wîp diu künegîn,
und maneger liehten vrouwen schîn,
und der massenîe ein vluot.
20 nu hoert ouch wie der knappe tuot.
　　diz was eines morgens vruo:
sîner botschefte greif er zuo.
diu künegîn zer kappeln was,
an ir venje si den salter las.

Schwert mit seinen wunderbaren Eigenschaften schuf, nicht alle Kunst der Ärzte, die ihm in guter Absicht eine Mischung heilkräftiger Kräuter bereitet hätten.

Ich will nicht viele Worte machen: Gawan fand das rechte Hirschkraut, das ihm Genesung brachte und ihn von allem Übel heilte; das Kraut war dunkel auf hellem Grund. Gawan, der Sohn König Lots, mütterlicherseits ein Bretone, fand mit Hilfe der Edlen für bitteren Schmerz süßen Trost, den er die ganze Nacht hindurch bis zum frühen Morgen genoß. Der Trost blieb aber vor aller Welt verborgen. Doch sorgte er nachher dafür, daß auch die Ritter und Edelfrauen auf der Burg frohen Mutes waren, so daß von ihrer Trübsal keine Spur mehr blieb.

Hört nun, was der Knappe ausrichtete, den Gawan nach Bems an der Korca im Lande Löver geschickt hatte. Dort weilten zu dieser Zeit König Artus, seine königliche Gattin, viele Edelfrauen und eine Flut vornehmen Gefolges. Hört also, was der Knappe tut. Er überbrachte seine Botschaft früh am Morgen, als die Königin in der Kapelle war und

25 der knappe vür si kniete,
     er bôt ir vröuden miete:
     einen brief si nam ûz sîner hant,
     dar an si geschriben vant
     schrift, die si bekante
     ê sînen hêrren nante
645 Der knappe den si knien dâ sach.
     diu künegîn zem brieve sprach
     'ôwol der hant diu dich schreip!
     âne sorge ich nie beleip
5   sît des tages daz ich sach
     die hant von der diu schrift geschach.'
          si weinde sêre und was doch vrô:
     hin zem knappen sprach si dô
     'du bist Gâwânes kneht.'
10   'jâ, vrouwe. der enbiutet iu sîn reht,
     dienstlîch triuwe ân allen wanc,
     und dâ bî sîne vröude cranc,
     irn welt im vröude machen hôch.
     sô kumberlîch ez sich gezôch
15   nie umb al sîn êre.
     vrouwe, er enbiut iu mêre,
     daz er mit werden vröuden lebe,
     und vreische er iuwers trôstes gebe.
     ir mugt wol an dem brieve sehen
20   mêr denne ich iu des künne jehen.'
          si sprach 'ich hân vür wâr erkant
     durch waz du zuo mir bist gesant.
     ich tuon im werden dienst dar
     mit wünneclîcher vrouwen schar,
25   die vür wâr bî mîner zît
     an prîse vor ûz hânt den strît.
     âne Parzivâles wîp
     unt ân Orgelûsen lîp
     sone erkenne ich ûf der erde
     bî toufe kein sô werde.

knieend im Psalter las. Der Knappe kniete vor ihr nieder und überreichte ihr die Freudennachricht. Sie nahm aus seiner Hand einen Brief entgegen und erkannte an der vertrauten Schrift den Absender, noch ehe der Knappe vor ihr den Namen seines Herrn genannt hatte. Die Königin sprach zum Briefe: »Alles Glück der Hand, die dich geschrieben hat! Nie verließ mich die Sorge seit dem Tag, da ich die Hand zuletzt gesehen, die dich schrieb.« Sie weinte Freudentränen und fragte den Knappen: »Du bist Gawans Diener?«

»Ja, Herrin. Pflichtgemäß versichert er Euch treu und unverbrüchlich seiner Dienste und läßt Euch sagen, daß Ihr allein über sein Glück oder Unglück entscheidet. Seine Ehre war noch nie in so großer Gefahr wie jetzt. Herrin, er läßt Euch weiter sagen, daß er überglücklich wäre, wenn Ihr ihm Eure Hilfe versprechen wolltet. Aus dem Briefe mögt Ihr mehr entnehmen, als ich Euch sagen kann.«

»Mir ist nun klar, warum du zu mir geschickt wurdest«, erwiderte sie. »Ich werde tun, worum er bittet, und mit vielen Damen kommen, die an Anmut und Vorzügen nicht ihresgleichen haben. Unter allen christlichen Frauen kenne ich keine vornehmeren, außer Parzivals Gattin und Orge-

646 Daz Gâwân von Artûse reit,
sît hât sorge unde leit
mit crache ûf mich geleit ir vlîz.
mir sagete Meljanz von Lîz,
5 er saehe in sît ze Barbigoel.
'ôwê,' sprach si, 'Plimizoel,
daz dich mîn ouge ie gesach!
waz mir doch leides dâ geschach!
Cunnewâre de Lâlant
10 wart mir nimmer mêr bekant,
mîn süeziu werdiu gespil.
tavelrunder wart dâ vil
mit rede ir reht gebrochen.
vünftehalp jâr und sehs wochen
15 ist daz der werde Parzivâl
von dem Plimizoel nâch dem grâl
reit. dô kêrte ouch Gâwân
gein Ascalûn, der werde man.
Jeschûte und Eckubâ
20 schieden sich von mir aldâ.
grôz jâmer nâch der werden diet
mich sît von staeten vröuden schiet.'
diu künegîn trûrens vil verjach:
hin zem knappen si dô sprach
25 'nu volge mîner lêre.
verholne von mir kêre,
unz sich erhebe hôch der tac,
deiz volc ze hove wesen mac,
ritter, sarjande
diu grôze mahinande,
647 Uf den hof du balde trabe.
enruoche dîn runzît iemen habe:
dâ von soltu balde gên
aldâ die werden ritter stên.
5 die vrâgent dich âventiure:
als du gâhest ûz dem viure

luse. Seit Gawan fortgeritten ist von Artus, haben Sorgen und Leid mich heftig bedrängt. Meljanz von Liz hat mir berichtet, er habe ihn in Barbigöl gesehen. Wehe dir, Plimizöl«, rief sie, »daß dich meine Augen je erblickten! Wieviel Leid habe ich dort erfahren! Seit damals habe ich Cunneware von Lalant, meine liebreizende, edle Freundin, nicht mehr gesehen, und manchem Helden der Tafelrunde hat man dort die Ehre abgesprochen. Viereinhalb Jahre und sechs Wochen ist es her, seit der edle Parzival uns am Plimizöl verließ, um den Gral zu suchen. Zur gleichen Zeit zog der edle Ritter Gawan nach Ascalun. Auch Jeschute und Ekuba nahmen dort Abschied von mir. Die schmerzliche Sehnsucht nach all diesen Edlen hat jede Freude mir seither verwehrt.«

So gab die Königin ihrer Trauer Ausdruck, dann sagte sie zum Knappen: »Befolge nun streng meine Worte! Verlaß mich unbemerkt und halte dich verborgen, bis sich am späten Vormittag das ganze Gefolge, Ritter und Knappen, bei Hofe versammelt hat. Dann trabe herbei. Laß dein Pferd einfach stehen und eile auf die Schar der edlen Ritter zu. Sie werden fragen, was du für Neuigkeiten bringst. Tu mit Worten und Gebärden so, als brenne dir der Boden unter

gebâre mit rede und ouch mit siten.
von in vil kûme wirt erbiten
waz du maere bringest:
10 waz wirret ob du dich dringest
durch daz volc unz an den rehten wirt,
der gein dir grüezen niht verbirt?
disen brief gib im in die hant,
dar an er schiere hât erkant
15 dîniu maere und dînes hêrren ger:
des ist er mit der volge wer.
    noch mêre wil ich lêren dich.
offenlîche soltu sprechen mich,
dâ ich und ander vrouwen
20 dich hoeren unde schouwen.
dâ wirb umb uns als du wol kanst,
ob du dîme hêrren guotes ganst.
und sage mir, wâ ist Gâwân?'
der knappe sprach 'daz wirt verlân:
25 ich sage niht wâ mîn hêrre sî.
welt ir, er blîbet vröuden bî.'
der knappe was ir râtes vrô:
von der küneginne er dô
schiet als ir wol habt vernomen,
und kom ouch als er solde komen.

648 Reht umbe den mitten morgen
offenlîche und unverborgen
ûf den hof der knappe reit.
die höfschen prüeveten sîniu cleit
5 wol nâch knappelîchen siten.
ze bêden sîten was versniten
das ors mit sporn sêre.
nâch der künegîn lêre
er balde von dem orse spranc.
10 umb in huop sich grôz gedranc.
kappe swert unde sporn
unt daz ors, wurden diu verlorn,

den Füßen, damit sie es vor Neugier kaum erwarten können, deine Botschaft zu erfahren. Dränge dich ohne Scheu durch die Menge, bis du vor dem Herrscher stehst, der dich nicht zurückweisen wird. In seine Hand lege den Brief, aus dem er rasch deine Botschaft und den Wunsch deines Herrn erfährt. Er wird ihn gern erfüllen. Laß dir noch weiter raten: Wende dich vor Auge und Ohr aller Damen an mich und bringe, wenn dir das Heil deines Herrn am Herzen liegt, auch bei uns mit wohlgesetzten Worten dein Ersuchen vor. Nun sag mir aber, wo Gawan ist!«

Der Knappe erwiderte: »Das kann ich nicht! Ich darf Euch nicht sagen, wo mein Herr ist, doch an Euch allein liegt's, seinem Glück Dauer zu verleihen.«

Froh über ihren Rat, verließ der Knappe unbemerkt die Königin, wie ihr's gehört habt, und kehrte wieder, wie man's ihm geheißen hatte. Am späten Vormittag ritt er vor aller Augen auf den Hof. Wie es ihre Art ist, musterten die Knappen dort seinen Aufzug. Sein Pferd war an beiden Flanken von den Sporen arg zerschunden. Der Bote befolgte nun die Weisungen der Königin. Rasch sprang er vom Pferd, und obwohl sich viele um ihn scharten, drängte er sich ohne Gedanken an Kappe, Schwert, Sporen und Pferd hastig zur

dâ kêrt er sich wênec an.
der knappe huop sich balde dan,
15 dâ die werden ritter stuonden,
die vrâgen in begunden
von âventiure maere.
si jehent daz reht dâ waere,
ze hove az weder wîp noch man,
20 ê der hof sîn reht gewan,
âventiure sô werdeclîch,
diu âventiure waere gelîch.
    der knappe sprach 'ichn sage iu niht.
mîn unmuoze mir des giht:
25 daz sult ir mir durch zuht vertragen,
und ruocht mir von dem künege sagen.
den hete ich gern gesprochen ê:
mir tuot mîn unmuoze wê.
ir vreischt wol waz ich maere sage:
got lêre iuch helfe und kumbers clage.'

649   Diu botschaft den knappen twanc
daz ern ruochte wer in dranc,
unz in der künec selbe sach,
der sîn grüezen gein im sprach.
5 der knappe gab im einen brief,
der Artûs in sîn herze rief,
dô er von im wart gelesen,
dô muose er bî beiden wesen,
daz ein was vröude unt daz ander clage.
10 er sprach 'wol disem süezem tage,
bî des liehte ich hân vernomen,
mir sint diu wâren maere komen
umb mînen werden swestersun.
kan ich manlîch dienst tuon,
15 durch sippe und durch geselleschaft,
ob triuwe an mir gewan ie craft,
sô leiste ich daz mir Gâwân
hât enboten, ob ich kan.'

Schar der edlen Ritter durch. Sie bestürmten ihn sogleich mit Fragen, ob er Kunde von neuen Abenteuern brächte; denn nach der Sitte dort durfte sich niemand zu Tisch setzen, bis dem Hof sein Recht geschah, das heißt von einem so beachtenswerten Abenteuer berichtet wurde, daß es als rechtes Ritterabenteuer galt. Der Knappe aber rief: »Ich kann nichts sagen! Es mangelt mir an Zeit! Verzeiht mir und weist mich zum König! Ich muß erst zu ihm, denn es drängt gar zu sehr. Ihr wollt von Neuigkeiten hören? Geb's Gott, daß ihr ein Herz für fremden Kummer habt und eure Hilfe nicht verweigert!«

Die Botschaft war offenbar so eilig, daß der Knappe sich unbekümmert durch die Menge drängte, bis er den König erblickte, der ihn willkommen hieß. Der Knappe gab ihm den Brief, der in seinem Herzen, als er ihn gelesen, Freude und Kummer zugleich auslöste. Der König rief: »Heil diesem herrlichen Tag, bei dessen Licht ich verläßliche Nachricht von meinem edlen Neffen erhalte! Bei unsrer Blutsverwandtschaft und ritterlichen Gemeinschaft: Kann ich ihm mannhaft beistehn, so will ich ihm nach besten Kräften seinen Wunsch erfüllen, wenn ritterliche Treue sich je an mir

hin zem knappen sprach er dô
20 'nu sage mir, ist Gâwân vrô?'
'jâ, hêrre, ob ir wellet,
zer vröude er sich gesellet.'
sus sprach der knappe wîse.
'er schiede gar von prîse,
25 ob ir in liezet under wegen:
wer solte ouch dâ bî vröuden pflegen?
iuwer trôst im zucket vröude enbor:
unz ûzerhalb der riuwe tor
von sîme herzen kumber jagt
daz ir an im iht sît verzagt.
650 Sîn herze enbôt sîn dienst dâ her
der küneginne: ouch ist sîn ger,
daz al der tavelrunder schar
sînes dienstes nemen war,
5 daz si an triuwe denken
und im vröude niht vercrenken,
sô daz si iu komen râten.'
al die werden des dâ bâten.
Artûs sprach 'trûtgeselle mîn,
10 trac disen brief der künegîn,
lâz si dran lesen unde sagen,
wes wir uns vröuwen und waz wir clagen.
daz der künec Gramoflanz
hôchvart mit lôsheite ganz
15 gein mîme künne bieten kan!
er waenet, mîn neve Gâwân
sî Cidegast, den er sluoc,
dâ von er kumbers hât genuoc.
ich sol im kumber mêren
20 und niuwen site lêren.'
der knappe kom gegangen
dâ er wart wol enpfangen.
er gap der küneginne den brief,
des manec ouge über lief,

bewährte!« Zum Knappen sprach er dann: »Sag mir, geht's
Gawan gut?«

»Ja, Herr, doch von Euch hängt es ab, ob Freude sich zu
ihm geselt«, erwiderte der Knappe wohlüberlegt. »Laßt Ihr
ihn im Stich, so ist sein Ansehen ganz und gar dahin. Wer
könnte dann noch an Freude denken? Versprecht Ihr ihm
aber Eure Hilfe und überlaßt Ihr ihn nicht seinem Schicksal,
dann wird die Freude machtvoll sich entfalten, alle Betrüb-
nis aus seinem Herzen verjagen und ihr den Zutritt immer-
dar verwehren. Von ganzem Herzen versichert er die Köni-
gin seiner Dienste und bittet alle aus der Tafelrunde, sich
seiner Dienste zu erinnern, Treue zu wahren und Euch zum
Aufbruch zu raten, damit sein Glück nicht in Gefahr gerät.«
Und wirklich baten alle Edlen den König um seinen Bei-
stand.

Artus sprach: »Lieber Freund, bring diesen Brief zur Köni-
gin. Sie soll ihn lesen und dann den andern sagen, was uns
erfreut und bekümmert. Wie kann dieser König Gramoflanz
meinem Geschlecht mit solchem Hochmut und solcher
Dreistigkeit entgegentreten? Er glaubt wohl, er könnte mei-
nen Neffen wie den König Cidegast erschlagen! Schon diese
Tat brachte ihm Kummer genug. Ich will ihn aber noch
vermehren, und er soll bessere Sitten lernen!«

Der Knappe eilte zur Königin und wurde freundlich emp-
fangen. Er reichte ihr den Brief, und als ihr süßer Mund

25 dô ir süezer munt gelas
    al daz dran geschriben was,
    Gâwâns clage und sîn werben.
    dône liez ouch niht verderben
    der knappe ze al den vrouwen warp
    dar an sîn kunst niht verdarp.

651   Gâwâns mâc der rîche
    Artûs warp herzenlîche
    zer messenîe dise vart.
    vor sûmen hete ouch sich bewart
5   Gynovêr diu curteise
    warp zen vrouwen dise stolzen reise.
    Keie sprach in sîme zorn
    'wart aber ie sô werder man geborn,
    getorste ich des gelouben hân,
10 sô von Norwaege Gâwân,
    ziu dar nâher! holt in dâ!
    sô ist er lîhte anderswâ.
    wil er wenken als ein eichorn,
    ir mugt in schiere hân verlorn.'
15   der knappe sprach zer künegîn
    'vrouwe, gein dem hêrren mîn
    muoz ich balde kêren:
    werbt sîn dinc nâch iuweren êren.'
    ze eime ir kameraer si sprach
20 'schaffe disem knappen guot gemach.
    sîn ors sult du schouwen:
    sî daz mit sporn verhouwen,
    gib im daz beste daz hie veile sî.
    wone im ander kumber bî,
25 ez sî pfantlôse oder cleit,
    des sol er alles sîn bereit.'
    si sprach 'nu sage Gâwân,
    im sî mîn dienst undertân.
    urloup ich dir zem künege nim:
    dîme hêrren sage ouch dienst von im.'

Gawans Klage und Anliegen vorlas, stahlen sich Tränen in
so manches Auge. Der Knappe ließ seinerseits nichts unver-
sucht, die Damen zu gewinnen, und seine Bitten waren nicht
vergebens.

Artus, Gawans mächtiger Oheim, warb bei seinem Gefolge
eindringlich für die Reise nach Joflanze, und die edle Gino-
ver säumte nicht, den Damen den prunkvollen Zug auszu-
malen. Nur Keye murrte verdrossen: »Gab's je auf dieser
Welt solch vornehmen Herrn wie Gawan aus Norwegen?
Los, los! Lauft nur schnell zu ihm, ehe er woanders ist!
Wenn er weiter umherhüpft wie ein Eichhörnchen, könnte
er euch leicht verlorengehen.«

Der Knappe sprach zur Königin: »Herrin, ich muß nun zu
meinem Herrn zurückeilen. Nehmt Euch seiner Sache so an,
daß es Euch zur Ehre gereicht.«

»Sorge für diesen Knappen, so gut du nur kannst«, gebot sie
einem Kämmerer. »Sieh auch nach seinem Pferd. Ist es von
Sporenstichen zu arg zerschunden, so gib ihm das beste
Pferd, das aufzutreiben ist. Braucht er noch anderes, Geld
oder Kleidung, dann soll er alles haben.« Und zum Knappen
sprach sie: »Sag Gawan, er kann sich in allem auf mich
verlassen. Dem König will ich von deinem Aufbruch berich-
ten. Sag deinem Herrn auch, daß er ihm helfen wird.«

652   Nu warp der künec sîne vart.
         des wart der tavelrunder art
         des tages dâ volrecket.
         ez hete in vröude erwecket,
    5   daz der werde Gâwân
         dennoch sîn leben solte hân:
         des wâren si innen worden.
         der tavelrunder orden
         wart dâ begangen âne haz.
   10   der künec ob tavelrunder az,
         unt die dâ sitzen solten,
         die prîs mit arbeit holten.
         al die tavelrunderaere
         genuzzen dirre maere.
   15   nu lât den knappen wider komen,
         von dem diu botschaft sî vernomen.
         der huop sich dan ze rehter zît.
         der künegîn kameraere im gît
         pfantlôse, ors unt ander cleit.
   20   der knappe dan mit vröuden reit,
         wand er an Artûse erwarp
         dâ von sînes hêrren sorge erstarp.
         er kom wider, in solhen tagen,
         des ich vür wâr niht kan gesagen,
   25   ûf Schastel marveile.
         Arnîve wart diu geile,
         wand ir der portenaere enbôt,
         der knappe waere mit des orses nôt
         balde wider gestrichen:
         gein dem si kom geslichen,
  653   Aldâ der în verlâzen wart.
         si vrâgte in umbe sîne vart,
         war nâch er ûz waere geriten.
         der knappe sprach 'daz wirt vermiten,
    5   vrouwe, ichn tars iu niht gesagen:
         ich muoz ez durch mînen eit verdagen.

Der König rüstete nun zur Fahrt. Auch war die Forderung der Tafelrunde an diesem Tag erfüllt, und die Nachricht, daß der edle Gawan noch am Leben sei, hatte alle froh gestimmt. Man tat vergnügt, was Brauch war bei der Tafelrunde: Der König aß gemeinsam mit den Rittern, die in harten Kämpfen Heldenruhm errungen hatten und daher an der Tafelrunde sitzen durften.

Nun wollen wir den Knappen, der die Neuigkeit gebracht hatte, nicht länger aufhalten. Vom Kämmerer der Königin mit Geld, Pferd und neuer Kleidung wohlversehen, machte er sich beizeiten auf den Weg. Frohgemut ritt er davon, hatte er doch bei Artus erreicht, daß die Sorgen seines Herrn weichen mußten. Wie lange er nach Schastel marveile unterwegs war, weiß ich wirklich nicht. Als der Torwächter Arnive melden ließ, der Knappe sei mit abgetriebenem Pferd in großer Eile zurückgekehrt, freute sie sich sehr. Heimlich ging sie ihm zum Tor entgegen und fragte, wohin er geritten sei und warum. Der Knappe aber sprach: »Herrin, ich darf Euch nichts sagen, denn ich habe mich mit meinem Eid zum

ez waere ouch mîme hêrren leit,
braech ich mit maeren mînen eit:
des diuhte ich in der tumbe.
10 vrouwe, vrâgt in selben drumbe.'
si spilte ez mit vrâge an manegen ort:
der knappe sprach et disiu wort,
'vrouwe, ir sûmet mich ân nôt:
ich leist daz mir der eit gebôt.'
15   er gienc da er sînen hêrren vant.
der turkoite Flôrant
und der herzoge von Gôwerzîn
und von Lôgroys diu herzogîn
saz dâ mit grôzer vrouwen schar.
20 der knappe gienc ouch zuo ze in dar.
ûf stuont mîn hêr Gâwân:
er nam den knappen sunder dan
unt bat in willekomen sîn.
er sprach 'sag an, geselle mîn,
25 eintweder vröude oder nôt,
oder swaz man mir von hove enbôt.
    vunde du den künec dâ?'
der knappe sprach 'hêrre, jâ,
ich vant den künec unt des wîp,
und manegen werdeclîchen lîp.
654 Si enbietent iu dienst unde ir komen.
iuwer botschaft wart von in vernomen
alsô werdeclîche,
daz arme unde rîche
5 sich vröuten: wande ich tet in kunt
daz ir noch waeret wol gesunt.
ich vant dâ hers ein wunder:
ouch wart diu tavelrunder
besetzet durch iuwer botschaft.
10 ob ritters prîs gewan ie craft,
ich meine an werdekeite,
die lenge und ouch die breite

Schweigen verpflichtet. Es wäre meinem Herrn nicht lieb, wollte ich wortbrüchig werden und plaudern, und er hielte mich für einen Einfaltspinsel. Fragt ihn doch selbst, Herrin!«

Als sie weiter mit Fragen in ihn drang, sagte der Knappe schließlich: »Herrin, Ihr haltet mich unnötig auf. Ich bleibe meinem Eid treu.«

Er eilte zu seinem Herrn, der mit dem Turkoyten Florand, dem Herzog von Gowerzin, der Herzogin von Logroys und einer großen Schar von Edelfrauen zusammensaß. Als der Knappe hereintrat, erhob sich Herr Gawan. Er nahm den Knappen beiseite und hieß ihn willkommen: »Sprich, mein Freund! Bringst du mir gute oder schlechte Nachricht? Was hast du mir vom Hofe zu berichten? Hast du den König angetroffen?«

Der Knappe erwiderte: »Ja, Herr! Ich fand den König, seine Gemahlin und viele Edelleute. Sie versichern Euch ihrer Dienste und werden kommen. Eure Botschaft war ihnen so angenehm, daß alle, arm und reich, sich herzlich freuten, zumal sie auf diese Weise erfuhren, daß Ihr heil und gesund seid. Unzählige sind dort versammelt. Auch galt Eure Botschaft als so wichtig, daß man sich an die Tafelrunde setzte. Wenn je ein Ritter Ruhm gewann und allenthalben mehrte,

treit iuwer prîs die crône
ob anderen prîsen schône.'
15   er sagte im ouch wie daz geschach
daz er die küneginne sprach,
und waz im diu mit triuwen riet.
er sagte im ouch von al der diet,
von rittern und von vrouwen,
20   daz er si möhte schouwen
ze Jôflanze vor der zît
ê wurde sînes kampfes strît.
Gâwâns sorge gar verswant:
niht wan vröude er im herzen vant.
25   Gâwân ûz sorge in vröude trat.
den knappen erz verswîgen bat.
al sîner sorge er gar vergaz,
er gienc hin wider unde saz,
und was mit vröuden dâ ze hûs,
unz daz der künec Artûs
655   mit her in sîne helfe reit.
nu hoeret lieb unde leit.

Gâwân was ze allen zîten vrô.
eins morgens vuogte ez sich alsô
5   daz ûf dem rîchen palas
manec ritter unde vrouwe was.
in ein venster gein dem pflûm
nam er im sunder einen rûm,
dâ er und Arnîve saz,
10   diu vremder maere niht vergaz.
Gâwân sprach zer künegîn
'ôwê liebiu vrouwe mîn,
wolt iuch des niht betrâgen,
daz ich iuch müese vrâgen,
15   von sus getânen maeren,
diu mich verswîget waeren!
wan daz ich von iuwer helfe gebe
alsus mit werden vröuden lebe:

so strahlt der Eure doch vor allem andern Ruhm.« Weiter berichtete er, wie es zum Gespräch mit der Königin kam und was sie ihm wohlgesinnt geraten hatte, und erzählte von der Hofgesellschaft, von den Rittern und den Damen, die Gawan zu Joflanze vor Beginn des Zweikampfes mit Gramoflanz erwarten durfte. Gawans Sorgen schwanden, und Freude zog in sein Herz, aus Sorge wurde Freude. Wiederum bat er den Knappen, alles für sich zu behalten. Befreit von seinen Kümmernissen, kehrte er zur Gesellschaft zurück und nahm wieder Platz. Er wollte in froher Runde auf der Burg bleiben, bis König Artus zu seiner Unterstützung herbeigeritten kam.

Nun laßt euch von Freud und Leid berichten. Gawan war allezeit guter Dinge. Eines Morgens, als der prächtige Palast von Rittern und Damen wimmelte, führte er Arnive beiseite und setzte sich mit ihr in eine Fensternische zum Fluß hin. Arnive wußte nämlich von merkwürdigen Dingen. Gawan sprach zur Königin: »Ach, liebe Herrin, wenn's Euch nicht verdrießlich ist, möchte ich gern nach all den Dingen fragen, die mir verborgen geblieben sind. Dank Eurer Hilfe kann ich wieder die Lust ritterlichen Lebens genießen. Die edle

getruoc mîn herze ie mannes sin,
20 den het diu edele herzogin
mit ir gewalt beslozzen:
nu hân ich iuwer genozzen,
daz mir gesenftet ist diu nôt.
minne und wunden waere ich tôt,
25 wan daz iuwer helfeclîcher trôst
mich ûz banden hât erlôst.
von iuwerr schult hân ich den lîp.
nu sagt mir, saeldehaftez wîp,
umb wunder daz hie was unt ist,
durch waz sô strengeclîchen list
656 der wîse Clinschor hete erkorn:
wan ir, ich hete es den lîp verlorn.'
    Diu herzenlîche wîse
    (mit sô wîplîchem prîse
5 kom jugent in daz alter nie)
sprach 'hêrre, sîniu wunder hie
sint da engein cleiniu wunderlîn,
wider den starken wundern sîn
die er hât in manegen landen.
10 swer uns des giht ze schanden,
der wirbet niht wan sünde mite.
hêrre, ich sage iu sînen site:
der ist maneger diete worden sûr.
sîn lant heizet Terre de Lâbûr:
15 von des nâchkomen er ist erborn,
der ouch vil wunders het erkorn,
von Nâpels Virgilîus.
Clinschor des neve warp alsus.
    Câps was sîn houbetstat.
20 et trat in prîs sô hôhen pfat,
an prîse was er unbetrogen.
von Clinschor dem herzogen
sprâchen wîb unde man,
unz er schaden sus gewan.

Herzogin hat all mein Fühlen und Denken gefangengenom-
men, doch ich fand Erhörung und die Not ein Ende. Ohne
Eure Hilfe, die mich daraus erlöste, wäre ich an meiner
Liebe zu Orgeluse und an meinen Wunden gestorben. Ich
verdanke Euch mein Leben. Doch erzählt mir nun, Glücks-
bringerin, von all den Wunderdingen, die es hier gab und
gibt, und wozu der weise Clinschor so gewaltige Zauber-
künste ersonnen hat. Wäret Ihr nicht gewesen, sie hätten mir
den Tod gebracht.«

Die lebenserfahrene Arnive, die wie keine andre Frau von
der Jugend bis ins hohe Alter auf Ehre hielt, antwortete:
»Herr, die Wunderdinge hier sind gar nichts, gemessen an
den gewaltigen Zauberwerken, die er in vielen andern Län-
dern errichtet hat. Wer uns dafür verachten wollte, daß wir
in seine Gewalt gerieten, versündigt sich. Herr, ich will
Euch seine Wesensart schildern, die vielen Menschen Not
gebracht hat. Seine Heimat ist Terre de Labur. Er stammt
aus dem Geschlecht des Virgilius von Neapel, der gleichfalls
große Zauberkräfte besaß. Seinem Verwandten Clinschor
geschah nun dies: Seine Hauptstadt war Capua. Er gelangte
zu solch hohem, unbestrittenem Ansehen, daß Frauen und
Männer viel vom Herzog Clinschor zu erzählen wußten, bis
ihn schließlich ein Unglück traf. In Sizilien herrschte zu

Terre de Labur: Terra di Lavoro, die Tiefebene Kampaniens östlich von
Neapel.
Virgilius: Im Mittelalter galt der römische Dichter Vergil (70–19), weil er in der
4. Ekloge seiner Dichtung »Bucolica« (»Hirtenlieder«) die bevorstehende
Geburt eines göttlichen Kindes und den Anbruch des Goldenen Zeitalters
verkündet hatte, als Prophet des Christentums, seit dem 12. Jh. auch als
Zauberer. Bei Neapel wird sein Grabmal gezeigt.

25 Sicilje hete ein künec wert:
   der was geheizen Ibert,
   Iblis hiez sîn wîp.
   diu truoc den minneclîchsten lîp
   der ie von brüste wart genomen.
   in der dienst was er komen,
657 unz si es mit minnen lônde;
   dar umbe der künec in hônde.

   Muoz ich iu sîniu tougen sagen,
   des sol ich iuwern urloup tragen:
5 doch sint diu selben maere
   mir ze sagen ungebaere,
   wâ mit er kom in zoubers site.
   ze eim kapûn mit eime snite
   wart Clinschor gemachet.'
10 des wart aldâ gelachet
   von Gâwâne sêre.
   si sagte im dennoch mêre
     'ûf Kalot enbolot
   erwarb er der werlde spot:
15 daz ist ein burc veste erkant.
   der künec bî sînem wîbe in vant:
   Clinschor slief an ir arme.
   lag er dâ iht warme,
   daz muose er sus verpfenden:
20 er wart mit küneges henden
   zwischen den beinen gemachet sleht.
   des dûhte den wirt, ez waere sîn reht.
   der besneit in an dem lîbe,
   daz er deheinem wîbe
25 mac ze schimpfe niht gevrumen.
   des ist vil liute in kumber kumen.
     ez ist niht daz lant ze Persîâ:
   ein stat heizet Persîdâ,
   dâ êrste zouber wart erdâht.
   dâ vuor er hin und hât dan brâht

jener Zeit der edle König Ibert. Seine Gemahlin Iblis war die
anmutigste Frau, die je geboren wurde. Ihr diente Clinschor
lange Zeit, bis sie seinen Dienst mit ihrer Gunst belohnte.
Dafür aber hat ihn König Ibert entehrt. Soll ich Euch von
Clinschors heimlichem Treiben berichten, dann muß ich um
Nachsicht bitten, denn eigentlich schickt es sich nicht zu
erzählen, was ihn zur Zauberkunst brachte. Man hat ihn
nämlich mit einem einzigen Schnitt zum Kapaun gemacht.«
Gawan lachte laut heraus, doch die Königin fuhr fort: »Auf
Kalot enbolot, als feste Burg bekannt, widerfuhr ihm diese
Schmach. Der König überraschte ihn, als er in den Armen
seiner Gemahlin schlief. Zwar lag er warm dort, doch er
mußte teuer dafür bezahlen, denn von königlichen Händen
wurde er zwischen den Beinen glattgeschnitten, und der
Burgherr hielt das noch für sein gutes Recht. Er beschnitt
ihn so gründlich, daß er mit keiner Frau mehr Kurzweil
treiben kann. Das ist die Ursache für die Not vieler Men-
schen. – Nicht im Lande Persien, sondern in Persida wurde
die Zauberei erfunden. Dorthin reiste Clinschor und hat es

Kalot enbolot: Kalata bellota, arab. *Kalath-al-Bellut* ›Schloß der Eichen‹, feste
Burg nahe der Stadt Sciaccia an der Südküste Westsiziliens.

658   daz er wol schaffet swaz er wil,
     mit listen zouberlîchiu zil.
     Durch die scham an sîme lîbe
     wart er man noch wîbe
5   guotes willen nimmer mêr bereit,
     ich meine die tragent werdekeit.
     swaz er den vröuden mac genemen,
     des kan von herzen in gezemen.
       ein künec der hiez Irôt,
10   der ervorhte im die selben nôt,
     von Rosche Sabînes.
     der bôt im des sînes
     ze gebenne swaz er wolde,
     daz er vride haben solde.
15   Clinschor enpfienc von sîner hant
     disen berc veste erkant
     und an der selben zîle
     alumbe aht mîle.
     Clinschor dô worhte ûf disen berc,
20   als ir wol seht, diz spaehe werc.
     aller rîcheit sunder
     sint hie ûf starkiu wunder.
     wolt man der bürge vâren,
     spîse ze drîzec jâren
25   waer hie ûffe manecvalt.
     er hât ouch aller der gewalt,
     mal unde bêâ schent,
     die zwischen dem firmament
     wonent unt der erden zil;
     niht wan die got beschermen wil.
659   hêr, sît iuwer starkiu nôt
     ist worden wendec âne tôt,
     Sîn gâbe stêt in iuwer hant:
     dise burc unt diz gemezzen lant,
5   ern kêrt sich nimmer mêr nu dran.
     er solte ouch vride von im hân,

am Ende so weit gebracht, daß er mit seinen Zauberkünsten
bewirken kann, was er nur will. Voller Groll über die
erlittene Schmach verfolgte er alle angesehenen Männer und
Frauen, und gelingt es ihm, ihr Glück zu zerstören, dann
behagt ihm das so recht von Herzen. Auch König Irot von
Rosche Sabbins geriet durch Clinschor in Bedrängnis, und
weil er Frieden haben wollte, bot er ihm an, von seinem
Besitz zu nehmen, was er wolle. Auf diese Weise kam
Clinschor in den Besitz dieses Felsenberges, zu dem ringsum
acht Meilen Landes gehören. Auf dem Berg errichtete er,
wie Ihr selber seht, dieses kunstreiche Bauwerk. Zahllose
Kostbarkeiten aller Art gibt's hier. Wollte man die Burg
belagern, so wäre sie auf dreißig Jahre mit allerlei Nahrung
wohlversehen. Clinschor hat auch Macht über alle bösen
und guten Geister, die zwischen Himmel und Erde wohnen,
es sei denn, sie stehen unter Gottes Schutz.

Herr, nachdem Ihr die große Gefahr heil überstanden habt,
ist alles, was Clinschor überlassen wurde, Euer Eigentum.
Diese Burg und das umliegende Land gibt er auf. Er hat
nämlich öffentlich erklärt, wer das Abenteuer auf Schastel

    des jach er offenbâre
    (er ist mit rede der wâre),
    swer dise âventiure erlite,
10 daz dem sîn gâbe wonte mite.
    swaz er gesach der werden
    ûf cristenlîcher erden,
    ez waere magt wîp oder man,
    der ist iu hie vil undertân:
15 manc heiden unde heidenîn
    muose ouch bî uns hie ûf sîn.
    nu lât daz volc wider komen
    dâ nâch uns sorge sî vernomen.
    ellende vrumt mir daz herze kalt.
20 der die sterne hât gezalt,
    der müeze iuch helfe lêren
    und uns gein vröuden kêren.
      ein muoter ir vruht gebirt:
    diu vruht sîner muoter muoter wirt.
25 von dem wazzer kumt daz îs:
    daz laet dan niht deheinen wîs,
    daz wazzer kume ouch wider von im.
    swenn ich gedanke an mich nim
    daz ich ûz vröuden bin erborn,
    wirt vröude noch an mir erkorn,
660 dâ gît ein vruht die andern vruht.
    diz sult ir vüegen, habt ir zuht.
      Ez ist lanc daz mir vröude enpfiel.
    von segel balde gêt der kiel:
5   der man ist sneller der drûf gêt.
    ob ir diz bîspel verstêt,
    iuwer prîs wirt hôch unde snel.
    ir mugt uns vröude machen hel,
    daz wir vröude vüern in manegiu lant,
10 dâ nâch uns sorge wart erkant.
      etswenne ich vröuden pflac genuoc.
    ich was ein wîp diu crône truoc:

marveile bestünde, solle das alles erhalten, er solle auch Frieden vor ihm haben, und auf sein Wort ist Verlaß. Die vielen edlen Christen, die er hierher entführt hat, sind Euch alle – ob Jungfrau, Frau oder Mann – untertan. Auch viele heidnische Männer und Frauen mußten gegen ihren Willen hier leben. Laßt alle dorthin zurückkehren, wo man um sie trauert. Das Leben in der Fremde ließ mein Herz erkalten. Er, der die Zahl der Sterne kennt, möge Euch rechte Hilfe lehren und uns zur Freude führen! Ein Rätsel lautet: ›Eine Mutter mich gebar; ich wiederum ihre Mutter war.‹ Die Lösung ist: Eis entsteht aus Wasser und muß wieder zu Wasser werden. Denke ich daran, daß ich im Glück geboren bin, dann wird, kehr' ich dahin zurück, die Eiseskälte meines Herzens weichen und das in Eis erstarrte Glück in neuer Lebenskraft erblühn. Habt Ihr ein edles Herz, dann soll sich alles nach meinen Worten fügen. Es ist schon lange her, daß ich mein Glück verlor. Rasch treibt das Segel das Schiff dahin, doch rascher ist der Mann, der auf dem Schiff zum Bug geht. Versteht Ihr dieses Gleichnis und handelt Ihr danach, dann wird Euer Ansehen gewaltig groß und überall bekannt; denn wir werden unser Glück laut hinausjubeln und es überall verkünden, wo man uns betrauert. Einst lebte ich in größtem Glück, ich trug eine Krone, auch meine

     ouch truoc mîn tohter crône
     vor ir landes vürsten schône.
15 wir heten bêde werdekeit.
     hêr, ichn geriet nie mannes leit,
     beidiu wîb unde man
     kund ich wol nâch ir rehte hân:
     erkennen unde schouwen
20 ze einer rehten volkes vrouwen
     muose man mich, ruocht es got,
     wand ich nie manne missebôt.
     nu sol cin ieslîch saelec wîp,
     ob si wil tragen werden lîp,
25 erbieten ez guoten liuten wol:
     si kumt vil lîhte in kumbers dol,
     daz ir ein swacher garzûn
     enger vröude gaebe wîten rûn.
     hêr, ich hân lange hie gebiten:
     nie geloufen noch geriten
661 kom her der mich erkande,
     der mir sorgen wande.'
      Dô sprach mîn hêr Gâwân
     'vrouwe, muoz ich mîn leben hân,
5   sô wirt noch vröude an iu vernomen.'
     des selben tages solte ouch komen
     mit her Artûs der Bertûn,
     der clagenden Arnîven sun,
     durch sippe unt durch triuwe.
10 manege banier niuwe
     sach Gâwân gein im trecken,
     mit rotte daz velt verdecken,
     von Lôgroys die strâzen her,
     mit manegem lieht gemâlem sper.
15 Gâwâne tete ir komen wol.
     swer samnunge warten sol,
     den lêret sûmen den gedanc:
     er vürht sîn helfe werde cranc.

Tochter war Königin über die Fürsten ihres Reiches. Wir
standen beide in hohem Ansehen. Herr, keinem habe ich je
ein Leid getan und jeden, Frau wie Mann, behandelt, wie es
ihm zukam. Mit Gottes Hilfe war ich als rechte Landesmut-
ter erkannt und angesehen, tat ich doch keinem Menschen
Unrecht. Jede Frau, die vom Glück begünstigt ist, sollte um
ihrer Ehre willen wackere Leute stets gut behandeln. Viel-
leicht gerät sie einmal in Bedrängnis, in der auch ein Bursche
niederen Standes ihr beistehen kann und ihrem Glück wie-
der freie Bahn schafft. Herr, lange habe ich hier ausgeharrt,
doch niemand kam zu Fuß oder zu Pferd, der mich gekannt
und meine Not beendet hätte.«

Da sprach unser Herr Gawan: »Edle Frau, bei meinem
Leben, Ihr sollt wieder glücklich werden!«

An diesem Tag sollte der Bretone Artus, der Sohn der
klagenden Arnive, mit einem großen Heer eintreffen, um
seine Verwandtschafts- und Treuepflicht zu erfüllen. Viele
neue Banner sah Gawan heranziehen. Scharen bedeckten
allmählich das Feld, und auf der Straße von Logroys her
zeigte sich ein wahrer Wald buntbemalter Lanzen. Die
Ankunft des Heeres erleichterte Gawan. Wer nämlich eine
Zusammenkunft verabredet hat, dem kommt bei langem
Warten unwillkürlich der Gedanke, die Hilfe könne ausblei-

          Artûs Gâwâne den zwîvel brach.
20   âvoy wie man den komen sach!
          Gâwân sich hal des tougen,
       daz sîniu liehten ougen
       weinen muosen lernen.
       ze einer zisternen
25   wâren si beidiu dô enwiht:
       wan si habten des wazzers niht.
       von der liebe was daz weinen,
       daz Artûs kunde erscheinen.
       von kinde hete er in erzogen:
       ir bêder triuwe unerlogen
662   stuont gein ein ander âne wanc,
       daz si nie valsch underswanc.
          Arnîve wart des weinens innen.
       si sprach 'hêrre, ir sult beginnen
5   vröude mit vröuden schalle:
       hêr, daz troest uns alle.
       gein der riuwe sult ir sîn ze wer.
       hie kumt der herzoginne her:
       daz troest iuch vürbaz schiere.'
10   herberge, baniere,
       sah Arnîve und Gâwân
       manege vüeren ûf den plân.
       bî den allen niht wan einen schilt:
       des wâpen wâren sus gezilt,
15   daz in Arnîve erkande,
       Isâjesen si nande,
       den marschalc Utepandragûn.
       den vuorte ein ander Bertûn,
       mit den schoenen schenkeln Maurîn,
20   der marschalc der künegîn.
       Arnîve wesse wênec des:
       Utepandragûn und Isâjes
       wâren bêde erstorben:
       Maurîn hete erworben

ben. Artus erlöste nun Gawan aus der Ungewißheit. Oh,
mit welchem Prunk er kam! Gawan wandte sich ab, da sich
Tränen in seine leuchtenden Augen stahlen. Als Zisterne
taugten sie rein nichts, denn sie konnten das Wasser nicht
halten. Es waren aber Freudentränen über die Ankunft von
Artus, der ihn von Kind an aufgezogen hatte. Ihre Treue
zueinander war aufrichtig und unverbrüchlich, nie hatte
Mißtrauen sie getrübt. Arnive bemerkte Gawans Tränen
und sprach: »Herr, Ihr solltet lieber jubeln vor Freude,
damit auch wir Zuversicht gewinnen. Laßt Euch doch nicht
vom Kummer überwältigen! Dort kommt wohl auch das
Heer der Herzogin, um Euch zu unterstützen.«
Arnive und Gawan sahen zahlreiche Zeltbanner auf dem
Feld erscheinen. Ihnen zog jedoch nur ein einziger Schild-
träger voran, den Arnive an seinem Wappen zu erkennen
glaubte. Sie hielt ihn für Isajes, den Marschall Utepandra-
guns, doch der Schild wurde jetzt von einem anderen Breto-
nen – Maurin mit den schönen Beinen, Marschall der Köni-
gin – getragen. Arnive wußte nicht, daß Utepandragun und
Isajes gestorben waren und daß des Vaters Amt nach Recht

25 sînes vater ambet: daz was reht.
   gein dem urvar ûf den anger sleht
   reit diu grôze mahinante.
   der vrouwen sarjante
   herberge nâmen,
   die vrouwen wol gezâmen,

663 bî einem clâren snellen bach,
   dâ man schier ûf geslagen sach
   Manec gezelt wol getân.
   dem künege sunder dort hin dan

5 wart manc wîter rinc genomen,
   und rittern die dâ wâren komen.
   die heten âne vrâge
   ûf ir reise grôze slâge.
     Gâwân bî Bêne hin abe enbôt

10 sîme wirt Plippalinôt,
   kocken, ussiere,
   daz er die slüzze schiere,
   sô daz vor sîner übervart
   daz her des tages waere bewart.

15 vrou Bêne ûz Gâwâns hende nam
   die êrsten gâbe ûz sîme rîchen crâm.
   swalwen, diu noch ze Engellant
   ze einer tiuren härpfen ist erkant.
     Bêne vuor mit vröuden dan.

20 dô hiez mîn hêr Gâwân
   besliezen die ûzern porten:
   alte und junge hôrten
   wes er si zühteclîchen bat.
   'dâ derhalben an den stat

25 sich leget ein alsô grôzez her,
   weder ûf lant noch in dem mer
   gesach ich rotte nie gevarn
   mit alsus crefteclîchen scharn.
   wellent si uns hie suochen mit ir craft,
   helft mir, ich gibe in ritterschaft.'

und Brauch auf Maurin übertragen worden war. Die riesige
Heerschar strömte auf die ebene Wiese vor der Anlegestelle.
Die Bediensteten der Damen schlugen an einem klaren
munteren Bach das Lager auf, was den Damen sicherlich
angenehm war. Im Handumdrehen standen zahlreiche
prächtige Zelte auf dem Plan. Für den König und die Ritter
seiner Begleitung waren in einiger Entfernung viele weite
Zeltringe abgesteckt. Der Heerzug hatte unterwegs natür-
lich eine breite Spur hinterlassen.

Gawan schickte Bene zu seinem ehemaligen Gastgeber Plip-
palinot und ließ ihm sagen, er solle sofort alle Boote und
Fähren fest anschließen, damit das Heer an diesem Tage
nicht mehr übersetzen könne. Für diesen Botengang erhielt
Bene von Gawan aus seinem kostbaren Schatz das erste
Geschenk, und zwar die Schwalbenharfe, ein Instrument,
das in England noch heute hoch geschätzt wird. Fröhlich
machte sich Bene auf den Weg. Nun ließ Herr Gawan die
äußeren Burgtore schließen und richtete dann an alle Burg-
insassen, alte und junge, folgende höfliche Bitte: »Am
andern Ufer schlägt ein großes Heer sein Lager auf. Nie sah
ich zu Lande oder zu Wasser solch gewaltige Heerschar
anrücken. Sollten sie uns mit ihrer Macht herausfordern, so
möchte ich mit eurer Hilfe den Kampf aufnehmen.«

664   Daz lobten si al gelîche.
die herzoginne rîche
si vrâgten, ob daz her waer ir.
diu sprach 'ir sult gelouben mir,
5 ich erkenne da weder schilt noch man.
der mir ê schaden hât getân,
der ist lîht in mîn lant geriten
und hât vor Lôgroys gestriten.
ich waene die vant er doch ze wer:
10 si heten strît wol disem her
an zingeln unde an barbigân.
hât dâ ritterschaft getân
der zornege künec Gramoflanz,
sô suocht er gelt vür sînen cranz:
15 oder swer si sint, die muosen sper
ûf geriht sehen durch tjoste ger.'
     ir munt in louc dâ wênec an.
Artûs schaden vil gewan,
ê daz er koeme vür Lôgroys.
20 des wart etslîch Bertenoys
ze rehter tjoste ab gevalt.
Artûs her ouch wider galt
market den man in dâ bôt.
si kômen ze bêder sît in nôt.
25   man sach die strîtmüeden komen,
von den sô dicke ist vernomen
daz si ir kotzen gerne werten:
si wâren gein strît die herten.
beidenthalb ez mit schaden stêt.
Gârel unt Gaherjêt

665 Und rois Meljanz de Barbigoel
unde Jofreit fiz Idoel
die sint hin ûf gevangen.
ê der buhurt waere ergangen.
5 ouch viengen si von Lôgroys
duc Frîam de Vermendoys,

Sie versprachen's ihm alle, doch fragten sie die mächtige Herzogin, ob dies nicht etwa ihr Heerbann sei. Orgeluse erwiderte aber: »Glaubt mir, ich kenne weder Schild noch Ritter draußen vor der Burg. Vielleicht ist der Mann, der mich schon früher heimgesucht hat, wieder einmal in mein Reich eingefallen und hat sich bereits vor Logroys zum Kampfe stellen müssen. Doch denke ich, daß meine Leute sich wehrhaft zeigten und in ihren Schanzen und Bollwerken sich zu behaupten wußten. Wenn es der grimme König Gramoflanz gewesen ist, so wollte er offenbar den Raub des Kranzes rächen. Doch wer's auch sein mag, man hat sie ganz gewiß mit kampfbereiten Lanzen empfangen.«

Und sie sprach damit die Wahrheit. Artus hatte vor Logroys arge Verluste hinnehmen müssen, ehe er daran vorbeikam. Etliche Bretonen waren in regelrechtem Lanzenstechen von den Pferden geworfen worden, doch Artus hatte mit gleicher Münze heimgezahlt, und so waren schließlich beide Seiten in Bedrängnis geraten.

Man sah die vom Streit Erschöpften kommen, von denen überall erzählt wurde, daß sie sich ihrer Haut zu wehren wußten und kampferprobte Ritter waren. Auf beiden Seiten hatte es Verlust gegeben. Garel, Gaherjet, der König Meljanz von Barbigöl und Jofreit, Idöls Sohn, waren gefangen in die Burg geführt worden, ehe das Treffen noch zu Ende war. Die Verteidiger von Logroys wiederum verloren den Herzog Friam von Vermendoys und den Grafen Ritschart von

und cuns Ritschart de Nâvers.
der vertet niwan eines spers:
gein swem ouch daz sîn hant gebôt,
10   der viel vor im durch tjoste nôt.
Artûs mit sîn selbes hant
vienc den degen wert erkant.
dâ wurden unverdrozzen
die poinder sô geslozzen,
15   dês möhte swenden sich der walt.
manec tjoste ungezalt
rêrten trunzûne.
die werden Bertûne
wâren ouch manlîch ze wer
20   gein der herzoginne her.
Artûs nâchhuote
muose strîtes sîn ze muote.
man hardierte si den tac
unz dar diu vluot des hers lac.
25   ouch solte mîn hêr Gâwân
der herzogîn gekündet hân
daz ein sîn helfaere
in ir lande waere:
sô waere des strîtes niht geschehen.
done wolte er es ir noch niemen jehen
666   E si ez selbc sehen mohte.
er warp als ez im tohte,
unde schuof ouch sîne reise
gein Artûse dem Berteneise
5   mit tiuren gezelten.
nieman dâ moht engelten,
ob er im was unerkant:
des milten Gâwânes hant
begunde in sô mit willen geben
10   als er niht langer wolde leben.
sarjande, ritter, vrouwen,
muosen enpfâhen und schouwen

Navers, der im Zweikampf stets nur eine Lanze brauchte, um seinen Gegner mit wohlgezieltem Stoß zu fällen. Artus selbst war's, der den weitberühmten Helden gefangengenommen hatte. Unverdrossen drangen die Scharen immer wieder aufeinander ein, so daß ein ganzer Wald von Lanzen zersplittert wurde. Unzählige Zusammenstöße ließen die Lanzen brechen. Die edlen Bretonen hatten sich gegen das Heer der Herzogin mannhaft zur Wehr gesetzt, doch auch die Nachhut blieb nicht müßig, denn sie wurde an diesem Tag bedrängt, bis sie den Hauptteil des Heers erreichte.

Herr Gawan hätte der Herzogin sagen müssen, daß ein Bundesgenosse von ihm ihr Land durchqueren würde, dann wäre der Kampf vermieden worden. Doch sie sollte sowenig wie andere davon erfahren und es mit eignen Augen sehen. Nun aber trug er den Erfordernissen Rechnung und traf alle Vorbereitungen für den Zug zu dem Bretonen Artus. Kostbare Zelte ließ er bringen, und keiner hatte Nachteil davon, daß Gawan ihn nicht kannte: er beschenkte alle so bereitwillig und freigebig, als fühlte er sein Ende nahen. Knappen,

sîne gâbe sô groezlîche,
daz si sprâchen al gelîche,
15 in waer diu wâre hilfe komen.
dô wart ouch vröude an in vernomen.
  dô hiez gewinnen der degen wert
starker soumaer, schoeniu vrouwen pfert,
und harnasch al der ritterschaft.
20 sarjande ze îser grôze craft
aldâ bereit wâren.
dô kunde er sus gebâren:
dô nam mîn hêr Gâwân
vier werde ritter sunder dan,
25 daz einer kameraere
und der ander schenke waere,
und der dritte truhsaeze,
und daz der vierde niht vergaeze,
ern waere marschalc. sus warp er:
dise viere leisten sîne ger.

667   Nu lât Artûsen stille ligen.
Gâwâns grüezen wart verswigen
in den tac: unsanfte erz meit.
des morgens vruo mit crache reit
5 gein Jôflanze Artûses her.
sîn nâchhuot schuof er ze wer:
dô die niht strîtes vunden dâ,
si kêrten nâch im ûf die slâ.
  dô nam mîn hêr Gâwân
10 sîn ambetliute sunder dan.
niht langer er wolde bîten,
er hiez den marschalc rîten
ze Jôflanze ûf den plân.
'sunderleger wil ich hân.
15 du sihest daz grôze her dâ ligen:
ez ist et nu alsô gedigen,
ir hêrren muoz ich iu nennen,
daz ir den müget erkennen.

Ritter und Damen erhielten wertvolle, allseitig bewunderte Gaben, so daß sie Gawan einstimmig ihren Retter nannten. Ringsum sah man frohe Gesichter. Nun ließ der edle Held kräftige Saumtiere, schöne Damenreitpferde und Rüstungen für alle Ritter bringen. Auch eisengepanzerte Fußknechte standen in großer Zahl bereit. Endlich tat Gawan noch ein übriges; er wählte vier edle Ritter aus und ernannte den ersten zu seinem Kämmerer, den zweiten zum Mundschenk, den dritten zum Truchseß und den vierten zum Marschall, und alle vier waren dazu bereit.

Nun laßt Artus in seinem Lager ruhen. Obwohl es ihm schwerfiel, verzichtete Gawan an diesem Tag auf die Begrüßung. Am nächsten Tag dann ritt Artus mit dem Heer waffenklirrend nach Joflanze. Die Nachhut war zum Kampf bereit, doch als sie nicht angegriffen wurde, folgte sie der Spur der anderen. Nun befahl Gawan seine Amtsträger zu sich, denn er wollte ohne Säumen aufbrechen. Dem Marschall befahl er, auf das Feld von Joflanze zu reiten: »Ich brauche einen eignen Lagerplatz. Du wirst das große Heer, das eben abgezogen ist, dort sehen, und jetzt ist's an der Zeit, daß ich euch seinen Anführer nenne, damit ihr wißt, mit wem ihr es zu tun habt. Es ist mein Oheim Artus, an

      ez ist mîn oeheim Artûs,
20 in des hove und in des hûs
      ich von kinde bin erzogen.
      nu schaffet mir vür unbetrogen
      mîn reise alsô mit koste dar,
      daz mans vür rîchheit neme war,
25 und lât hie ûffe unvernomen
      daz Artûs her durch mich sî komen.'
        si leisten swaz er in gebôt.
      des wart Plippalinôt
      dar nâch unmüezic schiere.
      kocken, ussiere,
668 Seytiez und snecken,
      mit rotte der quecken
      beidiu ze orse und ze vuoz
      mit dem marschalc über muoz
5 sarjande, garzûne.
      hin nâch dem Bertûne
      si kêrten her unde dâ
      mit Gâwâns marschalc ûf die slâ.
        si vuorten ouch, des sît gewis,
10 ein gezelt daz Iblis
      Clinschore durch minne sande,
      dâ von man êrste erkande
      ir zweier tougen über lût:
      si wâren bêde ein ander trût.
15 dem gezelt was koste niht vermiten:
      mit schaer nie bezzerz wart gesniten.
      wan einez daz Isenhartes was.
      bî Artûs sunder ûf ein gras
      wart daz gezelt ûf geslagen.
20 manec zelt, hôrte ich sagen,
      sluoc man drumbe an wîten rinc:
      daz dûhten rîlîchiu dinc.
        vor Artûse wart vernomen,
      Gâwâns marschalc waere komen:

dessen Hof und in dessen Burg ich von Kind auf erzogen wurde. Nun sorgt nach Kräften dafür, daß es meinem Zuge an nichts fehlt, damit unser Reichtum Bewunderung erregt; sagt aber niemand in der Burg, daß Artus auf meine Bitte hin gekommen ist.«

Sie befolgten seinen Befehl, und Plippalinot war recht geschäftig. Auf Booten, Fähren, Schnellbooten und Nachen wurden die tatendurstigen Scharen der Reiter und Fußknechte übergesetzt, die den Marschall begleiten sollten. Knechte und Knappen folgten unter Gawans Marschall der Spur des Bretonen. Ich will's euch sagen: Sie führten auch das Zelt mit sich, das Iblis einst Clinschor aus Liebe geschenkt hatte und das ja erst das Geheimnis ihrer Liebe enthüllte. Bei diesem Zelt hatte man an nichts gespart, keine Schere hat je ein besseres zugeschnitten, es sei denn das von Isenhart. Dies Zelt nun wurde nahe bei Artus, aber doch gesondert von seinem Lager, auf dem Rasen aufgeschlagen, dazu in weitem Rund noch viele andre Zelte, was prächtig aussah.

Artus hörte nun, Gawans Marschall sei gekommen und

25 der herberget ûf den plân;
unt daz der werde Gâwân
solte ouch komen bî dem tage.
daz wart ein gemeiniu sage
von al der mässenîe.
Gâwân der valsches vrîe

669 Von hûs sich rottierte:
sîne reise er alsus zierte,
dâ von möhte ich iu wunder sagen.
manec soumaer muose tragen
5 kappeln unde kamergewant.
manec soum mit harnasche erkant
giengen ouch dar unden,
helm oben drûf gebunden
bî manegem schilde wol getân.
10 manec schoene kastelân
man bî den soumen ziehen sach.
ritter und vrouwen hinden nâch
riten an ein ander vaste.
daz gezoc wol eine raste
15 an der lenge was gemezzen.
done wart dâ niht vergezzen,
Gâwân ein ritter wol gevar
immer schuof ze einer vrouwen clâr.
daz wâren cranke sinne,
20 ob die sprâchen iht von minne.
der turkoite Flôrant
ze eime gesellen wart erkant
Sangîven von Norwaege.
Lyschoys der gar untraege
25 reit bî der süezen Cundrîe.
sîn swester Itonjê
bî Gâwân solde rîten.
an den selben zîten
Arnîve unt diu herzogîn
ouch gesellen wolden sîn.

schlage auf dem Wiesenplan das Lager auf; am gleichen Tag
noch werde der edle Gawan eintreffen. Die Nachricht ging
im Heer von Mund zu Mund. Inzwischen war der treue
Gawan mit seinen Scharen von der Burg aufgebrochen. So
glanzvoll war sein Zug, daß ich euch davon wahre Wunder-
dinge erzählen könnte. Etliche Saumtiere trugen Heiligen-
schreine und Gewänder, andere waren mit vortrefflichen
Rüstungen beladen, dazu mit prachtvollen Schilden, auf
denen die Helme festgebunden waren. Neben den Saum-
tieren trabten feurige Kastilianer. Dahinter folgten dichtge-
drängt die Ritter und die Edelfrauen. Der ganze Zug mochte
wohl eine Meile lang sein. Gawan hatte dafür gesorgt, daß
einer jeden schönen Dame ein stattlicher Ritter beigegeben
war, und töricht wär's gewesen, hätten sie nicht von Liebe
geplaudert. Der Turkoyte Florand begleitete Sangive von
Norwegen, und der muntere Lischoys ritt an der Seite der
liebreizenden Cundrie. Gawan wählte seine Schwester
Itonje als Gefährtin, und Arnive hatte sich der Herzogin
zugesellt.

670   Nu, diz was et alsus komen:
       Gâwâns rinc was genomen
       durch Artûs her, aldâ der lac.
       waz man schouwens dâ gepflac!
5   ê diz volc durch si gerite,
       Gâwân durch hoflîchen site
       und ouch durch werdeclîchiu dinc
       hiez an Artûses rinc
       die êrsten vrouwen halden.
10   sîn marschalc muose walden
       daz einiu nâhe zuo der reit.
       der andern keiniu dâ vermeit,
       sine habten sus alumbe,
       hie diu wîse, dort diu tumbe;
15   bi ieslîcher ein ritter, der ir pflac
       unt der sich dienstes dar bewac.
       Artûs rinc den wîten
       man sach an allen sîten
       mit vrouwen umbevangen.
20   dô wart alrêrst enpfangen
       Gâwân der saelden rîche,
       ich waene des, minneclîche.
           Arnîve, ir tohter unde ir kint
       mit Gâwâne erbeizet sint
25   und von Lôgroys diu herzogîn,
       und der herzoge von Gôwerzîn,
       und der turkoite Flôrant.
       gein disen liuten wert erkant
       Artûs ûz dem poulûn gienc,
       der si dâ vriuntlîche enpfienc.
671   Als tet diu künegîn sîn wîp.
       diu enpfienc Gâwânes lîp
       und ander sîne geselleschaft
       mit getriulîcher liebe craft.
5   dâ wart manec kus getân
       von maneger vrouwen wol getân.

Der Weg zu Gawans Zelten führte aber nun durch das Heerlager des Artus, und als die Scharen hindurchritten, da gab es viel zu staunen! Nach höfischem Brauch und im Streben nach stolzer Prachtentfaltung ließ Gawan die erste Dame vor dem Zelt des Artus halten. Der Marschall wies eine zweite Dame neben sie, die andern folgten dann, so daß sie alle, alt und jung, in weitem Kreise standen. Zur Seite einer jeden Dame war ein Ritter, der ihr dienen sollte. Schließlich war der weite Zeltring des Artus von Damen umgeben. Nun endlich wurde Gawan, der Liebling des Glücks, empfangen, und ich will meinen, es war ein herzlicher Empfang.

Gemeinsam mit Gawan waren Arnive, ihre Tochter, deren Kinder, die Herzogin von Logroys, der Herzog von Gowerzin und der Turkoyte Florand vom Pferd gestiegen. Diesen Edlen trat Artus aus seinem Zelt entgegen und hieß sie freundlich willkommen. Das tat auch seine Gemahlin, die Königin. Sie begrüßte Gawan und sein Gefolge mit aufrichtiger, großer Herzlichkeit. Da tauschten viele schöne

Artûs sprach zem neven sîn
'wer sint die gesellen dîn?'
Gâwân sprach 'mîne vrouwen
10 sol ich si küssen schouwen.
daz waere unsanfte bewart:
si sint wol bêde von der art.'
der turkoite Flôrant
wart dâ geküsset al zehant,
15 unt der herzoge von Gôwerzîn,
von Ginovêrn der künegîn.
si giengen wider in daz gezelt.
mangen dûhte daz daz wîte velt
vollez vrouwen waere.
20 dô warp niht sô der swaere
Artûs spranc ûf ein kastelân.
al dise vrouwen wol getân
und al die ritter neben in,
er reit den rinc alumbe hin.
25 mit zühten Artûses munt
si enpfienc an der selben stunt.
daz was Gâwâns wille,
daz si alle habten stille,
unz daz er mit in dannen rite:
daz was ein höfschlîcher site.
672   Artûs erbeizte und gienc dar în.
er saz zuo dem neven sîn:
den bestuont er sus mit maeren,
wer die vünf vrouwen waeren.
5 dô huop mîn hêr Gâwân
an der eldesten zem êrsten an.
sus sprach er zuo dem Bertûn
'erkant ir Utepandragûn.
so ist diz Arnîve sîn wîp:
10 von den zwein kom iuwer lîp.
sô ist diz diu muoter mîn,
von Norwaege diu künegîn.

Damen manchen Kuß, und Artus sprach zu seinem Neffen:
»Wer sind deine beiden Begleiter?«

Gawan entgegnete: »Ich säh' es gern, daß meine königliche
Herrin auch sie mit einem Kuß begrüßte. Es wäre nicht
angemessen, wollte sie es unterlassen, denn beider Abkunft
ist so vornehm, daß sie es verdienen.«

So erhielten der Turkoyte Florand und der Herzog von
Gowerzin von Königin Ginover den Begrüßungskuß,
danach traten sie ins Zelt. Manchem mochte es scheinen, das
ganze Feld sei voller Damen. Artus aber zeigte sich höfisch
gewandt: er sprang auf einen Kastilianer, ritt den Kreis der
schönen Damen und ihrer Ritter ab und hieß sie höflich
willkommen. Nach Gawans Willen sollten nun alle an ihrem
Platz verharren, bis sie gemeinsam aufbrechen würden. So
war es Brauch damals bei Hofe.

Nach seinem Ritt stieg Artus vom Pferd und ging ins Zelt.
Er setzte sich zu seinem Neffen und drängte ihn, endlich die
fünf Damen vorzustellen. Herr Gawan begann bei der Älte-
sten und sprach zu dem Bretonen: »Ihr habt Utepandragun
gekannt, dies ist seine Gemahlin Arnive; Ihr selbst seid
beider Sohn. Das hier ist die Königin von Norwegen, meine

dise zwuo mîn swester sint,
nu seht wie vlaetigiu kint.'
15   ein ander küssen dâ geschach.
vröude unde jâmer sach
al die daz sehen wolten:
von der liebe si daz dolten.
beidiu lachen unde weinen
20   kunde ir munt vil wol bescheinen:
von grôzer liebe daz geschach.
Artûs ze Gâwâne sprach
'neve, ich bin des maeres noch vrî,
wer diu clâre vünfte vrouwe sî.'
25   dô sprach Gâwân der curtoys
'ez ist diu herzogîn von Lôgroys:
in der genâden bin ich hie.
mir ist gesagt, ir habt gesuochet sie
swaz ir des habt genozzen,
daz zeiget unverdrozzen.
673   Ir möht ze einer witwen wol tuon.'
Artûs sprach 'dîner muomen sun
Gaherjêten si dort hât,
unt Gâreln der ritters tât
5   in manegem poynder worhte.
mir wart der unervorhte
an mîner sîten genomen.
ein unser poynder was sô komen
mit hurte unz an ir barbigân.
10   hurtâ wie ez dâ wart getân
von dem werden Meljanz von Lîz!
under eine baniere wîz
ist er hin ûf gevangen.
diu banier hât enpfangen
15   von zoble ein swarze strâle
mit herzen bluotes mâle
nâch mannes kumber gevar.
Lirivoyn rief al diu schar,

Mutter, und die beiden hübschen Mädchen sind meine Schwestern.«

Da küßte man einander wieder, und es war zu sehen, daß die Freude alle Glück und Weh zugleich empfinden ließ, denn sie lachten mit tränenüberströmtem Antlitz, wie es bei übergroßer Freude ist.

Artus aber sagte: »Neffe, noch immer weiß ich nicht, wer die wunderschöne fünfte Dame ist.«

»Es ist die Herzogin von Logroys, die Gebieterin meines Herzens«, erwiderte der edle Gawan. »Man hat mir berichtet, Ihr hättet ihr Land mit Krieg überzogen. Nun sagt offen, was Ihr dabei gewonnen habt. Da sie Witwe ist, wäre ihr Euer Beistand eher erwünscht gewesen!«

»Gaherjet ist in ihrer Gefangenschaft und auch Garel, der so manche ritterliche Tat vollbrachte«, sagte Artus. »Der unerschrockene Held wurde von meiner Seite weg gefangen. Bei einem Angriff waren wir bis zu ihren Bollwerken vorgedrungen. Oh, wie der edle Meljanz von Liz da dreinschlug! Eine Schar unter weißem Banner führte ihn aber gefangen zur Burg hinauf. Das Banner zeigte einen schwarzen Pfeil aus Zobelpelz und einen roten Fleck, wie von Herzblut, das in Trauer um den Tod eines Mannes vergossen wurde. Lirivoyn war der Schlachtruf der Schar, die unter diesem

die under der durch strîten riten:
20 die hânt den prîs hin ûf erstriten.
mir ist ouch mîn neve Jofreit
hin ûf gevangen: deist mir leit.
diu nâchhuot was gestern mîn:
dâ von gedêch mir dirre pîn.'

25   der künec sînes schaden vil verjach:
diu herzogîn mit zühten sprach
'hêrre, ich sage iuch des lasters buoz:
irn het mîn deheinen gruoz:
ir mugt mir schaden hân getân,
den ich doch ungedienet hân.

674 Sît ir mich gesuochet hât,
nu lêre iuch got ergetzens rât.
in des helfe ir sît geriten,
ob der hât mit mir gestriten,
5 dâ wart ich âne wer bekant
unt zer blôzen sîten an gerant.
ob der noch strîtes gein mir gert,
der wirt wol gendet âne swert.'
    ze Artûse sprach dô Gâwân
10 'waz rât irs, ob wir disen plân
baz mit rittern überlegen,
sît wirz wol getuon megen?
ich erwirbe wol an der herzogîn
daz die iuwern ledec sulen sîn
15 und daz ir ritterschaft dâ her
kumt mit manegem niuwen sper.'
'des volge ich,' sprach Artûs.
diu herzogîn dô hin ze ir hûs
sande nâch den werden.
20 ich waene ûf der erden
nie schoener samnunge wart.
gein herbergen sîner vart
Gâwân urloubes gerte,
des in der künec gewerte.

Feldzeichen in den Kampf ritt und ruhmvoll stritt. Leider
wurde auch mein Neffe Jofreit gefangen in die Burg
gebracht. Ich selbst führte gestern die Nachhut und mußte
den bedauerlichen Verlust hinnehmen.«

Als der König weiter über seinen Schaden klagte, sagte die
Herzogin höflich: »Herr, ich spreche Euch frei von jedem
Vorwurf. Ihr wurdet von mir nicht eben freundlich will-
kommen geheißen, doch auch Ihr habt mir ohne jeden
Grund Schaden zugefügt. Gott möge Euch raten, wie Ihr
mich für Euren kriegerischen Einfall in mein Land am besten
entschädigt. Inzwischen hat auch der, dem Ihr zu Hilfe
geeilt seid, mit mir einen Kampf ausgetragen. Wehrlos war
ich seinen Angriffen preisgegeben, zumal dort, wo ich am
verwundbarsten bin. Will der Held den Kampf fortsetzen,
so kann man dabei auch ohne Schwert zu gutem Ende
kommen.«

Nun sagte Gawan zu Artus: »Was meint Ihr? Wollen wir,
wie die Dinge stehen, noch mehr Ritter auf diese Ebene
bringen? Ich könnte die Herzogin dafür gewinnen, daß sie
den Euren die Freiheit gibt und ihre Ritterscharen mit vielen
neuen Lanzen herbeiruft.«

»Ich bin einverstanden«, erwiderte Artus. Daraufhin sandte
die Herzogin Nachricht an ihre Edelleute in Logroys. Ich
möchte meinen, daß es auf Erden nie eine glanzvollere
Versammlung gegeben hat. Gawan nahm Abschied von
König Artus und begab sich in sein Lager. Auch alle, die mit

25 die man mit im komen sach,
    vuoren dan mit im an ir gemach.
    sîn herberge rîche
    stuont sô ritterlîche
    daz si was kostebaere
    unt der armüete laere.

675   In sîne herberge reit
    maneger dem von herzen leit
    was sîn langez ûz wesen.
    nu was ouch Keye genesen
5   bî dem Plimizoel der tjoste:
    der prüevete Gâwâns koste,
    er sprach 'mînes hêrren swâger Lôt,
    von dem was uns dehein nôt
    ebenhiuz noch sunderringes.'
10 dô dâhte er noch des dinges,
    wand in Gâwân dort niht rach,
    dâ im sîn zeswer arm zebrach.
    'got mit den liuten wunder tuot.
    wer gab Gâwân die vrouwen lût?'
15 sus sprach Keye in sîme schimpf.
    daz was gein vriunde ein swach gelimpf.
        der getriuwe ist vriundes êren vrô:
    der ungetriuwe wâfenô
    rüefet, swenne ein liep geschiht
20 sînem vriunde und er daz siht.
    Gâwân pflac saelde und êre:
    gert iemen vürbaz mêre,
    war wil er mit gedanken?
    sô sint die muotes cranken
25 gîtes unde hazzes vol.
    sô tuot dem ellenthaften wol,
    swâ sînes vriundes prîs gestêt,
    daz schande vlühtec von im gêt.
    Gâwân âne valschen haz
    manlîcher triuwen nie vergaz:

ihm gekommen waren, ritten zu ihren Zelten, die sämtlich
so prächtig und kostbar waren, daß von Mangel keine Rede
sein konnte. Viele Artusritter kamen ins Lager, um Gawan
zu besuchen, hatten sie doch sein langes Fehlen von Herzen
bedauert. Auch Keye, der vom Zweikampf am Plimizöl
genesen war, betrachtete eingehend die großartige Ausstat-
tung Gawans und meinte mißmutig: »Von Lot, dem Schwa-
ger meines Herrn, hätten wir keinen solchen Wettstreit oder
gar das Aufschlagen eines besonderen Lagers befürchten
müssen.« Er erinnerte sich nämlich grollend daran, daß
Gawan ihn nicht gerächt hatte, als er sich den rechten Arm
brach: »Gott tut wahrlich Wunder an den Menschen. Wo
hat Gawan diesen Frauenhaufen her?«
Die höhnischen Worte Keyes waren einem Freunde gegen-
über nicht sehr angemessen. Wer wahrhaft treu ist, freut
sich, wenn der Freund zu Ehren kommt. Der Mißgünstige
allerdings erhebt ein Zetergeschrei, wenn er erleben muß,
daß seinem Freunde Angenehmes widerfährt. Gawan wurde
geliebt und geehrt. Wohin versteigt man sich, wollte man
mehr verlangen? Wer niedrig denkt, ist voller Neid und
Haß; ein mannhafter und wackerer Geselle freut sich dage-
gen, wenn das Ansehen des Freundes unverrückbar fest und
ungetrübt ist. Gawan kannte keine Mißgunst; er war stets

676   Kein unbilde dran geschach,
swâ man in bî saelden sach.
wie der von Norwaege
sînes volkes pflaege,
5   der ritter unt der vrouwen?
dâ mohten rîchheit schouwen
Artûs unt sîn gesinde
von des werden Lôtes kinde.
si sulen ouch slâfen, dô man gaz:
10   ir ruowens hân ich selten haz.
des morgens kom vor tage geriten
volc mit werlîchen siten,
der herzoginne ritter gar.
man nam ir zimierde war
15   al bî des mânen schîne,
dâ Artûs und die sîne
lâgen: durch die zogten sie,
unz anderhalp dâ Gâwân hie
lac mit wîtem ringe.
20   swer solhe helfe ertwinge
mit sîner ellenthaften hant,
den mac man hân vür prîs erkant.
Gâwân sînen marschalc bat
in zeigen herberge stat.
25   als der herzoginne marschalc riet,
von Lôgroys diu werde diet
mangen rinc wol sunder zierten.
ê si geloschierten,
ez waz wol mitter morgen.
hie naehet ez niuwen sorgen.

677   Artûs der prîses erkande
sîne boten sande
ze Rosche Sabîns in die stat:
den künec Gramoflanz er bat,
5   'sît daz unwendec nu sol sîn,
daz er gein dem neven mîn

mannhaft und treu gesinnt, und so war es auch nur recht und billig, daß ihm das Glück lächelte.

Wie der Held aus Norwegen für die Ritter und Damen seines Gefolges sorgte? Nun, Artus und die Seinen sahen beim Sohn des edlen Lot Reichtum in Fülle. Doch nach der Abendmahlzeit mögen sie erst einmal schlafen; ich gönne ihnen die Ruhe.

Am nächsten Morgen noch vor Tagesanbruch kam eine wehrhafte Schar daher, nämlich alle Ritter der Herzogin. Im Licht des Mondes sah man ihren Helmschmuck blitzen. Sie zogen durch das Lager des Artus zu Gawans weitem Zeltring. Wer sich mit Heldenhand solche Helferschar dienstbar macht, der verdient Ruhm zu Recht. Gawan bat seinen Marschall, ihnen einen Lagerplatz zuzuweisen, wo die Edlen aus Logroys nach den Anordnungen des Hofmarschalls der Herzogin so manchen ansehnlichen Zeltring aufstellten. Der halbe Vormittag verstrich bei solchem Tun. Wir aber stehen an der Schwelle neuer gefahrvoller Ereignisse.

Der weitberühmte Artus sandte Boten in die Stadt Rosche Sabbins und ließ König Gramoflanz folgendes wissen: »Da er unabänderlich auf einen Zweikampf mit meinem Neffen

sînen kampf niht wil verbern,
des sol in mîn neve wern.
bit in gein uns schiere komen,
10 sît sîn gewalt ist sus vernomen
daz er ez niht vermîden wil.
es waere eim andern man ze vil.'
    Artûses boten vuoren dan.
dô nam mîn hêr Gâwân
15 Lischoysen unt Flôranden:
die von manegen landen,
minnen soldiere,
bat er im zeigen schiere,
die der herzogîn ûf hôhen solt
20 wâren sô dienstlîchen holt.
er reit ze in unde enpfienc si sô
daz si al gelîche sprâchen dô
daz der werde Gâwân
waere ein manlîch höfscher man.
25   dâ mite kêrte er von in wider.
sus warb er tougenlîche sider.
in sîne kameren er gienc,
mit harnasche er übervienc
den lîp zen selben stunden,
durch daz, ob sîne wunden
678 sô geheilet waeren
daz die mâsen in niht swaeren.
Er wolte baneken den lîp,
sît sô manec man unde wîp
5 sînen kampf solden sehen,
dâ die wîsen ritter möhten spehen
ob sîn unverzagtiu hant
des tages gein prîse wurde erkant.
einen knappen hete er des gebeten
10 daz er im braehte Gringuljeten.
daz begunde er leischieren:
er wolde sich môvieren,

beharrt, so soll's geschehen. Er möge recht bald kommen,
denn wir kennen seinen rücksichtslosen Starrsinn und wis-
sen, daß er von ihm nicht läßt. Bei einem andern Manne
würde man nicht zögern, es Überheblichkeit zu nennen.«
Mit dieser Botschaft brachen die Boten auf.

Nun bat unser Herr Gawan Lischoys und Florand, ihm alle
Ritter vorzustellen, die aus den verschiedensten Ländern
gekommen waren, um der Herzogin für den Lohn ihrer
Liebe zu dienen. Er ritt zu ihnen und begrüßte sie so
herzlich, daß sich alle darin einig waren, der edle Gawan sei
wirklich ein mannhafter und vornehmer Ritter. Nachdem er
sie verlassen hatte, begab er sich heimlich in seine Rüstkam-
mer und legte rasch die Rüstung an, denn er wollte prüfen,
ob seine Wunden so weit geheilt waren, daß ihm die Narben
keine Schmerzen mehr bereiteten. Er wollte sich also zur
Übung ein wenig tummeln, da zahlreiche Ritter und Damen
dem Kampf zusehen sollten und die erfahrenen Ritter
gespannt darauf achten würden, ob der furchtlose Held auch
an diesem Tage Siegesruhm errang. Er hatte einem Knappen
geboten, Gringuljete herbeizuführen, und ließ sie nun mit
verhängten Zügeln lospreschen, wollte er doch dem Pferd

daz er unt daz ors waeren bereit.
mir wart sîn reise nie sô leit:
15 al ein reit mîn hêr Gâwân
von dem her verre ûf den plân.
   gelücke müeze es walden!
er sach ein ritter halden
bî dem wazzer Sabîns,
20 den wir wol möhten heizen vlins
der manlîchen crefte.
er schûr der ritterschefte,
sîn herze valsch nie underswanc.
er was des lîbes wol sô cranc,
25 swaz man heizet unprîs,
daz entruog er nie deheinen wîs
halbes vingers lanc noch spanne.
von dem selben werden manne
mugt ir wol ê hân vernomen:
an den rehten stam diz maere ist komen.

und sich selbst Bewegung verschaffen und beide auf den Kampf vorbereiten. Nie habe ich Gawan mit mehr Bedauern ausreiten sehen!

Unser Herr Gawan verließ ohne Begleitung das Heerlager und ritt auf eine Ebene in der Ferne zu. Möge das Glück sich seiner annehmen! Am Flusse Sabbins sah er nämlich einen Ritter warten, den wir einen Fels männlicher Stärke nennen möchten. Im Ritterkampf war er ein Hagelwetter, doch sein Herz war frei von allem Falsch. Er war ein Ritter ohne Furcht und Tadel, und übles, unrühmliches Tun war diesem Manne wesensfremd; nichts war davon bei ihm zu finden, und wäre es auch nur ein halber Finger oder eine Spanne. Von diesem edlen Ritter habt ihr schon vernommen; er ist's, um den es geht in dieser Dichtung.

XIV.

679 Ob von dem werden Gâwân
    werliche ein tjost dâ wirt getân,
    so gevorht ich sîner êre
    an strite nie sô sêre.
  5 ich solt ouch des andern angest hân:
    daz wil ich ûz den sorgen lân.
    der was in strîte eins mannes her.
    ûz heidenschaft verr über mer
    was brâht diu zimierde sîn.
 10 noch roeter denn ein rubbîn
    was sîn cursît unt sînes orses cleit.
    der helt nâch âventiure reit:
    sîn schilt was gar durchstochen.
    er hêt ouch gebrochen
 15 von dem boum, des Gramoflanz
    huote, ein sô liehten cranz
    daz Gâwân daz rîs erkande.
    dô vorhte er die schande,
    ob sîn der künec dâ hete erbiten:
 20 waere der durch strît gein im geriten,
    sô müese ouch strîten dâ geschehen,
    und solte ez nimmer vrouwe ersehen.
        von Munsalvaesche wâren sie,
    beidiu ors, diu alsus hie
 25 liezen nâher strîchen
    ûf den poinder hurteclîchen:
    mit sporn si wurden des ermant.
    al grüene clê, niht stoubec sant,
    stuont touwec dâ diu tjost geschach.
    mich müet ir beider ungemach.

Vierzehntes Buch

Wenn der edle Gawan hier mutig einen Zweikampf austragen will, so muß ich wie nie zuvor um seinen Ruhm bangen. Vielleicht sollte ich auch um den andern Sorge zeigen, doch brauche ich um ihn wohl keine Angst zu haben; denn im Streit wog er ein ganzes Heer auf. Aus fernem Heidenland war sein Helmschmuck übers Meer bis hierher gelangt. Sein Waffenrock und die Decke seines Pferdes waren röter als ein Rubin. Daß der Held auf Abenteuerfahrt war, bezeugte sein mannigfach durchbohrter Schild. Auch er hatte sich einen schimmernden Kranz gebrochen, der nur von dem von Gramoflanz gehüteten Baum stammen konnte. Gawan hielt den anderen daher für Gramoflanz und fürchtete die Schande, falls der König schon auf ihn gewartet haben sollte; wenn Gramoflanz ausgeritten war, um den Kampf zu suchen, so sollte der Kampf auch hier stattfinden, selbst wenn keine einzige Dame zuschauen konnte.

Aus Munsalwäsche stammten beide Pferde, die jetzt angespornt wurden und aufeinander zubrausten. Als Kampfplatz diente nicht staubiger Sandboden, sondern eine taubedeckte Wiese, und es tut mir ehrlich leid, daß sich beide Ritter in Bedrängnis bringen sollten. Der eine wie der andre war zum

680　Si tâten ir poynder rehte:
　　　ûz der tjoste geslehte
　　　wâren si bêde samt erborn.
　　　wênc gewunnen, vil verlorn
　5　hât swer behaldet dâ den prîs:
　　　der clagt ez doch immer, ist er wîs.
　　　gein ein ander stuont ir triuwe,
　　　der enweder alt noch niuwe
　　　dürkel scharten nie enpfienc.
10　nu hoeret wie diu tjost ergienc.
　　　　　hurteclîche, unt doch alsô,
　　　si möhten es bêde sîn unvrô.
　　　erkantiu sippe unt hôch geselleschaft
　　　was dâ mit hazlîcher craft
15　durch scharpfen strît ze ein ander komen.
　　　von swem der prîs dâ wirt genomen,
　　　des vröude ist drumbe sorgen pfant.
　　　die tjoste brâhte iewedriu hant,
　　　daz die mâge unt die gesellen
20　ein ander muosen vellen
　　　mit orse mit alle nider.
　　　alsus wurben si dô sider.
　　　ez wart aldâ verzwicket,
　　　mit swerten verbicket.
25　schildes schirben und daz grüene gras
　　　ein glîchiu temperîe was,
　　　sît si begunden strîten.
　　　si muosen scheidens bîten
　　　alze lange: si begunden es vruo.
　　　dane greif et niemen scheidens zuo.
681　　　Dane was dennoch nieman wan sie.
　　　welt ir nu hoeren vürbaz wie
　　　an den selben stunden
　　　Artûses boten vunden
　5　den künec Gramoflanz mit her?
　　　ûf einem plâne bî dem mer.

Turnierkampf wie geboren, so daß beide eine glänzende
Attacke ritten. Wer hier den Sieg erringt, hat wenig gewon-
nen und viel verloren und wird sein Leben lang darüber
trauern, wenn ihm Verstand gegeben ist. Hier stießen zwei
treue Freunde zusammen, deren Freundschaft niemals brü-
chig wurde. Hört jetzt, wie der Kampf verlief. Rasch und
kraftvoll wurde er geführt, was beide eigentlich sehr bedau-
ern müßten. Zwei Männer, verwandt und befreundet mit-
einander, drangen wie zwei Feinde aufeinander ein, und wer
den Sieg davonträgt, ist am Ende bestimmt nicht froh,
sondern traurig. Beider Hand stieß mit der Lanze so stark
und wuchtig zu, daß alle beide – obwohl verwandt und
befreundet – mit ihren Pferden zu Boden stürzten: Nun
wurde mit den Schwertern drauflosgekeilt und dreingeschla-
gen, daß der Rasen bald mit Schildsplittern übersät war. Sie
mußten auf eine Beilegung des Kampfes warten; sie hatten
ihn zu früh am Morgen begonnen, und es fand sich nie-
mand, der ein Ende machte, denn außer ihnen war kein
Mensch zu sehen.
Wollt ihr jetzt hören, wo zu ebendieser Stunde die Boten des
Artus auf König Gramoflanz und sein Heer stießen? Er
lagerte auf einer Ebene am Meer, die auf der einen Seite vom

einhalp vlôz der Sabbîns
und anderhalb der Poynzaclîns:
diu zwei wazzer seuten dâ.
10   der plân was vester anderswâ:
Rosche Sabbîns dort
diu houbetstat den vierden ort
begreif mit mûren und mit graben
und mit manegem turne hôhe erhaben.
15   des hers loschieren was getân
wol mîle lanc ûf den plân,
und ouch wol halber mîle breit.
Artûses boten widerreit
manc ritter in gar unbekant,
20   turkople, manec sarjant
ze îser unt mit lanzen.
dar nâch begunde swanzen
under manger banier
manec grôziu rotte schier.
25   von pusînen was dâ crach.
daz her man gar sich regen sach:
si wolden an den zîten
gein Jôflanze rîten.
von vrouwen zoumen clingâ clinc.
des künec Gramoflanzes rinc
682   Was mit vrouwen umbehalden.
kan ich nu maere walden,
ich sage iu wer durch in dâ was
geherberget ûf daz gras
5   an sîne samenunge komen.
habt ir des ê niht vernomen,
sô lât mich ez iu machen kunt.
ûz der wazzervesten stat von Punt
brâht im der werde oeheim sîn,
10   der künec Brandelidelîn,
sehs hundert clâre vrouwen,
der îeslîchiu moht schouwen

Sabbins, auf der anderen vom Poynzaclins begrenzt wurde, die sich hier ins Meer ergossen. Auf der vierten Seite war die Ebene befestigt, denn dort erhob sich die Hauptstadt Rosche Sabbins mit Mauerwerken, Gräben und vielen aufragenden Türmen. Das Heerlager auf der Ebene war etwa eine Meile lang und eine halbe Meile breit. Den Boten des Artus begegneten viele fremde Ritter, Leichtbewaffnete, dazu eisengepanzerte Fußknechte mit Lanzen. Dahinter folgten mit stolzem Schritt gewaltige Heerhaufen mit zahlreichen Bannern. Das Heer des Gramoflanz hatte sich gerade in Bewegung gesetzt, um nach Joflanze zu ziehen. Laut tönten die Posaunen und hell die Schellen am Zaumzeug der Damen, denn der Zeltring des Königs Gramoflanz war von Damen umgeben. Soweit ich's weiß, will ich euch nun erzählen, wer dem Ruf des Königs gefolgt war und sich im Lager auf dem Wiesenplan eingefunden hatte. Habt ihr noch nichts davon gehört, so laßt euch jetzt berichten: Aus der Wasserfestung Punt war der edle Oheim von Gramoflanz, König Brandelidelin, mit sechshundert schönen Damen

gewâpent dâ ir âmîs
durch ritterschaft unt durch prîs.
15   die werden Punturteise
wâren wol an dirre reise.
    dâ was, welt ir glouben mirs,
der clâre Bernout de Riviers:
des rîcher vater Nârant
20   hete im lâzen Uckerlant.
der brâhte in kocken ûf dem mer
ein alsô clârez vrouwen her,
den man dâ liehter varwe jach
und anders niht dâ von in sprach.
25   der wâren zwei hundert
ze magden ûz gesundert:
zwei hundert heten dâ ir man.
ob ichz geprüevet rehte hân,
Bernout fîz cons Nârant,
vünf hundert ritter wert erkant
683   mit im dâ komen wâren,
die vîende kunden vâren.
    Sus wolte der künec Gramoflanz
mit kampfe rechen sînen cranz,
5   daz ez vil liute saehe,
wem man dâ prîses jaehe.
die vürsten ûz sîme rîche
mit rittern werlîche
wâren dâ und ouch mit vrouwen schar.
10   man sach dâ liute wol gevar.
    Artûses boten kômen hie:
die vunden den künec, nu hoeret wie.
palmâtes ein dicke matraz
lac under dem künege aldâ er saz,
15   dar ûf gestept ein pfelle breit.
juncvrouwen clâr und gemeit
schuohten îsrîn kolzen
an den künec stolzen.

gekommen; eine jede hatte ihren Freund zur Seite, und zwar wohlgerüstet, denn die Herren wollten im ritterlichen Kampf Siegesruhm erringen. Auch die edlen Punturteisen nahmen gern an dieser Heerfahrt teil. Ferner war dort – wenn ihr mir's glauben wollt – der stattliche Bernout von Riviers, dessen mächtiger Vater Narant ihm das Uckerland vererbt hatte. Er war auf Koggen übers Meer gekommen und gleichfalls von einer lieblichen Frauenschar begleitet, deren Schönheit überall Bewunderung erregte. Zweihundert der Damen waren noch Jungfrauen, die anderen zweihundert verhciratet. Habe ich richtig gezählt, dann wurde Bernout, der Sohn des Grafen Narant, von fünfhundert angesehenen Rittern begleitet, die wohl ihren Mann standen.

König Gramoflanz wollte also den Kranzraub im Zweikampf rächen, und der Sieger sollte von vielen Zuschauern gefeiert werden. Alle seine Reichsfürsten hatten sich eingestellt, und zwar in Begleitung wehrhafter Ritter und vieler edler Damen, so daß also zahlreiche ansehnliche Edelleute zugegen waren.

Nun hört, wie die Artusboten den König antrafen: Gramoflanz saß auf einem hohen, mit Palmatseide überzogenen Ruhelager, das noch mit einer seidenen Steppdecke bedeckt war. Schöne, liebliche Jungfrauen waren damit beschäftigt, dem stolzen König eiserne Beinschienen anzulegen. Hoch

ein pfelle gap kostlîchen prîs,
20 geworht in Ecidemonîs,
beidiu breit unde lanc,
hôhe ob im durch schate swanc,
an zwelf schefte genomen.
Artûses boten wâren komen:
25 gein dem der hôchverte hort
truoc, si sprâchen disiu wort.
    'hêrre, uns hât dâ her gesant
Artûs, der dâ vür erkant
was daz er prîs etswenne truoc.
er hete ouch werdekeit genuoc:
684 Die welt ir im vercrenken.
wie megt ir des erdenken,
daz ir gein sîner swester sun
solh ungenâde wellet tuon?
5 het iu der werde Gâwân
groezer herzeleit getân,
er möht der tavelrunder
doch geniezen sunder,
wand in geselleschefte wernt
10 al die drüber pflihte gernt.'
    der künec sprach 'den gelobten strît
mîn unverzagtiu hant sô gît
daz ich Gâwân bî disem tage
gein prîse oder in laster jage.
15 ich hân mit wârheit vernomen,
Artûs sî mit storje komen,
unt des wîp diu künegîn.
diu sol willekomen sîn.
ob diu arge herzoginne
20 im gein mir raet unminne,
ir kint, daz sult ir understên.
dane mac niht anders an ergên,
wan daz ich den kampf leisten wil.
ich hân ritter wol sô vil

über ihm schwebte, von zwölf Stangen getragen, ein kostbarer, großer, in Ecidemonis gewebter Seidenbaldachin, der ihm Schatten spendete. Als die Boten des Artus vor den König traten, redeten sie diesen Inbegriff des Hochmuts folgendermaßen an: »Herr, uns hat der weitberühmte Artus hergesandt. Er ist von edler Wesensart, die Ihr freilich zu beschimpfen wagt! Wie kommt Ihr nur dazu, seinen Neffen Gawan so feindselig zu behandeln? Und hätte der edle Gawan Euch noch weit mehr angetan, so dürfte er doch auf den Beistand der Tafelrunde rechnen, denn alle Ritter, die ihr angehören, sind ihm freundschaftlich verbunden.«

Der König erwiderte: »Unverzagt will ich den vereinbarten Kampf austragen, in dem Gawan entweder Sieg oder Niederlage erfahren wird. Ich habe bereits davon gehört, daß Artus und seine Gemahlin, die mir willkommen sei, mit einem Heerhaufen erschienen sind. Falls ihn die unversöhnliche Herzogin zu Feindseligkeit gegen mich aufzustacheln sucht, so laßt das nicht zu, ihr Knappen. Der Zweikampf aber wird auf jeden Fall stattfinden. Mich begleiten zudem

25 daz ich gewalt entsitze niht.
    swaz mir von einer hant geschiht,
    die nôt wil ich lîden.
    solte ich nu vermîden
    des ich mich vermezzen hân,
    sô wolte ich dienst nâch minnen lân.
685 In der genâde ich hân ergeben
    al mîn vröude und mîn leben,
    got weiz wol daz er ir genôz;
    wande mich des ie verdrôz,
5   strîtes gein einem man,
    wan daz der werde Gâwân
    den lîp hât gurboret sô,
    kampfes bin ich gein im vrô.
    sus nidert sich mîn manheit:
10 sô swachen strît ich nie gestreit.
    ich hân gestriten, giht man mir
    (ob ir gebiet, des vrâget ir),
    gein liuten, die des mîner hant
    jâhen, si waere vür prîs erkant.
15 ine bestuont nie einen lîp.
    ez ensulen ouch loben niht diu wîp,
    ob ich den sige hiute erhol.
    mit tuot ime herzen wol,
    mir ist gesagt si sî ûz banden lân,
20 durch die der kampf nu wirt getân.
    Artûs der erkante verre,
    sô manec vremdiu terre
    zuo sîme gebote ist vernomen:
    si ist lîhte her mit im komen,
25 durch die ich vröude unde nôt
    in ir gebot unz an den tôt
    sol dienstlîchen bringen.
    wâ möht mir baz gelingen,
    ob mir diu saelde sol geschehen
    daz si mîn dienst ruochet sehen?'

so viele Ritter, daß ich keine Gewalt zu fürchten brauche, und was ein einzelner gegen mich vermag, das will ich schon riskieren. Wollte ich den einmal gefaßten Entschluß umstoßen, könnte ich auch nicht mehr um Liebeslohn dienen. Bei Gott, Gawan ist nur seine Verwandtschaft mit der Dame zugute gekommen, in deren Hände ich mein Glück und mein Leben gelegt habe; denn bisher habe ich mich nie dazu verstanden, gegen einen einzelnen zum Kampf anzutreten. Da jedoch der edle Gawan sein Leben so mutig aufs Spiel gesetzt hat, will ich gern gegen ihn kämpfen. Allerdings wird mein Mannesruhm durch dieses Entgegenkommen beeinträchtigt, denn solch leichten Kampf habe ich noch nie geführt. Es ist bekannt, daß ich gegen Männer gekämpft habe, die mir höchsten Heldenruhm zuerkennen mußten. Wenn ihr wollt, könnt ihr danach fragen. Doch niemals kämpfte ich gegen einen einzelnen Mann. Sollte ich heute den Sieg erringen, mögen daher die Damen auf Lob verzichten. Ich bin nur herzlich froh über die Nachricht, daß jene Dame, für die dieser Kampf ausgetragen wird, aus der Gefangenschaft befreit ist. Der weitberühmte Artus herrscht über viele fremde Länder; vielleicht begleitet ihn die Dame, in deren Dienst ich, wenn sie's will, bis zu meinem Tode Freude und Leid erfahren möchte. Welch größeres Glück könnte mir widerfahren, als meinen Ritterdienst von ihren Augen verfolgt zu wissen.«

686   Bêne under des küneges armen saz:
        diu liez den kampf gar âne haz.
        si het des künges manheit
        sô vil gesehen dâ er streit,
5   daz siz wolt ûz den sorgen lân.
        wiste aber si daz Gâwân
        ir vrouwen bruoder waere
        unt daz disiu strengen maere
        ûf ir hêrren waeren gezogen,
10   si waere an vröuden dâ betrogen.

        si brâht dem künege ein vingerlîn
        daz Itonjê diu junge künegîn
        hete durch minne im gesant,
        daz ir bruoder wert erkant
15   holte über den Sabbîns.
        Bêne ûf dem Poynzaclîns
        kom in eime seytiez.
        disiu maere si niht liez,
        'von Schastel marveile gevarn
20   ist mîn vrouwe mit vrouwen scharn.'
        si mante in triuwe unt êre
        von ir vrouwen mêre
        denne ie kint manne enbôt,
        und daz er daehte an ir nôt,
25   sît si vür alle gewinne
        dienst büte nâch sîner minne.
        daz machte den künec hôchgemuot.
        unreht er Gâwân doch tuot.
        solt ich engelten sus der swester mîn,
        ich wolte ê âne swester sîn.

687   Man truog im zimierde dar
        von tiurer koste alsô gevar,
        swen diu minne ie des betwanc
        daz er nâch wîbe lône ranc,
5   ez waere Gahmuret oder Gâlôes
        oder der künec Kyllicrates,

Der König hatte dabei seinen Arm um die an seiner Seite
sitzende Bene gelegt, die gegen den bevorstehenden Zwei-
kampf gar nichts einzuwenden hatte. Sie hatte schon bei
vielen Kämpfen die Mannesstärke des Königs bewundert, so
daß sie um ihn keine Sorge hegte. Hätte sie freilich gewußt,
daß Gawan der Bruder ihrer Herrin war und daß es bei
diesem gefährlichen Vorhaben um ihren eignen Herrn ging,
so wäre ihre Freude dahin gewesen. Sie hatte dem König
einen Ring gebracht, den ihm einst die junge Prinzessin
Itonje als Liebespfand gesandt und den ihr weitberühmter
Bruder Gawan über den Sabbins zu ihr zurückgetragen
hatte. Bene war mit einem Nachen den Poynzaclins herab-
gefahren und hatte folgende Botschaft überbracht: »Meine
Herrin und viele andre Damen haben Schastel marveile
verlassen!« Sie erinnerte Gramoflanz daran, daß ihre Herrin
ihn mit ihrer Treue und Ehre in einem Maße ausgezeichnet
hatte, wie es keinem Mann von einer Jungfrau je widerfah-
ren war. Er möge ihrer Not gedenken, denn sie zöge seine
Liebe jedem anderen Gewinn vor. Solche Worte ließen
natürlich das Herz des Königs schwellen. Er handelt aller-
dings unrecht an Gawan. Ehe ich durch meine Schwester in
solch mißliche Lage geriete, wollte ich lieber gar keine
Schwester haben.

Nun brachte man Gramoflanz seine herrliche, kostbare
Rüstung. Keiner, den je die Liebe zwang, nach dem Lohn
einer Frau zu streben, hat sich um der Frauen willen je
prächtiger geschmückt als er, nicht Gachmuret, Galoes oder

        der deheiner dorfte sînen lîp
        nie baz gezieren durch diu wîp.
        von Ipopotiticôn
10   oder ûz der wîten Acratôn
        oder von Kalomidente
        oder von Agatyrsjente
        wart nie bezzer pfelle brâht
        dan dâ ze der zimier wart erdâht.
15   dô kuste er daz vingerlîn
        daz Itonjê diu junge künegîn
        im durch minne sande.
        ir triuwe er sô bekande,
        swâ im kumbers waere bevilt,
20   dâ was ir minne vür ein schilt.
            der künec was gewâpent nû.
        zwelf juncvrouwen griffen zuo
        ûf schoenen runzîden:
        diene solden daz niht mîden,
25   diu clâre geselleschaft,
        ieslîchiu hete an einen schaft
        den tiuren pfelle genomen,
        dar unde der künec wolde komen:
        den vuorten si durch schate dan
        ob dem strîtgernden man.
688   Niht ze cranc zwei vröuwelîn
        (diu truogen et dâ den besten schîn)
        under des künges starken armen riten.
        done wart niht langer dâ gebiten,
5   Artûses boten vuoren dan
        und kômen dar dâ Gâwân
        ûf ir widerreise streit.
        dô wart den kinden nie sô leit:
        si schrîten lûte umb sîne nôt,
10   wand in ir triuwe daz gebôt.
            ez was vil nâch alsô komen
        daz den sig het aldâ genomen

König Killicrates. Schönere Seide, als er trug, wurde nie aus Ipopotiticon, dem großen Acraton, aus Kalomidente oder Agatyrsjente gebracht. Gramoflanz küßte den Ring, den die junge Prinzessin Itonje ihm aus Liebe gesandt hatte. Er war ihrer Treue gewiß, so daß ihre Liebe ihm ein Schild gegen jegliche Bedrängnis war.

Man legte dem König jetzt die Rüstung an. Danach brachte eine liebliche Schar von zwölf Jungfrauen einen kostbaren Seidenbaldachin herbei. Jede Jungfrau saß auf einem prächtigen Pferd und trug eine der zwölf Stangen, die den Baldachin stützten. Unter diesem schattenspendenden Dach wollte der König in den Kampf ziehen. Links und rechts von ihm ritten zwei stattliche Jungfrauen, die schönsten von allen, denen er seine starken Arme über die Schultern gelegt hatte. Die Boten des Artus säumten nun nicht länger und kamen auf dem Heimritt dort vorbei, wo Gawan kämpfte. Nie hatten die Pagen so sehr erschrecken müssen; ihre Treue ließ sie angesichts der Bedrängnis Gawans laut aufschreien

Gâwânes kampfgenôz.
des craft was über in sô grôz,
15 daz Gâwân der werde degen
des siges hete nâch verpflegen,
wan daz in clagende nanten
kint diu in bekanten.
der ê des was sînes strîtes wer,
20 verbar dô gein im strîtes ger.
verr ûz der hant er warf daz swert:
'unsaelec unde unwert
bin ich,' sprach der weinde gast.
'aller saelden mir gebrast,
25 daz mîner gunêrten hant
dirre strît ie wart bekant.
des was mit unvuoge ir ze vil.
schuldec ich mich geben wil.
hie trat mîn ungelücke vür
unt schiet mich von der saelden kür.

689 Sus sint diu alten wâpen mîn
ê dicke und aber worden schîn.
daz ich gein dem werden Gâwân
alhîe mîn strîten hân getân!
5 ich hân mich selben überstriten
und ungelückes hie erbiten.
do des strîtes wart begunnen,
dô was mir saelde entrunnen.'
Gâwân die clage hôrte unde sach:
10 zuo sîme kampfgenôze er sprach
'ôwî hêrre, wer sît ir?
ir sprecht genaedeclîch gein mir.
wan waere diu rede ê geschehen,
die wîle ich crefte mohte jehen!
15 sone waere ich niht von prîse komen.
ir habt den prîs alhie genomen.
ich het iuwer gerne künde,
wâ ich her nâch vünde

vor Entsetzen, denn sein Gegner hatte ihn fast bezwungen.
Er war ihm an Kräften so überlegen, daß der edle Held
Gawan die Niederlage hätte dulden müssen, wenn die Knappen ihn nicht erkannt und erschrocken seinen Namen gerufen hätten. Sogleich ließ der andere vom Kampf ab und warf
das Schwert weit von sich. »Ich Unseliger, Unwürdiger!«
rief der Fremde unter Tränen. »Als meine ehrlose Hand den
Kampf begann, hat mich mein Glück verraten. Nichts
Schlimmeres hätte sie tun können! Ja, ich bin schuldig!
Wieder hat mich mein Unstern mißleitet und ins Unglück
gestürzt. Wieder hat sich, wie schon oft, mein altes Schicksalszeichen gezeigt! Ich habe gegen den edlen Gawan
gekämpft und die Hand gegen mich selbst erhoben! Unheil
hat mich hier getroffen! Als dieser Kampf begann, war's
vorbei mit meinem Glück!«
Als Gawan die Verzweiflung sah und hörte, sprach er zu
seinem Gegner: »Ach, Herr, wer seid Ihr? Ihr sprecht so
gute Worte, daß ich wünschte, Ihr hättet sie früher gefunden, ehe meine Kräfte schwanden. Dann wäre mir mein
Ruhm geblieben, den Ihr mir hier genommen habt. Sagt,
wer Ihr seid! Sagt, bei wem ich nach meinem Heldentum

mînen prîs, ob ich den suochte.
20 die wîle es mîn saelde ruochte,
so gestreit ich ie wol einer hant.'
'neve, ich tuon mich dir bekant
dienstlîch nu unt elliu mâl.
ich binz dîn neve Parzivâl.'
25 Gâwân sprach 'sô was ez reht:
hie ist crumbiu tumpheit worden sleht.
hie hânt zwei herzen einvalt
mit hazze erzeiget ir gewalt.
dîn hant uns bêde überstreit:
nu lâ dirz durch uns bêde leit.
690 Du hâst dir selben an gesigt,
ob dîn herze triuwen pfligt.'
dô disiu rede was getân,
done mohte ouch mîn hêr Gâwân
5 vor uncraft niht langer stên.
er begunde al swindelde gên,
wand im daz houbt erschellet was:
er strûchte nider an daz gras.
Artûses junchêrrelîn
10 spranc einez underz houbet sîn:
dô bant im daz süeze kint
ab den helm, unt swanc den wint
mit eime huote pfaewîn wîz
under diu ougen. dirre kindes vlîz
15 lêrte Gâwânen niuwe craft.
ûz beiden hern geselleschaft
mit storje kômen hie unt dort,
ieweder her an sînen ort,
dâ ir zil wâren gestôzen
20 mit gespiegelten ronen grôzen.
Gramoflanz die koste gap
durch sîns kampfes urhap.
der boume hundert wâren
mit liehten blicken clâren.

suchen muß! Mein Glück hat mich wohl verlassen, denn
einem einzelnen Gegner habe ich noch immer standge-
halten.«
»Vetter, du kannst heute und immer auf mich rechnen! Ich
bin's, dein Vetter Parzival!«
»So war's richtig!« rief Gawan. »Welch törichte Verblen-
dung! Zwei arglose Herzen fallen wütend übereinander her!
Du hast mit mir dich selber in die Knie gezwungen. Es sollte
dir um unsertwillen leid tun! Wenn du noch Treue fühlst im
Herzen, dann wirst du zugeben müssen, daß du dich selbst
besiegt hast.«
Nach diesen Worten konnte sich unser Herr Gawan vor
Schwäche nicht mehr auf den Beinen halten. Vom Dröhnen
der Schwertschläge wie betäubt, begann er zu taumeln,
strauchelte und fiel auf den Rasen. Rasch sprang ein Edel-
knabe des Artus hinzu und stützte sein Haupt. Der hübsche
Page band ihm den Helm ab und fächelte ihm Kühlung zu
mit seinem Hut aus glänzenden Pfauenfedern. Die eifrigen
Bemühungen des Edelknaben brachten Gawan wieder zu
sich. Inzwischen nahten sich von verschiedenen Seiten Scha-
ren der gegnerischen Heere und ritten zu den vorher
bestimmten Plätzen, die rings mit geschälten dicken Pfählen
abgesteckt waren. Der Herausforderer Gramoflanz hatte auf
seine Kosten etwa einhundert entrindete und gefärbte Pfähle

25   dane solte niemen zwischen komen.
    si stuonden (sus hân ichz vernomen)
    vierzec poynder von ein ander,
    mit gevärweten blicken glander,
    vünfzec iewedersît.
    dâ zwischen solte ergên der strît:

691   Daz her solt ûzerhalben haben,
    als ez schiede mûre oder tiefe graben.
    des heten hantvride getân
    Gramoflanz und Gâwân.

5   gegen dem ungelobten strîte
    manec rotte kom bezîte
    ûz beiden hern, die saehen
    wem si dâ prîses jaehen.
    die nam ouch wunder wer dâ strite

10   mit alsô strîteclîchem site,
    oder wem des strîtes dâ waere gedâht.
    neweder her hête brâht
    sînen kempfen in den rinc:
    ez dûhte si wunderlîchiu dinc.

15   dô dirre kampf was getân
    ûf dem bluomvarwen plân,
    dô kom der künec Gramoflanz:
    der wolde ouch rechen sînen cranz.
    der vriesch wol daz dâ was geschehen

20   ein kampf, daz nie wart gesehen
    herter strît mit swerten.
    die des ein ander werten,
    si tâten ez âne schulde gar.
    Gramoflanz ûz sîner schar

25   zuo den kampfmüeden reit,
    herzenlîche er clagte ir arbeit.
    Gâwân was ûf gesprungen:
    dem wâren die lide erswungen.
    hie stuonden dise zwêne.
    nu was ouch vrou Bêne

einrammen lassen; den so eingegrenzten Raum durfte niemand betreten. Der Abstand zwischen den bunten hellen Pfählen betrug, so heißt es, jeweils vierzig Roßläufe, und fünfzig säumten jede Seite. Da also sollte der Kampf stattfinden. Die Heere mußten außerhalb der Begrenzung bleiben, als wären sie durch Mauern oder tiefe Gräben vom Platz getrennt. Das hatten Gramoflanz und Gawan durch Handschlag vereinbart. Aus beiden Heeren waren viele gerade noch Zeugen des nicht verabredeten Zweikampfs geworden, und alle wollten wissen, wem der Sieg gebühre und wer in diesem harten Kampf aufeinandergetroffen war. Aus beiden Heeren hatte keiner seinen Mann zum Kampfplatz geleitet, also schien es allen verwunderlich.

Als der Kampf auf der blumenübersäten Wiese beendet war, da erschien König Gramoflanz, um den Kranzraub zu rächen, und mußte nun erfahren, daß bereits ein Schwertkampf von unerhörter Härte stattgefunden habe, und zwar ohne Anlaß. Gramoflanz löste sich aus der Schar seiner Begleiter, ritt zu den Kampfmüden und bedauerte ehrlich ihre Mühsal. Gawan hatte sich rasch erhoben, obgleich seine Glieder noch zitterten, und stand neben Parzival. Fräulein

692   Mit dem künege in den rinc geriten,
       aldâ der kampf was erliten.
       diu sach Gâwânen creftelôs
       den si vür al die werlt erkôs
   5   ze ir hôhsten vröuden crône.
       nâch herzen jâmers dône
       si schrîende von dem pfärde spranc:
       mit armen si in vast umbeswanc,
       si sprach 'vervluochet sî diu hant,
  10   diu disen kumber hât erkant
       gemacht an iuwerm lîbe clâr,
       bî allen mannen. daz ist wâr,
       iuwer varwe ein manlîch spiegel was.'
       si satzte in nider ûf daz gras:
  15   ir weinens wênec wart verdagt.
       dô streich im diu süeze magt
       ab den ougen bluot unde sweiz.
       in harnasche was im heiz.
         der künec Gramoflanz dô sprach
  20   'Gâwân, mir ist leit dîn ungemach,
       ezn waere von mîner hant getân.
       wiltu morgen wider ûf den plân
       gein mir komen durch strîten,
       des wil ich gerne bîten.
  25   ich bestüende gerner nu ein wîp
       dan dînen creftelôsen lîp.
       waz prîses möht ich an dir bejagen,
       ichn hôrte dich baz gein creften sagen?
       nu ruowe hînt: des wirt dir nôt,
       wiltu vürstên den künec Lôt.'
693   Dô truoc der starke Parzivâl
       ninder müede lit noch erblichen mâl.
       er hete an den stunden
       sînen helm ab gebunden,
   5   dâ in der werde künec sach,
       zuo dem er zühteclîchen sprach

Bene war dem König auf den Kampfplatz gefolgt. Als sie Gawan, dem sie mehr als jedem anderen zugetan war, so erschöpft vor sich sah, schrie sie laut auf vor Schreck und Weh. Rasch sprang sie vom Pferd, schloß ihn fest in die Arme und rief: »Verflucht sei die Hand, die diesem herrlichen Mann so übel mitgespielt hat! Ihm, der vor allen andern ein Vorbild an Tapferkeit war!« Sie nötigte Gawan wieder auf den Rasen, und unter bittern Tränen wischte ihm das liebreizende Mädchen Blut und Schweiß von der Stirn. Unter der Rüstung war ihm nämlich heiß geworden.

Da sprach König Gramoflanz: »Gawan, ich bedaure dein Mißgeschick, es sei denn, meine Hand wäre die Ursache dazu. Wenn du morgen auf dieser Wiese den Kampf gegen mich beginnen willst, so soll's mir recht sein. Eher könnte ich jetzt gegen eine Frau antreten als gegen dich, der keine Kraft mehr hat. Solange du nicht alle Kraft zurückgewonnen hast, kann ich beim Kampf mit dir auch keinen Ruhm erringen. Ruhe den Tag über aus. Du wirst es brauchen, wenn du für König Lot eintreten willst.«

Der starke Parzival hingegen war noch völlig frisch und zeigte keine Spur von Ermüdung. Als Gramoflanz nahte, hatte er ebenfalls den Helm abgebunden. Nun sprach er ihn

'hêr, swaz mîn neve Gâwân
gein iuwern hulden hât getân,
des lât mich vür in wesen pfant.
10 ich trage noch werlîche hant:
welt ir zürnen gein im kêren,
daz sol ich iu mit swerten weren.'
    der wirt ûz Rosche Sabbîns
sprach 'hêrre, er gît mir morgen zins:
15 der stêt ze gelt vür mînen cranz,
des sîn prîs wirt hôch unde ganz,
oder daz er jaget mich an die stat
aldâ ich trite ûf lasters pfat.
ir muget wol anders sîn ein helt:
20 dirre kampf ist iu doch niht erwelt.'
    dô sprach Bênen süezer munt
zem künege 'ir ungetriuwer hunt!
iuwer herze in sîner hende ligt,
dar iuwer herze hazzes pfligt.
25 war habt ir iuch durch minne ergeben?
diu muoz doch sîner genâden leben.
ir sagt iuch selben sigelôs.
diu minne ir reht an iu verlôs:
getruoget ir ie minne,
diu was mit valschem sinne.'
694   Dô des zornes vil geschach.
der künec Bênen sunder sprach.
er bat si 'vrouwe, zürne niht
daz der kampf von mir geschiht.
5 belîp hie bî dem hêrren dîn:
sage Itonjê der swester sîn,
ich sî vür wâr ir dienstman
und ich welle ir dienen swaz ich kan.'
    dô Bêne daz gehôrte
10 mit waerlîchem worte,
daz ir hêrre ir vrouwen bruoder was,
der dâ solde strîten ûf dem gras,

höflich an: »Herr, aus welchem Grund auch mein Vetter
Gawan Euer Wohlwollen verscherzt hat, ich will für ihn
eintreten. Meine Hand ist noch stark genug für einen zwei-
ten Kampf; seid Ihr Gawans Feind, so fordere ich Euch vor
meine Klinge!«
Der Herrscher von Rosche Sabbins aber sprach: »Herr, er
wird mir morgen den festgesetzten Preis für meinen Kranz
zahlen müssen, so daß dessen Ehre wiederhergestellt wird,
es sei denn, er drängt mich auf den Pfad der Schande. Ihr
mögt gewiß ein wackrer Held sein, doch dieser Kampf ist
Euch nicht bestimmt.«
Da rief die liebreizende Bene dem König zu: »Treuloser
Hund! Der Mann, den Ihr im Herzen haßt, entscheidet über
das Wohl und Wehe Eures Herzens! Habt Ihr vergessen,
wen Ihr liebt? Von seinem guten Willen hängt alles ab! Ihr
bringt Euch selbst um den Erfolg Eures Strebens, denn Ihr
habt gegen das Gesetz der Liebe verstoßen. Eure angebliche
Liebe ist eine einzige Lüge!«
Als sie ihrem Zorn Luft gemacht hatte, bat Gramoflanz:
»Zürne nicht, edle Dame, wenn ich auf diesem Kampf
bestehe. Bleibe jetzt hier bei deinem Herrn und sag seiner
Schwester Itonje, ich sei ihr treuer Diener und wolle ihr
dienen, wie ich nur kann.«
Als Bene nun auch noch erfuhr, daß ihr Herr, der auf der
Wiese kämpfen sollte, der Bruder ihrer Herrin sei, senkte

dô zugen jâmers ruoder
in ir herzen wol ein vuoder
15   der herzenlîchen riuwe:
wan si pflac herzen triuwe.
si sprach 'vart hin, vervluochet man!
ir sît der triuwe nie gewan.'
    der künec reit dan, und al die sîn.
20   Artûses junchêrrelîn
viengen diu ors disen zwein:
an den orsen sunder kampf ouch schein.
Gâwân und Parzivâl
unt Bêne diu lieht gemâl
25   riten dannen gein ir her.
Parzivâl mit mannes wer
het den prîs behalden sô,
si wâren sîner künfte vrô.
die in dâ komen sâhen,
hôhes prîses si im alle jâhen.
695   Ich sage iu mêre, ob ich kan.
dô sprach von disem einem man
in bêden hern die wîsen,
daz si begunden prîsen
5   sîne ritterlîche tât,
der dâ den prîs genomen hât.
welt irs jehen, deist Parzivâl.
der was ouch sô lieht gemâl,
ezn wart nie ritter baz getân:
10   des jâhen wîb unde man,
dô in Gâwân brâhte,
der des hin ze im gedâhte
daz er in hiez cleiden.
dô truoc man dar in beiden
15   von tiurer koste glîch gewant.
über al diz maere wart erkant,
daz Parzivâl dâ waere komen,
von dem sô dicke was vernomen

sich ungeheurer Jammer auf ihr treues Herz. Sie rief: »Hinweg, Verfluchter! Ihr wißt nicht, was Treue ist!«

Der König ritt mit den Seinen nun davon. Die Edelknaben des Artus aber fingen die gleichfalls ermatteten Pferde der beiden Kämpfer ein. Gawan, Parzival und die wunderschöne Bene ritten nun gemeinsam zu den Ihren zurück. Parzival hatte in mannhafter Art neuen Ruhm errungen, und jedermann freute sich über seine Ankunft. Alle, die ihm begegneten, waren des Lobes voll.

So gut ich kann, schildere ich euch nun die folgenden Ereignisse: In beiden Heeren sprachen die kampferprobten Ritter vom Sieger und rühmten seine ritterliche Tat. Die Reden galten also – mit eurer Erlaubnis – Parzival, der noch dazu so schön war, daß ihn auch darin kein Ritter übertraf. So dachten Frauen und Männer, die ihn mit Gawan zu dessen Zelt reiten sahen, wo er andere Kleidung anlegen sollte. Beiden brachte man Kleider, die gleich kostbar waren. Im Lager lief die Nachricht von Mund zu Mund, daß Parzival gekommen sei, von dessen gewaltigen, ruhmvollen

daz er hôhen prîs bejagte.
20 vür wâr daz manger sagte.
  Gâwân sprach 'wiltu schouwen
dînes künnes vier vrouwen
und ander vrouwen wol gevar,
sô gên ich gerne mit dir dar.'
25 dô sprach Gahmuretes kint
'ob hie werde vrouwen sint,
den soltu mich unmaeren niht.
ein ieslîch [vrouwe] mich ungerne siht,
diu bî dem Plimizoel gehôrt
hât von mir valschlîchiu wort.
696 Got müeze ir wîplîch êre sehen!
ich wil immer vrouwen saelden jehen:
ich schame mich noch sô sêre,
ungerne ich gein in kêre.'
5 'ez muoz doch sîn,' sprach Gâwân.
er vuorte Parzivâlen dan,
da in kusten vier künegîn.
die herzogîn ez lêrte pîn,
daz si den küssen solde,
10 der ir gruozes dô niht wolde
dô si minne unde ir lant im bôt
(des kom si hie von schame in nôt),
dô er vor Lôgroys gestreit
unt si sô verre nâch im reit.
15 Parzivâl der clâre
wart des âne vâre
überparlieret,
daz wart gecondwieret
elliu schame ûz sîme herzen dô
20 âne blûkeit wart er vrô.
  Gâwân von rehten schulden
gebôt bî sînen hulden
vroun Bênen, daz ir süezer munt
Itonjê des niht taete kunt,

Taten man schon viel gehört hatte; mancher Ritter konnte die Wahrheit des Berichteten aus eigener Anschauung bestätigen.

Gawan sprach zu Parzival: »Hast du Lust, vier Damen deines Geschlechts und andre schöne Damen kennenzulernen, dann bringe ich dich gern zu ihnen.«

Gachmurets Sohn antwortete: »Sind Edelfrauen im Lager, so solltest du sie durch meinen Anblick nicht verstimmen. Eine jede wird Abscheu fühlen, die am Plimizöl gehört hat, wie ich für ehrlos erklärt wurde. Ihre Ehre sei in Gottes Hut; ich will ihnen stets Hochachtung bezeigen. Meine Scham ist noch zu groß, als daß ich vor sie zu treten wagte.«

»Es muß aber sein!« rief Gawan, und er führte Parzival vor die vier Königinnen, die ihn mit einem Kuß begrüßten. Der Herzogin war es allerdings wenig angenehm, den Mann küssen zu sollen, der sie zurückgewiesen hatte. Sie war ihm damals nach seinen Kampfestaten vor Logroys lange nachgeritten, um ihm Hand und Land anzutragen, und schämte sich nun sehr. Wohlmeinend überredete man schließlich den stattlichen Parzival, alle Scham aus seinem Herzen zu vertreiben und sich rückhaltlos der allgemeinen Fröhlichkeit hinzugeben.

Dem lieblichen Fräulein Bene befahl Gawan aus gutem Grund, bei Strafe seiner Ungnade Itonje zu verschweigen,

25 'daz mich der künec Gramoflanz
sus hazzet umbe sînen cranz,
unt daz wir morgen ein ander strît
sulen geben ze rehter kampfes zît.
mîner swester soltu des niht sagen,
unt sult dîn weinen gar verdagen.'

697 Si sprach 'ich mac wol weinen
und immer clage erscheinen:
wan sweder iuwer dâ beligt,
nâch dem mîn vrouwe jâmers pfligt.
5 diu ist ze bêder sît erslagen.
mîn vrouwen und mich muoz ich wol clagen.
waz hilft daz ir ir bruoder sît?
mit ir herzen welt ir vehten strît.'
   daz her was gar gezoget în.
10 Gâwân unt den gesellen sîn
was ir ezzen al bereit.
mit der herzogîn gemeit
Parzivâl solt ezzen.
dane wart des niht vergezzen,
15 Gâwân dern befülhe in ir.
si sprach 'welt ir bevelhen mir
den der vrouwen spotten kan?
wie sol ich pflegen dises man?
doch diene ich im durch iuwer gebot:
20 ich enruoche ob er daz nimt vür spot.'
dô sprach Gahmuretes sun
'vrouwe, ir welt gewalt mir tuon.
sô wîse erkenne ich mînen lîp:
der mîdet spottes elliu wîp.'
25   ob ez dâ was, man gap genuoc:
mit grôzer zuht man ez vür si truoc.
magt wîb und man mit vröuden az.
Itonjê des doch niht vergaz,
sine warte an Bênen ougen
daz diu weinden tougen:

»daß mich der König Gramoflanz seines Kranzes wegen mit
Feindschaft verfolgt und daß wir morgen zur festgesetzten
Zeit miteinander kämpfen werden. Sag meiner Schwester
nichts davon, und verbirg vor ihr auch deine Tränen!«
Sie erwiderte: »Ich habe wohl allen Grund, zu weinen und
meinen Kummer zu zeigen. Wer auch unterliegt: meine
Herrin wird den Besiegten beklagen und mit ihm den Tod
erleiden. Ich muß also das Schicksal meiner Herrin und mein
eigenes bejammern. Was nützt ihr ein Bruder, der das
Schwert gegen ihren Geliebten zückt und damit gegen das
Herz der eignen Schwester kämpft!«
Inzwischen war das ganze Heer ins Lager zurückgekehrt.
Für Gawan und seine Gefährten hatte man bereits den Tisch
gedeckt. Parzival sollte mit der lieblichen Herzogin speisen,
denn Gawan hatte ihr wohlüberlegt aufgetragen, bei Tisch
für ihn zu sorgen. Sie sagte unmutig: »Wie könnt Ihr mir
einen Mann zur Seite setzen, der für Damen nichts als Spott
und Hohn hat! Nun soll ich ihn gar noch bei Tisch bedie-
nen! Nur weil Ihr es ausdrücklich gebietet, will ich ihm den
Tischdienst leisten und mich wenig darum kümmern, wenn
er mich dafür auch noch verspottet.«
Da sprach Gachmurets Sohn: »Edle Frau, Ihr tut mir
unrecht. Ich habe doch meinen Verstand beisammen und
werde mich hüten, Frauen mit Spott zu kränken.«
Speisen und Getränke waren in Hülle und Fülle vorhanden;
es wurde reichlich aufgetragen und mit großem Anstand
bedient. Jungfrauen, Frauen und Männer aßen mit großem
Behagen. Itonje aber blieb nicht verborgen, daß Benes
Augen voll unterdrückter Tränen waren. Da wurde die

698   Dô wart ouch si nâch jâmer var,
      ir süezer munt meit ezzen gar.
      si dâhte 'waz tuot Bêne hie?
      ich hete iedoch gesendet sie
5   ze dem der dort mîn herze tregt,
      daz mich hie gar unsanfte regt.
      waz ist an mir gerochen?
      hât der künc widersprochen
      mîn dienst unt mîne minne?
10   sîn getriuwe manlîch sinne
      mugen hic niht mêr erwerben,
      wan dar umbe muoz ersterben
      mîn armer lîp den ich hie trage
      nâch im mit herzenlîcher clage.'
15   dô man ezzens dâ verpflac,
      dô was ez ouch über den mitten tac.
      Artûs unt daz wîp sîn,
      vrou Gynovêr diu künegîn,
      mit rittern unt mit vrouwen schar
20   riten dâ der wol gevar
      saz bî werder vrouwen diet.
      Parzivâls antfanc dô geriet,
      manege clâre vrouwen
      muos er sich küssen schouwen.
25   Artûs bôt im êre
      unt dancte im des sêre,
      daz sîn hôhiu werdekeit
      waer sô lanc und ouch sô breit,
      daz er den prîs vür alle man
      von rehten schulden solte hân.
699   Der Wâleis ze Artûse sprach
      'hêrre, do ich iuch jungest sach,
      dô wart ûf die êre mir gerant:
      von prîse ich gap sô hôhiu pfant
5   daz ich von prîse nâch was komen.
      nu hân ich, hêr, von iu vernomen,

liebreizende Jungfrau selbst so tieftraurig, daß sie keinen
Bissen mehr zu sich nehmen mochte. Unruhig grübelte sie:
»Was tut Bene überhaupt hier? Ich hatte sie doch zu dem
Manne geschickt, dem mein Herz gehört, das sich schmerz-
haft in meiner Brust regt. Was habe ich Arges zu befürch-
ten? Will mir der König nicht mehr dienen? Hat er meine
Liebe zurückgewiesen? Sollte das der Fall sein, dann wird
der aufrechte, tapfere Mann nur erreichen, daß ich Arme vor
Sehnsucht nach ihm sterbe!«

Man tafelte bis zum Nachmittag, und dann kamen Artus
und seine königliche Gattin Ginover in Begleitung vieler
Ritter und Damen herbei. Der stattliche Held Parzival, der
im Kreise edler Frauen saß, wurde nun von vielen Schönen
zur Begrüßung geküßt. Auch Artus begrüßte ihn achtungs-
voll und geizte nicht mit Dank und Anerkennung dafür, daß
Parzival seinen Ruhm gewaltig mehrte und bereits alle
andern Ritter an ehrenvollem Ansehen übertraf.

Parzival aber sprach zu Artus: »Herr, als ich das letzte Mal
bei Euch war, wurde meine Ehre angegriffen. Mein ritterli-
ches Ansehen wurde so geschmälert, daß kaum etwas übrig-
blieb. Ihr habt mir aber eben versichert, daß ich wieder

ob ir mirz saget âne vâr,
daz prîs ein teil an mir hât wâr.
swie unsanfte ich daz lerne,
10 ich geloubte ez iu doch gerne,
wold ez gelouben ander diet,
von den ich mich dô schamende schiet.'
die dâ sâzen, jâhen sîner hant,
si het den prîs über mangiu lant
15 mit sô hôhem prîse erworben
daz sîn prîs waer unverdorben.
    der herzoginne ritter gar
ouch kômen dâ der wol gevar
Parzivâl bî Artûse saz.
20 der werde künec des niht vergaz,
er enpfienge si in des wirtes hûs.
der höfsche wîse Artûs,
swie wît waere Gâwâns gezelt,
er saz dervür ûf daz velt:
25 si sâzen umbe in an den rinc.
sich samenten unkundiu dinc.
wer dirre unt jener waere,
daz wurden wîtiu maere,
solt der cristen und der Sarrazîn
kuntlîche dâ genennet sîn.
700 Wer was Clinschores her?
wer wâren die sô wol ze wer
von Lôgroys vil dicke riten,
dâ si durch Orgelûsen striten?
5 wer wâren die brâht Artûs?
der ir aller lant unt ir hûs
kuntlîche solte nennen,
müelîch si wâren ze erkennen.
die jâhen al gemeine,
10 daz Parzivâl al eine
vor ûz trüeg sô clâren lîp,
den gerne minnen möhten wîp,

einiges Ansehen beanspruchen darf; ich denke, Ihr wart aufrichtig dabei. Es fällt mir schwer, doch möchte ich Euch gern Glauben schenken und hoffe nur, daß Eure gute Meinung auch von jenen geteilt wird, die ich am Plimizöl schamrot verlassen mußte.« Darauf erklärten alle Edlen in der Runde, er habe in vielen Ländern so gewaltigen Heldenruhm errungen, daß niemand daran zweifeln könne. Während der schöne Parzival an Artus' Seite saß, stellten sich auch die Ritter der Herzogin Orgeluse ein, und der edle König Artus hieß sie im Namen des Hausherrn herzlich willkommen. Obwohl Gawans Zelt recht weiträumig war, hatte der edle, weltmännische Artus draußen auf der Wiese Platz genommen, wo sich auch die Gäste in weiter Runde niederließen. Bald war eine große Menge versammelt, in der man einander kaum kannte. Es würde zu weit führen, sie alle einzeln vorzustellen oder mit den vielen Christen und Heiden namentlich bekannt zu machen. Wer gehörte zu Clinschors Heer? Wer waren all jene Ritter, die so oft von Logroys aus wehrhaft ins Feld zogen und im Dienste Orgeluses kämpften? Wen hatte Artus mitgebracht? Wer alle Länder und Burgen nennen wollte, hätte Mühe, sie aufzuzählen. Sie waren jedenfalls einhellig der Meinung, Parzival sei so herrlich schön, daß ihm die Herzen der Frauen

unt swaz ze hôhem prîse züge,
daz in des werdekeit niht trüge.
15   ûf stuont Gahmuretes kint.
der sprach 'alle die hie sint,
sitzen stille unt helfen mir
des ich gar unsanfte enbir.
mich schiet von tavelrunder
20   ein verholnbaerez wunder:
die mir ê gâben geselleschaft,
helfen mir geselleclîcher craft
noch drüber.' des er gerte
Artûs in schône werte.
25   einer andern bete er dô bat
(mit wênec liuten er sunder trat),
daz Gâwân gaebe im den strît
den er ze rehter kampfes zît
des morgens solde strîten.
'ich wil sîn gern dâ bîten,
701   Der dâ heizt rois Gramoflanz.
von sînem boume ich einen cranz
brach hiute morgen vruo,
daz er mir strîten vuorte zuo.
5   ich kom durch strîten in sîn lant,
niwan durch strît gein sîner hant.
neve, ich solt dîn wênec trûwen hie:
mirn geschach sô rehte leide nie:
ich wânde ez der künec waere,
10   der mich strîtes niht verbaere.
neve, noch lâz mich in bestên:
sol immer sîn unprîs ergên,
mîn hant im schaden vüeget,
des in vür wâr genüeget.
15   mir ist mîn reht hie wider gegeben:
ich mac geselleclîche leben,
lieber neve, nu gein dir.
gedenke erkanter sippe an mir,

zufliegen müßten und daß ihm hoher Ruhm für seinen
Mannesmut gebühre.

Nun erhob sich Gachmurets Sohn und sprach: »Ich bitte alle
in der Runde, mir zuzuhören und zu helfen, ein schmerzlich
entbehrtes Gut wiederzuerlangen. Ein rätselhaftes Geschehnis hat mich von der Tafelrunde vertrieben. Die mich damals
in ihre Gemeinschaft aufnahmen, mögen mich wieder als
ihren Gefährten in die Tafelrunde aufnehmen!« Sein
Wunsch wurde von Artus wohlwollend und gern erfüllt.
Danach nahm Parzival einige Ritter beiseite und bat Gawan,
er solle ihn am nächsten Morgen zum festgesetzten Termin
an seiner Stelle kämpfen lassen. »Es ist mein Wunsch, König
Gramoflanz kampfbereit zu erwarten. Heute früh brach ich
einen Kranz von seinem Baum, um ihn zum Zweikampf
herauszufordern. Einzig und allein aus diesem Grund bin
ich in sein Land gekommen. Dich, lieber Vetter, konnte ich
hier kaum vermuten. Ich hatte angenommen, mit dem
König zu kämpfen, und als ich meinen Irrtum bemerkte,
war ich tief bekümmert. Vetter, laß mich sein Gegner sein.
Ist es ihm bestimmt, die Schande einer Niederlage zu erleiden, dann werde ich ihn so bedrängen, daß er ein für allemal
genug hat. Nachdem ich mich wieder zum Kreis der Artusritter zählen kann, darf ich diese Sache zu der meinen
machen. Denke an unsre Blutsverwandtschaft und überlaß

　　und lâz den kampf wesen mîn:
20　dâ tuon ich manlîch ellen schîn.'
　　　dô sprach mîn hêr Gâwân
　　'mâge und bruoder ich hie hân
　　bî dem künege von Bretâne vil:
　　iuwer keinem ich gestaten wil
25　daz er vür mich vehte.
　　ich getrûwe des mîme rehte,
　　sül es gelücke walden,
　　ich müge den prîs behalden.
　　got lôn dir daz du biutes strît:
　　es ist aber vür mich noch niht zît.'

702　　Artûs die bete hôrte:
　　daz gespraeche er zestôrte,
　　mit in wider an den rinc er saz.
　　Gâwâns schenke niht vergaz,
5　dar entrüegen junchêrrelîn
　　mangen tiuren kopf guldîn
　　mit edelem gesteine.
　　der schenke gienc niht eine.
　　dô daz schenken geschach,
10　daz volc vuor gar an sîn gemach.
　　　do begunde ez ouch nâhen der naht.
　　Parzivâl was sô bedâht,
　　al sîn harnasch er besach.
　　ob dem iht riemen gebrach,
15　daz hiez er wol bereiten
　　unt wünneclîchen feiten,
　　unt ein niuwen schilt gewinnen:
　　der sîn was ûze unt innen
　　zerhurtiert und ouch zerslagen:
20　man muose im einen starken tragen.
　　daz tâten sarjande,
　　die vil wênc er bekande:
　　etslîcher was ein Franzeys.
　　sîn ors daz der templeys

den Kampf mir! Ich will's an Manneskraft nicht fehlen lassen!«

Unser Herr Gawan wehrte jedoch ab: »Ich habe hier am Hof des Königs der Bretagne viele Verwandte und auch Brüder, doch keinem werde ich erlauben, an meiner Statt zu kämpfen. Ich vertraue darauf, daß meiner guten Sache Glück beschieden ist und ich den Sieg davontrage. Gott lohne dir's, daß du an meiner Stelle kämpfen willst, aber noch braucht niemand für mich einzutreten.«

Jetzt machte Artus, der Parzivals Bitte gehört hatte, ihrem Gespräch ein Ende und kehrte mit ihnen in die Runde der Edlen zurück. Gawans Mundschenk ließ viele kostbare, edelsteinbesetzte Goldpokale von Edelknaben herbeitragen, die dann von ihm und den Pagen gefüllt wurden. Nach dem Abendtrunk ging die ganze Gesellschaft zur Ruhe, zog doch schon die Nacht herauf. Parzival überprüfte zuvor jedoch noch seine Rüstung. Zerrissene Riemen ließ er ersetzen und alles wieder in Ordnung bringen. Auch einen neuen, festen Schild ließ er heranschaffen, war doch sein alter über und über zerstochen und zerschlagen. Das alles besorgten fremde Fußknechte, darunter mehrere Franzosen. Um sein Pferd, das er dem Tempelherrn im Zweikampf abgenommen

25 gein im zer tjoste brâhte,
ein knappe des gedâhte,
ez wart nie baz erstrichen sît.
dô was ez naht unt slâfes zît.
Parzivâl ouch slâfes pflac:
sîn harnasch gar vor im dâ lac.

703   Ouch rou den künec Gramoflanz
daz ein ander man vür sînen cranz
des tages hete gevohten:
da getorsten noch enmohten
5 die sîn daz niht gescheiden.
er begunde ez sêre leiden
daz er sich versûmet haete.
waz der helt dô taete?
wand er ê prîs bejagte,
10 reht indes dô ez tagte
was sîn ors gewâpent und sîn lîp.
ob gaeben rîchlôsiu wîp
sîner zimierde stiure?
si was sus als tiure.
15 er zierte den lîp durch eine magt:
der was er dienstes unverzagt.
er reit ein ûf die warte.
den künec daz müete harte,
daz der werde Gâwân
20 niht schiere kom ûf den plân.
   nu hete ouch sich vil gar verholn
Parzivâl her ûz verstoln.
ûz einer banier er nam
ein starkez sper von Angram:
25 er hete ouch al sîn harnasch an.
der helt reit al eine dan
gein den ronen spiegelîn,
aldâ der kampf solde sîn.
er sach den künec halden dort.
ê daz deweder ie wort

hatte, kümmerte sich ein Knappe, der es mit großer Sorgfalt striegelte. Es war nun Nacht und Zeit schlafen zu gehen. Auch Parzival begab sich zur Ruhe, doch am Fußende seines Lagers lag seine Rüstung.

König Gramoflanz war ungehalten, daß am Tag zuvor ein andrer Mann für die Ehre seines Kranzes gekämpft hatte, und die Seinen konnten ihn gar nicht beschwichtigen und wagten es wohl auch nicht. Groß war sein Ärger, daß er zu spät gekommen war. Was tat der Held nun? Da ihm der Sinn stets nach Ruhm stand, ließ er schon beim ersten Morgengrauen sein Pferd und sich selbst wappnen. Ob eine Dame von Vermögen zum Schmuck seiner Rüstung beitragen mußte? O nein, die war schon prachtvoll genug. Er schmückte sich einer Jungfrau zuliebe, der er unermüdlich diente. Ohne Begleitung ritt er auf Ausschau, und es verdroß ihn sehr, daß der edle Gawan nicht unverzüglich auf dem Wiesenplan erschien.

Inzwischen hatte Parzival heimlich sein Zelt verlassen. Er war vollkommen gerüstet und ergriff eine starke Lanze aus Angram, von der er das Fähnlein entfernte. Dann ritt der Held allein auf die hellen Begrenzungspfähle zu, zwischen denen der Zweikampf stattfinden sollte, und sah den wartenden König. Ohne daß die beiden auch nur ein Wort

704 Zem andern gespraeche,
  man giht iewederr staeche
  den andern durch des schildes ránt,
  daz die sprîzen von der hant
5 úf durch den luft sich wunden.
  mit der tjost si bêde kunden,
  unt sus mit anderm strîte.
  úf des angers wîte
  wart daz tou zervüeret,
10 unt die helme gerüeret
  mit scharpfen ecken die wol sniten.
  unverzagetlîch si bêde striten.
   dâ wart der anger getret,
  an maneger stat daz tou gewet.
15 des riuwent mich die bluomen rôt,
  unt mêr die helde die dâ nôt
  dolten âne zageheit.
  wem waere daz liep âne leit,
  dem si niht hêten getân?
20 do bereite ouch sich hêr Gâwân
  gein sînes kampfes sorgen.
  ez was wol mitter morgen,
  ê man vriesch daz maere
  daz dâ vermisset waere
25 Parzivâls des küenen.
  ob erz welle süenen?
  dem gebârte er ungelîche:
  er streit sô manlîche
  mit dem der ouch strîtes pflac.
  nu was ez hôch úf den tac.

705 Gâwâne ein bischof messe sanc.
  von storje wart dâ grôz gedranc:
  ritter uñde vrouwen
  man mohte ze orse schouwen
5 an Artûses ringe,
  ê daz man dâ gesinge.

miteinander wechselten, durchbohrte jeder den Schild des Gegners, daß die Lanzensplitter hoch durch die Luft wirbelten. Beide verstanden sich ausgezeichnet auf den Lanzenkampf wie auch auf andre Kampfesarten. Auf der Wiese wurden in weitem Rund die Tautropfen zertreten, und die Helme erdröhnten von den scharfen, zubeißenden Klingen. Beide fochten unerschrocken. Sie wateten durch Tau und zerstampften den Rasen. Mich dauern die roten Blumen, mehr allerdings noch die beiden Helden, die furchtlos die Gefahr suchten. Wie könnte einer, dem sie nichts zuleide taten, auch Freude daran haben?

Mittlerweile bereitete sich auch Herr Gawan auf seinen schweren Kampf vor. Es war schon spät am Vormittag, als man bemerkte, daß der kühne Parzival aus dem Lager verschwunden war. Ob er etwa Frieden stiften wollte? Aber nein, im Gegenteil! Er kämpfte immer noch tapfer mit seinem wehrhaften Gegner, obwohl schon hoher Tag war.

Ein Bischof las für Gawan die Messe, wobei großes Gedränge herrschte, denn viele Ritter und Damen waren schon hoch zu Roß bei Artus erschienen. König Artus war

der künec Artûs selbe stuont,
dâ die pfaffen daz ambet tuont.
dô der benditz wart getân,
10   dô wâpent sich hêr Gâwân:
man sach ê tragen den stolzen
sîn îserîne kolzen
an wol geschicten beinen.
do begunden vrouwen weinen.
15   daz her zogte ûz über al,
dâ si mit swerten hôrten schal
und viur ûz helmen swingen
unt slege mit creften bringen.
    der künec Gramoflanz pflac site,
20   im versmâhte sêre daz er strite
mit einem man: dô dûhte in nû
daz hie sehse griffen strîtes zuo.
ez was doch Parzivâl al ein,
der gein im werlîche schein.
25   er hete in underwîset
einer zuht die man noch prîset:
ern genam sît nimmer mêre
mit rede an sich die êre
daz er zwein mannen büte strît,
wan einer es im ze vil dâ gît.

706   Daz her was komen ze bêder sît
ûf den grüenen anger wît
iewederhalp an sîniu zil.
si prüeveten diz nîtspil.
5   den küenen wîganden
diu ors wâren gestanden:
dô striten sus die werden
ze vuoz ûf der erden
einen herten strît scharpf erkant.
10   diu swert ûf hôhe ûz der hant
wurfen dicke die recken:
si wandelten die ecken.

persönlich beim Hochamt zugegen. Nach dem Segen wappnete sich Herr Gawan. Schon vor der Messe hatte der stolze Held seine wohlgeformten Beine mit den eisernen Beinschienen umhüllt, so daß die Damen bei diesem Anblick die Tränen nicht unterdrücken konnten. Als alle das Lager verließen und zum Kampfplatz ritten, vernahmen sie Schwerterklang, sahen die Funken von den Helmen sprühen und kraftvoll geschwungene Klingen niedersausen. König Gramoflanz, der sonst jeden Kampf mit einem einzelnen verschmähte, mußte hier nun glauben, daß ihn sechs zugleich bedrängten. Und doch war es Parzival allein, der gegen ihn stritt und ihm eine unvergeßliche Lehre erteilte: Nie mehr vermaß sich Gramoflanz, nur mit zweien zugleich zu kämpfen; denn der eine hier genügte ihm vollauf.

Inzwischen waren die Heere beider Seiten auf der weiten Wiese angelangt, sie hielten an den Pfählen und sahen dem Kampfe zu. Die Pferde der beiden kühnen Helden waren beim Lanzenstoß auf den Beinen geblieben, doch die edlen Ritter waren abgesprungen und kämpften nun zu Fuß hart und erbittert mit dem Schwert. Immer wieder holten die beiden Recken mit weitem Schwung zum Schlage aus, wieder und wieder wechselten sie die Schlagschneiden. Auf

sus enpfienc der künec Gramoflanz
sûren zins vür sînen cranz.
15 sîner vriundinne künne
leit ouch bî im swache wünne.
sus engalt der werde Parzivâl
Itonjê der lieht gemâl,
der er geniezen solde,
20 ob reht ze rehte wolde.
nâch prîs die vil gevarnen
mit strîte muosen arnen,
einer streit vür vriundes nôt,
dem andern minne daz gebôt
25 daz er was minne undertân.
dô kom ouch mîn hêr Gâwân,
do ez vil nâch alsus was komen
daz den sig hete aldâ genomen
der stolze küene Wâleis.
Brandelidelîn von Punturteis,
707 Unde Bernout de Riviers,
und Affinamus von Clitiers,
mit blôzen houpten dise drî
riten dem strîte nâher bî:
5 Artûs und Gâwân
riten anderhalp ûf den plân
zuo den kampfmüeden zwein.
die vünfe wurden des enein,
si wolden scheiden disen strît.
10 scheidens dûhte rehtiu zît
Gramoflanzen, der sô sprach
daz er dem siges jach,
den man gein im dâ hete ersehen.
des muose ouch mêre liute jehen.
15 dô sprach des künec Lôtes sun
'hêr künec, ich wil iu hiute tuon
als ir mir gestern tâtet,
dô ir mich ruowen bâtet.

diese Weise empfing König Gramoflanz bitteres Entgelt für seinen Kranz, doch verfuhr er mit dem Verwandten seiner Geliebten auch nicht allzu liebenswürdig. Die Verwandtschaft mit der schönen Itonje trug also Parzival nur Nachteil ein, wo sie ihm Vorteil hätte bringen müssen, wäre es nach Recht gegangen. Beide, die oft schon nach Ruhm ausgezogen waren, mußten hier im Kampf für etwas büßen: der eine für seine Freundschaft, der andere für seine Liebe. Nun kam auch Herr Gawan auf den Platz, doch erst, als der stolze, tapfere Parzival seinen Gegner fast bezwungen hatte. Brandelidelin von Punturtoys, Bernout von Riviers und Affinamus von Clitiers näherten sich alle drei entblößten Hauptes den Kämpfenden, von der anderen Seite ritten Artus und Gawan über die Wiese auf die kampfesmüden Streiter zu. Die fünf Ritter kamen überein, den Kampf zu schlichten. Gramoflanz schien es höchste Zeit, daß ein Ende gemacht wurde, mußte er doch seinem Gegner den Sieg zuerkennen. Und so dachten viele. Da sprach König Lots Sohn: »Herr König, ich räume Euch heute den gleichen Vorteil ein, den Ihr mir gestern eingeräumt habt, als Ihr mir eine Ruhepause

nu ruowet hînt: des wirt iu nôt.
20 swer iu disen strît gebôt,
der hete iu swache craft erkant
gein mîner werlîchen hant.
ich bestüende iuch nu wol ein:
nu veht aber ir niwan mit zwein.
25 ich wilz morgen wâgen eine:
got ez ze rehte erscheine.'
der künec reit dannen zuo den sîn.
er tete ê fîanze schîn,
daz er des morgens gein Gâwân
durch strîten koeme ûf den plân.

708   Artûs ze Parzivâle sprach
'neve, sît dir sus geschach
daz du des kampfes baete
und manlîche taete
5 unt Gâwân dirz versagte,
daz dîn munt dô sêre clagte,
nu hâstu den kampf iedoch gestriten
gein im der sîn dâ hete erbiten,
ez waere uns leit oder liep.
10 du sliche von uns als ein diep:
wir heten anders dîne hant
disses kampfes wol erwant.
nu darf Gâwân des zürnen niht,
swaz man dir drumbe prîses giht.'
15 Gâwân sprach 'mir ist niht leit
mîns neven hôhiu werdekeit.
mir ist dennoch morgen alze vruo,
sol ich kampfes grîfen zuo.
wolt michs der künec erlâzen,
20 des jaehe ich im gein mâzen.'
daz her reit în mit maneger schar.
man sach dâ vrouwen wol gevar,
und manegen gezimierten man,
daz nie dehein her mêr gewan

gönntet. Erholt Euch in der kommenden Nacht, Ihr könnt es brauchen. Euer Gegner hat Euch in diesem Kampf nur wenig Kraft gelassen, um Euch gegen mich zu wehren. Heute bestünde ich auch allein gegen Euch, während Ihr es immer nur mit zwei Gegnern zugleich aufnehmen wollt. Morgen will ich es allein gegen Euch wagen. Gott schenke der guten Sache den Sieg!«

Der König ritt zurück zu den Seinen, nachdem er versprochen hatte, am nächsten Morgen zum Kampf mit Gawan auf dem Plan zu sein.

Artus sprach nun zu Parzival: »Neffe, zwar hat dir Gawan deine Bitte abgeschlagen, für ihn zu kämpfen und dich als tapfer zu erweisen, und bitter klagtest du darüber. Aber dennoch, ob wir es wollten oder nicht, du hast mit dem Manne gekämpft, der eigentlich auf Gawan wartete. Wie ein Dieb hast du dich fortgeschlichen! Wir hätten dich sonst daran gehindert. Hoffentlich ist dir Gawan nicht böse, daß du dir heute den Siegesruhm gesichert hast!«

Gawan aber meinte: »Ich bin gar nicht böse, daß mein Vetter neuen Heldenruhm errungen hat, und bestehe durchaus nicht darauf, mit Gramoflanz zu kämpfen. Erließe mir der König den Waffengang, sähe ich darin nur einen Beweis vernünftigen, maßvollen Handelns.«

In kleinen Gruppen kehrte das Heer ins Lager zurück. Man sah viele schöne Damen und prächtig geschmückte Ritter. Wahrhaftig, größeren Glanz hat nie ein Heer gezeigt! Die

25 solher zimierde wunder.
    die von der tavelrunder
    und diu mässenîe der herzogîn,
    ir wâpenrocke gâben schîn
    mit pfelle von Cynidunte
    und brâht von Pelpîunte:
709 Lieht wâren ir covertiure.
    Parzivâl der gehiure
    wart in bêden hern geprîset sô,
    sîne vriunt des mohten wesen vrô.
5   si jâhen in Gramoflanzes her
    daz ze keiner zît sô wol ze wer
    nie koeme ritter dehein,
    den diu sunne ie überschein:
    swaz ze bêden sîten dâ waere getân,
10 den prîs mües er al eine hân.
    dennoch si sîn erkanten niht,
    dem ieslîch munt dâ prîses giht.
       Gramoflanz si rieten,
    er möhte wol enbieten
15 Artûse, daz er naeme war
    daz kein ander man ûz sîner schar
    gein im koem durch vehten,
    daz er im sande den rehten:
    Gâwân des künec Lôtes sun,
20 mit dem wolt er den kampf tuon.
    die boten wurden dan gesant,
    zwei wîsiu kint höfsch erkant.
    der künec sprach 'nu sult ir spehen,
    wem ir dâ prîses wellet jehen
25 under al den clâren vrouwen.
    ir sult ouch sunder schouwen,
    bî welher Bêne sitze.
    nemt daz in iuwer witze,
    in welhen baerden diu sî.
    wone ir vröude oder trûren bî,

Ritter der Tafelrunde und die aus dem Gefolge der Herzogin trugen Waffenröcke von leuchtender Seide aus Zinidunte und Pelpiunte. Bunt schimmerten auch ihre Satteldecken. Der unvergleichliche Parzival aber wurde in beiden Heerlagern so gepriesen, daß seine Freunde damit zufrieden sein konnten. Im Heer des Gramoflanz gestand man zu, daß solch wehrhaften Ritter die Sonne noch nie beschienen habe. Zwar hätten beide tapfer gekämpft, doch der Siegesruhm gebühre einzig Parzival. Sie wußten allerdings weder Namen noch Geschlecht des Mannes, den sie rühmten.

Man gab Gramoflanz jetzt den Rat, Artus folgende Botschaft zu schicken: Er möge dafür sorgen, daß am nächsten Tag nicht wieder ein andrer Ritter seines Gefolges gegen Gramoflanz zum Kampfe anträte, er solle ihm den rechten Gegner senden, Gawan, den Sohn König Lots. Nur mit ihm wolle er kämpfen. Als Boten wurden zwei kluge, gewandte Edelknaben ausgewählt, denen der König noch einschärfte: »Sucht unauffällig nach der Schönsten unter all den schönen Damen. Achtet besonders auf jene, die neben Bene sitzt, und seht auf ihr Benehmen, ob sie froh ist oder traurig.

710   Daz sult ir prüeven tougen.
    ir seht wol an ir ougen,
    ob si nâch vriunde kumber hât.
    seht daz ir des niht enlât,
5 Bênen mîner vriundîn
    gebt den brief unt diz vingerlîn:
    diu weiz wol wem daz vürbaz sol.
    werbt gevuoge: sô tuot ir wol.'
    nu was ez ouch anderhalp sô komen,
10 Itonjê hete aldâ vernomen
    daz ir bruoder unt der liebste man,
    den magt inz herze ie gewan,
    mit ein ander vehten solden
    unt des niht lâzen wolden.
15 dô brast ir jâmer durch die scheme.
    swen ir kumbers nu gezeme,
    der tuot ez âne mînen rât,
    sît siz ungedienet hât.
    Bêde ir muoter und ir ane
20 die maget vuorten sunder dane
    in ein wênc gezelt sîdîn.
    Arnîve weiz ir disen pîn,
    si strâfte si umbe ir missetât.
    des was et dô kein ander rât:
25 si verjach aldâ unverholn
    daz si lange in hete vor verstoln.
    dô sprach diu maget wert erkant
    'sol mir nu mînes bruoder hant
    mînes herzen verch versnîden,
    daz möhte er gerne mîden.'
711   Arnîve ze eim junchêrrelîn
    sprach 'nu sage dem sune mîn,
    daz er mich balde spreche
    unt daz al eine zeche.'
5 der knappe Artûsen brâhte.
    Arnîve des gedâhte,

Betrachtet sie ganz unauffällig und laßt ihre Augen davon
sprechen, ob sie sich nach ihrem Geliebten sehnt oder nicht.
Gebt diesen Brief und diesen Ring unbedingt meiner Freun-
din Bene. Sie weiß schon, für wen sie bestimmt sind. Zeigt
euch nur recht geschickt, dann ist's schon richtig.«
Im andern Lager hatte Itonje bereits davon gehört, daß ihr
Bruder und der liebenswerteste Mann, den je eine Jungfrau
in ihr Herz geschlossen, miteinander kämpfen und
von diesem Vorsatz nicht lassen wollten. Da zerbrachen vor
ihrem Herzenskummer alle Schranken ihrer Scham. Wem
ihre Not etwa gefällt, dem pflichte ich nicht bei, denn
solches hat sie nicht verdient. Mutter und Großmutter nah-
men sie beiseite und führten sie in ein kleines Seidenzelt, wo
Arnive ihre Niedergeschlagenheit als ungehöriges Betragen
tadelte. Nun gab's keinen Ausweg mehr: Itonje mußte
bekennen, was sie lange Zeit verheimlicht hatte, und es
brach aus ihr heraus: »Soll der eigne Bruder meinen Gelieb-
ten erschlagen? Er hätte allen Grund, es nicht zu tun!«
Da rief Arnive einen Edelknaben herbei und trug ihm auf:
»Sag meinem Sohn, ich muß ihn unbedingt sprechen! Er
möge aber allein kommen!«
Bald führte der Knappe Artus herbei. Arnive hatte nämlich

si wolte ez in lâzen hoeren,
ob er möht zestoeren,
nâch wem der clâren Itonjê
10   was sô herzenlîche wê.
    des künec Gramoflanzes kint
nâch Artûse komen sint.
die erbeizten ûf dem velde.
vor dem cleinen gezelde
15   einer Bênen sitzen sach
bî der diu ze Artûse sprach
'giht des diu herzogîn vür prîs,
ob mîn bruoder mir mîn âmîs
sleht durch ir lôsen rât?
20   des möhte er jehen vür missetât.
waz hât der künec im getân?
er solte in mîn geniezen lân.
treit mîn bruoder sinne,
er weiz unser zweier minne
25   sô lûter âne truopheit,
pfligt er triuwe, ez wirt im leit.
sol mir sîn hant erwerben
nâch dem künge ein sûrez sterben,
hêrre, daz sî iu geclagt,'
sprach ze Artûs diu süeze magt.
712   'Nu denkt ob ir mîn oeheim sît:
durch triuwe scheidet disen strît.'
    Artûs ûz wîsem munde
sprach an der selben stunde
5   'ôwê, liebiu niftel mîn,
daz dîn jugent sô hôher minne schîn
tuot! daz muoz dir werden sûr.
als tet dîn swester Sûrdâmûr
durch der Kriechen lampriure.
10   süeziu magt gehiure,
den kampf möht ich wol scheiden,
wesse ich daz an iu beiden,

beschlossen, ihm zu sagen, wen die schöne Itonje heiß und innig liebte, damit er den Kampf möglichst verhindere. In diesem Augenblick trafen die Edelknaben des Königs Gramoflanz ein und sprangen auf dem Lagerplatz vor dem kleinen Seidenzelt von den Pferden. Der eine sah Bene neben einer Dame sitzen, die gerade laut zu Artus sagte: »Hält's denn die Herzogin für eine Heldentat, wenn mein Bruder ihrem nichtswürdigen Drängen nachgibt und meinen Geliebten erschlägt? Er sollte es eher ein Verbrechen nennen! Was hat der König ihm denn getan? Er sollte daran denken, daß er der Geliebte seiner Schwester ist. Hat mein Bruder Verstand, so müßte er wissen, daß mich und Gramoflanz reine, lautere Liebe verbindet. Ist sein Herz treu und redlich, dann täte ihm sein Vorsatz leid. Trägt er am Ende die Schuld daran, daß ich dem König in den bittren Tod folge, dann sei er vor Euch, o Herr, für dies Vergehen angeklagt!« Und das liebliche Mädchen fuhr fort: »Ihr seid mein Oheim, und Ihr meint es gut mit mir. Sucht einen Weg, wie man diesen Streitfall aus der Welt schaffen kann!«

Der lebenserfahrene Artus erwiderte sogleich: »Ach, liebe Nichte, daß du trotz deiner Jugend schon so tiefe, starke Liebe fühlst! Du wirst leiden müssen. Denk daran, wie es deiner Schwester Surdamur erging, die den griechischen Kaiser auch so innig liebte. Liebes, schönes Mädchen, wüßte ich genau, daß eure Herzen untrennbar verbunden sind, so

griechischen Kaiser: s. Anm. zu S. 267.

ob sîn herze unt daz dîn gesamnet sint.
Gramoflanz Irôtes kint
15 vert mit sô manlîchen siten,
daz der kampf wirt gestriten,
ezn understê diu minne dîn.
gesach er dînen liehten schîn
bî vriunden ie ze keiner stunt,
20 unt dînen rôten süezen munt?'
    si sprach 'desn ist niht geschehen:
wir minnen ein ander âne sehen.
er hât aber mir durch liebe craft
unt durch rehte geselleschaft
25 sînes cleinoetes vil gesant:
er enpfienc ouch von mîner hant
daz zer wâren liebe hôrte
und uns beiden zwîvel stôrte.
der künec ist an mir staete,
ân valsches herzen raete.'
713   Do erkante wol vrou Bêne
dise knappen zwêne,
des künec Gramoflanzes kint,
die nâch Artûse komen sint.
5 si sprach 'hie solte niemen stên.
welt ir, ich heize vürder gên
daz volc ûz den snüeren.
wil mîne vrouwen rüeren
solh ungenâde umbe ir trût,
10 daz maere kumt schier über lût.'
vrou Bêne her ûz wart gesant.
der kinde einez in ir hant
smucte den brief unt daz vingerlîn.
si heten ouch den hôhen pîn
15 von ir vrouwen wol vernomen,
und jâhen des, si waeren komen
und wolten Artûsen sprechen,
ob si daz ruochte zechen.

würde ich den Streit schon schlichten. Gramoflanz, Irots Sohn, ist aber so streitlustig gesinnt, daß der Zweikampf ausgefochten wird, es sei denn, seine Liebe zu dir ist groß genug, dies zu verhindern. Hat er dich noch nie in frohem Kreis gesehen, den Zauber deiner Schönheit, deine lockenden, roten Lippen bewundert?«

Sie antwortete: »Das ist noch nie geschehen. Wir lieben uns, ohne einander je gesehen zu haben, doch hat er mir als Beweis seiner Liebe und seiner Redlichkeit manch Kleinod gesandt, was ich mit Zeichen wahrer Liebe erwiderte, so daß wir keinen Zweifel hegten. Der König ist mir treu ergeben, sein Herz ist ohne Falsch.«

Da bemerkte Fräulein Bene die beiden Edelknaben des Gramoflanz, die zu Artus gekommen waren, und sprach: »Keiner sollte hier Zeuge sein. Wenn Ihr erlaubt, weise ich alle Leute aus dem Umkreis des Zeltes. Hört jemand, in welchem Maße sich meine Herrin um ihren Geliebten sorgt, so ist das rasch in aller Munde.«

Fräulein Bene wurde hinausgesandt, und einer der Edelknaben steckte ihr heimlich Brief und Ring zu. Beide hatten die Klagen Itonjes gehört und erklärten nun, sie seien gekommen, um mit Artus zu sprechen, und ob Bene dies einrichten

    si sprach 'stêt verre dort hin dan
20 unz ich iuch gêns zuo mir man.'
      von Bênen der süezen maget
    ime gezelde wart gesaget,
    daz Gramoflanzes boten dâ
    waeren unde vrâgten wâ
25 Artûs der künec waere.
    'daz dûht mich ungebaere,
    ob ich in zeigete an diz gespraeche.
    seht denne waz ich raeche
    an mîner vrouwen, ob si sie
    alsus saehen weinen hie.'
714   Artûs sprach 'sint ez die knaben,
    die ich an den rinc nâch mir sach draben?
    daz sint von hôher art zwei kint:
    waz ob si sô gevüege sint,
5 gar bewart vor missetât,
    daz si wol gênt an disen rât?
    eintweder pfligt der sinne,
    daz er sînes hêrren minne
    an mîner nifteln wol siht.'
10 Bêne sprach 'desn weiz ich niht.
    hêrre, mag ez mit hulden sîn,
    der künec hât diz vingerlîn
    dâ her gesant unt disen brief:
    dô ich nu vür daz poulûn lief,
15 der kinde einez gab in mir:
    vrouwe, sêt, den nemet ir.'
      dô wart der brief vil gekust:
    Itonjê dructe in an ir brust.
    dô sprach si 'hêr, nu seht hie an,
20 ob mich der künec minne man.'
    Artûs nam den brief in die hant,
    dar an er geschriben vant
    von dem der minnen kunde,
    waz ûz sîn selbes munde

könne. Sie sagte darauf: »Tretet ein wenig zurück, bis ich euch zu mir rufe!« Im Zelt berichtete Bene, es seien Boten von Gramoflanz eingetroffen und hätten nach König Artus gefragt. »Es schien mir aber nicht angebracht, sie von dem Gespräch hier drinnen wissen zu lassen; denn es würde meine Herrin verletzen, wenn sie ihre tränenfeuchten Wangen sähen.«

Artus fragte: »Sind es jene Pagen, die nach mir zum Zelt geritten kamen? Es sind offenbar zwei vornehme Edelknaben, vielleicht auch gewandt und redlich genug, um an dieser Beratung teilzunehmen. Einer von ihnen ist gewiß schon so verständig, daß ihm die Liebe meiner Nichte zu seinem Herrn nicht verborgen bleibt.«

»Ich kann mich nicht dafür verbürgen«, erwiderte Bene. »Doch gestattet mir zu sagen, Herr, daß König Gramoflanz diesen Ring und diesen Brief gesandt hat. Einer der Pagen steckte ihn mir zu, als ich vors Zelt eilte. Hier, Gebieterin, nehmt ihn.«

Itonje küßte den Brief wieder und wieder, drückte ihn an die Brust und rief: »Nun seht, Herr, wie sehr sich König Gramoflanz nach meiner Liebe sehnt.«

Artus nahm den Brief und fand, daß ihn ein wahrhaft Liebender geschrieben hatte, der von unwandelbarer Treue

25 Gramoflanz der staete sprach.
Artûs an dem brieve sach,
daz er mit sîme sinne
sô endehafte minne
bî sînen zîten nie vernam.
dâ stuont daz minne wol gezam.
715   'Ich grüeze die ich grüezen sol,
dâ ich mit dienste grüezen hol.
vrouwelîn, ich meine dich,
sît du mit trôste troestes mich.
5 unser minne gebent geselleschaft:
daz ist wurzel mîner vröuden craft.
dîn trôst vür ander trôste wigt,
sît dîn herze gein mir triuwen pfligt.
du bist slôz ob mîner triuwe
10 unde ein vlust mînes herzen riuwe.
dîn minne gît mir helfe rât,
daz deheiner slahte untât
an mir nimmer wirt gesehen.
ich mac wol dîner güete jehen
15 staete âne wenken sus,
als pôlus artanticus
gein dem tremuntâne stêt,
der neweder von der stete gêt:
unser minne sol in triuwen stên
20 unt niht von ein ander gên.
nu gedenke ane mir, werdiu magt,
waz ich dir kumbers hân geclagt:
wis dîner helfe an mir niht laz.
ob dich ie man durch mînen haz
25 von mir welle scheiden,
so gedenke daz uns beiden
diu minne mac wol gelônen.
du solt vroun êren schônen,
und lâz mich sîn dîn dienstman:
ich wil dir dienen swaz ich kan.'

sprach. Als er den Brief gelesen, war Artus überzeugt, daß
er zeit seines Lebens solch aufrichtiger Liebe nicht begegnet
war, denn hier waren die rechten Worte gewählt:

»Ich grüße, die ich grüßen muß und deren Gruß mir mein
Dienst erringen soll. Dich meine ich, edles Fräulein, denn
du schenkst mir trostreich wahren Trost. Wir lieben einan-
der, und im Wissen unsrer Liebe wurzelt die Stärke meines
Glücks. Dein Trost bedeutet mir mehr als jeder andre Trost,
ist mir doch dein Herz in Treue ergeben. Du bist das Schloß
vor der Tür meiner Treue, vor dir flieht das Leid aus meinem
Herzen. Deine Liebe ist mir Hilfe und Rat zugleich, so daß
ich keine Missetat begehen kann. Ich weiß, daß du nie
schwankst in deiner immerwährenden Güte. Wie sich Süd-
pol und Nordpol unverrückbar gegenüberstehen, so soll
auch unsre Liebe Bestand haben und niemals wanken. Edle
Jungfrau, gedenke meiner Not, die ich dir geklagt habe, und
laß mir bald deine Hilfe zuteil werden. Haßt mich jemand so
sehr, daß er uns trennen will, dann denke stets daran, daß
uns die Liebe am Ende den Lohn nicht verweigern wird.
Wahre die Ehre edler Frauen und laß mich dein ergebener
Diener sein, der dir nach besten Kräften immer dienen
wird.«

716   Artûs sprach 'niftel, du hâst wâr,
       der künec dich grüezet âne vâr.
       dirre brief tuot mir maere kunt
       daz ich sô wunderlîchen vunt
5   gein minne nie gemezzen sach.
       du solt im sîn ungemach
       wenden: alsô sol er dir.
       lât ir daz beidiu her ze mir:
       ich wil den kampf undervarn.
10   die wîle soltu weinen sparn.
       nu waer du doch gevangen:
       sage mir, wie ist daz ergangen
       daz ir ein ander wurdet holt?
       du solt im dîner minne solt
15   teilen: dâ wil er dienen nâch.'
       Itonjê Artûs niftel sprach
       'si ist hie diu daz zesamne truoc.
       unser enwedriu es nie gewuoc.
       welt ir, si vüegt wol daz ich in sihe,
20   dem ich mînes herzen gihe.'
           Artûs sprach 'die zeige mir.
       mac ich, sô vüege ich im unt dir,
       daz iuwer wille dran gestêt
       und iuwer beider vröude ergêt.'
25   Itonjê sprach 'ez ist Bêne.
       ouch sint sîner knappen zwêne
       alhie. mugt ir versuochen,
       welt ir mînes lebens ruochen,
       ob mich der künec welle sehen,
       dem ich muoz mîner vröuden jehen?'
717   Artûs der wîse höfsche man
       gienc her ûz zuo den kinden sân:
       er gruozte si, dô er si sach.
       der kinde einez ze im dô sprach
5   'hêrre, der künec Gramoflanz
       iuch bitet daz ir machet ganz

Artus sprach: »Du hast recht, meine Nichte. Der König umwirbt dich aufrichtig. Aus diesem Brief erfahre ich vom Wunder einer beispiellosen Liebe. Ihr sollt gegenseitig eure Liebesqualen enden. Überlaßt die Angelegenheit nur mir. Ich werde den Kampf schon zu verhindern wissen. Du darfst aber nicht mehr weinen! Erkläre mir lieber, wie es zuging, daß ihr einander liebgewannt, obwohl man dich gefangenhielt! Du sollst ihm den Liebeslohn, um den er dient, gewähren dürfen!«

Artus' Nichte Itonje sprach: »Die uns zusammenbrachte, ist ganz in der Nähe. Wir haben meinen Liebesbund aber beide geheimgehalten. Wenn Ihr wollt, führt sie den Mann meines Herzens hierher zu mir.«

Artus sagte darauf: »Zeig sie mir! Ich will nach besten Kräften dafür sorgen, daß alles nach deinem und seinem Wunsche geht und ihr beide glücklich werdet.«

Itonje antwortete: »Bene ist's! Aber es sind auch zwei seiner Knappen hier. Liegt Euch an meinem Leben, dann sucht zu erfahren, ob mich der König, der mein ganzes Glück ist, sehen will.«

Artus, der welterfahrene und feingebildete Edelmann, ging hinaus zu den Pagen und begrüßte sie. Einer von ihnen nahm nun das Wort: »Herr, König Gramoflanz läßt Euch

gelübde, diu dâ sî getân
zwischen im unt Gâwân,
durch iuwer selbes êre.
10 hêrre, er bitet iuch mêre,
daz kein ander man im vüere strît.
iuwer her ist sô wît,
solt er si alle übervehten,
daz englîchte niht dem rehten.
15 ir sult Gâwânen lâzen komen,
gein dem der kampf dâ sî genomen.'
    der künec sprach ze den kinden
'ich wil uns des enbinden.
mîme neven geschach nie groezer leit,
20 daz er selbe dâ niht streit.
der mit iuwerm hêrren vaht,
dem was der sig wol geslaht:
er ist Gahmuretes kint.
al die in drîen heren sint
25 komen von allen sîten,
diene vrieschen nie gein strîten
deheinen helt sô manlîch:
sîn tât dem prîse ist gar gelîch.
ez ist mîn neve Parzivâl.
ir sult in sehen, den lieht gemâl.
718 Durch Gâwânes triuwe nôt
leist ich daz mir der künec enbôt.'
    Artûs und Bêne
unt dise knappen zwêne
5 riten her unde dar.
er liez diu kint nemen war
liehter blicke an manger vrouwen.
si mohten ouch dâ schouwen
ûf den helmen manec gesnürre.
10 wênec daz noch würre
eime man der waere rîche,
gebârte er geselleclîche.

bitten, daß Ihr um Eurer eignen Ehre willen auf die Erfül-
lung dessen dringt, was er und Gawan miteinander abge-
sprochen haben. Er bittet ferner darum, daß kein anderer
zum Kampf gegen ihn antritt. Euer Heer ist so gewaltig, daß
es unbillig wäre, wenn er alle Eure Ritter niederzwingen
müßte. Ihr sollt Gawan senden, denn nur mit ihm wurde der
Kampf vereinbart.«

Der König antwortete den Edelknaben: »Ich will uns von
diesem Verdacht befreien. Es hat meinen Neffen Gawan
sehr verdrossen, daß nicht er es war, der mit Gramoflanz
kämpfte. Dem Gegner Eures Herrn gebührte heute der Sieg
zu Recht; es war Gachmurets Sohn. Alle Ritter der hier
versammelten Heere haben solch tapferen, streitbaren Hel-
den noch nie gesehen. Der Mann, der heute wieder Helden-
ruhm errang, ist mein Neffe Parzival! Ihr sollt den Unüber-
trefflichen mit eignen Augen sehen. Von Gawans Verspre-
chen gebunden, werde ich Eures Herrn Wunsch erfüllen.«

Artus, Bene und die beiden Knappen ritten nun kreuz und
quer durchs Lager, wobei Artus die Pagen viele schöne
Damen und manch prächtigen Helmschmuck bewundern
ließ. Noch heute stünde einem mächtigen Herrn solche
Leutseligkeit nicht übel an. Nirgends saßen sie ab, vielmehr

si kômen niht von pferden.
Artûs liez die werden
15   über al daz her diu kinder sehen,
dâ si den wunsch mohten spehen,
ritter, magde unde wîp,
mangen vlaetigen lîp.
des hers wâren driu stücke,
20   dâ zwischen zwuo lücke:
Artûs reit mit den kinden dan
von dem her verre ûf den plân.
er sprach 'Bêne, sücziu magt,
du hoerest wol waz mir hât geclagt
25   Itonjê mîner swester barn:
diu kan ir weinen wênec sparn.
daz glouben mîne gesellen,
die hie habent, ob si wellen:
Itonjê hât Gramoflanz
verleschet nâch ir liehten glanz.
719   Nu helfet mir, ir zwêne,
und ouch du, vriundîn Bêne,
daz der künc her zuo mir rîte
unt den kampf doch morgen strîte.
5   mînen neven Gâwân
bringe ich gein im ûf den plân.
rît der künc hiut in mîn her,
er ist morgen deste baz ze wer.
hie gîht diu minne im einen schilt,
10   des sînen kampfgenôz bevilt:
ich meine gein minne hôhen muot,
der bî den vîenden schaden tuot.
er sol höfsche liute bringen:
ich wil hie teidingen
15   zwischen im und der herzogîn.
nu werbet ez, trûtgeselle mîn,
mit vuoge: des habt ir êre.
ich sol iu clagen mêre,

gab Artus den Pagen Gelegenheit, die Edlen seines Heers zu
sehen, Ritter, Jungfrauen und Frauen, allesamt von großer
Schönheit: den Pagen schien es wie ein Wunschbild. Das
Heer bestand aus drei Abteilungen, deren Lager gesondert
voneinander aufgeschlagen waren. Schließlich ließ Artus die
Lager hinter sich und begleitete die beiden Edelknaben bis
zum Wiesenplan. Dort sprach er: »Liebe Bene, du hast die
Klagen meiner Nichte Itonje gehört, die ihren Tränen noch
immer nicht Einhalt gebieten kann. Meine Freunde hier
mögen versichert sein: Itonjes Liebe zu Gramoflanz ließ ihre
strahlende Schönheit fast erlöschen. Nun helft mir, ihr
beiden, und auch du, liebe Freundin Bene: Bringt es
zuwege, daß der König ungeachtet des morgigen Kampfes
noch heute zu mir kommt. Ich werde meinen Neffen Gawan
selbst auf die Wiese bringen. Kommt der König heute in
mein Heerlager, so wird er morgen nur wehrhafter sein,
denn die Liebe gibt ihm einen Schild, der seinem Gegner zu
schaffen machen wird. Sie wird seinen Mut beflügeln zum
Schrecken seiner Feinde. Er soll sich von erfahrenen Höflin-
gen begleiten lassen, denn ich möchte zwischen ihm und der
Herzogin gütlich vermitteln. Dies sagt ihm, meine Freunde;
und seid gewandt, dann bringt's euch Ehre. Laßt mich alles,
was mich bedrückt, von der Seele reden: Was habe ich

waz hân ich unsaelic man
20 dem künege Gramoflanz getân,
sît er gein mîme künne pfligt,
daz in lîhte unhôhe wigt,
minne und unminne grôz?
ein ieslîch künec mîn genôz
25 mîn gerne möhte schônen.
wil er nu mit hazze lônen
ir bruoder, diu in minnet,
ob er sich versinnet,
sîn herze tuot von minnen wanc,
swenn ez in lêret den gedanc.'

720   Der kinde einez zem künege sprach
'hêr, swes ir vür ungemach
jeht, daz sol mîn hêrre lân,
wil er rehte vuoge hân.
5   ir wizt wol umb den alten haz:
mîme hêrren stêt belîben baz,
dan daz er dâ her zuo ze iu rite.
diu herzoginne pfligt noch site,
daz si im ir hulde hât versagt
10 und manegem man ab im geclagt.'
'er sol mit wênec liuten komen,'
sprach Artûs. 'die wîl hân ich genomen
vride vür den selben zorn
von der herzoginne wol geborn.
15 ich wil im guot geleite tuon:
Bêâcurs mîner swester sun
nimt in dort an halbem wege.
er sol varn in mînes geleites pflege:
des darf er niht vür laster jehen.
20 ich lâze in werde liute sehen.'
mit urloube si vuoren dan:
Artûs hielt eine ûf dem plân.
Bêne unt diu zwei kindelîn
ze Rosche Sabbîns riten în,

unglückseliger Mann König Gramoflanz getan, daß er meinem Geschlecht leichten Herzens Liebe und Haß zugleich erweist? Als König steht er mir doch gleich und sollte mich eher schonen. Bringt er aber dem Bruder seiner Geliebten Feindschaft entgegen, so weicht sein Herz, bedenkt er's recht, vom Weg der Liebe ab, wenn es ihn solche Haltung lehrt.«

Einer der Pagen sprach zum König: »Herr, sicher muß unser Herrscher vermeiden, was Euch Ungemach bereitet; das ist ein Gebot der Höflichkeit. Doch Ihr wißt wohl um die alte Feindschaft; daher ist es besser für meinen Herrn, im eignen Lager zu bleiben, statt zu Euch zu reiten: Die Herzogin ist ihm unverändert feind und hat bei vielen Klage über ihn geführt.«

»Er soll unbesorgt mit seinem engsten Gefolge kommen«, sprach Artus. »Inzwischen will ich bei der edlen Herzogin eine Friedenszusicherung erwirken und ihm auch ein gutes Geleit stellen: auf halbem Wege nimmt ihn mein Neffe Beacurs in Empfang. Unter der Obhut meines Geleits soll er zu mir kommen, ohne daß er sich dessen zu schämen braucht, und edle Herren wird er bei mir kennenlernen.«

Die Pagen nahmen Abschied und ritten mit Bene davon; Artus blieb allein auf der Wiese zurück. Bene und die zwei Pagen ritten durch Rosche Sabbins, denn das Heer lag

25   anderhalp ûz dâ daz her lac.
      done gelebte nie sô lieben tac
      Gramoflanz, dô in gesprach
      Bêne unt diu kint. sîn herze jach,
      im waere alsolhiu maere brâht,
      der saelde gein im hete erdâht.

721   Er sprach, er wolte gerne komen.
      dâ wart geselleschaft genomen:
      sînes landes vürsten drî
      riten dem künege dannen bî.
5   als tet ouch der oeheim sîn,
      der künec Brandelidelîn.
      Bernout de Riviers
      und Affinamus von Clitiers,
      ieweder einen gesellen nam,
10   der ûf die reise wol gezam:
      zwelve wâren ir über al.
      juncherren vil âne zal
      und manec starker sarjant
      ûf die reise wart benant.
15   welh der ritter cleider möhten sîn?
      pfellel, der vil liehten schîn
      gap von des goldes swaere.
      des küneges valkenaere
      mit im dan durch beizen riten.
20   nu hete ouch Artûs niht vermiten,
      Bêâcurs den lieht gevar
      sand er ze halbem wege aldar
      dem künege ze eime geleite.
      über des gevildes breite
25   ez waere tîch oder bach,
      swâ er die passâschen sach,
      dâ reit der künec beizen her,
      und mêre durch der minne ger.
      Bêâcurs in dâ enpfienc
      sô daz ez mit vröude ergienc.

jenseits der Stadt. Als Bene und die Pagen dann vor dem König berichtet hatten, war Gramoflanz so glücklich wie nie zuvor. Ihm war zumute, als habe das Glück persönlich solche Botschaft für ihn ausgedacht. Er sagte, er wolle gern kommen, und wählte seine Begleiter aus: drei seiner Landesfürsten sollten in seinem Gefolge reiten; ebenso verfuhr sein Oheim, der König Brandelidelin; Bernout von Riviers und Affinamus von Clitiers bestimmten je einen Gefährten, der ihnen für dieses Vorhaben geeignet schien: insgesamt waren es zwölf Ritter, die Gramoflanz begleiteten, dazu Edelknaben und kräftige Fußknechte in großer Zahl. Wie die Ritter gekleidet waren? Sie trugen Seide, die von schwerer Goldstickerei nur so gleißte. Gramoflanz nahm auch seinen Falkner mit, als ob er auf die Beizjagd ginge.

Wie versprochen, hatte Artus dem König auf halbem Wege den schönen Beacurs zum Geleit entgegengesandt. Über das weite Gefilde, durch die Furten von Teichen und Bächen zog der König auf die Beizjagd, bei der es diesmal aber um andre Beute ging: um die Liebe! Auf halbem Wege also bereitete Beacurs dem König einen herzlichen Empfang.

722   Mit Bêâcurs komen sint
mêr danne vünfzec clâriu kint.
die von art gâben liehten schîn,
herzogen unde graevelîn.
5   dâ reit ouch etslîch küneges sun.
dô sach man grôz enpfâhen tuon
von den kinden ze bêder sît:
si enpfiengen ein ander âne nît.
        Bêâcurs pflac varwe lieht:
10   der künec sich vrâgens sûmte niht,
Bêne im sagete maere,
wer der clâre ritter waere,
'ez ist Bêâcurs Lôtes kint.'
dô dâhte er 'herze, nu vint
15   si diu dem gelîche,
der hie rîtet sô minneclîche.
si ist vür wâr sîn swester,
diu geworht in Sinzester
mit ir spärwaer sande mir den huot.
20   ob si mir mêr genâde tuot,
al irdischiu rîcheit,
ob diu erde waere noch alsô breit,
dâ vür naem ich si einen.
si solz mit triuwen meinen.
25   ûf ir genâde kume ich hie:
si hât mich sô getroestet ie,
ich getrûwe ir wol daz si mir tuot
dâ von sich hoehert baz mîn muot.'
in nam ir clâren bruoder hant
in die sîn: diu was ouch lieht erkant.

723   Nu was ez ouch ime her sô komen,
Artûs hete aldâ genomen
vride von der herzogin.
der was ergetzens gewin
5   komen nâch Cidegaste,
den si ê claget sô vaste.

Beacurs seinerseits wurde von mehr als fünfzig Pagen beglei-
tet, deren strahlende Schönheit ihre vornehme Abkunft
verriet. Es waren junge Herzöge und Grafen, dazu etliche
Königssöhne. Die Edelknaben beider Seiten begrüßten ein-
ander mit aufrichtiger Herzlichkeit. Als dem König auffiel,
wie ungewöhnlich schön Beacurs war, erkundigte er sich
sogleich bei Bene nach ihm, und sie sagte, wer der schöne
Ritter sei: »Es ist Beacurs, Lots Sohn.« Da dachte Gramo-
flanz: »Herz, nun suche die Frau, die diesem anmutigen
Reiter gleicht. Es ist ja seine leibliche Schwester, die mir
ihren Sperber und einen Hut aus Sinzester sandte. Schenkt
sie mir auch jetzt noch ihre Zuneigung, gäbe ich alle Schätze
der Welt für sie, und wäre die Erde noch einmal so groß! Sie
wird mich sicher nicht enttäuschen, komme ich doch im
Vertrauen auf ihre Huld hierher. Sie hat mich stets ermutigt
in meiner Neigung und wird mich gewiß glücklicher machen
als je zuvor!« Doch jetzt ergriff Itonjes schöner Bruder
anmutig seine Hand und führte ihn davon.
Inzwischen war folgendes geschehen: Artus hatte in seinem
Lager von der Herzogin die Friedenszusicherung erhalten,
war sie doch für den Verlust des vorher so bitter beklagten
Cidegast durch Gawans Liebe reichlich entschädigt worden.

ir zorn was nâch verdecket:
wan si hete erwecket
von Gâwân etslîch umbevanc:
10 dâ von ir zürnen was sô cranc.
    Artûs der Bertenoys
nam die clâren vrouwen curtoys,
beide magde unde wîp,
die truogen vlaeteclîchen lîp.
15 er hete der werden hundert
in ein gezelt gesundert.
niht lieber möhte ir sîn geschehen,
wan daz si den künec solde sehen,
Itonjê, diu ouch dâ saz.
20 staeter vröude si niht vergaz:
doch kôs man an ir ougen schîn,
daz si diu minne lêrte pîn.
    dâ saz manc ritter lieht gemâl:
doch truoc der werde Parzivâl
25 den prîs vor ander clârheit.
Gramoflanz an die snüere reit.
dô vuorte der künec unervorht
in Gampfassâsche geworht
einen pfelle mit golde vesten:
der begunde verre glesten.
724   Si erbeizten, die dâ komen sint.
des künec Gramoflanzes kint
mangiu vor im sprungen,
inz poulûn si sich drungen.
5 die kameraere wider strît
rûmten eine strâze wît
gein der Berteneyse künegîn.
sîn oeheim Brandelidelîn
vor dem künege inz poulûn gienc:
10 Ginovêr den mit kusse enpfienc.
der künec wart ouch enpfangen sus.
Bernouten unde Affinamus

Ihr Zorn war fast verraucht. In Gawans Umarmung war sie zu neuem Leben erwacht, so daß alle Rachegedanken allmählich verflogen. Der Bretone Artus versammelte nun einhundert edle, schöne, vornehme Damen in einem besonderen Zelt; es waren Jungfrauen und Frauen von großem Liebreiz. Itonje, die unter ihnen weilte, sah der bevorstehenden Begegnung mit dem König in froher Erwartung entgegen. Tiefe, gleichbleibende Freude erfüllte sie, doch an ihren Augen konnte man erkennen, wie sehr Sehnsucht sie peinigte. Auch viele schöne Ritter saßen bei den Damen, doch der edle Parzival ließ die Schönheit aller anderen verblassen. Jetzt ritt Gramoflanz auf das Zelt zu. Der unerschrockene König trug ein goldbesticktes, schon von fern funkelndes Seidengewand aus Sampfassasche.

Die Ankömmlinge sprangen von den Pferden. Zahlreiche Pagen eilten König Gramoflanz voran und drängten sich ins Zelt. Die Kämmerer waren bemüht, eine breite Bahn bis zur Königin der Bretonen frei zu halten. Noch vor Gramoflanz betrat sein Oheim Brandelidelin das Zelt, wo ihn Ginover mit einem Kuß begrüßte. König Gramoflanz, Bernout und

die künegîn man ouch küssen sach.
Artûs ze Gramoflanze sprach
15 'ê ir sitzens beginnet,
seht ob ir keine minnet
dirre vrouwen, und küsset sie.
iu beiden siz erloubet hie.'
     im sagte, wer sîn vriundin was,
20 ein brief den er ze velde las:
ich meine daz er ir bruoder sach,
diu im vor al der werlde jach
ir werden minne tougen.
Gramoflanzes ougen
25 si erkanten, diu im minne truoc.
sîn vröude hôch was genuoc.
sît Artûs hete erloubet daz,
daz si beide ein ander âne haz
mit gruoze enpfâhen taeten kunt,
er kuste Itonjê an den munt.
725   Der künec Brandelidelîn
saz zuo Ginovêrn der künegîn.
ouch saz der künec Gramoflanz
zuo der diu ir liehten glanz
5   mit weinen hete begozzen.
daz hete si sîn genozzen:
ern welle unschulde rechen,
sus muose er hin ze ir sprechen,
sîn dienst nâch minnen bieten.
10 si kunde ouch sich des nieten,
daz si im dancte umb sîn komen.
ir rede von niemen wart vernomen:
si sâhen ein ander gerne.
swenn ich nu rede gelerne,
15 sô prüeve ich waz si spraechen dâ,
eintweder nein oder jâ.
     Artûs ze Brandelidelîn
sprach 'ir habt dem wîbe mîn

Affinamus wurden von ihr in gleicher Weise empfangen. Dann sprach Artus zu Gramoflanz: »Bevor Ihr Platz nehmt, seht Euch erst einmal um; vielleicht läßt der Anblick einer dieser Damen Euer Herz höher schlagen. Euch und ihr sei der Begrüßungskuß erlaubt.«

Ein Brief, auf freiem Feld gelesen, hatte Gramoflanz seine Geliebte beschrieben. Er hatte ja von Angesicht zu Angesicht den Bruder der Frau gesehen, die ihn insgeheim mehr als alles in der Welt liebte. So erkannte er in überschäumendem Glück Itonje, und da Artus ihnen den Begrüßungskuß gestattet hatte, küßte er sie auf den Mund.

König Brandelidelin nahm bei Königin Ginover Platz, während sich König Gramoflanz neben Itonje setzte, deren liebliches Antlitz noch Tränen zeigte. Tränen waren bisher der einzige Lohn ihrer Liebe gewesen. Wollte Gramoflanz sie nicht grundlos kränken, so mußte er nun sprechen und ihr seine Liebe gestehen, und sie ihrerseits hätte ihm für sein Kommen danken müssen. Doch niemand hörte, was sie einander zu sagen hatten. Sie sahen einander nur glücklich an. Habe ich einst diese Sprache erlernt, so werde ich ganz genau wissen, was sie einander anvertrauten, ob es nein hieß oder ja.

»Ihr habt meiner Gattin jetzt genug Artigkeiten gesagt!«

iuwer maere nu genuoc gesagt.'
20 er vuorte den helt unverzagt
in ein minre gezelt
kurzen wec über daz velt.
Gramoflanz saz stille
(daz was Artûses wille),
25 und ander die gesellen sîn.
dâ gâben vrouwen clâren schîn,
daz die ritter wênec dâ verdrôz.
ir kurzewîle was sô grôz,
si möhte ein man noch gerne dolen,
der nâch sorgen vröude wolte erholen.

726   Vür die küngîn man dô truoc
daz trinken. trunken si genuoc,
die ritter unt die vrouwen gar,
si wurden deste baz gevar.
5 man truog ouch trinken dort hin în
Artûs und Brandelidelîn.
der schenke gienc her wider dan:
Artûs sîn rede alsus huop an.
   'hêr künec, nu lât si ez alsô tuon,
10 daz der künec, iuwer swester sun,
mîner swester sun mir hete erslagen:
wolte er denne minne tragen
gein mîner niftel, der magt
diu im ir kumber ouch dort clagt
15 dâ wir si liezen sitzen,
vüer si dan mit witzen,
si wurde im nimmer drumbe holt,
unt teilte im solhen hazzes solt,
dês den künc möhte erdriezen,
20 wolt er ir iht geniezen.
swâ haz die minne undervert,
dem staeten herzen vröude er wert.'
   dô sprach der künec von Punturtoys
ze Artûse dem Bertenoys

sprach Artus zu Brandelidelin und führte den tapferen Hel-
den ein kurzes Stück über den Lagerplatz zu einem kleineren
Zelt. Gramoflanz und seine Gefährten respektierten den
Wunsch des Artus und blieben ruhig im Zelte sitzen. Die
bezaubernde Schönheit der Damen ließ die Ritter auch gar
keinen Verdruß darüber fühlen. Sie hatten viel Kurzweil
miteinander, wie sie sich jeder Mann gern gefallen läßt, der
nach schweren Tagen die Freude sucht. Vor der Königin
wurde der Willkommenstrunk aufgetragen. Je fleißiger Rit-
ter und Damen ihm zusprachen, um so schöner blühten ihre
Wangen auf. Auch Artus und Brandelidelin brachte man
einen Erfrischungstrunk. Nachdem der Mundschenk das
Zelt verlassen hatte, begann Artus: »Herr König, nehmt
einmal an, Euer königlicher Neffe hätte mir meinen Neffen
erschlagen und wollte danach meiner Nichte – jener Jung-
frau, die wir an seiner Seite zurückließen und die ihm dort
ihren Liebesschmerz gesteht – seine Liebe antragen. Wäre
sie halbwegs bei Verstande, könnte sie ihn nach dieser Tat
niemals lieben; sie würde ihn vielmehr so verabscheuen, daß
der König in seinen Erwartungen arg enttäuscht wäre. Wo
Haß die Liebe verdrängt, raubt er dem treuen Herzen alles
Glück.«
Der König von Punturtoys antwortete dem Bretonen Artus:

25 'hêr, si sint unserr swester kint,
   die gein in ander in hazze sint:
   wir sulen den kampf understên.
   dane mac niht anders an ergên,
   wan daz si ein ander minnen
   mit herzenlîchen sinnen.
727 Iuwer niftel Itonjê
   sol mîme neven gebieten ê,
   daz er den kampf durch si verber,
   sî daz er ir minne ger.
5 sô wirt vür wâr der kampf vermiten
   gar mit strîteclîchen siten.
   und helfet ouch dem neven mîn
   hulde dâ zer herzogîn.'
       Artûs sprach 'daz wil ich tuon.
10 Gâwân mîner swester sun
   ist wol sô gewaldec ir,
   daz si beidiu im unde mir
   durch ir zuht die schulde gît.
   sô scheidet ir disehalp den strît.'
15 'ich tuon,' sprach Brandelidelîn.
   si giengen beide wider în.
       dô saz der künec von Punturtoys
   zuo Ginovêrn: diu was curtoys.
   anderhalb ir saz Parzivâl:
20 der was ouch sô lieht gemâl,
   nie ouge ersach sô schoenen man.
   Artûs der künec huop sich dan
   zuo sîme neven Gâwân.
   dem was ze wizzen getân,
25 rois Gramoflanz waere komen.
   dô wart ouch schier vor im vernomen,
   Artûs erbeizte vor dem gezelt:
   gein dem sprang er ûf daz velt.
       si truogen daz ze samne dâ,
   daz diu herzogîn sprach suone jâ,

»Herr, die beiden verfeindeten Männer sind unsere Geschwisterkinder. Laßt uns also gemeinsam den Kampf verhindern, was nur zur Folge haben kann, daß beide einander von Herzen liebgewinnen. Eure Nichte Itonje soll von meinem Neffen fordern, er möge auf den Kampf verzichten, wenn er nach ihrer Liebe strebt. Auf diese Weise wird der gefährliche Zweikampf verhindert. Ihr aber setzt Euch dafür ein, daß die Herzogin meinem Neffen wieder ihre Huld schenkt.«

Artus sprach darauf: »Das will ich tun. Mein Neffe Gawan bringt sie wohl dahin, daß sie als wohlerzogene Dame ihm und mir das Vergeltungsrecht überläßt. Sorgt Ihr bei Gramoflanz für Friedensbereitschaft.

»Das will ich tun«, versicherte Brandelidelin. Damit kehrten beide ins große Zelt zurück.

Der König von Punturtoys nahm wieder neben der edlen Ginover Platz, an deren andrer Seite Parzival saß. Er war so wunderschön, daß niemand einen schöneren Mann je sah. Artus aber begab sich zu seinem Neffen Gawan. Der hatte bereits erfahren, daß König Gramoflanz gekommen sei, und als er hörte, König Artus sitze vor seinem Zelt ab, eilte er ihm rasch auf dem Vorplatz entgegen. Gemeinsam brachten sie's zustande, daß die Herzogin einer Aussöhnung

728 Aber anders niht deheinen wîs,
     wan ob Gâwân ir âmîs
     wolte den kampf durch si verbern,
     sô wolte ouch si der suone wern:
5   diu suone wurd von ir getân,
     ob der künec wolde lân
     bîziht ûf ir sweher Lôt.
     bî Artûs si daz dan enbôt.
     Artûs der wîse höfsche man
10   disiu maere brâhte dan.
     dô muose der künec Gramoflanz
     verkiesen umbe sînen cranz:
     und swaz er hazzes pflaege
     gein Lôt von Norwaege,
15   der zergienc, als in der sunnen snê,
     durch die clâren Itonjê
     lûterlîche ân allen haz.
     daz ergienc die wîle er bî ir saz:
     alle ir bete er volge jach.
20   Gâwânen man dort komen sach
     mit clârlîchen liuten:
     ichn möhte iu niht gar bediuten
     ir namen und wan si wâren erborn.
     dâ wart durch liebe leit verkorn.

25   Orgelûs diu fiere,
     und ir werden soldiere,
     und ouch diu Clinschores schar,
     ir ein teil (sine wârenz niht gar)
     sach man mit Gâwâne komen.
     Artûs gezelde was genomen
729 Diu winde von dem huote.
     Arnîve diu guote,
     Sangîve unt Cundrîê,
     die hete Artûs gebeten ê
5   an dirre suone teidinc.
     swer prüevet daz vür cleiniu dinc,

zustimmte, aber nur unter folgenden Bedingungen: Sie
wolle sich mit ihrem Feind versöhnen, wenn Gawan, ihr
Geliebter, ihretwegen auf den Kampf verzichte, auch müsse
König Gramoflanz die Beschuldigung gegen ihren Schwie-
gervater Lot zurücknehmen. Diese Entscheidung ließ sie
durch Artus überbringen, und der lebenserfahrene, vor-
nehme Artus richtete die Botschaft aus. So mußte König
Gramoflanz darauf verzichten, den Kranzraub zu vergelten,
und beim Anblick der lieblichen Itonje schmolz sein Haß
gegen Lot von Norwegen dahin wie Schnee in der Sonne.
Solange er an ihrer Seite saß, gab er all ihren Bitten nach.
Jetzt erst nahte Gawan mit einem Gefolge stattlicher Ritter,
deren Namen und Herkunft ich im einzelnen nicht nennen
mag. Hier machte jedenfalls Freude alles Leid vergessen.

An Gawans Seite erschien die stolze Orgeluse, begleitet von
edlen Rittern und von einer Schar aus Clinschors Heer. Vom
Zelt des Artus wurden die Wände entfernt, nur das Dach
blieb stehen. Schon vorher hatte Artus die gütige Arnive,
Sangive und Cundrie gebeten, an der Sühneversammlung
teilzunehmen. Wem das belanglos scheint, mag für bedeut-

der groeze swaz er welle.
Jofreit Gâwâns geselle
vuort die herzoginne lieht erkant
10   under daz poulûn an sîner hant.
diu pflac durch zuht der sinne,
die drî küneginne
lie si vor ir gên dar în.
die kuste Brandelidelîn:
15   Orgelûse in ouch mit kusse enpfienc.
Gramoflanz durch suone gienc
und ûf genâde gein ir dar.
ir süezer munt rôt gevar
den künec durch suone kuste,
20   dar umb si weinens luste.
si dâhte an Cidegastes tôt:
dô twanc si wîplîchiu nôt
nâch im dennoch ir riuwe.
welt ir, des jehet vür triuwe.
25   Gâwân unt Gramoflanz
mit kusse ir suone ouch machten ganz.
Artûs gab Itonjê
Gramoflanz ze rehter ê.
dâ hete er vil gedienet nâch:
Bêne was vrô, dô daz geschach.
730 Den ouch ir minne lêrte pîn,
den herzogen von Gôwerzîn,
Lischoys wart Cundrîê gegeben:
âne vröude stuont sîn leben,
5   unz er ir werden minne enpfant.
dem turkoiten Flôrant
Sangîven Artûs ze wîbe bôt:
die het dâ vor der künec Lôt.
der vürste ouch si vil gerne nam:
10   diu gâbe minne wol gezam.
Artûs was vrouwen milte:
sölher gâbe in niht bevilte.

sam halten, was er will. Gawans Gefährte Jofreit führte die
schöne Herzogin an seiner Hand zum Zelt, die aber höflich
die drei Königinnen vorgehen ließ. Alle drei küßten Brande-
lidelin zur Begrüßung, auch Orgeluse hieß ihn mit einem
Kuß willkommen. Im Vertrauen auf Versöhnung und
Gnade trat nun Gramoflanz auf Orgeluse zu, und wirklich
gewährte ihr süßer roter Mund dem König den Versöh-
nungskuß, obwohl Orgeluse den Tränen nahe war, denn sie
mußte wieder an den toten Cidegast denken. Noch immer
fühlte sie als Frau den Schmerz der Trauer, und ihr mögt das
als Beweis der Treue nehmen.

Auch Gawan und Gramoflanz besiegelten ihre Versöhnung
mit einem Kuß, und Artus gab Gramoflanz Itonjes Hand zu
rechtem ehelichem Bunde. Lange genug hatte er darum
dienen müssen. Als dies geschah, war Bene von Herzen
froh. Lischoys, der Herzog von Gowerzin, wurde mit
Cundrie verbunden, nach der er sich in Liebe verzehrt hatte.
Sein Leben war freudeleer, bis ihm die edle Cundrie ihre
Liebe schenkte. Dem Turkoyten Florand schlug Artus vor,
Sangive, die Witwe König Lots, zur Frau zu nehmen, und
der Fürst war mit Freuden einverstanden, denn ein
Geschenk wie Sangive war wohl der Liebe wert. Artus
zeigte sich an diesem Tage recht freigebig im Verschenken
von Edelfrauen, er konnte sich gar nicht genug tun, doch

des was mit râte vor erdâht.
nu disiu rede wart volbrâht,
15   dô sprach diu herzoginne
daz Gâwân hete ir minne
gedient mit prîse hôch erkant,
daz er ir lîbes und über ir lant
von rehte hêrre waere.
20   diu rede dûhte swaere
ir soldier, die manec sper
ê brâchen durch ir minne ger.

    Gâwân unt die gesellen sîn,
Arnîve und diu herzogîn,
25   und manec vrouwe lieht gemâl,
und ouch der werde Parzivâl,
Sangîve und Cundrîê
nâmen urloup: Itonjê
beleip bî Artûse dâ.
nu darf niemen sprechen wâ
731   Schoener hôchgezît ergienc.
Ginovêr in ir pflege enpfienc
Itonjê und ir âmîs,
den werden künec, der manegen prîs
5   mit ritterschefte ê dicke erranc,
des in Itonjê minne twanc.
ze herbergen maneger reit,
dem hôhiu minne vuogte leit.
des nahtes umbe ir ezzen
10   muge wir maere wol vergezzen.
swer dâ werder minne pflac,
der wunschet der naht vür den tac.
    der künec Gramoflanz enbôt
(des twang in hôchverte nôt)
15   ze Rosche Sabbîns den sînen,
si solten sich des pînen
daz si abe braechen bî dem mer
und vor tage koemen mit sîme her,

war zuvor das Für und Wider der Verbindungen gewissenhaft beraten worden.

Als das beendet war, erklärte die Herzogin, durch seine ruhmreichen Taten habe Gawan ihre Liebe verdient und solle fortan ihr und ihres Reiches Herr sein. Bei diesen Worten wurde vielen Rittern schwer ums Herz, die ja manche Lanze zerbrochen hatten, um ihre Liebe zu gewinnen.

Gawan und seine Gefährten, Arnive und die Herzogin, viele schöne Damen, auch der edle Parzival, Sangive und Cundrie nahmen jetzt Abschied, während Itonje bei Artus blieb. Nun möge niemand etwa behaupten, schon ein prächtigeres Hochzeitsfest gesehen zu haben! Ginover trug Sorge für Itonje und ihren Geliebten, den edlen König, der vordem, aus Liebe zu Itonje, in ritterlichen Kämpfen manchen ruhmreichen Sieg errungen hatte. Es ritten aber viele zu ihren Zelten zurück, denen die Liebe zu einer edlen Frau nur Leid gebracht hatte. Über ihre Abendmahlzeit wollen wir nicht viele Worte verlieren. Wer jedoch einer edlen Frau in Liebe verbunden war, wünschte sicherlich rasch die Nacht herbei.

Vom Wunsch nach stolzem Glanz getrieben, befahl König Gramoflanz seinen Leuten bei Rosche Sabbins, das Lager am Meer sofort abzubrechen und noch vor Tagesanbruch mit dem ganzen Heer herbeizueilen. Sein Marschall sollte

    unt daz sîn marschalc naeme
20 stat diu her gezaeme.
    'mir selben prüevet hôhiu dinc,
    ieslîchem vürsten sunderrinc.'
    des wart durch hôhe kost erdâht.
    die boten vuoren: dô was ez naht.
25   man sach dâ mangen trûrgen lîp,
    den daz gelêret heten wîp:
    wan swem sîn dienst verswindet,
    daz er niht lônes vindet,
    dem muoz gein sorgen wesen gâch,
    dane reiche wîbe helfe nâch.
732   Nu dâhte aber Parzivâl
    an sîn wîp die lieht gemâl
    und an ir kiuschen süeze.
    ob er kein ander grüeze,
5 daz er dienst nâch minne biete
    und sich unstaete niete?
    solh minne wirt von im gespart.
    grôz triuwe hete im sô bewart
    sîn manlîch herze und ouch den lîp,
10 daz vür wâr nie ander wîp
    wart gewaldec sîner minne,
    niwan diu küneginne
    Condwîr âmûrs,
    diu geflôrierte bêâ flûrs.
15   er dâhte 'sît ich minnen kan,
    wie hât diu minne an mir getân?
    nu bin ich doch ûz minne erborn:
    wie hân ich minne alsus verlorn?
    sol ich nâch dem grâle ringen,
20 sô muoz mich immer twingen
    ir kiuschlîcher umbevanc,
    von der ich schiet, des ist ze lanc.
    sol ich mit den ougen vröude sehen
    und muoz mîn herze jâmers jehen,

einen geeigneten Lagerplatz für das Heer vorbereiten. »Für mich richtet alles aufs prächtigste her, und jeder Fürst soll einen eignen Zeltring haben!« Er wollte seinen ganzen Reichtum zeigen, und obwohl die Nacht bereits herniedersank, machten sich die Boten auf den Weg. Im Lager sah man aber auch manch tiefbetrübten Ritter, der von einer Frau enttäuscht worden war. Wer vergebens dient und keinen Lohn findet, der ist natürlich traurig, es sei denn, eine Frau schenkt ihm Trost.

Auch Parzival dachte an seine wunderschöne Gattin, an ihre Reinheit und ihren Liebreiz. Ob er sich zu keiner anderen hingezogen fühlte, ihr Ritterdienst für Liebeslohn bot und seiner Frau untreu wurde? O nein, von solcher Liebe hält er nichts! Sein mannhaftes Herz und sein ganzes Wesen waren ganz und gar durchdrungen von fester Treue. Wahrhaftig, keine andere als Königin Condwiramurs, die herrliche, schöne Blüte der Frauen, konnte seine Liebe gewinnen. Er dachte: »Wie hat die Liebe mich behandelt, seit ich etwas davon weiß! Und ich entstamme doch einem Geschlecht, das der Liebe dient. Wie konnte ich also ganz ohne Liebe leben? Während ich den Gral suche, verzehre ich mich in Sehnsucht nach der zärtlichen Umarmung meiner Frau, von der ich viel zu lange schon getrennt bin. Soll ich das Glück anderer vor Augen haben und selbst im Herzen Trauer

25 diu werc stênt ungelîche.
hôhes muotes rîche
wirt niemen solher pflihte.
gelücke mich berihte,
waz mir daz waegest drumbe sî.'
im lac sîn harnasch nâhe bî.

733   Er dâhte 'sît ich mangel hân
daz den saeldehaften undertân
ist (ich mein die minne,
diu manges trûrgen sinne
5 mit vröuden helfe ergeilet),
sît ich des bin verteilet,
ich enruoche nu waz mir geschiht.
got wil mîner vröude niht.
diu mich twinget minnen gir,
10 stüend unser minne, mîn unt ir,
daz scheiden dar zuo hôrte
sô daz uns zwîvel stôrte,
ich möhte wol ze anderre minne komen:
nu hât ir minne mir benomen
15 ander minne und vröudebaeren trôst.
ich bin trûrens unerlôst.
gelücke müeze vröude wern
die endehafter vröude gern:
got gebe vröude al disen scharn:
20 ich wil ûz disen vröuden varn.'
er greif dâ sîn harnasch lac,
des er dicke al eine pflac,
daz er sich balde wâpende drîn.
nu wil er werben niuwen pîn.
25 dô der vröudenflühtec man
het al sîn harnasch an,
er satelt daz ors mit sîner hant:
schilt unt sper bereit er vant.
man hôrt sîn reise des morgens clagen.
do er dannen schiet, do begunde ez tagen.

fühlen, so paßt das nicht zusammen. Bei solchem Mißver-
hältnis faßt niemand frohen Mut. Das Glück möge mir
raten, was das beste für mich ist!« Als er seine Rüstung vor
sich sah, überlegte er weiter: »Da ich entbehre, was die
Glücklichen besitzen – ich meine die Liebe, die so manches
traurige Herz wieder froh macht –, da ich also keinen Anteil
an diesem Glück habe, kümmert mich nicht, was mir
geschieht. Gott will nicht, daß ich glücklich bin. Könnte ich
oder die Frau, nach der ich heiß verlange, unsere Liebe
durch Wankelmut zerstören, dann könnte ich vielleicht eine
andre lieben. Doch die Liebe zu ihr hat jeden Gedanken an
andre Liebe und das Glück, das diese schenken könnte, in
mir ausgelöscht, ohne mir Trost und Glück zu schenken.
Ich bin tief in Trauer versunken. Möge das Glück allen
Freude schenken, die nach wahrer Freude verlangen! Gott
gebe allen hier nur Freude! Ich aber will den Kreis der
Glücklichen verlassen.« Er griff nach seiner Rüstung, die er
schon oft ohne Hilfe angelegt hatte, und wappnete sich
hastig, denn es treibt ihn neuen Gefahren entgegen. Als er,
der die Freude flieht, sich gewappnet hatte, sattelte er eigen-
händig sein Pferd. Auch Schild und Lanze fand er bereit.
Am Morgen wurde sein Aufbruch sehr bedauert. Als er von
dannen schied, begann's zu tagen.

XV.

734 Vil liute des hât verdrozzen,
den diz maere was vor beslozzen:
genuoge kundenz nie ervarn.
nu wil ich daz niht langer sparn,
5 ich tuonz iu kunt mit rehter sage,
wande ich in dem munde trage
daz slôz dirre âventiure,
wie der süeze unt der gehiure
Anfortas wart wol gesunt.
10 uns tuot diu âventiure kunt,
wie von Pelrapeir diu künegin
ir kiuschen wîplîchen sin
behielt unz an ir lônes stat,
dâ si in hôhe saelde trat.
15 Parzivâl daz wirbet,
ob mîn kunst niht verdirbet.
   ich sage alrêst sîn arbeit.
swaz sîn hant ie gestreit,
daz was mit kinden her getân.
20 möht ich dises maeres wandel hân,
ungerne wolt ich in wâgen:
des kunde ouch mich betrâgen.
nu bevilhe ich sîn gelücke
sîme herze, der saelden stücke,
25 dâ diu vrävel bî der kiusche lac,
wand ez nie zageheit gepflac.
daz müeze im vestenunge geben,
daz er behalde nu sîn leben;
sît ez sich hât an den gezogt,
in bestêt ob allem strîte ein vogt

Fünfzehntes Buch

Sicher war mancher verärgert darüber, daß ihm etwas in
dieser Geschichte bisher vorenthalten wurde, und der eine
oder andere mag vergeblich gefragt haben. Ich will's nicht
länger verschweigen und euch den Ausgang verraten, den
ich allein weiß. Ihr wollt sicher erfahren, wie der liebens-
würdige, freundliche Anfortas endlich von seinen Leiden
erlöst wurde. In der Geschichte wird aber zunächst davon
erzählt, daß die Königin von Pelrapeire ihr reines Frauen-
herz bewahrte, bis sie für diese Treue belohnt wurde, denn
es brach schließlich eine Zeit höchsten Glückes für sie an.
Dafür wird Parzival sorgen, und wenn mich meine Kunst
nicht im Stich läßt, werde ich noch ausführlich davon
berichten. Nun geht's aber erst einmal darum, neue Mühsal
zu schildern, die er erdulden mußte. Gegen diese Prüfung
waren seine bisherigen Kämpfe ein Kinderspiel. Könnte ich
den Gang der Erzählung ändern, wollte ich ihm dies Wagnis
gern ersparen, das auch mich nicht ohne Bangen läßt. Ich
muß sein Glück und sein Geschick einzig seinem Herzen
anvertrauen, das kühn, rein und unerschrocken war. Es soll
ihm die Stärke geben, sein Leben zu schützen. Ihm ist
bestimmt, bei seiner unverzagten Fahrt auf einen wahren

735   Uf sîner unverzagten reise.
     der selbe curteise
     was ein heidenischer man,
     der toufes künde nie gewan.
5   Parzivâl reit balde
     gein eime grôzen walde
     ûf einer liehten waste
     gein eime rîchen gaste.
     ez ist wunder, ob ich armer man
10   die rîcheit iu gesagen kan,
     die der heiden vür zimierde truoc.
     sag ich des mêre denne genuoc,
     dennoch mac ichs iu mêr wol sagen,
     wil ich sîner rîcheit niht gedagen.
15   swaz diende Artûses hant
     ze Bertâne unde in Engellant,
     daz vergulte niht die steine
     die mit edelem arde reine
     lâgen ûf des heldes wâpenroc.
20   der was tiure ân al getroc:
     rubbîne, calcidône,
     wâren dâ ze swachem lône.
     der wâpenroc gap blanken schîn.
     ime berge ze Agremuntîn
25   die würme salamander
     in worhten ze ein ander
     in dem heizen viure.
     die wâren steine tiure
     lâgen drûf tunkel unde lieht:
     ir art mac ich benennen niht.
736   Sîn gir stuont nâch minne
     unt nâch prîses gewinne:
     daz gâben ouch allez meistec wîp,
     dâ mite der heiden sînen lîp
5   kostlîche zimierte.
     diu minne condwierte

Meister im Kampf zu treffen. Dieser vollendete Ritter war
ein Heide und hatte noch nie vom Christentum gehört.

Parzival ritt in raschem Trab auf einen großen Wald zu und
begegnete auf einer Lichtung einem reichen Fremdling. Es
schiene mir ein Wunder, könnte ich armer Schlucker euch
den ganzen Reichtum beschreiben, den der Heide allein an
seiner Rüstung trug. Mehr als genug gäb's aufzuzählen, und
immer wär's noch nicht genug, wollte ich all die Kostbarkei-
ten schildern. Alles, was König Artus in der Bretagne und in
England besaß, hätte die edlen, reinen Steine nicht aufgewo-
gen, die den Waffenrock des Heiden zierten und über alle
Maßen kostbar machten. Mit Rubinen und Chalzedonen
war der Waffenrock nicht zu bezahlen; er schimmerte und
gleißte, hatten ihn doch Salamander im Berge Agremontin in
Feuersglut gewebt. Herrliche Edelsteine, hell und dunkel,
deren Eigenschaften ich gar nicht schildern kann, zierten
den Stoff. Der Träger des Waffenrocks strebte nach Liebe
und Heldenruhm, denn fast alle kostbaren Dinge, die ihn
schmückten, hatte er von Frauen erhalten. Ein stolzes

in sîn manlîch herze hôhen muot,
als si noch dem minne gernden tuot.
er truog ouch durch prîses lôn
10 ûf dem helme ein ecidemôn:
swelhe würme sint eiterhaft,
von des selben tierlînes craft
hânt si lebens deheine vrist,
swenn ez von in ersmecket ist.
15 Thopedissimonte
unt Assigarzîonte,
Thasmê und Arâbî
sint vor solhem pfelle vrî
als sîn ors truoc covertiure.
20 der ungetoufte gehiure
ranc nâch wîbe lône:
des zimierte er sich sus schône.
sîn hôhez herze in des betwanc,
daz er nâch werder minne ranc.
25   der selbe werlîche knabe
hete in einer wilden habe
zem fôreht gankert ûf dem mer.
er hete vünf und zweinzec her,
der deheinez des andern rede vernam,
als sîner rîcheit wol gezam:
737 Alsus manec sunder lant
diende sîner werden hant,
môr und ander Sarrazîne
mit ungelîchem schîne.
5 in sînem wît gesamenten her
was manc wunderlîchiu wer.
ouch reit nâch âventiure dan
von sîme her dirre eine man
durch baneken in daz fôreht.
10 sît si selbe nâmen in daz reht,
die künge ich lâze rîten,
al ein nâch prîse strîten.

Hochgefühl, wie's die Liebe Liebenden verleiht, erfüllte sein Herz. Als Zeichen seiner ruhmvollen Taten trug er auf dem Helm ein Ecidemon, ein Tierlein, das allen Giftschlangen den Tod bringt. Solch herrliche Seide, wie sie seinem Pferd als Decke diente, gab es weder in Thopedissimonte und Assigarzionte noch in Thasme und Arabie. Der ungetaufte Edelmann kämpfte um den Liebeslohn einer Frau; daher also sein prächtiger Aufzug. Sein hochgestimmtes Herz trieb ihn dazu, um die Liebe einer edlen Frau zu ringen. Der wehrhafte Jüngling war in einem natürlichen Hafen nahe beim Wald vor Anker gegangen. Fünfundzwanzig Heerscharen, von denen nicht zwei dieselbe Sprache hatten, gaben Zeugnis von seiner Macht, denn ihm waren wirklich fünfundzwanzig Länder untertan, bewohnt von unterschiedlichen Mohren und Sarazenen. In seinem Heer, das Streiter aus fernen Ländern vereinigte, gab es manche merkwürdige Waffen zu sehen. Ohne Begleitung war er aufgebrochen und plan- und ziellos in den Wald geritten, um vielleicht gar ein Abenteuer zu erleben. Da beide Könige sich diese Freiheit genommen haben, muß ich sie reiten und ganz allein um Siegesruhm kämpfen lassen. Ohne Begleitung

Ecidemon: Fabeltier.

Parzivâl reit niht eine:
dâ was mit im gemeine
15 er selbe und ouch sîn hôher muot,
der sô manlîch wer dâ tuot,
daz ez diu wîp solden loben,
sine wolten dan durch lôsheit toben.

hie wellent ein ander vâren
20 die mit kiusche lember wâren
und lewen an der vrechheit.
ôwê, sît diu erde was sô breit,
daz si ein ander niht vermiten,
die dâ umb unschulde striten!
25 ich sorge des den ich hân brâht,
wan daz ich trôstes hân gedâht,
in süle des grâles craft ernern.
in sol ouch diu minne wern.
den was er beiden diensthaft
âne wanc mit dienstlîcher craft.

738   Mîn kunst mir des niht witze gît,
daz ich gesage disen strît
bescheidenlîche als er ergienc.
ieweders ouge blic enpfienc,
5 daz er den andern komen sach.
sweders herze drumbe vröuden jach,
dâ stuont ein trûren nâhe bî.
die lûtern truopheite vrî,
ieweder des andern herze truoc:
10 ir vremde was heinlîch genuoc.
nune mac ich disen heiden
vom getouften niht gescheiden,
sine wellen haz erzeigen.
daz solte in vröude neigen,
15 die sint erkant vür guotiu wîp.
ieweder durch vriundinne lîp
sîn verch gein der herte bôt.
gelücke scheide ez âne tôt.

war Parzival allerdings doch nicht: mit ihm war sein hoher
Mut, der ihn so mannhaft streiten läßt, daß alle Frauen sein
Lob verkünden müßten, wenn sie nicht leichtfertig die
Unwahrheit behaupten wollen. Hier werden zwei Männer
miteinander kämpfen, Lämmer an Lauterkeit und Löwen an
Kühnheit zugleich. Ach, ist die Erde nicht groß genug?
Warum mußten die beiden Helden einander treffen und
ohne jeden Grund den Kampf beginnen? Ich müßte eigent-
lich um Parzival in Sorge sein, doch vertraue ich darauf, daß
ihn die Macht des Grals und die Liebe bewahren werden;
denn beiden hat er unermüdlich mit aller Kraft gedient.
Mein dichterisches Können reicht nicht aus, um diesen
Kampf im einzelnen zu schildern. Beider Augen blitzten, als
sie einander sahen, doch wenn jetzt ihre Herzen höher
schlugen, so war die Trauer auch nicht weit. Jeder der
treuen, aufrechten Männer trug nämlich das Herz des
andern in der Brust: sie standen einander nahe, auch wenn
sich beide fremd waren. Nur dadurch, daß sie einander
feindlich gegenübertreten, kann ich den Heiden vom Chri-
sten unterscheiden. Ihren feindlichen Zusammenstoß sollten
alle edel gesinnten Frauen beklagen, denn beide setzten um
der Geliebten willen Leib und Leben ein. Möge ein gütiges
Geschick den Kampf enden und dem Tod wehren!

den lewen sîn muoter tôt gebirt:
20 von sînes vater galme er lebendec wirt.
dise zwêne wâren ûz krache erborn,
von maneger tjost ûz prîse erkorn:
si kunden ouch mit tjoste,
mit sper zernder koste.
25 leischiernde si die zoume
kurzten, unde tâten goume,
swenne si punierten,
daz si niht failierten.
si pflâgens unvergezzen:
dâ wart vaste gesezzen

739 Unt gein der tjost geschicket
unt diu ors mit sporn gezwicket.
  hie wart diu tjost alsô geriten,
bêdiu collier versniten
5 mit starken spern diu sich niht bugen:
die sprîzen von der tjoste vlugen.
ez het der heiden gar vür haz,
daz dirre man vor im gesaz,
wand es nie man vor im gepflac,
10 gein dem er strîtes sich bewac.
ob si iht swerte vuorten,
dâ si ze ein ander ruorten?
diu wâren dâ scharpf unde al breit.
ir kunst unde ir manheit
15 wart dâ erzeiget schiere.
ecidemôn dem tiere
wart etslîch wunde geslagen,
ez moht der helm dar under clagen.
diu ors vor müede wurden heiz:
20 si versuochten manegen niuwen creiz.
si bêde ab orsen sprungen:
alrêrst diu swert erclungen.
  der heiden tet dem getouften wê.
des crîe was Thasmê:

Der junge Löwe wird von seiner Mutter tot geboren und erst durch das Gebrüll des Vaters lebendig. An der Wiege dieser zwei hatten der Schlachtenlärm und der Siegesruhm zahlreicher Lanzenkämpfe Pate gestanden. Wenn sie in den Kampf gingen, konnte man sicher sein, daß zahlreiche Lanzen splitterten. Beide trafen alle Vorbereitungen: sie setzten sich im Sattel fest zurecht, wendeten zum Anlauf und gaben den Pferden die Sporen. Sie ließen die Zügel schießen, nahmen sie dann kürzer und faßten einander ins Auge. Bei diesem Kampf zerfetzten die starken Lanzen, ohne sich zu biegen, den Halsschutz beider, und dann wirbelten die Splitter nur so durch die Luft. Den Heiden packte heller Zorn, daß sein Gegner im Sattel geblieben war; das war noch keinem Mann gelungen, gegen den er angetreten war. Ob sie auch mit den Schwertern kämpften? Gewiß, schnell waren die scharfen Klingen zur Hand, und beide zeigten ihre Kunst und ihre Tapferkeit! Dem Tierlein Ecidemon wurde manche Wunde geschlagen, der Helm darunter mußte das beklagen. Die Pferde waren bald schweißbedeckt und müde, doch beide Ritter suchten einander mit immer neuen Schwenkungen beizukommen. Schließlich sprangen sie von den Rossen, und nun begannen die Schwerter erst richtig zu klingen. Der Heide setzte dem Christen tüchtig zu. »Thasme!« war

---

Löwe ... lebendig: Die Fabel, daß der Löwe sein totgeborenes Junges zum Leben erweckt, stammt aus dem »Physiologus« (»Naturforscher«), einer Sammlung von Tiergeschichten mit religiös-allegorischer Deutung. Deutsche Fassungen des urspr. griechischen Werkes (2. Jh.) stammen aus dem 11./ 12. Jh.
Thasme: Stadt im Gebiet des Feirefiz.

25 und swenne er schrîte Thabronit,
sô trat er vürbaz einen trit.
werlîch was der getoufte
ûf manegem draeten loufte,
den si ze ein ander tâten.
ir strît was sô gerâten,

740 Daz ich die rede mac niht verdagen,
ich muoz ir strît mit triuwen clagen,
sît ein verch und ein bluot
solh ungenâde ein ander tuot.

5 si wâren doch bêde eins mannes kint,
der geliuterten triuwe fundamint.
den heiden minne nie verdrôz:
des was sîn herze in strîte grôz.
gein prîse truog er willen

10 durch die künegîn Secundillen,
diu daz lant ze Tribalibôt
im gap: diu was sîn schilt in nôt.
der heiden nam an strîte zuo:
wie tuon ich dem getouften nû?

15 ern welle an minne denken,
sone mag er niht entwenken,
dirre strît müez im erwerben
vor des heidens hant ein sterben.
daz wende, tugenthafter grâl:

20 Condwîr âmûrs diu lieht gemâl:
hie stêt iuwer beider dienstman
in der groesten nôt die er ie gewan.
der heiden warf daz swert ûf hôch.
manec sîn slac sich sus gezôch,

25 daz Parzivâl kom ûf diu knie.
man mac wol jehen, sus striten sie,
der si bêde nennen wil ze zwein.
si wâren doch bêde niht wan ein.
mîn bruoder und ich daz ist ein lîp,
als ist guot man unt des guot wîp.

sein Schlachtruf, und schrie er »Tabronit!«, dann trat er
jedesmal einen Schritt vor. Doch auch der Christ zeigte sich
im raschen Hin und Her des Kampfgetümmels als wehrhaf-
ter Streiter. Nun ist das Geschehen bis zu einem Punkt
gelangt, da ich nicht länger schweigen kann; ich muß ihren
Zweikampf von Herzen beklagen, denn es waren zwei Män-
ner von gleichem Fleisch und Blut, die einander in Bedräng-
nis brachten. Beide waren Söhne eines Mannes, und dieser
Mann war ein Fels reinster Treue. Der Heide diente beharr-
lich um Liebeslohn, und das stärkte sein Herz auch für den
Kampf. Er stritt um Heldenruhm im Dienste der Königin
Secundille, die ihm das Reich Tribalibot geschenkt hatte. Sie
war sein Schild in den Gefahren des Kampfes, und der
Gedanke an seine Geliebte mehrte die Kraft des Heiden.
Doch was fange ich nun mit dem Christen an? Wenn er sich
nicht auf die Macht der Liebe besinnt, bringt ihm in diesem
Kampfe die Hand des Heiden unfehlbar den Tod. Verhüte
das, allgewaltiger Gral, und du, bezaubernde Condwira-
murs! Der Mann, der euch beiden dient, muß seine schwer-
ste Prüfung bestehen. Die Schwerthiebe des Heiden fielen
mit ungeheurer Wucht, und mancher Schlag war so kraft-
voll, daß er Parzival in die Knie zwang. Man kann schon
sagen, daß sich beide einen harten Kampf lieferten, wenn
man in diesem Fall überhaupt von zwei Kämpfern sprechen
will. Im Grunde waren sie nämlich eins und untrennbar,
mein Bruder und ich sind ebenso untrennbar eins wie Mann
und Frau.

Tabronit: Heimat Secundilles.

741   Der heiden tet dem getouften wê.
   des schilt was holz, hiez aspindê:
   daz vûlet noch enbrinnet.
   er was von ir geminnet,
5 diu in im gap, des sît gewis.
   turkoyse, crisoprassis,
   smârâde und rubbîne,
   vil stein mit sunderschîne
   wâren verwiert durch kostlîchen prîs
10 alumbe ûf diu buckelrîs.
   ûf dem buckelhûse stuont
   ein stein, des namen tuon ich iu kunt;
   antrax dort genennet,
   karfunkel hie bekennet.
15 durch der minne condwier
   ecidemôn daz reine tier
   het im ze wâpen gegeben
   in der genâde er wolde leben,
   diu küngîn Secundille:
20 diz wâpen was ir wille.
     dâ streit der triuwen lûterheit:
   grôz triuwe aldâ mit triuwen streit.
   durch minne heten si gegeben
   mit kampfe ûf urteil bêde ir leben:
25 ieweders hant was sicherbote.
   der getoufte wol getrûwet gote
   sît er von Trevrizende schiet,
   der im sô herzenlîchen riet,
   er solte helfe an den gern,
   der in sorge vröude kunde wern.
742   Der heiden truog et starkiu lit.
   swenne er schrîte Thabronit,
   da diu küngîn Secundille was,
   vor der muntâne Kaukasas,
5 so gewan er niuwen hôhen muot
   gein dem der ie was behuot

Der Heide brachte den Christen in schwere Bedrängnis. Sein Schild war aus Asbestholz, das weder fault noch brennt. Ihr könnt versichert sein, die Frau, die ihm diesen Schild schenkte, liebte ihn von ganzem Herzen. Mit vielfarbigen Edelsteinen war die Einfassung des Schildbuckels umkränzt, um Bewunderung zu erregen: Türkise, Chrysoprase, Smaragde und Rubine waren zu sehen. Auf dem Schildbuckel selbst prangte ein Edelstein, der bei den Heiden Antrax heißt, während er bei uns als Karfunkel bekannt ist. Die Königin Secundille, deren Neigung sein ganzes Sinnen und Trachten galt, hatte ihm als Liebesgeleit das hilfreiche Tierlein Ecidemon zum Wappenzeichen bestimmt, das er nach ihrem besonderen Wunsche trug.

Es kämpfte dort der Treue Lauterkeit: Treue stritt gegen Treue. Aus Liebe setzten beide ihr Leben ein, auf daß der Kampf sein Urteil spreche, und jeder bürgte mit seiner Hand dafür. Der Christ vertraute auf Gott, hatte ihm doch Trevrizent beim Abschied eindringlich geraten, dessen Hilfe zu erflehen, der in der Not zu helfen weiß.

Der Heide aber besaß ungeheure Kräfte. Schrie er »Tabronit!« – so hieß das Land am Kaukasus, wo Königin Secundille lebte –, so beflügelte ihn neuer Mut, und er stürzte sich

---

Asbestholz: fabelhafte Vorstellung vom Holz eines Baumes, dessen Eigenschaften denen des mineralischen Asbests gleichen.

vor solhem strîtes überlast:
er was schumpfentiure ein gast,
daz er si nie gedolte,
10 doch si manger ze im erholte.
     mit kunst si die arme erswungen:
viures blicke ûz helmen sprungen,
von ir swerten gienc der sûre wint.
got ner dâ Gahmuretes kint.
15 der wunsch wirt in beiden,
dem getouften unt dem heiden:
die nante ich ê vür einen.
sus begunden siz ouch meinen,
waeren si ein ander baz bekant:
20 sine satzten niht sô hôhiu pfant.
ir strît galt niht mêre,
wan vröude, saelde und êre.
swer dâ den prîs gewinnet,
ob er triuwe minnet,
25 werltlîch vröude er hât verlorn
und immer herzen riuwe erkorn.
     wes sûmestu dich, Parzivâl,
daz du an die kiuschen lieht gemâl
niht denkest (ich mein dîn wîp),
wiltu behalten hie den lîp?

743 Der heiden truoc zwuo geselleschaft,
dar an doch lac sîn meistiu craft;
einiu daz er minne pflac,
diu mit staete in sîme herzen lac:
5 daz ander wâren steine,
die mit edelem arde reine
in hôchgemüete lêrten
und sîne craft gemêrten.
mich müet daz der getoufte
10 an strîte und an loufte
sus müedet unde an starken slegen.
ob im nu niht gehelfen megen

auf den, der vor solch übermäßig schwerem Kampf bisher
bewahrt geblieben war und keine Niederlagen kannte, es sei
denn, andere erlitten sie. Beide fochten nach allen Regeln
der Kunst; ihre Schwerter durchschnitten die Luft mit
gefährlichem Sausen und ließen feurige Funken von den
Helmen sprühen. Gott behüte die Söhne Gachmurets! Dieser Wunsch gilt beiden, dem Christen wie dem Heiden, sind
sie doch, wie schon gesagt, im Grunde eins. Und beide
schlössen sich wohl diesem Wunsche an, kennten sie einander nur schon besser. Sie hätten dann solch hohes Pfand
nicht eingesetzt, denn in diesem Kampf ging's um nicht
weniger als um Freude, Glück und Ehre zugleich. Wer
immer hier den Sieg erringt, hat, wenn ihm die Treue etwas
gilt, alle Freuden dieser Welt verspielt und ewiges Herzeleid
gewonnen.

Was zögerst du, Parzival? Willst du dein Leben retten, mußt
du an deine reine, schöne Gattin denken! Der Heide hatte
zwei Helfer, die seine Heldenkraft stets erneuerten: der eine
war die Liebe, die sein Herz erfüllte, der andre war die
Macht der Edelsteine, deren edle, hilfreiche Eigenschaften
seinen Mut stählten und seine Kräfte wachsen ließen. Mich
bekümmert, daß der Christ unter dem Ansturm und den
kräftigen Hieben des Gegners immer mehr ermattet. Können dir, streitkühner Parzival, nicht einmal Condwiramurs

Condwîr âmûrs noch der grâl,
werlîcher Parzivâl,
15 sô müezest einen trôst doch haben,
daz die clâren süezen knaben
sus vruo niht verweiset sîn,
Kardeiz unt Loherangrîn;
die bêde lebendec truoc sîn wîp,
20 do er jungest umbevieng ir lîp.
mit rehter kiusche erworben kint,
ich waene diu des mannes saelde sint.
    der getoufte nam an creften zuo.
er dâht (des was im niht ze vruo)
25 an sîn wîp die küneginne
unt an ir werden minne,
die er mit swertes schimpfe erranc,
dâ viur von slegen ûz helmen spranc,
vor Pelrapeire an Clâmidê.
Thabronit und Thasmê,
744 Den wart hie widerruoft gewegen:
Parzivâl begunde ouch pflegen
daz er Pelrapeire schrîte.
Condwîr âmûrs bezîte
5 durch vier künecrîche aldar
sîn nam mit minnen creften war.
dô sprungen (des ich waene)
von des heidens schilde spaene,
etslîcher hundert marke wert.
10 von Gaheviez daz starke swert
mit slage ûf des heidens helme brast,
sô daz der küene rîche gast
mit strûche venje suochte.
got des niht langer ruochte,
15 daz Parzivâl daz rê nemen
in sîner hende solde zemen:
daz swert er Ithêre nam,
als sîner tumpheit dô wol zam.

und der Gral im Kampfe beistehen, so sollte dich der
Gedanke an die beiden schönen, lieben Knaben Kardeiz und
Loherangrin anspornen; sie dürfen nicht so früh schon
Waisen werden! Beide hatte Condwiramurs empfangen, als
sie das letzte Mal in seinen Armen lag. Kinder einer reinen
Liebe sind des Mannes höchstes Glück.

Die Kräfte des Christen wuchsen. Es war auch wirklich
hohe Zeit, daß er seine Gedanken auf seine königliche
Gattin und ihre köstliche Liebe richtete, die er vor Pelra-
peire im Kampf mit Clamide einst errungen hatte, als die
Schwerter ihr wirbelndes Spiel begannen und Funken von
den Helmen sprühen ließen.

»Tabronit!« und »Thasme!« wurden nun aufgewogen durch
einen Gegenruf, denn »Pelrapeire!« rief jetzt Parzival. Im
rechten Augenblick nahm Condwiramurs ihren Mann über
vier Königreiche hinweg mit der Macht der Liebe in Schutz.
Jetzt flogen Späne vom Schild des Heiden, die wohl etliche
hundert Mark bedeuteten, doch bei einem gewaltigen Schlag
auf dessen Helm zersprang das starke Schwert von Gahe-
viez. Der wuchtige Hieb ließ den tapferen, mächtigen
Fremdling taumeln und in die Knie brechen, doch wollte
Gott nicht, daß die Waffe, die Parzival in seiner Einfalt dem
toten Ither geraubt hatte, ihrem Träger weiter diente. Der

der ê nie geseic durch swertes swanc,
20   der heiden snellîche ûf dô spranc.
ez ist noch ungescheiden,
ze urteile stêt ez in beiden
vor der hôhsten hende:
daz diu ir sterben wende!
25   der heiden [was] muotes rîche
der sprach dô höfschlîche,
en franzois daz er kunde,
ûz heidenischem munde
'ich sihe wol, werlîcher man,
dîn strît wurde âne swert getân:
745   Waz prîses bejagete ich danne an dir?
stânt stille, unde sage mir,
werlîcher helt, wer du sîs.
vür wâr du hetes mînen prîs
5   behabt, der lange ist mich gewert,
waer dir zebrosten niht dîn swert.
nu sî von uns bêden vride,
unz uns geruowen baz diu lide.'
si sâzen nider ûf daz gras:
10   manheit bî zuht an beiden was,
unt ir bêder jâr von solher zît,
ze alt noch ze junc si bêde ûf strît.
der heiden zem getouften sprach
'nu geloube, helt, daz ich gesach
15   bî mînen zîten noch nie man,
der baz den prîs möhte hân,
den man in strîte sol bejagen.
nu ruoche, helt, mir beidiu sagen,
dînen namen unt dînen art:
20   so ist wol bewendet her mîn vart.'
dô sprach Herzeloyden sun
'sol ich daz durch vorhte tuon,
sone darf es niemen an mich gern,
sol ichs betwungenlîche wern.'

Heide, den noch nie ein Schwerthieb zu Boden gezwungen hatte, sprang rasch wieder auf. Noch war der Kampf nicht entschieden: Gott allein konnte das Urteil sprechen und ihren Tod verhüten.

Der hochgesinnte Heide sprach nun seinen Gegner höflich auf französisch an, das er, wenn auch mit arabischem Akzent, recht gut beherrschte: »Tapferer Ritter, du müßtest nun ohne Schwert weiterkämpfen. Ein solcher Kampf jedoch verspricht keinen Ruhm! Halt ein, tapferer Held, und sag mir, wer du bist. Wahrhaftig, du hättest mich, den Unbesiegten, am Ende noch besiegt, wäre nicht dein Schwert zersprungen! Laß uns Frieden halten, bis wir uns ausgeruht haben.«

Sie setzten sich auf den Rasen. Beide waren tapfere, wohlerzogene Männer in der Blüte ihrer Jahre, weder zu alt noch zu jung zu ritterlichem Kampfe. Der Heide sprach zum Christen: »Glaube mir, Held, ich habe zeit meines Lebens keinen kennengelernt, dem der Ruhm, den man im Kampf erringen soll, eher gebührt! Nenne mir bitte deinen Namen und dein Geschlecht! Die Bekanntschaft mit solch tapfrem Mann ist allein die ganze Reise wert!«

Da sprach Herzeloydes Sohn: »Soll ich aus Furcht Antwort geben, so darf es niemand von mir erwarten. Soll ich mich einem Zwange beugen?«

25 der heiden von Thasmê
    sprach 'ich wil mich nennen ê,
    und lâ daz laster wesen mîn.
    ich bin Feirefîz Anschevîn,
    sô rîche wol daz mîner hant
    mit zinse dienet manec lant.'

746   Dô disiu rede von im geschach,
    Parzivâl zem heiden sprach
    'wâ von sît ir ein Anschevîn?
    Anschouwe ist von erbe mîn,
5   bürge, lant unde stete.
    hêrre, ir sult durch mîne bete
    einen andern namen kiesen.
    solt ich mîn lant verliesen,
    unt die werden stat Bêalzenân,
10 sô het ir mir gewalt getân.
    ist unser deweder ein Anschevîn,
    daz sol ich von arde sîn.
    doch ist mir vür wâr gesagt,
    daz ein helt unverzagt
15 won in der heidenschaft:
    der habe mit ritterlîcher craft
    minne unt prîs behalten,
    daz er muoz beider walten.
    der ist ze bruoder mir benant:
20 si hânt in dâ vür prîs erkant.'
        aber sprach dô Parzivâl
    'hêr, iuwers antlützes mâl,
    het ich diu kuntlîche ersehen,
    sô wurde iu schier von mir verjehen,
25 als er mir kunt ist getân.
    hêrre, welt irs an mich lân,
    so enbloezet iuwer houbet.
    ob ir mirz geloubet,
    mîn hant iuch strîtes gar verbirt,
    unz ez anderstunt gewâpent wirt.'

Der Heide aus Thasme erwiderte: »Dann will ich meinen Namen zuerst nennen und die Gefahr der Mißdeutung auf mich nehmen. Ich bin Feirefiz von Anjou, ein mächtiger Herrscher, dem viele Reiche tributpflichtig sind.«

Als Parzival dies vernommen, sagte er zum Heiden: »Mit welchem Recht nennt Ihr Euch Herr von Anjou? Anjou ist mein Erbe, mit allen Landstrichen, Burgen und Städten gehört es mir! Herr, ich bitte Euch, wählt einen andern Namen! Es hieße Gewalt, sollte ich mein Reich und meine herrliche Hauptstadt Bealzenan verlieren. Ist einer von uns Herr von Anjou, dann bin allein ich es durch rechtmäßige Geburt! Zwar hat man mir berichtet, im Heidenland lebe ein furchtloser Held, der mit Ritterkraft Liebesgunst und Kampfesruhm in reichem Maße errungen habe. Dieser unter den Heiden weit und breit berühmte Mann soll mein leiblicher Bruder sein. Herr«, fuhr Parzival fort, »laßt mich Euer Antlitz sehen, damit ich sagen kann, ob Ihr es seid, den man mir beschrieben hat. Schenkt mir Vertrauen und entblößt Euer Haupt! Ihr könnt mir glauben, ich rühre Euch nicht an, bis Euch der Helm wieder schützt.«

747   Dô sprach der heidenische man
    'dînes strîtes ich wênec angest hân.
    stüend ich gar blôz, sît ich hân swert,
    du waerst doch schumpfentiure gewert,
5   sît dîn swert zebrosten ist.
    al dîn werlîcher list
    mac dich vor tôde niht bewarn,
    ine welle dich anders gerne sparn.
    ê du begundest ringen,
10   mîn swert lieze ich clingen
    beidiu durch îser unt durch vel.'
    der heiden starc unde snel
    tet manlîche site schîn,
    'diz swert sol unser deweders sîn:'
15   ez warf der küene degen balt
    verre von im in den walt.
    er sprach 'sol nu hie strît ergên,'
    dâ muoz glîchiu schanze stên.'
    dô sprach der rîche Feirefîz
20   'helt, durch dîner zühte vlîz,
    sît du bruoder megest hân,
    sô sage mir, wie ist er getân?
    tuo mir sîn antlütze erkant,
    wie dir sîn varwe sî genant.'
25   dô sprach Herzeloyden kint
    'als ein geschriben permint,
    swarz und blanc her unde dâ,
    sus nante mir in Eckubâ.'
    der heiden sprach 'der bin ich.'
    si bêde wênc dô sûmten sich,
748   Ieweder sîn houbet schier
    von helme unt von hersenier
    enblôzte an der selben stunt.
    Parzivâl vant hôhen vunt,
5   unt den liebsten den er ie vant.
    der heiden schiere wart erkant:

Der heidnische Ritter erwiderte gelassen: »Deinen Angriff fürchte ich nicht! Selbst wenn ich völlig ungewappnet wäre, müßtest du unterliegen, denn ich habe noch mein Schwert, während das deine zersprungen ist. All deine Kampfeskünste könnten dich nicht vor dem Tode retten, es sei denn, ich verschone dich. Und ehe du dein Glück im Ringkampf versuchst, durchbohrt dir mein Schwert Harnisch und Brust.« Und dann gab der starke, gewandte Heide ein Beispiel edler, mannhafter Gesinnung. Mit den Worten »Dies Schwert soll keinem von uns gehören!« warf der kühne, verwegene Held sein Schwert weit ins Dickicht des Waldes und sprach darauf: »Soll der Kampf neu beginnen, darf keiner einen Vorteil haben!« Der mächtige Feirefiz fuhr fort: »Held, hast du tatsächlich einen Bruder, dann sage mir auf Ehre und Gewissen, wie man dir sein Antlitz beschrieben hat!«

Herzeloydes Sohn erwiderte: »Es soll aussehen wie beschriebenes Pergament, schwarz und weiß gefleckt. So hat ihn Ekuba mir geschildert!«

Froh rief der Heide: »Das bin ich!« Beide rissen gleichzeitig Helme und Kettenhauben herunter, und nun machte Parzival die wertvollste, schönste Entdeckung seines Lebens. Er

wand er truoc agelstern mâl.
Feirefîz unt Parzivâl
mit kusse understuonden haz:
10   in zam ouch bêden vriuntschaft baz
dan gein ein ander herzen nît.
triuwe und liebe schiet ir strît.

der heiden dô mit vröuden sprach
'ôwol mich daz ich ie gesach
15   des werden Gahmuretes kint!
al mîne gote des gêret sint.
mîn gotinne Jûnô
dis prîses mac wol wesen vrô.
mîn creftec got Jupiter
20   dirre saelden was mîn wer.
gote unt gotinne,
iuwer craft ich immer minne.
geêrt sî des plânêten schîn,
dar inne diu reise mîn
25   nâch âventiure wart getân
gein dir, vorhtlîch süezer man,
daz mich von dîner hant gerou.
geêrt sî luft unde tou,
daz hiute morgen ûf mich reis.
minnen slüzzel curteis!
749   Owol diu wîp dich sulen sehen!
waz den doch saelden ist geschehen!'
'ir sprechet wol: ich spraeche baz,
ob ich daz kunde, ân allen haz.
5   nu bin ich leider niht sô wîs,
des iuwer werdeclîcher prîs
mit worten mege gehoehet sîn:
got weiz aber wol den willen mîn.
swaz herze und ougen künste hât
10   an mir, diu beidiu niht erlât,
iuwer prîs sagt vor, si volgent nâch.
daz nie von ritters hant geschach

erkannte den Heiden sofort an dem elsterfarbenen, schwarz-
weiß gefleckten Antlitz, und die Brüder setzten ihrer Feind-
schaft mit einem Kuß ein Ende; denn Freundschaft ziemte
ihnen weit besser als Haß. Treue und Liebe endete ihren
Streit, und der Heide rief voller Freude: »Wie bin ich
glücklich, endlich meinen Bruder zu sehen! All meine Göt-
ter seien gepriesen! Vor allem preise ich meine Göttin Juno
und meinen mächtigen Gott Jupiter, der mir dieses Glück
geschenkt hat! Götter und Göttinnen, eure Allmacht will ich
stets und immer liebend verehren! Gepriesen sei auch das
Licht des Planeten, in dessen Zeichen ich meine Abenteuer-
reise unternahm, denn sie hat mich schließlich zu dir ge-
führt, du schrecklicher und doch so liebenswerter Held,
dessen Hand mich den Aufbruch fast bereuen ließ! Geprie-
sen seien die Luft und der Tau, der heute auf mich nieder-
sank! Du edler Schlüssel zur Kammer der Liebe! Wie glück-
lich kann sich jede Frau schätzen, die dich sehen darf!«
»Ihr redet vortrefflich, und ich selbst wünschte mir von
Herzen, noch besser reden zu können. Leider bin ich nicht
so gewandt wie Ihr, daß ich Euern Heldenruhm durch
Worte mehren könnte. Bei Gott, am guten Willen fehlt es
nicht! Mit allen Fasern meines Herzens drängt es mich, ein
Loblied Eures Ruhms zu singen, denn ich weiß sehr wohl,

    mir groezer nôt, vür wâr ichz weiz,
    dan von iu,' sprach der von Kanvoleiz.
15   dô sprach der rîche Feirefîz
    'Jupiter hât sînen vlîz,
    werder helt, geleit an dich.
    du solt niht mêre irzen mich:
    wir heten bêde doch einen vater.'
20   mit brüederlîchen triuwen bat er
    daz er irzens in erlieze
    und in duzenlîche hieze.
    diu rede was Parzivâle leit.
    der sprach 'bruoder, iuwer rîcheit
25   glîchet wol dem bâruc sich:
    sô sît ir elter ouch dan ich.
    mîn jugent unt mîn armuot
    sol sölher lôsheit sîn behuot,
    daz ich iu duzen biete,
    swenn ich mich zühte niete.'
750   Der von Trîbalibot
    Jupiter sînen got
    mit worten êrte manegen wîs.
    er gap ouch vil hôhen prîs
5   sîner gotîn Jûnô,
    daz si daz weter vuogte sô,
    dâ mit er und al sîn her
    gein dem lande ûz dem mer
    lantveste nâmen,
10   dâ si ze ein ander quâmen.
    anderstunt si nider sâzen,
    die bêde des niht vergâzen,
    sine büten einander êre.
    der heiden sprach dô mêre
15   'ich wil lâzen dir zwei rîchiu lant,
    dienstlîche immer dîner hant,
    diu mîn vater und der dîne erwarp,
    do der künec Isenhart erstarp,

daß mich noch nie ein Ritter in solche Bedrängnis brachte
wie Ihr!«

Nach diesen Worten Parzivals sprach der mächtige Feirefiz:
»Edler Held, du bist ein wahres Meisterwerk Jupiters. Rede
mich aber nicht mehr mit dem fremden ›Ihr‹ an; wir haben
doch denselben Vater.« In brüderlicher Zuneigung bat er
also Parzival, das »Ihr« zu lassen und ihn zu duzen. Dieser
Vorschlag brachte Parzival in Verlegenheit, und er sagte:
»Bruder, Ihr seid ebenso gewaltig wie der Baruc und außer-
dem der Ältere von uns beiden. Ich werde mich bei meiner
Jugend und meiner Armut hüten, durch ein unangemessenes
›Du‹ gegen die gute Sitte zu verstoßen.«

Der Heide aus Tribalibot pries wortreich seinen Gott Jupiter
und rühmte überschwenglich seine Göttin Juno, daß sie ihn
und sein Heer durch ungünstiges Wetter zur Landung genö-
tigt und dadurch ihre Begegnung ermöglicht hatte. Die
Brüder ließen sich wieder auf dem Rasen nieder und bezeig-
ten einander viel Hochachtung. Der Heide erklärte: »Ich
trete dir zwei mächtige Reiche ab; sie sollen dir fortan
untertan sein. Es sind die Reiche Zazamanc und Azagouc,
die unser Vater errang, als König Isenhart starb. Er war ein

Zazamanc und Azagouc.
20 sîn manheit dâ niemen trouc,
wan daz er lie verweiset mich.
gein mînem vater der gerich
ist mînhalp noch unverkorn.
sîn wîp, von der ich wart geborn,
25 durch minne ein sterben nâch im kôs,
dô si minne an im verlôs.
ich saehe doch gern den selben man:
mir ist ze wizzen getân
daz nie bezzer ritter wart:
nâch im ist kostenlîch mîn vart.'

751   Parzivâl hin ze im dô sprach
'ich bin ouch der in nie gesach.
man sagt mir guotiu werc von im
(an maneger stat ich diu vernim),
5 daz er wol kunde in strîten
sînen prîs gewîten
und werdekeit gemachen hôch.
elliu missewende in vlôch.
er was wîben undertân:
10 ob die triuwe kunden hân,
si lônden es âne valschen list.
dâ von der touf noch gêret ist
pflag er, triuwe ân wenken:
er kunde ouch wol vercrenken
15 alle valschlîche tât:
herzen staete im gap den rât.
daz ruochten si mich wizzen lân,
den kündec was der selbe man,
den ir sô gerne saehet.
20 ich waene ir prîses jaehet
im, ob er noch lebte,
wand er nâch prîse strebte.
sîn dienst twanc der wîbe lôn,
daz der künec Ipomidôn

Ritter ohne Furcht und Tadel; allerdings kann ich ihm den
Vorwurf nicht ersparen, daß er mich als Waise zurückließ.
Mein Groll darüber ist noch nicht vergessen. Seine Gattin,
die mich geboren hat, ist nach dem Verlust des Geliebten aus
Liebe zu ihm gestorben. Dennoch möchte ich ihn gern
kennenlernen. Ich habe nämlich gehört, daß es nie einen
bessern Ritter gab. Diese aufwendige Fahrt habe ich nur
seinetwegen unternommen.«
Parzival ergriff das Wort: »Auch ich habe ihn nie gesehen,
doch man hat mir überall erzählt, daß er großartige Ritterta-
ten vollbrachte, in siegreichen Kämpfen seinen Ruhm ver-
mehrte und sein Ansehen erhöhte. Er war ohne Makel und
den Frauen stets zu Diensten. Ist ihnen die Treue nicht
Schall und Rauch, so lohnten sie es ohne Hinterlist. Ihn
zeichnete aus, was einem Christen noch heute zur Ehre
gereicht: unverbrüchliche Treue. Untreue und Verrat waren
ihm wesensfremd, sein allzeit treues Herz wies ihm stets den
rechten Weg. Das haben mir alle Menschen versichert, die
den von Euch gesuchten Mann kannten. Ich glaube, Ihr
hättet ihm zu seinen Lebzeiten Eure Hochachtung nicht
versagt, denn er hat stets nach Ruhm gestrebt. Doch bei
Erfüllung seines Dienstes traf dieses Wunschbild aller
Frauen vor Bagdad im Zweikampf auf König Ipomidon.

25 gein im tjostierens pflac.
   diu tjost ergienc vor Baldac:
   dâ wart sîn werdeclîchez leben
   durch minne an den rê gegeben.
   wir hân in ze rehter tjost verlorn,
   von dem wir bêde sîn erborn.'

752   'Owê der unergezten nôt!'
   sprach der heiden, 'ist mîn vater tôt?
   ich mac wol vröuden vlüste jehen
   und vröuden vunt mit wârheit spehen.

5 ich hân an disen stunden
   vröude vlorn und vröude vunden.
   wil ich der wârheit grîfen zuo,
   beidiu mîn vater unde ouch du
   und ich, wir wâren gar al ein,

10 doch ez an drîen stücken schein.
   swâ man siht den wîsen man,
   dern zelt deheine sippe dan,
   zwischen vater unt des kinden,
   wil er die wârheit vinden.

15 mit dir selben hâstu hie gestriten.
   gein mir selben ich kom ûf strît geriten,
   mich selben hete ich gern erslagen:
   done kundestu des niht verzagen,
   dune wertest mir mîn selbes lîp.

20 Jupiter, diz wunder schrîp:
   dîn craft tete uns helfe kunt,
   daz si unser sterben understunt.'
      er lachte und weinde tougen.
   sîn heidenschiu ougen

25 begunden wazzer rêren
   al nâch des toufes êren.
   der touf sol lêren triuwe,
   sît unser ê diu niuwe
   nâch Criste wart genennet:
   an Criste ist triuwe erkennet.

Dort fand sein ruhmreiches Leben um der Liebe willen den
Tod. In ehrlichem Zweikampf haben wir den Helden verlo-
ren, der uns beide gezeugt hat.«

»Welch unersetzlicher Verlust!« rief der Heide. »Mein Vater
ist tot? Nun sind mir Leid und Freude zugleich begegnet; im
gleichen Augenblick habe ich Freude verloren und Freude
gefunden. Es ist nicht zu bezweifeln, daß wir, unser Vater,
du und ich, trotz unsrer Dreiheit im Grunde untrennbar eins
waren, und jeder Mensch mit einigem Verstand wird bei
ehrlicher Beurteilung zugeben, daß die Blutsbande zwischen
Vater und Kindern weit enger sind als alle anderen ver-
wandtschaftlichen Beziehungen. Du hast hier gegen dich
selbst gekämpft, und ich bin gegen mich in den Kampf
geritten! Mich selber wollte ich erschlagen, doch du hast
mutig mein Leben verteidigt. Jupiter, halte dies Wunder
fest! Deine Macht stand uns bei und bewahrte uns vor dem
Verderben.«

Von Parzival abgewandt, lachte und weinte er. Aus den
Augen des Heiden flossen die Tränen wie zu Ehren der
Taufe. Die Taufe soll uns ja in erster Linie Treue lehren,
denn unser neuer Bund ist nach Christus genannt, und

753   Der heiden sprach, ich sage iu wie.
   'wir sulen niht langer sitzen hie.
   rît mit mir niht ze verre.
   loschieren ûf die terre,
5   durch dîn schouwen, von dem mer
   heiz ich daz rîcheste her
   dem Jûnô ie gap segels luft.
   mit wârheit âne triegens guft
   zeig ich dir mangen werden man
10   der mir ist dienstes undertân.
   dar soltu rîten hin mit mir.'
   Parzivâl sprach ze im 'sît ir
   so gewaldec iuwerre liute.
   daz si iuwer bîten hiute
15   und al die wîle ir von in sît?'
   der heiden sprach 'âne strît.
   waere ich von in halbez jâr,
   mîn biten rîche und arme gar:
   sine getorsten ninder kêren.
20   gespîset wol nâch êren
   sint ir schif in der habe:
   ors noch man niht dorften drabe,
   ezn waere durch fontâne
   unt durch luft gein dem plâne.'
25   Parzivâl zem bruoder sîn
   sprach 'sô sult ir vrouwen schîn
   sehen unt grôze wünne,
   von iuwerm werden künne
   mangen ritter curtoys.
   Artûs der Bertenoys
754   Lît hie bî mit werder diet,
   von den ich mich hiute schiet,
   mit grôzer minneclîcher schar:
   wir sehen dâ vrouwen wol gevar.'
5   do der heiden hôrte nennen wîp
   (diu wâren et sîn selbes lîp),

Christus ist die Treue. Der Heide fuhr fort: »Laß uns nicht länger hier sitzen bleiben! Wir brauchen nur eine kurze Strecke des Weges zu reiten, dann lasse ich das gewaltigste Heer, dem Juno je die Segel geschwellt hat, an Land gehen und das Lager aufschlagen. Du kannst es dann besichtigen, und du darfst versichert sein, ich werde dir ohne Übertreibung zahllose Edelleute vorstellen, die mir untertänig dienen. Komm, reite mit mir zum Landeplatz!«

Parzival aber erwiderte: »Habt Ihr so viel Gewalt über Eure Scharen, daß sie den ganzen Tag oder länger auf Euch warten, ohne sich zu rühren?«

»Sie würden's ohne Murren tun«, erklärte der Heide. »Auch wenn ich ein halbes Jahr fernbliebe, würden sie vom ersten bis zum letzten Mann auf mich warten und es nicht wagen, sich zu entfernen. Die Schiffe im Hafen sind ausreichend mit Proviant versehen. Weder Pferd noch Mann braucht einen Schritt an Land zu tun, es sei denn, sie benötigen Trinkwasser oder wollen die frische Luft der Wiese genießen.«

Da sprach Parzival zu seinem Bruder: »Wenn's so steht, dann sollt Ihr wunderschöne Damen und zu Eurer großen Freude viele vornehme Ritter aus Eurem edlen Geschlecht kennenlernen. Ganz in der Nähe lagert der Bretone Artus mit zahlreichen Edelleuten; erst heute habe ich mich von ihnen getrennt. Wir werden dort auch einer großen Schar liebreizender, schöner Damen begegnen.«

Als die Rede auf Frauen kam, die der Heide wie sein eignes

er sprach 'dar vüere mich mit dir.
dar zuo soltu sagen mir
maere der ich dich vrâge.

10   sehe wir unser mâge,
sô wir ze Artûse komen?
von des vuore ich hân vernomen,
daz er sî prîses rîche,
und er var ouch werdeclîche.'

15   dô sprach aber Parzivâl
'wir sehen dâ vrouwen lieht gemâl.
sich failliert niht unser vart:
wir vinden unsern rehten art,
liute von den wir sîn erborn,

20   etslîches houbt zer crône erkorn.'
ir deweder dô niht langer saz.
Parzivâl des niht vergaz,
ern holte sînes bruoder swert:
daz stiez er dem degen wert

25   wider in die scheiden.
dâ wart von in beiden
zornlîcher haz vermiten
unt geselleclîche dan geriten.
ê si ze Artûse wâren komen,
dâ was ouch maere von in vernomen.

755   Dô was bî dem selben tage
über al daz her gemeiniu clage,
daz Parzivâl der werde man
von in was sus gescheiden dan.

5   Artûs mit râte sich bewac
daz er unz an den ahten tac
Parzivâls dâ wolt bîten
unt von der stat niht rîten.
Gramoflanzes her was ouch komen:

10   dem was manc wîter rinc genomen,
mit zelten wol gezieret.
dâ was geloschieret

Leben schätzte, sprach er sofort: »Da führ mich hin! Doch
beantworte mir noch folgende Frage: Werden wir bei Artus
wirklich unsre Verwandten treffen? Von Artus habe ich
sagen hören, er führe ein ruhmreiches Leben und stehe in
hohem Ansehen.«

Darauf sagte Parzival: »Wir werden dort wunderschöne
Frauen sehen. Unsere Fahrt wird nicht vergeblich sein: Wir
finden Edelleute, nahe Verwandte, die vom gleichen Stamme
sind wie wir, darunter sogar einige gekrönte Häupter.«

Nun hielt es die beiden nicht länger auf ihrem Platz. Parzival
holte das Schwert seines Bruders und stieß es in die Scheide.
Vergessen waren alle Feindseligkeiten, in schönster Ein-
tracht ritten die Brüder davon.

Noch ehe sie bei Artus eintrafen, war die Nachricht von
ihrem Zusammenstoß im Lager verbreitet worden. An die-
sem Tag hatte man es im ganzen Heer bedauert, daß der edle
Parzival ohne Abschied davongezogen war. Nach Beratung
hatte Artus sich dazu entschlossen, acht Tage lang auf
Parzival zu warten und den Lagerplatz nicht zu verlassen.
Inzwischen war auch das Heer des Gramoflanz eingetroffen,
für dessen Lager viele weite Zeltringe abgesteckt und präch-
tige Zelte aufgeschlagen worden waren, um die stolzen

    den stolzen werden liuten.
    man möhte ez den vier briuten
15 niht baz erbieten mit vröude siten.
    von Schastel marveile geriten
    kom ein man zer selben zît:
    der seite alsus, ez waere ein strît
    ûf dem warthûs in der sûle gesehen,
20 swaz ie mit swerten waere geschehen,
    'daz ist gein disem strîte ein niht.'
    vor Gâwân er des maeres giht,
    dâ er bî Artûse saz.
    manc ritter dâ mit rede maz,
25 von wem der strît dâ waere getân.
    Artûs der künec sprach dô sân
    'den strît ich einhalp wol weiz:
    in streit mîn neve von Kanvoleiz,
    der von uns scheit hiute vruo.'
    dô riten ouch dise zwêne zuo.

756 Wol nach strîtes êre
    helm unt ir schilde sêre
    wâren mit swerten an gerant.
    ieweder wol gelêrte hant
5 truoc, der diu strîtes mâl entwarf.
    in strîte man ouch kunst bedarf.
    bî Artûses ringe hin
    si riten. dâ wart vil nâch in
    geschouwet, dâ der heiden reit:
10 der vuorte et solhe rîcheit.
      wol beherberget was daz velt.
    si kêrten vür daz hôchgezelt
    an Gâwânes ringe.
    ob mans iht innen bringe
15 daz man si gerne saehe?
    ich waene daz dâ geschache.
    Gâwân kom snellîche nâch,
    wand er vor Artûse sach

Edelleute alle unterzubringen. Eine angenehmere und fröhlichere Umgebung hätte man den vier Bräuten nicht schaffen können. Da kam aus Schastel marveile ein Bote angeritten und berichtete, man habe auf dem Auslug an der Wundersäule einen Kampf verfolgt, der alles, was Schwerter je vollbrachten, in den Schatten stelle. Diesen Bericht gab er Gawan, der bei Artus saß. Sogleich ergingen sich viele Ritter in Vermutungen, wer da gekämpft habe. König Artus aber erklärte ohne langes Überlegen: »Einen der Streiter glaube ich zu kennen, es ist mein Neffe aus Kanvoleis, der uns heute früh verließ.« In diesem Augenblick kamen Parzival und Feirefiz auch schon angeritten.

Ihre Helme und Schilde waren nach dem erbitterten Kampf natürlich von Schwerthieben gezeichnet. Beider Hand war schließlich wohlgeübt in solcher Kunst, deren man im Kampf bedarf. Als sie am Zeltlager des Artus vorbeiritten, zog der kostbare Waffenschmuck des Feirefiz bewundernde Blicke an. Obwohl der weite Plan von vielen Zelten bedeckt war, ritten sie geradewegs auf das Hauptzelt in Gawans Lager zu. Ob man sie hineingeleitete und freundlich willkommen hieß? Ich glaube wohl! Gawan, der vom Zelt des

daz si gein sîme gezelte riten.
20   der enpfienc si dâ mit vröude siten.
    si heten daz harnasch dennoch an:
Gâwân der höfsche man
hiez si entwâpen schiere.
ecidemôn dem tiere
25   was geteilet mit der strît.
der heiden truog ein cursît:
dem was von slegen ouch worden wê.
daz was ein saranthasmê:
dar an stuont manc tiure stein.
dar unde ein wâpenroc erschein,
757   Rûch gebildet, snêvar.
dar an stuont her unde dar
tiure steine gein ein ander.
die würme salamander
5   in worhten in dem viure.
si liez in âventiure
ir minne, ir lant unde ir lîp:
dise zimierde im gab ein wîp
(er leist ouch gerne ir gebot
10   beidiu in vröude und in nôt),
diu küngîn Secundille.
ez was ir herzen wille,
daz si im gab ir rîcheit:
sîn hôher prîs ir minne erstreit.
15   Gâwân bat des nemen war,
daz diu zimierde wol gevar
iender wurde verrucket
oder iht dervon gezucket,
cursît helm oder schilt.
20   es het ein armez wîp bevilt
an dem wâpenrocke al eine:
sô tiure wâren die steine
an den stücken allen vieren.
hôch minne kan wol zieren,

Artus gesehen hatte, wohin sie ritten, kam herbeigeeilt und begrüßte sie voller Freude.

Da beide noch ihre Rüstung trugen, ließ sie der edle Gawan unverzüglich entwappnen. Das Tierlein Ecidemon war vom Kampfe sehr mitgenommen, und auch dem Überwurf des Heiden hatten Parzivals Schwerthiebe übel mitgespielt. Der Überwurf war aus Saranthasme-Seide und mit Edelsteinen übersät. Darunter trug Feirefiz einen kostbaren, buntbestickten schneeweißen Waffenrock, über und über mit Edelsteinen besetzt. Salamander hatten ihn in loderndem Feuer gewebt. Dieses prächtige Gewand hatte ihm Königin Secundille geschenkt, wie sie ihm in blinder Liebe Reich und Herz hingegeben hatte. Nachdem er mit seinem Heldenruhm ihre Liebe entzündet hatte, war es ihr ein Herzensbedürfnis, ihn mit all ihrem Reichtum zu beschenken. Er wiederum tat in Freude und in Gefahren gern und willig alles, was sie von ihm verlangte.

Gawan gab Befehl, alles mit Sorgfalt aufzubewahren, damit der farbenprächtige Schmuck auf Überwurf, Helm und Schild nicht beschädigt würde. Für eine arme Frau wäre schon der Waffenrock zuviel gewesen, so wertvoll waren die Edelsteine auf Überwurf, Waffenrock, Helm und Schild.

25 swâ rîchheit bî dem willen ist
 unt ander werdeclîcher list.
 der stolze rîche Feirefîz
 truoc mit dienste grôzen vlîz
 nâch wîbe hulde: umbe daz
 einiu ir lônes im niht vergaz.

758 Daz harnasch was von in getân.
 dô schouweten disen bunten man
 al die wunders kunden jehen,
 die mohtenz dâ mit wârheit spehen:
5 Feirefîz truoc vremdiu mâl.
 Gâwân sprach ze Parzivâl
 'neve, tuo den gesellen dîn
 mir kunt: er treit sô waehen schîn,
 dem ich gelîchez nie gesach.'
10 Parzivâl zuo sîme wirte sprach
 'bin ich dîn mâc, daz ist ouch er:
 des sî Gahmuret dîn wer.
 diz ist der künec von Zazamanc.
 mîn vater dort mit prîse erranc
15 Belakâne, diu disen ritter truoc.'
 Gâwân den heiden dô genuoc
 kuste: der rîche Feirafîz
 was beidiu swarz unde wîz
 über al sîn vel, wan daz der munt
20 gein halbem zil tet roete kunt.
  man brâhte in beiden samt gewant:
 daz was vür tiure kost erkant:
 ûz Gâwâns kamer truoc manz dar.
 dô kômen vrouwen lieht gevar.
25 diu herzogîn liez Cundrîê
 unt Sangîven küssen ê:
 si selbe unt Arnîve in dô
 kusten. Feirefîz was vrô,
 daz er sô clâre vrouwen sach:
 ich waene im liebe dran geschach.

Große Liebe weiß wohl zu schmücken, wenn guter Wille sich mit Reichtum und Geschmack verbindet. Der stolze, mächtige Feirefiz hatte beharrlich um Frauenhuld gedient und war dafür reich belohnt worden.

Nachdem man ihn von seiner Rüstung befreit hatte, staunten selbst die erfahrensten Ritter über die merkwürdig schwarz und weiß gescheckte Haut des Feirefiz. »Vetter«, bat Gawan nun Parzival, »stelle mir bitte deinen Gefährten vor. Sein Anblick ist so wunderbar, daß ich Ähnliches nie gesehen habe.«

Parzival erwiderte: »Er ist wie ich dein Blutsverwandter. Dafür sei Gachmuret als Bürge genannt. Dies hier ist der König von Zazamanc. Mein Vater hat dort in ruhmvollen Kämpfen Belakane errungen, die diesen Ritter unter dem Herzen trug.«

Erfreut küßte Gawan den Heiden wieder und wieder. Der mächtige Feirefiz war am ganzen Körper schwarz und weiß gefleckt, nur der Mund war blaßrot. Für ihn und Parzival brachte man aus Gawans Kleiderkammer kostbare Samtgewänder. Inzwischen traten einige wunderschöne Damen ins Zelt: Die Herzogin ließ dem Gast erst von Cundrie und Sangive den Willkommenskuß bieten, ehe sie und Arnive ihn küßten. Feirefiz fühlte sich angesichts so schöner Damen recht wohl; ich bin überzeugt, daß ihre Anwesenheit ihm sehr behagte.

759   Gâwân zuo Parzivâle sprach
        'neve, dîn niuwez ungemach
        sagt mir dîn helm und ouch der schilt.
        iu ist bêden strîtes mit gespilt,
5   dir und dem bruoder dîn:
        gein wem erholt ir disen pîn?'
        'ez wart nie herter strît erkant,'
        sprach Parzivâl. 'mîns bruoder hant
        twanc mich wer in grôzer nôt.
10   wer ist ein segen vür den tôt.
        ûf disen heinlîchen gast
        von slage mîn starkez swert zebrast.
        dô tete er cranker vorhte schîn:
        er warf verr ûz der hant daz sîn.
15   er vorhte et an mir sünde,
        ê wir gerechenten ze künde.
        nu hân ich sîne hulde wol,
        die ich mit dienste gerne erhol.'
            Gâwân sprach 'mir wart gesagt
20   von eime strîte unverzagt.
        ûf Schastel marveil man siht
        swaz inre sehs mîlen geschiht,
        in der sûl ûf mîme warthûs.
        dô sprach mîn oeheim Artûs,
25   der dâ strite des selben mâls,
        daz waerstu, neve von Kingrivâls.
        du hâst diu wâren maere brâht:
        dir was des strîtes doch vor gedâht.
        nu geloube mir daz ich dir sage:
        dîn waere gebiten hie aht tage
760   Mit grôzer rîcher hôchgezît.
        mich müet iuwer beider strît:
        dâ sult ir bî mir ruowen nâch.
        sît aber strît von iu geschach,
5   ir erkennet ein ander deste baz.
        nu kieset vriuntschaft vür den haz.'

Nun bemerkte Gawan zu Parzival: »Vetter, dein Helm und dein Schild verraten mir neues Ungemach. Du und dein Bruder, ihr habt euch offenbar eurer Haut wehren müssen. Wer hat euch denn so übel mitgespielt?«

»Nie zuvor hat's einen härteren Kampf gegeben«, sprach Parzival. »Mein Bruder war's, der mich arg bedrängte und zur Verteidigung zwang. Tapfere Gegenwehr ist das beste Mittel gegen den Tod. Ein Hieb gegen diesen vertrauten Fremdling ließ mein starkes Schwert zerspringen. Da bewies er ein unerschrockenes Mannesherz, denn er schleuderte die eigne Waffe fort, um beiden Seiten die gleichen Vorteile einzuräumen. Erst später fanden wir heraus, daß wir verwandt sind. Nun hat er mir seine Freundschaft geschenkt, die ich mir durch treue Dienste verdienen will.«

»Mir wurde von einem erbitterten Kampf erzählt«, sagte Gawan. »Auf Schastel marveile sieht man nämlich auf dem Auslug in der Säule alles, was im Umkreis von sechs Meilen geschieht. Mein Oheim Artus erklärte bei dieser Nachricht ohne Zögern, einer der beiden Kämpfer könntest nur du sein, Vetter aus Kingrivals. Jetzt hat sich seine Vermutung, du seist an diesem Kampfe beteiligt gewesen, bestätigt. Ich kann dir übrigens versichern: Man hätte hier acht Tage lang auf dich gewartet und sich die Zeit bei einem prächtigen großen Fest vertrieben. Es tut mir leid, daß ihr aneinandergeraten seid, doch könnt ihr euch bei mir erholen. Nachdem ihr euch im Kampf gegenseitig geprüft habt, kennt ihr euch nun um so besser. Doch jetzt trete Freundschaft an Stelle der Feindschaft!«

Gâwân des âbents az dest ê,
daz sîn neve von Thasmê,
Feirefîz Anschevîn,
10 dennoch vaste, und der bruoder sîn.
matraze dicke unde lanc,
der wart ein wîter umbevanc.
kultern maneger künne
von palmât niht ze dünne
15 wurden dô der matraze dach.
tiure pfelle man drûf gesteppet sach,
beidiu lanc unde breit.
diu Clinschores rîcheit
wart dâ ze schouwen vür getragen.
20 dô sluoc man ûf (sus hôrte ich sagen)
von pfelle vier ruclachen
mit rîlîchen sachen,
gein ein ander viersîte,
darunde senfte plumîte,
25 mit kultern verdecket,
ruclachen drüber gestecket.
    der rinc begreif sô wît ein velt,
dâ waeren gestanden sehs gezelt
âne gedrenge der snüere.
(unbescheidenlîche ich vüere,
761 Wolt ich die âventiur vürbaz lân.)
dô enbôt mîn hêr Gâwân
ze hove Artûse maere,
wer dâ komen waere:
5 der rîche heiden waere dâ,
den diu heidnîn Eckubâ
sô prîste bî dem Plimizoel.
Jofreit fîz Ydoel.
Artûs daz maere sagte,
10 des er vröude vil bejagte.
    Jofreit bat in ezzen vruo,
unt clârlîche grîfen zuo

Da sein Vetter aus Thasme, Feirefiz von Anjou, und dessen
Bruder an diesem Tag noch nichts gegessen hatten, aß
Gawan diesmal früher zu Abend. Rings im Kreise wurden
hohe, lange Sitzpolster aufgestellt und dicke Steppdecken
aus Palmatseide, kreuz und quer mit kostbarer Seide
bestickt, darübergebreitet. Auch Clinschors Schatz wurde
hereingetragen, damit man ihn bewundern könne. Weiter
heißt es, daß an allen vier Seiten kostbare, seidenüberzogene
Rückenpolster aufgestellt wurden. Unten lagen, von den
Steppdecken verborgen, weiche Kissen, und darüber also
befestigte man die Rückenpolster. Der Innenraum des Zeltes
war so groß, daß sechs normale Zelte darin Platz gefunden
hätten, ohne daß die Spannseile durcheinandergeraten
wären. Doch ich handelte sicher nicht sehr klug, wollte ich
in dieser Beschreibung fortfahren.

Nun sandte Herr Gawan einen Boten zu Artus und ließ
mitteilen, wer eingetroffen war. Jener mächtige Heide sei
gekommen, den damals am Plimizöl die Heidin Ekuba so
gepriesen hatte. Jofreit, Idöls Sohn, überbrachte Artus diese
Botschaft und löste damit große Freude aus. Jofreit bat
Artus, das Abendessen recht früh einzunehmen und mit

mit rittern und mit vrouwen schar,
unt höfschlîche komen dar,
15 daz siz sô ane geviengen
und werdeclîche enpfiengen
des stolzen Gahmuretes kint.
'swaz hie werder liute sint,
die bringe ich,' sprach der Bertenoys.
20 Jofreit sprach 'er ist sô curtoys,
ir muget in alle gerne sehen:
wan ir sult wunder an im spehen.
er vert ûz grôzer rîcheit:
sîniu wâpenlîchiu cleit
25 nie man vergelten möhte:
deheiner hant daz töhte.
Löver, Bertâne, Engellant,
von Pârîs unz an Wîzsant,
der dergein leit al die terre,
ez waer dem gelte verre.'
762   Jofreit was wider komen.
von dem het Artûs vernomen,
wie er werben solde,
ob er enpfâhen wolde
5 sînen neven den heiden.
daz sitzen wart bescheiden
an Gâwânes ringe
mit höfschlîchem dinge.
diu messenîe der herzogin
10 unt die gesellen under in
ze Gâwânes zeswen saz.
anderhalb mit vröuden az
ritter, Clinschores diet.
der vrouwen sitzen man beschiet
15 über gein Gâwân an den ort
sâzen Clinschors vrouwen dort:
des was manegiu lieht gemâl.
Feirefîz unt Parzivâl

einer Schar schön geschmückter Ritter und Damen in stan-
desgemäßer Pracht in Gawans Lager zu kommen, um den
Sohn des stolzen Gachmuret würdig zu begrüßen.

»Alle Edelleute, die bei mir sind, bringe ich mit!« versicherte
der Bretone.

Jofreit meinte darauf: »Er ist ein so vornehmer Edelmann,
daß es euch sicher allen eine Freude sein wird, ihn kennen-
zulernen. Auch werdet ihr viel Wunderbares bei ihm sehen;
er zeigt nämlich großen Reichtum. Die Teile seiner Rüstung
sind unvergleichlich kostbar; niemand könnte das bezahlen.
Wenn jemand Löver, die Bretagne, England und alles Land
zwischen Paris und Wizsant dafür böte, so wäre dies noch
lange kein Gegenwert.«

Nachdem er Artus diese Hinweise gegeben hatte, wie er sich
bei der Begrüßung seines heidnischen Neffen verhalten
sollte, kehrte Jofreit in Gawans Lager zurück. In Gawans
Zelt hatte man inzwischen nach höfischer Sitte die Sitzord-
nung festgelegt. Das Gefolge der Herzogin und die Ritter,
die ihr um Liebeslohn gedient hatten, saßen zur Rechten
Gawans. Auf der andern Seite tafelten fröhlich die Ritter aus
Clinschors Heer. Für die Damen galt folgendes: Gawan
gegenüber hatten die aus Clinschors Gefangenschaft befrei-
ten Damen ihren Platz, viele wunderschöne Frauen unter
ihnen, und Feirefiz wie Parzival hatten sich zu ihnen gesetzt.

Wizsant: Wissant, kleiner Hafenplatz zwischen Calais und Boulogne; zur Zeit
der Anjous häufig zur Überfahrt nach England genutzt.

sâzen mitten zwischen den vrouwen:
20 man moht dâ clârheit schouwen.
    der turkoyte Flôrant
unt Sangîve diu wert erkant
unt der herzoge von Gôwerzîn
unt Cundrîê daz wîp sîn
25 über gein ein ander sâzen.
ich waene des, niht vergâzen
Gâwân und Jofreit
ir alten gesellekeit:
si âzen mit cin ander.
die herzogîn mit blicken glander
763 Mit der küneginne Arnîven az:
ir enwedriu dâ niht vergaz,
ir gesellekeite
wârn sie ein ander vil bereite.
5 bî Gâwâne saz sîn ane,
Orgelûse ûzerhalp her dane.
    da erzeigt diu rehte unzuht
von dem ringe ir snellen vluht.
man truoc bescheidenlîche dar
10 den rittern und den vrouwen gar
ir spîse zühteclîche.
Feirefîz der rîche
sprach ze Parzivâl dem bruoder sîn
'Jupiter die reise mîn
15 mir ze saelden het erdâht,
daz mich sîn helfe her hât brâht,
da ich mîne werden mâge sihe.
von rehter schult ich prîses gihe
mînem vater, den ich hân verlorn:
20 der was ûz rehtem prîs erborn.'
    der Wâleis sprach 'ir sult noch sehen
liute den ir prîses müezet jehen,
bî Artûs dem houbetman,
mangen ritter manlîch getân.

Ach, wieviel Schönheit man da bewundern konnte! Der Turkoyte Florand, die edle Sangive, der Herzog von Gowerzin und seine Frau Cundrie saßen einander gegenüber. Gawan und Jofreit aßen aus alter Freundschaft wie immer an einem Tisch. Die Herzogin Orgeluse speiste mit glänzenden Augen an der Seite der Königin Arnive. Beide hatten Freundschaft geschlossen und bedienten einander liebenswürdig bei Tische. Arnive, Gawans Großmutter, hatte also ihren Platz zwischen Gawan und Orgeluse gefunden.

In diesem Kreise gab's kein unpassendes Benehmen. Man trug mit Anstand, wie es sich gehört, vor Rittern und Damen die Speisen auf. Da sprach der mächtige Feirefiz zu seinem Bruder Parzival: »Jupiter hat mein Glück gewollt, denn er hat mir diese Fahrt bestimmt und ließ mich hierher zu meinen edlen Verwandten gelangen. Mit vollem Recht muß ich meinen leider verstorbenen Vater preisen: Er entstammt wirklich einem ruhmvollen Geschlecht!«

Parzival sprach: »Ihr werdet bei Artus noch manchen treffen, der Eurer Achtung wert ist, noch manchen kühnen

25 swie schier diz ezzen nu zergêt,
    unlange ez dâ nâch gestêt,
    unz ir die werden sehet komen,
    an den vil prîses ist vernomen.
    swaz tavelrunder crefte ist bî,
    dern sizt hie niwan ritter drî;
764 Der wirt unde Jofreit:
    etswenne ich ouch den prîs erstreit,
    daz man mîn drüber gerte,
    des ich si dô gewerte.'
5   si nâmen diu tischlachen dan
    vor al den vrouwen und vor den man:
    des was zît, dô man gaz.
    Gâwân der wirt niht langer saz:
    die herzogîn und ouch sîn anen
10 begunde er biten unde manen,
    daz si Sangîven ê
    unt die süezen Cundrîê
    naemen unde giengen dar
    aldâ der heiden bunt gevar
15 saz, unt daz si pflaegen sîn.
    Feirefîz Anschevîn
    sach dise vrouwen gein im gên:
    gein den begunde er ûf dô stên.
    als tet sîn bruoder Parzivâl.
20 diu herzoginne lieht gemâl
    nam Feirefîzen mit der hant:
    swaz si vrouwen und ritter stên dâ vant,
    die bat si sitzen alle.
    dô reit dar zuo mit schalle
25 Artûs mit den sînen.
    man hôrt dâ pusînen,
    tambûrn, floitiern, stîven.
    der sun Arnîven
    reit dar zuo mit crache.
    dirre vroelîchen sache

Ritter. Ist unsre Mahlzeit beendet, wird's nicht mehr lange dauern, und Ihr seht die hoch berühmten Edelleute nahen. Von den Rittern der Tafelrunde sind bislang nur drei in diesem Kreis: der Hausherr, Jofreit und ich, der ich gleichfalls solchen Siegesruhm erkämpfte, daß man mich zur Tafelrunde bat, was ich natürlich nicht ausschlug.«

Nach dem Essen deckte man vor Damen und Rittern die Tische ab. Gawan, der Hausherr, erhob sich. Er wandte sich an die Herzogin und seine Großmutter und bat sie, zusammen mit Sangive und der liebreizenden Cundrie zu dem schwarz und weiß gefleckten Heiden zu gehen und sich ein wenig um ihn zu kümmern. Als Feirefiz von Anjou die Damen kommen sah, erhob er sich; sein Bruder Parzival folgte seinem Beispiel. Die wunderschöne Herzogin nahm Feirefiz bei der Hand und bat die Damen und Ritter, die sich erhoben hatten, wieder Platz zu nehmen. Jetzt ritt nämlich bei lauter Musik Artus mit seinem Gefolge heran. Man hörte Posaunen, Trommeln, Flöten und Schalmeien. Als Arnives Sohn unter mächtigem Getöse nahte, imponierte das fröhli-

765 Der heiden jach vür werdiu dinc.
sus reit an Gâwânes rinc
Artûs mit sînem wîbe
und mit manegem clâren lîbe,
5 mit rittern und mit vrouwen.
der heiden mohte schouwen
daz ouch dâ liute wâren
junc mit solhen jâren
daz si pflâgen varwe glanz.
10 dô was der künec Gramoflanz
dennoch in Artûses pflege:
dâ reit ouch ûf dem selben wege
Itonjê sîn âmîe,
diu süeze valsches vrîe.
15   do erbeizte der tavelrunder schar
mit manger vrouwen wol gevar.
Ginovêr liez Itonjê
ir neven den heiden küssen ê:
si selbe dô dar nâher gienc,
20 Feirefîzen si mit kusse enpfienc.
Artûs und Gramoflanz
mit getriulîcher liebe ganz
enpfiengen disen heiden.
dâ wart im von in beiden
25 mit dienst erboten êre,
und sîner mâge mêre
im tâten guoten willen schîn.
Feirefîz Anschevîn
was dâ ze guoten vriunden komen:
daz het er schiere an in vernomen.
766   Nider sâzen wîp unde man
und manec maget wol getân.
wolt er sichs underwinden,
etslîch ritter moht dâ vinden
5 süeziu wort von süezem munde,
ob er minne werben kunde.

che Treiben dem Heiden sehr. In Begleitung von vielen schönen Rittern und Damen ritten Artus und seine Gattin auf Gawans Zelt zu. Der Heide sah, daß es auch in dieser Schar viele Edelleute von blühender Jugend gab. König Gramoflanz, der noch immer als Gast bei Artus weilte, war unter ihnen; er ritt an der Seite seiner geliebten Itonje, des liebreizenden, makellosen Mädchens.

Die Ritter der Tafelrunde und die schönen Damen ihrer Begleitung stiegen von den Rossen. Ginover ließ erst Itonje den heidnischen Neffen küssen, danach trat sie selbst auf Feirefiz zu und hieß ihn mit einem Kuß willkommen. Artus und Gramoflanz begrüßten den Heiden mit aufrichtiger Herzlichkeit. Beide ehrten ihn, indem sie ihm ihre Dienste anboten, und auch seine anderen Verwandten trugen ihm ihre Freundschaft an. Feirefiz von Anjou war also, wie er bald bemerkte, zu guten Freunden gekommen. Frauen, Männer und viele schöne Jungfrauen nahmen Platz, und wenn's nun ein Ritter darauf anlegte, könnte er freundliche Worte aus süßem Mund hören; verstand er sich gar darauf, mit Takt und Geschick um Liebe zu werben, so dürfte die

die bete liez gar âne haz
manc clâriu vrouwe diu dâ saz.
guot wîp man nie gezürnen sach,
10 ob wert man nâch ir helfe sprach:
si hât versagen unt wern bevor.
giht man vröude iht urbor,
den zins muoz wâriu minne geben.
sus sach ich ie die werden leben.
15 dâ saz dienst unde lôn.
ez ist ein helfeclîcher dôn,
swâ vriundîn rede wirt vernomen,
diu vriunde mac ze staten komen.
     Artûs zuo Feirefîze saz.
20 ir deweder dô vergaz,
sine taeten bêde ir vrâge reht
mit süezer gegenrede sleht.
Artûs sprach 'nu lobe ichs got,
daz er dise êre uns erbôt,
25 daz wir dich hie gesehen hân.
ûz heidenschaft gevuor nie man
ûf toufpflegenden landen,
den mit dienstlîchen handen
ich gerner dienstes werte,
swar des dîn wille gerte.'
767   Feirefîz ze Artûse sprach
'al mîn ungelücke brach,
dô diu gotinne Jûnô
mîn segelweter vuogte sô
5 in disiu westerrîche.
  du gebârest vil gelîche
einem man des werdekeit
ist mit maeren harte breit:
bistu Artûs genant,
10 sô ist dîn name verre erkant.'
     Artûs sprach 'er êrte sich,
der mich geprîset wider dich

eine oder andre Schöne in der Runde solche Werbung nicht
übel aufgenommen haben. Hat eine Frau das Herz auf dem
rechten Fleck, so hört sie die Bitten eines Edelmanns nicht
zornig an; ihr bleibt es schließlich überlassen, sich zu versa-
gen oder zu gewähren. Echte Liebe ist und bleibt ein Born
reinen, unverfälschten Glücks. Soviel ich weiß, hielten es die
Edlen stets auf solche Art, und Dienst hat noch immer
seinen Lohn gefunden. Es sind trostreiche Worte, wenn die
Geliebte dem Geliebten Hoffnung auf Erhörung läßt.

Artus nahm neben Feirefiz Platz, und beide standen einan-
der mit offenen, freundlichen Worten Rede und Antwort.
Artus sprach: »Ich preise Gott dafür, daß er uns die Ehre
dieses Besuches schenkte! Nie ist ein Mann aus dem Heiden-
land in die Lande der Christen gekommen, dem ich bereit-
williger und lieber jeden Wunsch erfüllt hätte!«

Feirefiz erwiderte: »Ich fühle eitel Glück und Freude, seit
mich die Göttin Juno mit günstigem Fahrtwind in diese
westlichen Lande führte. Du hast das Auftreten eines Man-
nes, der weit und breit berühmt ist. Bist du Artus, so kann
ich dir versichern, daß man dich auch in weiter Ferne
kennt.«

Artus sprach darauf: »Wer mich vor dir und andern rühmte,
hat sich dadurch selbst geehrt. Daß er's tat, war weniger

und gein andern liuten hât.
sîn selbes zuht gap im den rât
15   mêr dan ichz gedienet hân:
er hât ez durch höfscheit getân.
ich bin Artûs genennet,
und hete gern erkennet
wie du sîst komen in ditze lant.
20   hât dich vriundîn ûz gesant,
diu muoz sîn vil gehiure,
ob du durch âventiure
alsus verre bist gestrichen.
ist si ir lônes ungeswichen,
25   daz hoehet wîbe dienst noch baz.
ein ieslîch wîp enpfienge haz
von ir dienstbietaere,
ob dir ungelônet waere.'
    'ez wirt al anders vernomen,'
sprach der heiden: 'nu hoere ouch mîn komen.
768   Ich vüere sô creftigez her,
Troyaere lantwer
unt jene die si besâzen
müesen rûmen mir die strâzen,
5   ob si beidenthalp noch lebten
und strîtes gein mir strebten,
si möhten siges niht erholn,
si müesen schumpfentiure doln
von mir und von den mînen.
10   ich hân in manegen pînen
bejagt mit ritterlîcher tât
daz mîn nu genâde hât
diu küngîn Secundille.
swes diu gert, deist mîn wille.
15   si hât gesetzet mir mîn leben:
si hiez mich mileclîche geben
unt guote ritter an mich nemen:
des solte mich durch si gezemen.

mein Verdienst, sondern eher Ausdruck seiner Höflichkeit. Ich heiße in der Tat Artus und hätte gern gewußt, wie du in dieses Land gekommen bist. Hat dich eine geliebte Frau ausgesandt, dann muß sie von großem Liebreiz sein, daß du ihretwegen in so weite Ferne gezogen bist, um Abenteuer zu bestehen. Gewährt sie dir für diese Fahrt den rechten Lohn, so wird des Frauendienstes Ruhm erhöht. Verweigert sie jedoch den Lohn, dann soll sich die Liebe jedes dienenden Ritters in Haß verkehren.«

»Das ist nicht zu befürchten«, sagte der Heide. »Doch laß dir berichten, wie ich zu euch kam. Ich stehe an der Spitze eines so gewaltigen Heeres, daß selbst die Verteidiger und die Belagerer von Troja mir den Weg frei machen müßten. Wenn die Streiter beider Heere noch lebten und sich mir zum Kampfe stellten, könnten sie keinen Sieg erringen, sondern würden mir und den Meinen unterliegen. In vielen schweren Kämpfen habe ich durch ritterliche Taten erreicht, daß Königin Secundille sich mir gnädig und in Liebe zuwandte. Ihr Wille ist auch der meine; sie ist der gute Stern meines Lebens. So lehrte sie mich, ihr zu Ehren freigebig zu sein und im Kreise edler Ritter zu leben. Darauf habe ich

daz ist alsô ergangen:
20 mit schilde bevangen
ist ze ingesinde mir benant
manec ritter wert erkant.
da engein ir minne ist mîn lôn.
ich trage ein ecidemôn
25 ûf dem schilde, als si mir gebôt.
swâ ich sider kom in nôt,
zehant so ich an si dâhte,
ir minne helfe brâhte.
diu was mir bezzer trôstes wer
denne mîn got Jupiter.'
769   Artûs sprach 'von dem vater dîn,
Gahmurete, dem neven mîn,
ist ez dîn volleclîcher art,
in wîbe dienst dîn verriu vart.
5 ich wil dich dienstes wizzen lân,
daz selten groezer ist getân
ûf erde deheinem wîbe,
ir wünneclîchem lîbe.
ich meine die herzoginne,
10 diu hie sitzet. nâch ir minne
ist waldes vil verswendet:
ir minne hât gepfendet
an vröuden manegen ritter guot
und in erwendet hôhen muot.'
15   er sagte ir urliuge gar,
und ouch von [der] Clinschores schar,
die dâ sâzen in allen sîten,
unt von den zwein strîten
die Parzivâl sîn bruoder streit
20 ze Jôflanze ûf dem anger breit.
'und swaz er anders hât ervarn
da er den lîp niht kunde sparn,
er sol dirz selbe machen kunt.
er suochet einen hôhen vunt,

viele edle, schildbewehrte Ritter in mein Gefolge aufgenom-
men, und sie hat meinen Gehorsam mit ihrer Liebe belohnt.
Auf ihr Geheiß trage ich auf meinem Schild ein Ecidemon,
und wo immer ich in Kampfesnot geriet, hat mir der
Gedanke an ihre Liebe geholfen, ja, sie gewährte mir mehr
Trost und Beistand als mein Gott Jupiter.«

Artus sagte darauf: »Deine weite Reise im Frauendienst
entspricht dem Handeln und dem Wesen deines Vaters
Gachmuret, meines Vetters. Doch laß dir jetzt von einem
andern Dienst erzählen, wie er größer auf dieser Erde wohl
keiner Frau geleistet wurde. Es geht dabei um die Herzogin,
die hier im Zelt ihren Platz gefunden hat. Aus Liebe zu ihr
ist so manche Lanze gebrochen worden; Liebe zu ihr hat so
manchen wackren Ritter mit Trübsinn geschlagen und sei-
nen stolzen Mut gebrochen.« Er erzählte von ihrem Krieg
mit Gramoflanz, von Clinschors Heer, dessen Ritter überall
verteilt im Zelt saßen, und von den beiden Zweikämpfen,
die sein Bruder Parzival auf dem großen Wiesenplan von
Joflanze ausgetragen hatte. »Was ihm außerdem begegnet
ist, in welchen Gefahren er sonst noch sein Leben einsetzen
mußte, das mag er dir selber erzählen. Er strebt übrigens

25   nâch dem grâle wirbet er.
     von iu beiden samt ist daz mîn ger,
     ir saget mir liute unde lant,
     die iu mit strîte sîn bekant.'
     der heiden sprach 'ich nenne sie,
     die mir die ritter vüerent hie.

770   Der künec Papirîs von Trogodjente,
        und der grâve Behantîns von Kalomidente,
        der herzoge Farjelastis von Affricke,
        und der künec Liddamus von Agrippe,
  5   der künec Tridanz von Tinodonte,
        und der künec Amaspartîns von Schipelpjonte,
        der herzoge Lippidîns von Agremuntîn,
        und der künec Milôn von Nomadjentesîn,
        von Assigarzîonte der grâve Gabarîns,
 10   und von Rivigitas der künec Translapîns,
        von Hiberborticôn der grâve Filones,
        und von Centriûn der künec Killicrates,
        der grâve Lysander von Ipopotiticôn,
        und der herzoge Tiridê von Elixodjôn,
 15   von Orastegentesîn der künec Thôarîs,
        und von Satarchjonte der herzoge Alamîs,
        der künec Amincas von Sotofeititôn,
        und der herzoge von Duscontemedôn,
        von Arâbîe der künec Zarôastêr,
 20   und der grâve Possizonjus von Thilêr,
        der herzoge Sennes von Narjoclîn,
        und der grâve Edissôn von Lanzesardîn,
        von Janfûse der grâve Fristines,
        und von Atropfagente der herzoge Meiones,
 25   von Nourjente der herzoge Archeinor,
        und von Panfatis der grâve Astor,
        die von Azagouc und Zazamanc,
        und von Gampfassâsche der künec Jetakranc,
        der grâve Jûrâns von Blemunzîn,
        unt der herzoge Affinamus von Amantasîn.

nach einem hohen Ziel: er will den Gral erringen. Aber nun möchte ich euch beide bitten, mir Leute und Länder zu nennen, die ihr bei euren Kämpfen kennenlerntet.«

Der Heide sprach darauf: »Ich nenne Euch die Namen der Männer, die nach ihrer Unterwerfung Anführer meiner Ritterscharen wurden. Es sind dies der König Papiris von Trogodjente, der Graf Behantins von Kalomidente, der Herzog Farjelastis von Affricke, der König Liddamus von Agrippe, der König Tridanz von Tinodonte, der König Amaspartins von Schipelpjonte, der Herzog Lippidins von Agremontin, der König Milon von Nomadjentesin, der Graf Gabarins von Assigarzionte, der König Translapins von Rivigitas, der Graf Filones von Hiberborticon, der König Killicrates von Centriun, der Graf Lysander von Ipopotiticon, der Herzog Tiride von Flixodjon, der König Thoaris von Oraste Gentesin, der Herzog Alamis von Satarchjonte, der König Amincas von Sotofeititon, der Herzog von Duscontemedon, der König Zaroaster von Arabie, der Graf Possizonjus von Thiler, der Herzog Sennes von Narjoclin, der Graf Edisson von Lanzesardin, der Graf Fristines von Janfuse, der Herzog Meiones von Atropfagente, der Herzog Archeinor von Nourjente, der Graf Astor von Panfatis, die Könige von Azagouc und Zazamanc, der König Jetakranc von Gampfassasche, der Graf Jurans von Blemunzin und der Herzog Affinamus von Amantasin.

771   Ich hete ein dinc vür schande.
    man jach in mîme lande,
    kein bezzer ritter möhte sîn
    dan Gahmuret Anschevîn,
5   der ie ors überschrite.
    ez was mîn wille und ouch mîn site,
    daz ich vüere unz ich in vünde:
    sît gewan ich strîtes künde.
    von mînen zwein landen her
10   vuorte ich creftec ûf daz mer.
    gein ritterschefte hete ich muot:
    swelh lant was werlîch unde guot,
    daz twang ich mîner hende,
    unz verre inz ellende.
15   dâ werten mich ir minne
    zwuo rîche küneginne,
    Olimpîe und Clauditte.
    Secundille ist nu diu dritte.
    ich hân durch wîp vil getân:
20   hiute alrêst ich künde hân
    daz mîn vater Gahmuret ist tôt.
    mîn bruoder sage ouch sîne nôt.'
      dô sprach der werde Parzivâl
    'sit ich schiet vonme grâl,
25   sô hât mîn hant mit strîte
    in der enge unt an der wîte
    vil ritterschefte erzeiget,
    etslîches prîs geneiget,
    der des was ungewenet ie.
    die wil ich iu nennen hie.

772   Von Lirivoyn den künec Schirnîel,
    und von Avendroyn sîn bruoder Mirabel,
    den künec Serabil von Rozokarz,
    und den künec Piblesûn von Lorneparz,
5   von Sirnegunz den künec Senilgorz,
    und von Villegarunz Strangedorz,

Ein Gedanke aber hat mich stets gepeinigt: In meinem Reich
erzählte man, kein Ritter, der sich je aufs Roß geschwungen,
könnte Gachmuret von Anjou auch nur das Wasser reichen.
Wie's meinem Wunsch und meinem Charakter entsprach,
beschloß ich, in die Ferne zu ziehen und ihn zu suchen. Auf
meiner Reise habe ich viele Kämpfe bestehen müssen. Ich
verließ meine beiden Reiche mit einem gewaltigen Heer und
fuhr aufs Meer hinaus, um ritterliche Taten zu vollbringen.
Wohin ich kam, unterwarf ich mir alle Reiche, mögen sie
noch so wehrhaft und mächtig gewesen sein. Die mächtigen
Königinnen Olimpia und Clauditte schenkten mir ihre
Liebe, und Secundille ist bereits die dritte, deren Liebe ich
errungen habe. Ich habe im Frauendienst große Taten voll-
bracht. Erst heute mußte ich erfahren, daß mein Vater
Gachmuret tot ist. Nun soll aber mein Bruder von seinen
gefahrvollen Kämpfen berichten.«
Da sprach der edle Parzival: »Seit ich den Gral verließ, habe
ich nah und fern eine Reihe ritterlicher Kämpfe bestanden
und den Ruhm vieler vorher nie besiegter Männer zerstört,
deren Namen ich auch nennen will. Es waren der König
Schirniel von Lirivoyn und sein Bruder Mirabel von Aven-
droyn, der König Serabil von Rozokarz, der König Piblesun
von Lorneparz, der König Senilgorz von Sirnegunz, Stran-

     von Mirnetalle den grâven Rogedâl,
     und von Pleyedunze Laudunâl,
     den künec Oniprîz von Itolac,
10   und den künec Zyrolan von Semblidac,
     von Jeroplîs den herzogen Jerneganz,
     und von Zambrôn den grâven Plineschanz,
     von Tutelêunz den grâven Longefiez,
     und von Privegarz den herzogen Marangliez,
15   von Pictacôn den herzogen Strennolas,
     und von Lampregûn den grâven Parfoyas,
     von Ascalûn den künec Vergulaht,
     und von Pranzîle den grâven Bogudaht,
     Postefar von Laudundrehte,
20   und den herzogen Leidebrôn von Redunzehte,
     von Leterbe Collevâl,
     und Jovedast von Arl ein Provenzâl,
     von Tripparûn den grâven Karfodyas.
     diz ergienc dâ turnieren was,
25   die wîle ich nâch dem grâle reit.
     solt ich gar nennen dâ ich streit,
     daz waeren unkundiu zil:
     durch nôt ichs muoz verswîgen vil.
     swaz ir mir kunt ist getân,
     die waene ich genennet hân.'
773   Der heiden was von herzen vrô,
     daz sînes bruoder prîs alsô
     stuont, daz sîn hant erstreit
     sô manege hôhe werdekeit.
5   des dancte er im sêre:
     er hete es selbe ouch êre.
     innen des hiez tragen Gâwân,
     als ez unwizzende waere getân,
     des heidens zimierde in den rinc.
10   si prüevetenz dâ vür hôhiu dinc.
     ritter unde vrouwen
     begunden alle schouwen

gedorz von Villegarunz, der Graf Rogedal von Mirnetalle, Laudunal von Pleyedunze, der König Onipriz von Itolac, der König Zyrolan von Semblidac, der Herzog Jerneganz von Jeroplis, der Graf Plineschanz von Zambron, der Graf Longefiez von Tuteleunz, der Herzog Marangliez von Privegarz, der Herzog Strennolas von Pictacon, der Graf Parfoyas von Lampregun, der König Vergulacht von Ascalun, der Graf Bogudacht von Pranzile, Postefar von Laudundrechte, der Herzog Leidebron von Redunzechte, dann Colleval von Leterbe, der Provenzale Jovedast von Arl, der Graf Karfodyas von Tripparun. Dies alles vollbrachte ich während meiner Gralssuche auf Turnieren. Sollte ich meine Kämpfe insgesamt aufzählen, könnte ich euch die Gegner gar nicht alle bei Namen nennen; ich muß sie also notgedrungen verschweigen. Die Namen derer, die ich erfahren konnte, habe ich wohl genannt.«

Der Heide freute sich von Herzen, daß sein Bruder so großen Heldenruhm errungen und sich solch ausgezeichneten Ruf erkämpft hatte. Er dankte ihm herzlich dafür, erhöhte er doch seine eigne Ehre. Indessen ließ Gawan wie zufällig die reichverzierte Ausrüstung des Heiden in den Kreis tragen, die für ungewöhnlich kostbar erachtet wurde. Ritter und Damen bewunderten Waffenrock, Schild und

[den] wâpenroc, [den] schilt, [daz] cursît.
der helm was ze enge noch ze wît.
15   si prîsten al gemeine
die tiuren edeln steine
die dran verwieret lâgen.
niemen darf mich vrâgen
von ir arde, wie sie waeren,
20   die lîhten unt die swaeren:
iuch hete baz bescheiden des
Eraclîus oder Ercules
unt der Krieche Alexander,
unt dennoch ein ander,
25   der wîse Pictagoras,
der ein astronomierre was,
unt sô wîse âne strît,
niemen sît Adâmes zît
möhte im glîchen sin getragen.
der kunde wol von steinen sagen.
774   Die vrouwen rûnten dâ, swelh wîp
dâ mite zierte sînen lîp,
het er gein in gewenket,
sô waer sîn prîs vercrenket.
5   etslîchiu was im doch sô holt,
si hete sîn dienst wol gedolt,
ich waene durch sîniu vremdiu mâl.
Gramoflanz, Artûs und Parzivâl
unt der wirt Gâwân,
10   die viere giengen sunder dan.
den vrouwen wart bescheiden
in ir pflege der rîche heiden.
    Artûs warp ein hôchgezît,
daz diu des morgens âne strît
15   ûf dem velde ergienge,
daz man dâ mite enpfienge
sînen neven Feirefîz.
'an den gewerp kêrt iuwern vlîz

Überwurf. Der Helm war genau nach Maß gefertigt, und man rühmte allgemein die darin eingelegten wertvollen Edelsteine. Nun soll mich aber niemand nach den Eigenschaften der kleinen und großen Steine fragen. Bessere Gewährsleute wären Eraclius oder Hercules, der Grieche Alexander oder der griechische Astronom Pythagoras; er war der klügste Mann seit der Erschaffung Adams und hätte euch sicher alles über die Eigenschaften der edlen Steine berichten können.

Unter den Damen ging ein Flüstern an darüber, daß er wohl allen Ruhm verlöre, falls er der Frau untreu würde, die ihn auf solche Weise geschmückt hatte. Dennoch fühlten sich einige Damen Feirefiz so gewogen, daß sein Dienst ihnen recht angenehm gewesen wäre. Wahrscheinlich hatte sein ungewöhnliches Aussehen sie sehr beeindruckt. Gramoflanz, Artus, Parzival und der Hausherr Gawan traten zur Seite und überließen den mächtigen Heiden inzwischen der Obhut der Damen. Artus schlug vor, am nächsten Morgen auf dem Wiesenplan ein großes Fest zu feiern, um so die Ankunft seines Neffen Feirefiz würdig zu begehen. »Tragt

---

Eraclius: der edelstein-, pferde- und frauenkundige Held eines französischen Epos, geschaffen von Gauthier d'Arras (»Eracles«), nachgestaltet von einem deutschen Autor namens Otte (»Eraclius«, um 1210). Die Namensform *Eraclius* ist also der deutschen Dichtung entlehnt. *(H)ercules:* andere Form von *Eraclius.*
Alexander III., König von Makedonien 336–323; soll der Sage nach aus dem Paradies einen geheimnisvollen Stein erhalten haben.
Pythagoras (um 580–496): griechischer Philosoph und Mathematiker.

und iuwer besten witze,
20   daz er mit uns besitze
ob der tavelrunder.'
si lobten al besunder,
si wurbenz, waere ez im niht leit.
dô lobte in gesellekeit
25   Feirefîz der rîche.
daz volc vuor al gelîche,
dô man geschancte, an ir gemach.
manges vröude aldâ geschach
des morgens, ob ich sô sprechen mac,
do erschein der süeze maere tac.

775   Utepandragûns sun
Artûsen sach man alsus tuon.
er prüevete kostenlîche
ein tavelrunder rîche
5   ûz eime drîanthasmê.
ir habet wol gehoeret ê,
wie ûf dem Plimizoeles plân
einer tavelrunder wart getân:
nâch der disiu wart gesniten,
10   sinewel, mit solhen siten,
si erzeigte rîlîchiu dinc.
sinwel man drumbe nam den rinc
ûf einem touwec grüenen gras,
daz wol ein poynder landes was
15   vome sedel an tavelrunder:
diu stuont dâ mitten sunder,
niht durch den nutz, et durch den namen.
sich mohte ein boese man wol schamen,
ob er dâ bî den werden saz:
20   die spîse sîn munt mit sünden az.
der rinc wart bî der schoenen naht
gemezzen unde vor bedâht
wol nâch rîlîchen ziln.
es möhte ein armen künec beviln,

vor allen Dingen Sorge, daß er der Tafelrunde beitritt!« Sie
versprachen, sich darum zu bemühen, wenn es ihm selbst
angenehm wäre. Wirklich erklärte sich der mächtige Feirefiz
bereit, in ihre Gemeinschaft einzutreten. Nachdem der
Abendtrunk gereicht war, begaben sich alle zur Ruhe.
Am nächsten Morgen wurde zur Freude aller das Fest
ausgerichtet. Es begann, wenn ich so sagen darf, ein beglük-
kender, herrlicher Tag. Artus, Utepandraguns Sohn, ließ
aus wundervollem Drianthasme-Stoff eine kostbare Rundta-
fel herstellen. Ihr habt ja schon gehört, wie diese Tafel auf
dem Wiesenplan am Plimizöl gerichtet wurde. Auf gleiche
Weise schnitt man die neue Tafeldecke zurecht, kreisrund
und prachtvoll anzusehen. Rings auf dem taubedeckten
grünen Rasen baute man die Sitze auf, so daß zwischen
ihnen und der Rundtafel ein Abstand von einer Turnieran-
lauflänge eingehalten wurde. Die Tafel in der Mitte blieb
unbenutzt, sie diente nur als Sinnbild. Kein Unwürdiger
hätte sich zu den Edlen setzen dürfen; es wäre ein Vergehen
gewesen, hätte er zusammen mit ihnen gegessen. Man hatte
den Tafelring bereits in der mondhellen Nacht ausgemessen
und große Mühe aufgewandt, alles nur recht prächtig herzu-
richten. Am späten Vormittag war der Ring fertig und bot
sich allen Augen in solcher Pracht, daß einem armen König

25 als man den rinc gezieret vant,
da der mitte morgen wart erkant.
Gramoflanz unt Gâwân,
von in diu koste wart getân.
Artûs was des landes gast:
sîner koste iedoch dâ niht gebrast.

776   Ez ist selten worden naht,
wan deiz der sunnen ist geslaht,
sine braehte ie den tac dernâch.
al daz selbe ouch dâ geschach:
5 er schein in süeze lûter clâr.
dâ streich manc ritter wol sîn hâr,
dar ûf bluomîniu schapel.
manc ungevelschet vrouwen vel
man dâ bî rôten münden sach,
10 ob Kyôt die wârheit sprach.
ritter und vrouwen truogen gewant,
niht gesniten in eime lant,
wîbe gebende, nider, hôch,
als ez nâch ir lantwîse zôch.
15 dâ was ein wît gesamentiu diet:
durch daz ir site sich underschiet.
swelh vrouwe was sunder âmîs,
diu getorste niht deheinen wîs
über tavelrunder komen.
20 het si dienst ûf ir lôn genomen
und gap si lônes sicherheit,
an tavelrunder rinc si reit.
die andern muosenz lâzen:
in ir herberge si sâzen.
25   Dô Artûs messe hete vernomen,
man sach Gramoflanzen komen,
unt den herzogen von Gôwerzîn,
und Flôranden den gesellen sîn.
die drî gerten sunder
pfliht über tavelrunder.

solcher Aufwand schwergefallen wäre. Gramoflanz und
Gawan hatten den größten Teil der Kosten übernommen, da
Artus Gast des Landes war, doch auch er trug dazu bei.
Wie die Sonne nach jeder Nacht am Himmel aufgeht, folgte
auch diesmal der Nacht ein lieblicher, klarer, wunderschö-
ner Tag. Man sah die Ritter ihr Haar strählen und das Haupt
mit Blumenkränzen schmücken. Hat Kyot die Wahrheit
gesprochen, dann prangten viele Frauen mit roten Lippen,
obwohl sie jede Schminke verschmäht hatten. Ritter und
Damen trugen Gewänder nach der Mode ihrer Länder.
Nach der Landessitte war der Kopfputz der Damen entwe-
der niedrig oder hoch. Es waren eben Menschen aus vielen
Ländern zusammengeströmt, die sich nach Kleidung und
Bräuchen voneinander unterschieden. Hatte eine Frau kei-
nen Geliebten, dann durfte sie sich nicht an die Rundtafel
setzen. Hatte sie aber Ritterdienst angenommen und dafür
Liebeslohn versprochen, so ritt sie jetzt zum Kreis der
Tafelrunde. Die anderen mußten verzichten und in ihren
Zelten bleiben.
Artus hatte bereits die Messe gehört, als Gramoflanz, der
Herzog von Gowerzin und sein Gefährte Florand herbeika-
men und um Aufnahme in die Tafelrunde baten, was Artus

777   Artûs werte si des sân.
       vrâge iuch wîb oder man,
       wer trüege die rîchsten hant,
       der ie von deheime lant
5   über tavelrunder gesaz,
       irn mugt sis niht bescheiden baz,
       ez was Feirefîz Anschevîn.
       dâ mite lât die rede sîn.
          si zogten gein dem ringe
10   mit werdeclîchem dinge.
       etslîch vrouwe wart gehurt,
       waere ir pfert niht wol gegurt,
       si waere gevallen schiere.
       manc rîche baniere
15   sach man ze allen sîten komen.
       dâ wart der buhurt wît genomen
       alumbe der tavelrunder rinc.
       ez wâren höfschlîchiu dinc,
       daz ir keiner in den rinc gereit:
20   daz velt was ûzerhalp sô breit,
       si mohten diu ors ersprengen
       unt sich mit hurte mengen
       und ouch mit künste rîten sô,
       dês diu wîp ze sehen wâren vrô.
25   si kômen ouch dâ si sâzen,
       aldâ die werden âzen.
       kameraer, truhsaezen, schenken,
       muosen daz bedenken,
       wie manz mit zuht dâ vür getruoc.
       ich waene man gab in dâ genuoc.
778   Ieslîch vrouwe hete prîs,
       diu dâ saz bî ir âmîs.
       manger durch gerndes herzen rât
       gedient was mit hôher tât.
5   Feirefîz unt Parzivâl
       mit prüeven heten süeze wal

auch gleich gewährte. Fragt euch jemand, wer von den
Edlen aus aller Herren Länder, die je zur Tafelrunde gehör-
ten, am mächtigsten und am reichsten gewesen sei, dann ist
die einzig richtige Antwort: Feirefiz von Anjou. Doch
genug davon.

Alle begaben sich in festlichem Aufzug zum Ring. Es
herrschte großes Gedränge, und manche Dame wurde so
heftig gestoßen, daß sie vom Pferd gefallen wäre, hätte der
Sattelgurt nicht fest gesessen. Von allen Seiten wurden
prächtige Banner herangeführt. Die Kampfspiele trug man
außerhalb des Ringes in gebührendem Abstand aus, denn
nach höfischer Sitte durfte niemand zu Pferd in den Kreis.
Das Feld außerhalb des Ringes war ja auch weit genug, so
daß sie ihre Pferde tummeln, gegeneinander anrennen lassen
und ihre Reiterkünste zeigen konnten, wobei ihnen die
Frauen gern zuschauten.

Danach begaben sich die Edelleute zu ihren Plätzen, wo sie
die Mahlzeit einnehmen sollten. Kämmerer, Truchsessen
und Mundschenken hatten darauf zu achten, daß ganz nach
höfischem Zeremoniell aufgetragen wurde. Meines Wissens
war für alle reichlich gesorgt. Es waren weitberühmte
Damen, die dort im Kreis neben ihren Geliebten saßen.
Manch eine war der Anlaß zu großer Tat gewesen, wenn
Liebesdurst den Ritter spornte. Feirefiz und Parzival ließen
ihre Augen nach Herzenslust auf den liebreizenden Damen

jene vrouwen unde dise.
man gesach ûf acker noch ûf wise
liehter vel noch roeter munt
10 sô manegen nie ze keiner stunt,
alsô man an dem ringe vant.
des wart dem heiden vröude erkant.
    wol dem künfteclîchen tage!
gêrt sî ir süezen maere sage,
15 als von ir munde wart vernomen!
man sach ein juncvrouwen komen,
ir cleider tiure und wol gesniten,
kostbaere nâch Franzoyser siten.
ir kappe ein rîcher samît
20 noch swerzer denn ein gênît.
arâbesch golt gap drûffe schîn,
wol geworht manc turteltiubelîn
nâch dem insigel des grâles.
si wart des selben mâles
25 beschouwet vil durch wunders ger.
nu lât si heistieren her.
ir gebende was hôch unde blanc:
mit manegem dicken umbevanc
was ir antlütze verdecket
und niht ze sehen enblecket.
779   Senfteclîche und doch in vollem zelt
kom si rîtende über velt.
ir zoum, ir satel, ir runzît
was rîche und tiure ân allen strît.
5 man liez si an den zîten
in den rinc rîten.
diu wîse, niht diu tumbe,
reit den rinc alumbe.
man zeigete ir wâ Artûs saz,
10 gein dem si grüezens niht vergaz.
en franzoys was ir sprâche:
si warp daz ein râche

verweilen. Nie wurden Feld und Wiese von strahlenderen
Gesichtern, von röteren Lippen geziert; auch hat man nie so
viele schöne Frauen versammelt gesehen. Dem Heiden
lachte das Herz bei diesem Anblick.

Heil sei dem Tag ihrer Ankunft! Gepriesen sei die Glücks-
botschaft, die sie brachte! Es nahte nämlich eine Jungfrau in
kostbaren Kleidern nach dem neusten Zuschnitt französi-
scher Mode. Ihr Mantel war aus prächtigem Samt, schwär-
zer als das Fell eines Rappen, und die Turteltauben darauf –
das Gralswappen also – waren mit schimmernden Fäden aus
arabischem Gold gestickt. Als man das Wappen erkannte,
wurde sie von allen Seiten mit großer Neugier betrachtet.
Doch laßt sie erst einmal näher kommen! Sie trug einen
hohen weißen Kopfputz, und ihr Antlitz war von einem
dichten Schleier verhüllt, der es vor aller Augen verbarg.
Gleichmäßig, mit ausgreifendem Paßgang trabte ihr Zelter
über das Feld. Zaumzeug, Sattel und Pferd waren zweifellos
reich und kostbar. Man ließ es zu, daß sie in den Ring ritt,
den die weise Frau innen einmal umrundete. Man wies ihr
den Weg zu Artus, den sie freundlich grüßte. Dann begann
sie vor der gesamten Runde in französischer Sprache zu
reden. Sie bat, man solle ihr wohlverdiente Strafe erlassen

üf si verkorn waere
unt daz man hôrte ir maere.
15 den künec unt die künegîn
bat si helfe und an ir rede sîn.
     si kêrte von in al zehant
dâ si Parzivâlen sitzen vant
bî Artûse nâhen.
20 si begunde ir sprunges gâhen
von dem pfärde üf daz gras.
si viel mit zuht, diu an ir was,
Parzivâle an sînen vuoz,
si warp al weinde umb sînen gruoz,
25 sô daz er zorn gein ir verlür
und âne kus üf si verkür.
Artûs und Feirefîz
an den gewerp leiten vlîz.
Parzivâl truoc üf si haz:
durch vriunde bete er des vergaz

780 Mit triuwen âne vâre.
diu werde, niht diu clâre,
snellîche wider üf spranc:
si neig in unde sagte in danc,
5 die ir nâch grôzer schulde
geholfen heten hulde.
     si want mit ir hende
wider ab ir houbtgebende:
ez waer bezel oder snürrinc,
10 daz warf si von ir an den rinc.
Cundrîe la surziere
wart dô bekennet schiere,
und des grâles wâpen daz si truoc,
daz wart beschouwet dô genuoc.
15 si vuorte ouch noch den selben lîp,
den sô manc man unde wîp
sach zuo dem Plimizoele komen.
ir antlütze ir habt vernomen:

und ihre Botschaft anhören. Den König und die Königin flehte sie an, ihrem Anliegen Hilfe und Beistand zu gewähren. Dann wandte sie sich rasch von ihnen ab und Parzival zu, der nahe bei Artus saß. Sie sprang vom Pferd auf den Rasen und fiel mit höfischer Gebärde vor Parzival auf die Knie. Unter Tränen bat sie ihn, ihr einen freundlichen Gruß zu gönnen, seinen Groll gegen sie zu begraben und ihr, auch ohne Versöhnungskuß, zu verzeihen. Artus und Feirefiz unterstützten sie eifrig, und obwohl Parzival ihr heftig zürnte, begrub er auf die Bitte seiner Freunde hin aufrichtig und ohne Hintergedanken seinen Groll. Nun sprang die zwar nicht schöne, doch edle Dame wieder auf, verneigte sich vor ihm und dankte allen, die ihr trotz ihres schweren Vergehens beigestanden und geholfen hatten, Parzivals Gunst zu erlangen. Sie wand den Schleier vom Haupt, löste die Bänder der Haube und warf sie mitsamt den Bändern von sich in den Ring. Da erkannte man die Zauberin Cundry, und alle bestaunten neugierig die Gralswappen auf ihrem Mantel. Sie sah genauso aus wie damals, als man sie am Plimizöl betrachten konnte. Ihr Antlitz habe ich euch ja

ir ougen stuonden dennoch sus,
20 gel als ein thopazîus,
ir zene lanc: ir munt gap schîn
als ein vîol weitîn.
wan daz si truoc gein prîse muot,
si vuorte ân nôt den tiuren huot
25 ûf dem Plimizoeles plân:
diu sunne hete ir niht getân.
diune mohte ir vel durch daz hâr
niht verselwen mit ir blickes vâr.
    si stuont mit zühten unde sprach
des man vür hôhiu maere jach.

781   An der selben stunde
ir rede si sus begunde.
'ôwol dich, Gahmuretes sun!
got wil genâde an dir nu tuon.
5 ich meine den Herzeloyde bar.
Feirefîz der vêch gevar
muoz mir willekomen sîn
durch Secundillen die vrouwen mîn
und durch manege hôhe werdekeit,
10 die von kindes jugent sîn prîs erstreit.'
    zuo Parzivâle sprach si dô
'nu wis kiusche unt dâ bî vrô.
wol dich des hôhen teiles,
du crône menschen heiles!
15 daz epitafjum ist gelesen:
du solt des grâles hêrre wesen.
Condwîr âmûrs daz wîp dîn
und dîn sun Loherangrîn
sint beidiu mit dir dar benant.
20 dô du rûmdes Brôbarz daz lant,
zwên süne si lebendec dô truoc.
Kardeiz hât ouch dort genuoc.
waere dir niht mêr saelden kunt,
wan daz dîn wârhafter munt

beschrieben. Ihre Augen waren immer noch gelb wie Topase, ihre Zähne waren lang, ihr Mund war blau wie ein Veilchen. Aus weiblicher Eitelkeit trug sie damals auf dem Feld am Plimizöl ganz überflüssig den erwähnten kostbaren Hut, denn die Sonne hätte nichts bei ihr vermocht. Ihre gefährlichen Strahlen hätten Cundrys Haut nicht bräunen können, da sie dicht behaart war. Nun wandte sie sich höflich an die Gesellschaft der Edlen und verkündete eine Botschaft, deren Bedeutung alle sogleich erkannten.

So begann sie: »Heil dir, Gachmurets Sohn! Gott zeigt sich dir gnädig. Ich rede jetzt von Herzeloydes Sohn, doch auch der schwarz und weiß gefleckte Feirefiz sei mir willkommen, und zwar meiner Herrin Secundille und des großen Ansehens wegen, das er sich seit frühester Jugend ruhmvoll erstritt.« Und dann zu Parzival: »Nimm jetzt dein Herz in beide Hände und freue dich! Heil deiner hohen Bestimmung, du Krone menschlichen Glücks! Auf dem Stein war zu lesen, daß du zum Gralsherrscher berufen bist. Auch deine Gattin Condwiramurs und dein Sohn Loherangrin werden zum Gral berufen. Als du das Reich Brobarz verließest, trug sie zwei Söhne von dir unter dem Herzen. Kardeiz, dein zweiter Sohn, ist mit dem elterlichen Erbe reich genug bedacht. Auch wenn dir kein andres Glück als die

25   den werden unt den süezen
mit rede nu sol grüezen:
den künec Anfortas nu nert
dîns mundes vrâge, diu im wert
siufzebaeren jâmer grôz:
wâ wart an saelde ie dîn genôz?'

782   Siben sterne si dô nante
heidensch. die namen bekante
der rîche werde Feirefîz,
der vor ir saz swarz unde wîz.

5   si sprach 'nu prüeve, Parzivâl.
der hôhste plânête Zvâl,
und der snelle Almustrî,
Almaret, [und] der liehte Samsî,
erzeigent saelekeit an dir.

10   der vünfte heizet Alligafir,
unde der sehste Alkitêr,
und uns der naehste Alkamêr.
ich enspriche ez niht ûz eime troum:
die sint des firmamentes zoum,

15   die enthalden sîne snelheit:
ir criec gein sîme loufte ie streit.
sorge ist dînhalp nu weise.
swaz der plânêten reise
umblouft, [und] ir schîn bedecket,

20   des sint dir zil gestecket
ze reichen und ze erwerben.
dîn riuwe muoz verderben.
wan ungenuht al eine,
dern gît dir niht gemeine

25   der grâl und des grâles craft
verbietent valschlîch geselleschaft.
du hetes junge sorge erzogen:
die hât kumendiu vröude an dir betrogen.
du hâst der sêle ruowe erstriten
und des lîbes vröude in sorge erbiten.'

Heilung des Anfortas beschieden wäre, könnte kein Mensch
glücklicher sein als du. Dein Mund, der keine Lüge kennt,
soll nun den edlen, liebenswürdigen Anfortas grüßen dür-
fen; deine Frage bringt ihm Genesung und erlöst ihn vom
bejammernswerten, furchtbaren Elend seiner Krankheit.«
Nun nannte sie sieben Sterne mit ihren arabischen Namen,
die der mächtige, edle, buntscheckige Feirefiz recht gut
kannte. Sie sprach: »Gib acht, Parzival: Zval, der Planet mit
der höchsten Umlaufbahn, der schnell kreisende Almustri,
der Almaret und der glänzende Samsi bringen dir Glück.
Der fünfte heißt Alligafir, der sechste Alkiter und der fol-
gende Alkamer. Es ist kein Trug, was ich dir sage: Sie sind
die Zügel des Firmaments, denn sie hemmen durch ihre
Gegenläufigkeit seine rasche Umdrehung. Verflogen ist nun
deine Trübsal. Alles, was der Planeten Bahn umschließt und
ihr Glanz überstrahlt, wirst du erringen und gewinnen. All
dein Leid wird vergehen. Doch hüte dich vor Maßlosigkeit!
Sie würde dich aus der Gralsgemeinschaft ausschließen,
denn der Gral und seine Macht verbieten jedes falsche
Verhalten in der Gemeinschaft. In deiner Jugend hat dich
der Kummer begleitet, doch das Glück, das deiner wartet,
vertreibt ihn ein für allemal. Du hast dir die Ruhe der Seele
erkämpft und Trübsal getragen, bis dir die Freude nahte.«

Zval: arab. *Zuhal* ›der Saturn‹.
Almustri: arab. *Al muschtarī* ›der Jupiter‹.
Almaret: arab. *Al mirrīh* ›der Mars‹.
Samsi: arab. *Schams* ›die Sonne‹.
Alligafir: arab. *Al Zuharī* ›die Venus‹. *Alligafir* dürfte auf arab. *Al Lukafir* –
eine Angleichung an *Lucifer* – zurückgehen.
Alkiter: arab. *Al ʿutarīd* ›der Merkur‹.
Alkamer: arab. *Al qāmär* ›der Mond‹.
Die unterschiedliche Konstellation der sieben Planeten beeinflußte nach Auf-
fassung der mittelalterlichen Astrologen das menschliche Schicksal. Die abend-
ländische Astrologie lehnte sich hierbei an arabische Vorstellungen an, so daß
die Kenntnis der arabischen Sternnamen nicht verwunderlich ist.

783   Parzivâlen ir maeres niht verdrôz.
        durch liebe ûz sînen ougen vlôz
        wazzer, des herzen ursprinc.
        dô sprach er 'vrouwe, solhiu dinc
5   als ir hie habt genennet,
        bin ich vor gote erkennet
        sô daz mîn sündehafter lîp,
        und hân ich kint, dar zuo mîn wîp,
        daz diu des pflihte sulen hân,
10   sô hât got wol zuo mir getân.
        swar an ir mich ergetzen meget,
        dâ mite ir iuwer triuwe reget.
        iedoch het ich niht missetân,
        ir het mich zornes etswenne erlân.
15   done was ez et dennoch niht mîn heil:
        nu gebt ir mir sô hôhen teil,
        dâ von mîn trûren ende hât.
        die wârheit sagt mir iuwer wât.
        dô ich ze Munsalvaesche was
20   bî dem trûrgen Anfortas,
        swaz ich dâ schilde hangen vant,
        die wârn gemâl als iuwer gewant:
        vil turteltûben tragt ir hie.
        vrouwe, nu sagt, wenn oder wie
25   ich süle gein mînen vröuden varn,
        und lât mich daz niht lange sparn.'
        dô sprach si 'lieber hêrre mîn,
        ein man sol dîn geselle sîn.
        den wel: geleites warte an mich.
        durch helfe niht lange sûme dich.'

784   Uber al den rinc wart vernomen
        'Cundrîe la surziere ist komen,'
        und waz ir maere meinde.
        Orgelûs durch liebe weinde,
5   daz diu vrâge von Parzivâle
        die Anfortases quâle

Parzival war glücklich über diese Botschaft. Vor Freude kamen ihm die Tränen, die ja der Quell des Herzens sind. Er sprach: »Edle Frau, gewährt mir Gott wirklich alles, was Ihr geschildert habt, können außer mir sündigem Menschen auch meine Frau und meine Kinder teilhaben an meinem Glück, dann hat sich Gott mir wirklich gnädig gezeigt. Indem Ihr mich so für das erduldete Leid entschädigt, zeigt Ihr, daß Ihr es gut mit mir meint. Ihr hättet mich sicher mit Euerm Zorn verschont, wenn ich mich nicht vergangen hätte. Noch war ich nicht reif für das mir bestimmte Glück. Nun aber beschenkt Ihr mich so reich, daß all meine Trübsal ein Ende hat. Euer Kleid bezeugt, daß Ihr die Wahrheit sagt: Als ich auf Munsalwäsche bei dem schmerzgeprüften Anfortas war, trugen alle Schilde an den Wänden das gleiche Wappen wie Euer Gewand; es ist über und über mit Turteltauben bestickt. Nun sagt mir, wann und wie ich zu meinem Glück gelangen soll, laßt mich nicht mehr lange warten.«

Da antwortete sie: »Mein lieber Herr, ein einziger Mann darf dich begleiten. Wähle einen aus. Ich selbst werde dich führen. Zögere nicht, bring rasche Hilfe!«

Im ganzen Ring wurde bekannt, daß die Zauberin Cundry gekommen war, und man hatte auch ihre Botschaft vernommen. Orgeluse weinte vor Freude, daß Parzivals Frage die Qualen des Anfortas beenden sollte. Der ruhmbegierige

solde machen wendec.
Artûs der prîses genendec
ze Cundrîen mit zühten sprach
10 'vrouwe, rîtet an iuwer gemach,
lât iuwer pflegen, lêrt selbe wie.'
si sprach 'ist Arnîve hie,
swelh gemach mir diu gît,
des wil ich leben dise zît,
15 unz daz mîn hêrre hinnen vert.
ist ir gevancnisse erwert,
so erloubet daz ich müeze schouwen
si unt ander vrouwen
den Clinschor teilte sînen vâr
20 mit gevancnisse nu manec jâr.'
zwên ritter huoben si ûf ir pfert:
ze Arnîven reit diu maget wert.
    nu was ez ouch zît daz man dâ gaz.
Parzivâl bî sîm bruoder saz:
25 den bat er gesellekeit.
Feirefîz was im al bereit
gein Munsalvaesch ze rîten.
an den selben zîten
si stuonden ûf über al den rinc.
Feirefîz warp hôhiu dinc:
785 Er vrâgte den künec Gramoflanz,
ob diu liebe waere ganz
zwischen im unt der nifteln sîn,
daz er daz taete an im schîn.
5 'helft ir unt mîn neve Gâwân,
swaz wir hie künge und vürsten hân,
barûne und arme ritter gar,
daz der deheiner hinnen var
ê si mîn cleinoete ersehen.
10 mir waere ein laster hie geschehen,
schied ich vor gâbe hinnen vrî.
swaz hie varndes volkes sî,

Artus aber sprach höflich zu Cundry: »Edle Frau, reitet zu einem Zelt und ruht Euch aus. Sagt, was wir für Euch tun sollen.«

Sie erwiderte: »Hier bei Euch ist Arnive. Was sie mir bis zur Abreise meines Herrn an Annehmlichkeiten bietet, soll mir genügen. Da sie aus der Gefangenschaft befreit ist, möchte ich sie und die andern Damen besuchen, die Clinschor seit Jahren gefangenhielt.«

Als zwei Ritter sie aufs Pferd gehoben hatten, ritt die edle Jungfrau zu Arnive.

Es war an der Zeit, das Mahl zu beginnen. Parzival, der zusammen mit seinem Bruder speiste, bat ihn um seine Begleitung zum Gral, und Feirefiz erklärte sich gern einverstanden, mit nach Munsalwäsche zu reiten. Nach dem Essen erhoben sich alle Edlen im Kreis. Feirefiz aber plante große Dinge. Er bat König Gramoflanz, ihm die Echtheit seiner Liebe zu seiner Base Itonje dadurch zu beweisen, daß er ihm einen Gefallen täte: »Ihr und Gawan sollt mir dabei helfen, alle Könige, Fürsten, Barone und ärmeren Ritter hier so lange zum Bleiben zu bewegen, bis ich sie beschenkt habe. Es wäre ja eine Schande für mich, wenn ich davonzöge, ohne alle Edlen beschenkt zu haben. Das fahrende Volk soll

die warten alle gâbe an mich.
Artûs, nu wil ich biten dich,
15   deiz den hôhen niht versmâhe,
des gewerbes gein in gâhe,
und wis des lasters vür si pfant:
si erkanten nie sô rîche hant.
und gib mir boten in mîne habe,
20   dâ der prêsent sol komen abe.'
    dô lobten si dem heiden,
sine wolten sich niht scheiden
von dem velde in vier tagen.
der heiden wart vrô: sus hôrte ich sagen.
25   Artûs im wîse boten gap,
die er solde senden an daz hap.
Feirefîz Gahmuretes kint
nam tincten unde permint.
sîn schrift wârzeichens niht verdarp:
ich waene ie brief sô vil erwarp.

786   Die boten vuorn endehafte dan:
Parzivâl sîn rede alsus huop an.
en franzoys er ze in allen sprach
als Trevrizent dort vorne jach,
5   daz den grâl ze keinen zîten
niemen möhte erstrîten,
wan der von gote ist dar benant.
daz maere kom über elliu lant,
kein strît möht in erwerben:
10   vil liute liez dô verderben
nâch dem grâle gewerbes list,
dâ von er noch verborgen ist.
    Parzivâl unt Feirefîz
diu wîp lêrten jâmers vlîz.
15   si hetenz ungern vermiten:
in diu vier stücke des hers si riten,
si nâmen urloup ze al der diet.
ieweder dan mit vröuden schiet,

ebenfalls bedacht werden. Dich, Artus, bitte ich, dafür zu
sorgen, daß auch die vornehmen Herren meine Geschenke
nicht verschmähen. Überzeuge sie davon, daß sie sich dieser
Gaben nicht zu schämen brauchen, denn solch reichem
Manne wie mir sind sie noch nie begegnet. Und gib mir
Boten, die zu meinen Schiffen eilen und dort die Geschenke
holen.«

Da versprachen sie dem Heiden, vier Tage lang auf dem Feld
zu bleiben, und er war, wie ich hörte, von Herzen froh
darüber. Artus stellte ihm gewandte Boten, die er zum
Hafen senden sollte. Feirefiz, Gachmurets Sohn, griff zu
Tinte und Pergament. Sein Brief trug eindeutige Zeichen
seiner Echtheit, und meines Wissens öffnete noch nie ein
Brief den Weg zu so gewaltigen Reichtümern.

Pflichtgetreu machten sich die Boten auf den Weg. Inzwi-
schen nahm Parzival das Wort und erzählte allen in französi-
scher Sprache, was er von Trevrizent erfahren hatte: Nie-
mals könne ein Mensch den Gral erkämpfen, der nicht von
Gott zu ihm berufen sei. Die Nachricht, daß der Gral durch
Kampf nicht zu erringen sei, verbreitete sich über alle Län-
der, und viele Ritter wurden dadurch bewogen, ihre Suche
nach dem Gral aufzugeben, so daß er seitdem für immer
verborgen ist.

Als Parzival und Feirefiz scheiden wollten, klagten die
Frauen sehr. Beide ritten in alle vier Heerlager und verab-
schiedeten sich von den Edlen dort. Danach machten sie sich

gewâpent wol gein strîtes wer.
20 ame dritten tage ûz des heidens her
    wart ze Jôflanze brâht,
    sô grôzer gâbe wart nie gedâht.
    swelh künec dâ sîner gâbe enpfant,
    daz half immer mêr des lant.
25 ieslîchem man nâch mâze sîn
    wart nie sô tiuriu gâbe schîn,
    al den vrouwen rîche prêsent
    von Trîande und von Nourîent.
    ine weiz wie daz her sich schiede hie:
    Cundrîe, die zwên, hin riten sie.

frohen Mutes auf den Weg, so gerüstet, als ginge es in den Kampf. Am dritten Tage trafen vom Heer des Heiden so großartige Geschenke in Joflanze ein, wie man sie nie erwartet hatte. Jeder König brachte mit dem Empfangenen seinem Lande großen Nutzen. Keiner hatte je eine für seinen Stand so kostbare Gabe erhalten. Auch den Damen wurden wertvolle Geschenke aus Triand und Nourjente zuteil. Wie das Heer nun auseinanderging, weiß ich nicht zu sagen. Cundry und ihre beiden Begleiter ritten jedenfalls von dannen.

XVI.

787 Anfortas unt die sîn
noch vor jâmer dolten pîn.
ir triuwe liez in in der nôt.
dicke er warb umb si den tôt:
5 der waere ouch schiere an im geschehen,
wan daz si in dicke liezen sehen
den grâl und des grâles craft.
er sprach zuo sîner ritterschaft
'ich weiz wol, pflaeget ir triuwe,
10 sô erbarmet iuch mîn riuwe.
wie lange sol diz an mir wern?
welt ir iu selben rehtes gern,
sô müezet ir gelten mich vor gote.
ich stuont ie gerne ze iuwerm gebote,
15 sît ich von êrste wâpen truoc.
ich hân engolten des genuoc,
ob mir ie unprîs geschach,
unt ob daz iuwer keiner sach.
sît ir vor untriuwen bewart,
20 sô loeset mich durch des helmes art
unt durch des schildes orden.
ir sît dicke innen worden,
ob ez iu niht versmâhte,
daz ich diu beidiu brâhte
25 unverzagt ûf ritterlîchiu werc.
ich hân tal unde berc
mit maneger tjost überzilt
unt mit dem swerte alsô gespilt,
daz es die vîende an mir verdrôz,
swie wênc ich des gein iu genôz.

Sechzehntes Buch

Anfortas und die Seinen lebten noch immer in jammervoller Not. Aus treuer Verbundenheit weigerte sich die Gralsgemeinschaft, ihn von seinem Leiden zu erlösen, obwohl er oftmals um den Tod bat. Der hätte ihn auch rasch dahingerafft, wenn sie ihn nicht dadurch am Leben erhalten hätten, daß sie ihn immer wieder den Gral schen ließen. Dessen Macht erhielt ihn am Leben. Anfortas sprach zu seinen Rittern: »Ich bin sicher, ihr würdet euch meiner Qualen erbarmen, wäret ihr mir wirklich treu ergeben. Wie lange soll ich das noch ertragen? Werdet ihr einst nach Recht und Gerechtigkeit gerichtet, dann müßt ihr euch vor Gott für alles verantworten, was ihr mir antut. Seit ich Ritter bin, habe ich euch jeden Wunsch von den Augen abgelesen. Selbst wenn ich ohne euer Wissen Schändliches begangen hätte, wäre die Buße dafür hart genug. Meint ihr es wirklich gut mit mir, dann erlöst mich von meinen Qualen; tut dies dem Ritterstand zu Ehren. Wenn euch daran gelegen war, so konntet ihr oft genug beobachten, daß ich seinetwegen ritterliche Taten vollbrachte. Ich zog über Berg und Tal, bestand viele Zweikämpfe und wußte mein Schwert stets so zu führen, daß es meine Feinde nicht wenig verdroß. Das alles dankt ihr mir herzlich schlecht! Ich freudloser Mann

788 Ich vröuden ellende,
    zem urteillîchem ende
    beclage ich eine iuch alle:
    sô naehet ez iuwerem valle,
5   irn lât mich von iu scheiden.
    mîn kumber solte iu leiden.
    ir habt gesehen und ouch vernomen,
    wie mir diz ungelücke ist komen.
    waz touc ich iu ze hêrren nû?
10 ez ist iu leider alze vruo,
    wirt iuwer sêlc an mir verlorn.
    waz sites habt ir iu erkorn?'
        si heten kumbers in erlôst,
    wan der troestenlîche trôst,
15 den Trevrizent dort vorne sprach,
    als er am grâle geschriben sach.
    si warten anderstunt des man
    dem al sîn vröude aldâ entran,
    und der helflîchen stunde
20 der vrâge von sîme munde.
        der künec sich dicke des bewac,
    daz er blinzender ougen pflac
    etswenne gein vier tagen.
    sô wart er zuome grâle getragen,
25 ez waere im lieb oder leit:
    sô twang in des diu siechheit,
    daz er diu ougen ûf swanc:
    sô muose er âne sînen danc
    leben und niht ersterben.
    sus kunden si mit im werben
789   Unz an den tac daz Parzivâl
    unt Feirefîz der vêch gemâl
    mit vröuden ûf Munsalvaesche riten.
    nu hete diu wîle des erbiten,
5   daz Mars oder Jupiter
    wâren komen wider her

werde am Jüngsten Tag Klage gegen euch erheben. Laßt ihr
mich nicht sterben, seid ihr auf ewig verloren. Meine Qualen
sollten euer Mitleid finden. Ihr habt doch mit eignen Augen
gesehen und erfahren, wie dieses Unheil über mich kam.
Was für einen Herrscher habt ihr noch an mir? Es wäre
leichtfertig, wolltet ihr meinetwegen euer Seelenheil aufs
Spiel setzen. Wie könnt ihr mich nur so behandeln?«
Sie hätten ihn auch schließlich von seinen Leiden erlöst,
wäre nicht die Hoffnung auf Hilfe gewesen, von der Trevri-
zent gesprochen, als er die Schrift auf dem Gral gelesen
hatte. Sie warteten also auf die Wiederkehr des Mannes, der
damals all sein Lebensglück verloren hatte; sie harrten des
Augenblicks, da er die Frage stellen und Anfortas die Ret-
tung bringen würde. Der König hielt seine Augen oft vier
Tage lang geschlossen, doch danach trug man ihn unerbitt-
lich vor den Gral, ob es ihm lieb oder leid war. Von der
Qual seiner Krankheit überwältigt, schlug er schließlich die
Augen auf. So wurde er gegen seinen eignen Wunsch am
Leben erhalten und konnte nicht sterben. In der geschilder-
ten Weise verfuhr die Gralsgemeinschaft mit Anfortas bis zu
dem Tage, als Parzival und der schwarz-weiß gefleckte
Feirefiz frohgemut auf Munsalwäsche zuritten. Es war
gerade die Zeit gekommen, in der Mars und Jupiter ihre

      al zornec mit ir loufte
      (sô was er der verkoufte)
      dar si sich von sprunge huoben ê.
10   daz tete an sîner wunden wê
      Anfortase, der sô qual,
      magede und ritter hôrten schal
      von sîme geschreie dicke,
      unt die jâmerlîchen blicke
15   tet er in mit den ougen kunt.
      er was unhelfeclîche wunt:
      si mohten im gehelfen niht.
      iedoch diu âventiure giht,
      im kom diu wâre helfe nû.
20   si griffen herzen jâmers zuo.
          swenn im diu scharpfe sûre nôt
      daz strenge ungemach gebôt,
      sô wart der luft gesüezet,
      der wunden smac gebüezet.
25   vor im ûf dem teppech lac
      pigment und zerbenzînen smac,
      müzzel unt arômatâ.
      durch süezen luft lag ouch dâ
      drîakel und amber tiure:
      der smac was gehiure.
790   Swâ man ûf den teppech trat,
      cardemôm, jeroffel, muscât,
      lac gebrochen under ir vüezen
      durch den luft süezen:
 5   sô daz mit triten wart gebert,
      sô was dâ sûr smac erwert.
      sîn viur was lign alôê:
      daz hân ich iu gesaget ê.
          ame spanbette die stollen sîn
10   wâren vipperhornîn.
      durch ruowen vür daz gelüppe
      von würzen manec gestüppe

drohende Konstellation am Anfang ihrer Bahn erreicht hatten, so daß es schlimm um Anfortas stand. In seiner Wunde wühlten furchtbare Schmerzen; Jungfrauen und Ritter hörten immer wieder seine Schmerzensschreie gellen und konnten ihm die Qualen an den Augen ablesen. Niemand war in der Lage, seine unheilbare Wunde zu heilen, doch endlich nahte nach dem Bericht der Aventüre die einzig wirksame Hilfe. Auf Munsalwäsche aber herrschte noch großer Herzensjammer in der Gralsgemeinschaft.

Wenn den König sein bitteres, schweres Leid mit heftigen Schmerzen plagte, dann erfüllte man den Raum mit angenehmen Düften, um den üblen Geruch der Wunde zu überdecken. Vor ihm auf dem Teppich lagen Gewürze, Spezereien, Riechhölzer und Würzkräuter. Auch Theriak und kostbare Ambra, die köstlichen Duft ausströmten, hatte man des Wohlgeruchs wegen hingelegt. Trat man auf den Boden, dann schritt man über zerstoßenen Kardamon, Gewürznelken und Muskatnüsse, die man wegen ihres Wohlgeruchs ausgestreut hatte. Zertrat man diese Gewürze, dann vertrieb ihr Durft den üblen Geruch der Wunde. Das Feuer im Aufenthaltsraum des Königs nährte man – wie schon gesagt – mit Aloeholz. Die Pfosten des Bettes waren mit Vipernhaut überzogen. Um den lästigen Geruch des

was ûf den kultern gesaet.
gesteppet unde niht genaet

15 was dâ er ûfe lente,
pfelle von Nourîente,
unt palmât was sîn matraz.
sîn spanbette was noch baz
gehêrt mit edelen steinen,

20 unt anders deheinen.
daz spanbette zôch ze ein ander
strangen von salamander:
daz wâren under im diu ricseil.
er hete an vröuden cranken teil.

25 ez waz rîche an allen sîten:
niemen darf des strîten
daz er bezzerz ie gesaehe.
ez was tiure unde waehe
von der edeln steine geslehte.
die hoeret hie nennen rehte.

791　　Karfunkel unt silenîtes,
balax unt gagâtromes,
ônix unt calcidôn,
coralîs unt bestîôn,

5 unjô unt optallîes,
cerâuns unt epistîtes,
jerachîtes unt eljotrôpîâ,
panthers unt antrodrâgmâ,
prasem unde saddâ,

10 emathîtes unt djonisîâ,
achâtes unt celidôn,
sardonîs unt calcofôn,
cornîol unt jaspîs,
echîtes unt îrîs,

15 gagâtes unt ligûrius,
abestô unt cegôlitus,
galactîdâ unt jacinctus,
orîtes unt enîdrus,

Giftes zu bannen, hatte man die Polster mit allerlei Gewürz-
pulver bestreut. Das Kissen, in dem er lehnte, war nicht
genäht, sondern aus Nourjenter Seide gesteppt. Aus Pal-
matseide war das Unterbett. Sein Bett war ausschließlich mit
Edelsteinen verziert und wurde von Seilen aus Salamander-
haut zusammengehalten, die gleichzeitig als Tragegurte
dienten. Doch obwohl sein Bett über und über mit Kostbar-
keiten ausgestattet war, hatte der König keine Freude daran.
Niemand soll glauben, je ein besseres Bett gesehen zu haben.
Es war kostbar und kunstreich zugleich. Dazu trugen vor
allem die helfenden Eigenschaften der Edelsteine bei, die ich
jetzt aufzählen will. Es waren Karfunkel, Mondstein, Balax,
Gagatromes, Onyx, Chalzedon, Koralle, Bestion, Perlen,
Steinaugen, Keraun, Hephästit, Hierachit, Heliotrop, Pan-
thers, Androdragma, Chrysopras, Sadda, Hämatit, Diony-
sia, Achat, Celidon, Sardonyx, Chalkophon, Karneol, Jas-
pis, Vetit, Iris, Gagat, Ligur, Asbest, Cegolit, Milchstein,

absist unt alabandâ,
20 crisolecter unt hîennîâ,
smârât unt magnes,
sapfîr unt pirrîtes.
ouch stuont her unde dâ
turkoyse unt lipparêâ,
25 crisolte, rubîne,
paleise unt sardîne,
adamas unt crisoprassîs,
melochîtes unt dîadochîs,
pêanîtes unt mêdus,
berillus unt topazîus.

792   Etslîcher lêrte hôhen muot:
ze saelde unt ze erzenîe guot
was dâ maneges steines sunder art.
vil craft man an in innen wart,
5   der ez versuochen kunde mit listen.
dâ mite si muosen vristen
Anfortas, der ir herze truoc:
sîme volke er jâmers gap genuoc.
doch wirt nu vröude an im vernomen.
10 in Terre de salvaesche ist komen,
von Jôflanze gestrichen,
dem sîn sorge was entwichen,
Parzivâl, sîn bruoder unde ein magt.
mir ist niht vür wâr gesagt,
15 wie verre dâ zwischen waere.
si ervüeren nu strîtes maere:
wan Cundrîe ir geleite
schiet si von arbeite.
si riten gein einer warte.
20 dâ gâhte gein in harte
manc wol geriten templeis,
gewâpent. die wâren sô curteis,
ame geleite si wol sâhen
daz in vröude solte nâhen.

Hyazinth, Orit, Enidrus, Absist, Almandin, Chrysolekter, Hiennia, Smaragd, Magnet, Saphir und Pyrit. Ferner waren darunter Türkise, Lippareen, Chrysolithe, Rubine, Paleise, Sardine, Diamant, Chrysopras, Malachit, Diadoch, Peanit, Medus, Beryll und Topas. Manche verliehen ein heiteres Lebensgefühl, andere Steine dienten dank ihrer Eigenschaften als Glücksbringer oder als Arznei. Verfügte man über die notwendigen Kenntnisse, konnte man sich ihrer starken Kräfte bedienen. Mit solchen Mitteln hielt die Gralsgemeinschaft Anfortas am Leben, hingen sie doch mit ganzem Herzen an ihm. Nachdem er den Seinen großes Herzeleid bereitet hat, lächelt ihm jetzt endlich das Glück. Nach Terre de Salwäsche sind nämlich von Joflanze her unser von aller Not befreiter Parzival, sein Bruder und eine Jungfrau gekommen. Ich konnte nicht erfahren, wie weit sie reiten mußten. Nur ihrer Führerin Cundry dankten es die beiden, daß sie nicht in einen Kampf verwickelt wurden. Als sie nämlich auf einen Grenzposten zuritten, sprengte ihnen eine Menge wohlgerüsteter und gut berittener Tempelherren entgegen. Sie waren jedoch sehr höflich, als sie an der Führerin erkannten, daß sie große Freude erwarten durften. Als der

25 der selben rotte meister sprach,
      dô er vil turteltûben sach
      glesten ab Cundrîen wât,
      'unser sorge ein ende hât:
      mit des grâles insigel hie
      kumt uns des wir gerten ie,
793 Sît uns der jâmerstric beslôz.
      habt stille: uns naehet vröude grôz.'
         Feirefîz Anschevîn
      mante Parzivâln den bruoder sîn
5 an der selben zîte,
      und gâhte geime strîte.
      Cundrîe in mit dem zoume vienc,
      daz sîner tjost dâ niht ergienc.
      dô sprach diu maget rûch gemâl
10 balde ze ir hêrren Parzivâl
      'schilde und baniere
      möht ir erkennen schiere.
      dort habt niht wan des grâles schar:
      die sint vil diensthaft iu gar.'
15 dô sprach der werde heiden
      'sô sî der strît gescheiden.'
         Parzivâl Cundrîen bat
      gein in rîten ûf den pfat.
      diu reit und sagte in maere,
20 waz in vröuden komen waere.
      swaz dâ templeise was,
      die erbeizten nider ûf daz gras.
      an den selben stunden
      manc helm wart ab gebunden.
25 Parzivâlen enpfiengen si ze vuoz:
      ein segen dûhte si sîn gruoz.
      si enpfiengen ouch Feirefîzen
      den swarzen unt den wîzen.
      ûf Munsalvaesche wart geriten
      al weinde und doch mit vröude siten.

Abteilungsführer auf Cundrys Gewand die zahlreichen Tur-
teltauben glänzen sah, rief er aus: »Nun hat unsere Trübsal
ein Ende! Unter dem Wappen des Grals kommt der Mann,
dessen Ankunft wir sehnlichst erwarten, seit uns die
Schlinge des Jammers umschlungen hält. Haltet an! Uns
naht große Freude!«

Als Feirefiz von Anjou die fremden Ritter sah, ermunterte er
sofort seinen Bruder zum Streit und wollte sich schon selbst
in den Kampf stürzen, doch Cundry ergriff den Zaum seines
Pferdes und hinderte ihn daran. Die häßliche Jungfrau rief
ihrem Herrscher Parzival rasch zu: »Schilde und Banner
sind Euch doch bekannt! Dort hält eine Schar von Gralsrit-
tern, die Euch ganz und gar ergeben sind.«

Da sprach der edle Heide: »So soll der Kampf unter-
bleiben.«

Parzival bat Cundry, den Gralsrittern entgegenzureiten. Sie
tat's und berichtete dort, welches Glück zu ihnen käme. Da
sprangen alle Tempelherren von den Pferden auf den Rasen,
sie banden die Helme ab und empfingen Parzival, dessen
freundlicher Gruß ihnen wie der Segen des Himmels
erschien, im Stehen. Auch den schwarz und weiß gefleckten
Feirefiz hießen sie herzlich willkommen. Dann ritten alle
mit tränenüberströmten Gesichtern und glückerfüllten Her-
zen auf Munsalwäsche zu.

794   Si vunden volkes ungezalt,
       mangen wünneclîchen ritter alt,
       edeliu kint, vil sarjante.
       diu trûrge mahinante
5   dirre künfte vrô wol mohten sîn.
       Feirefîz Anschevîn
       unt Parzivâl, si bêde,
       vor dem palas an der grêde
       si wurden wol enpfangen.
10   in den palas wart gegangen.
           dâ lac nâch ir gewonheit
       hundert sinwel teppech breit,
       ûf ieslîchem ein pflumît
       und ein kulter lanc von samît.
15   vuoren die zwên mit witzen,
       si mohten etswâ dâ sitzen,
       unz man daz harnasch von in enpfienc.
       ein kameraer dar nâher gienc:
       der brâhte in cleider rîche,
20   den beiden al gelîche.
       si sâzen, swaz dâ ritter was.
       man truoc von golde (ez was niht glas)
       vür si manegen tiuren schâl.
       Feirefîz unt Parzivâl
25   trunken unde giengen dan
       ze Anfortase dem trûrgen man.
           ir habt wol ê vernomen daz
       der lente, unt daz er selten saz,
       unt wie sîn bette gehêret was.
       dise zwêne enpfienc dô Anfortas
795   Vroelîche unt doch mit jâmers siten.
       er sprach 'ich hân unsanfte erbiten,
       wirde ich immer von iu vrô.
       ir schiet nu jungest von mir sô,
5   pflegt ir helflîcher triuwe,
       man siht iuch drumbe in riuwe.

Zu ihrer Begrüßung war eine große Menschenmenge versammelt, viele reifere Ritter von eindrucksvoller Erscheinung, Edelknaben und zahlreiche Fußknechte. Die bedrückte Gralsgemeinschaft hatte allen Grund, sich über ihre Ankunft zu freuen. Feirefiz von Anjou und Parzival wurden an der Freitreppe des Palastes herzlich begrüßt und dann in den Palastsaal geführt. Wie es dort üblich war, hatte man an den Wänden hundert große Rundteppiche ausgebreitet, und auf jedem Teppich lag ein Sitzpolster mit langer Samtsteppdecke. Für Parzival und Feirefiz war's am besten, sich niederzusetzen und zu warten, bis man ihnen die Rüstung abnahm. Dann kam ein Kämmerer und brachte ihnen prachtvolle Kleider aus gleichem Stoff. Nachdem alle Ritter im Palast Platz genommen hatten, trug man eine Menge kostbarer Trinkschalen aus Gold, nicht etwa aus Glas, herein. Feirefiz und Parzival tranken und gingen dann zu dem schwergeprüften Anfortas.

Ihr habt schon an andrer Stelle davon gehört, daß er nicht aufrecht, sondern nur zurückgelehnt sitzen konnte und daß sein Bett verschwenderisch ausgestattet war. Anfortas empfing sie mit allen Zeichen der Freude, doch von Schmerzensqualen gezeichnet. Er sprach: »In Schmerzen habe ich darauf gewartet, mit Eurer Hilfe wieder ein glücklicher Mensch zu werden, wenn das überhaupt noch möglich ist. Als Ihr nach Eurem letzten Besuch fortrittet, habt Ihr mich in einem Zustand zurückgelassen, über den Ihr ehrlich bekümmert sein müßtet, wenn Ihr ein hilfsbereiter und mitleidiger

      wurde ie prîs von iu gesagt,
      hie sî ritter oder magt,
      werbet mir dâ ze in den tôt
10   und lât sich enden mîne nôt.
      sît ir genant Parzivâl,
      sô wert mîn sehen an den grâl
      siben naht und aht tage:
      dâ mite ist wendec al mîn clage.
15   ine getar iuch anders warnen niht:
      wol iu, ob man iu helfe giht.
      iuwer geselle ist hie ein vremder man:
      sîns stêns ich im vor mir niht gan.
      wan lât ir in varn an sîn gemach?'
20   alweinde Parzivâl dô sprach
        'saget mir wâ der grâl hie lige.
      ob diu gotes güete an mir gesige,
      des wirt wol innen disiu schar.'
      sîn venje er viel des endes dar
25   drîstunt ze êrn der Trinitât:
      er warp daz müese werden rât
      des trûrgen mannes herzesêr.
      er rihte sich ûf und sprach dô mêr
      'oeheim, waz wirret dir?'
      der durch sant Silvestern einen stier
796   Von tôde lebendec dan hiez gên,
      unt der Lazarum bat ûf stên,
      der selbe half daz Anfortas
      wart gesunt unt wol genas.
5   swaz der Franzoys heizet flôrî,
      der glast kom sînem velle bî.
      Parzivâls schoene was nu ein wint,
      und Absalôn Dâvîdes kint,
      von Ascalûn Vergulaht,
10   und al den schoene was geslaht,
      unt des man Gahmurete jach
      dô man in în zogen sach

Mensch seid. Sollten Ruhm und Ansehen Euern Worten genügend Gewicht verleihen, so setzt es bitte bei der Gemeinschaft dieser Burg durch, daß man mir den Tod gönnt und damit meiner Qual ein Ende bereitet. Seid Ihr Parzival, dann verhindert nur sieben Nächte und acht Tage lang, daß man mir den Gral vor Augen hält, dann ist all mein Elend vorbei. Auf anderes wage ich gar nicht zu hoffen. Welches Glück für Euch, wenn man Euch für diese Tat als hilfsbereiten Ritter preisen wird. Euer Gefährte ist uns unbekannt. Ich kann nicht dulden, daß er vor mir steht. Warum laßt Ihr ihn nicht niedersetzen?«

Unter Tränen erwiderte Parzival: »Sagt mir, wo ist der Gral? Seine Gemeinschaft wird dann erfahren, ob Gott gewillt ist, durch mich seine Güte zu offenbaren.«

Dreimal warf er sich zu Ehren der Heiligen Dreieinigkeit vor dem Gral auf die Knie und betete um Hilfe für die Herzensnot des schwergeprüften Mannes. Dann richtete er sich auf und sprach laut und feierlich die Worte: »Oheim, was fehlt dir?« Gott, der auf die Bitte des heiligen Silvester einen Stier vom Tod erweckte und lebendig davontraben ließ, der dem Lazarus gebot, sich wieder aufzurichten, bewirkte nun auch, daß Anfortas genas und seine volle Gesundheit zurückerlangte. Sein Antlitz erstrahlte wieder in dem Glanz, den der Franzose »flori« – das heißt blühend – nennt. Dagegen war nun Parzivals Schönheit ein Nichts; niemand konnte sich mit dem genesenen Anfortas an Schönheit messen, nicht der Davidsohn Absalon, nicht Vergulacht von Ascalun, keiner der Männer, denen körperliche Schönheit angestammt war, auch Gachmuret nicht, als er in

---

Silvester: Der Sage nach soll Papst Silvester (gest. 335) vor König Konstantin und dessen Mutter Helena einen Religionsdisput mit jüdischen Gegnern dadurch gewonnen haben, daß er einen Stier, den seine Gegner zuvor durch den zugeflüsterten Namen ihres Gottes tot umfallen ließen, im Namen Christi wieder zum Leben erweckte.

Lazarus: Freund Jesu, Bruder der Maria und Martha aus Bethanien, soll von Jesus vom Tode erweckt worden sein (Joh. 12,1–11).

ze Kanvoleiz sô wünneclîch,
ir deheins schoene was der gelîch,
15   die Anfortas ûz siechheit truoc.
got noch künste kan genuoc.
　　da ergienc dô dehein ander wal,
wan die diu schrift ame grâl
hete ze hêrren in benant:
20   Parzivâl wart schiere bekant
ze künige unt ze hêrren dâ.
ich waene iemen anderswâ
vunde zwêne als rîche man
(ob ich rîcheit prüeven kan),
25   als Parzivâl unt Feirefîz.
man bôt vil dienstlîchen vlîz
dem wirte unt sîme gaste.
ine weiz wie mange raste
Condwîr âmûrs dô was geriten
gein Munsalvaesch mit vröude siten.
797   Sie hete die wârheit ê vernomen:
solh botschaft was nâch ir komen,
daz wendec waere ir clagendiu nôt.
der herzoge Kyôt
5   und anders manec werder man
heten si gevüeret dan
ze Terre de salvaesche in den walt,
dâ mit der tjoste wart gevalt
Segramors unt dâ der snê
10   mit bluote sich ir glîchet ê.
dâ solte Parzivâl si holn:
die reise er gerne mohte doln.
　　disiu maere sagte im ein templeis,
'manec ritter curteis
15   die küngîn hânt mit zühten brâht.'
Parzivâl was sô bedâht,
er nam ein teil des grâles schar
und reit vür Trevrizenden dar.

voller Pracht in Kanvoleis einzog. Gott ist wirklich all-
mächtig!

Da ihn die Inschrift am Gral zum Herrscher bestimmt hatte,
gab es keine andere Wahl: Parzival wurde zum König und
Herrscher des Grals erhoben. Wenn ich mir ein Urteil
erlauben darf: Nie sah man zwei so mächtige und reiche
Männer beisammen wie Parzival und Feirefiz, und das
Gralsvolk war eifrig um seinen Herrscher und dessen Gast
bemüht.

Ich weiß nicht, wie viele Raststrecken inzwischen Condwi-
ramurs in froher Erwartung auf ihrer Reise nach Munsalwä-
sche zurückgelegt hatte. Ihr war bereits überbracht worden,
ihre Herzensqual solle endlich vorbei sein. Herzog Kyot
und viele edle Ritter hatten sie nach Terre de Salwäsche
geleitet, und zwar bis zu dem Wald, in dem Segramors im
Zweikampf niedergestreckt wurde und wo Blutstropfen im
Schnee bei Parzival die Vision ihres Antlitzes entstehen
ließen. Dort sollte Parzival sie abholen, und er unternahm
diese Fahrt sicher sehr gern. Ein Tempelherr überbrachte
ihm die Nachricht: »Die Königin wurde von vielen vorneh-
men Rittern mit größter Ehrerbietung zum vereinbarten Ort
geleitet!«

Parzival entschloß sich, mit einem Teil der Gralsritter zu
Trevrizent zu reiten. Der war von Herzen froh, als er hörte,

des herze wart der maere vrô,
20 daz Anfortases dinc alsô
stuont daz er der tjost niht starp
unt im diu vrâge ruowe erwarp.
dô sprach er 'got vil tougen hât.
wer gesaz ie an sînen rât,
25 oder wer weiz ende sîner craft?
al die engel mit ir geselleschaft
bevindent ez nimmer an den ort.
got ist mensch unt sîns vater wort,
got ist vater unde sun,
sîn geist mac grôze helfe tuon.'
798   Trevrizent ze Parzivâle sprach
'groezer wunder selten ie geschach,
sît ir aber got erzürnet hât
daz sîn endelôsiu Trinitât
5 iuwers willen werhaft worden ist.
ich louc durch ableitens list
vome grâl, wie ez umbe in stüende.
gebt mir wandel vür die sünde:
ich sol gehôrsam iu nu sîn,
10 swester sun unt der hêrre mîn.
daz die vertriben geiste
mit der gotes volleiste
bî dem grâle waeren,
kom iu von mir ze maeren,
15 unz daz si hulde dâ gebiten.
got ist staete mit sölhen siten,
er strîtet iemmer wider sie,
die ich iu ze hulden nante hie.
swer sînes lônes iht wil tragen,
20 der muoz den selben widersagen.
êweclîch sint si verlorn:
die vlust si selbe hânt erkorn.
mich müet et iuwer arbeit:
ez was ie ungewonheit,

daß Anfortas an den Folgen des verhängnisvollen Zwei-
kampfs nicht zugrunde gehen mußte und daß ihm die Mit-
leidsfrage Genesung gebracht hatte. Er rief: »Gott ist uner-
forschlich in seinen Entschlüssen! Wer saß je in seinem Rat?
Wer kann die Grenzen seiner Allmacht bestimmen? Selbst
die Gemeinschaft der Engel hat sie nicht ermessen können.
Gott ist Mensch und seines Vaters Wort, er ist Vater und
Sohn in einer Person, und sein heiliger Geist hat die Kraft,
großartige Taten des Heils zu vollbringen.«

Er wandte sich an Parzival: »Nie ist ein größres Wunder
geschehen! Ihr habt Gottes allmächtiger Dreieinigkeit die
Erfüllung Eures Willens abgetrotzt! Um Euch von Eurem
Wunsche abzubringen, habe ich Euch nicht die ganze Wahr-
heit über den Gral gesagt. Erlegt mir für diese Sünde eine
Buße auf! In Zukunft werde ich Euch gehorsam sein als
meinem Neffen und Herrscher. Ich habe Euch erzählt, die
verstoßenen Engel seien mit Gottes Zustimmung so lange
beim Gral geblieben, bis sie seine Gnade wiedererlangen
konnten. Doch Gott ist bei solchem Vergehen unbeugsam
und schließt keinen Frieden mit denen, die nach meinen
Worten angeblich wieder in Gottes Huld sein sollen. Wer
auf Gottes Lohn rechnet, muß ihnen widersagen! Sie sind
verloren in aller Ewigkeit und haben sich die Verdammnis
selbst gewählt. Mich dauerte Eure, wie ich meinte, vergebli-
che Mühe. Es ist noch nie geschehen, daß jemand den Gral

25 daz den grâl ze keinen zîten
iemen möhte erstrîten:
ich hete iuch gern dâ von genomen.
nu ist ez anders umbe iuch komen:
sich hât gehoehet iuwer gewin.
nu kêrt an diemuot iuwern sin.'

799 Parzivâl zuo sîm oeheim sprach
'ich wil si sehen, die ich nie gesach
inre vünf jâren.
dô wir bî ein ander wâren,
5 si was mir liep: als ist si ouch noch.
dînen rât wil ich haben doch,
die wîle uns scheidet niht der tôt:
du riete mir ê in grôzer nôt.
ich wil gein mîme wîbe komen,
10 der kunft ich gein mir hân vernomen
bî dem Plimizoele an einer stat.'
urloup er im dô geben bat.
do bevalh in gote der guote man.
Parzivâl die naht streich dan:
15 sînen gesellen was der walt wol kunt.
do ez tagt, dô vant er lieben vunt,
manec gezelt ûf geslagen.
ûz dem lant ze Brôbarz, hôrte ich sagen,
was vil banier dâ gestecket,
20 manec schilt dernâch getrecket:
sîns landes vürsten lâgen dâ.
Parzivâl der vrâgte wâ
diu küngîn selbe laege,
ob si sunderringes pflaege.
25 man zeigte im aldâ si lac
und wol gehêrtes ringes pflac,
mit gezelten umbevangen.
nu was von Katelangen
der herzog Kyôt des morgens vruo
ûf gestanden: dise riten zuo.

mit Gewalt errungen hätte, und ich wollte Euch gern von diesem Vorsatz abbringen. Nun aber ist alles ganz anders gekommen. Ihr habt ein unermeßlich großes Gut errungen, doch vergeßt dabei nicht, demütig zu sein!«

Parzival sprach zu seinem Oheim: »Ich will nun die Frau wiedersehen, die ich fünf Jahre lang nicht mehr gesehen habe. Sie ist mir jetzt genauso lieb und teuer wie in der Zeit unseres gemeinsamen Lebens. Trotz deiner falschen Auskunft will ich mich auch in Zukunft nach deinem Rat richten, bis der Tod uns scheidet. Du hast mir in größter Herzensnot ratklug zur Seite gestanden. Jetzt aber will ich zu meiner Frau. Ich habe Nachricht erhalten, sie sei auf dem Wege zu mir bis zum Rastplatz in der Nähe des Plimizöl gelangt.« Als er Abschied nahm, befahl ihn der fromme Mann der Obhut Gottes. Da seine Gefährten den Wald genau kannten, ritt Parzival die ganze Nacht hindurch, bis er bei Tagesanbruch eine beglückende Entdeckung machte: Vor ihm tauchten nämlich viele aufgeschlagene Zelte auf. Wie ich hörte, hatte man die zahlreichen Banner aus dem Lande Brobarz, hinter denen die Schildträger gezogen waren, in den Boden gepflanzt. Dort lagerten also Parzivals Landesfürsten. Parzival fragte, wo sich die Königin befinde, ob sie ein gesondertes Lager habe. Man zeigte ihm den Platz, wo sie, von vielen andern Zelten umgeben, prächtig untergebracht war.

Herzog Kyot von Katalonien war schon früh am Morgen aufgestanden; Parzival ritt mit seinen Begleitern auf ihn zu.

800   Des tages blic was dennoch grâ.
        Kyôt iedoch erkante aldâ
        des grâles wâpen an der schar:
        si vuorten turteltûben gar.
5   do ersiufte sîn alter lîp,
        wan Schoysîâne sîn kiusche wîp
        ze Munsalvaesche im saelde erwarp,
        diu von Sigûnen gebürte erstarp.
        Kyôt gein Parzivâle gienc,
10   in unt die sîne er wol enpfienc.
        er sante ein junchêrrelîn
        nâch dem marschalke der künegîn,
        und bat in schaffen guot gemach
        swaz er dâ ritter halden sach.
15   er vuorte in selben mit der hant,
        dâ er der küngîn kamern vant,
        ein cleine gezelt von buckeram.
        daz harnasch man gar von im dâ nam.
        diu küngîn des noch niht enweiz.
20   Loherangrîn unt Kardeiz
        vant Parzivâl bî ir ligen
        (dô muose vröude an im gesigen)
        in eime gezelt hôch unde wît,
        dâ her unt dâ in alle sît
25   clârer vrouwen lac genuoc.
        Kyôt ûf daz declachen sluoc,
        er bat die küngîn wachen
        unt vroelîche lachen.
        si blicte ûf und sach ir man.
        si hete niht wan daz hemde an:
801   Umb sich si daz deckelachen swanc,
        vürz bette ûf den teppech spranc
        Cundwîr âmûrs diu lieht gemâl.
        ouch umbevienc si Parzivâl:
5   man sagte mir, si kusten sich.
        si sprach 'mir hât gelücke dich

Obwohl der Morgen gerade erst graute, erkannte Kyot das Gralswappen, denn alle Ritter der Schar führten das Zeichen der Turteltaube. Da seufzte der alternde Ritter bei der Erinnerung an Schoysiane, seine treue Gattin, die ihn auf Munsalwäsche glücklich gemacht hatte, bevor sie an Sigunes Geburt starb. Kyot trat auf Parzival zu und hieß ihn wie die Seinen herzlich willkommen. Er sandte einen Edelknaben zum Marschall der Königin und befahl ihm, für die Bequemlichkeit der Ritter zu sorgen, die am Rande des Lagers hielten. Dann nahm er Parzival bei der Hand und führte ihn zur Vorratskammer der Königin, einem kleinen Zelt aus Steifleinen. Dort befreite man ihn von seiner Rüstung.

Die Königin hatte von seiner Ankunft noch nichts erfahren. Von Glück überwältigt, fand Parzival in einem hohen, weiträumigen Zelt an ihrer Seite Loherangrin und Kardeiz; ringsum im Zelt ruhten zahlreiche schöne Damen. Kyot schlug auf die Bettdecke und rief der Königin zu, endlich aufzustehen und sich zu freuen. Sie öffnete die Augen und erblickte ihren Mann. Da sie nur ein Hemd trug, raffte die bezaubernde Condwiramurs die Bettdecke um sich und sprang vom Bett auf den Teppich. Sie umschlang Parzival mit beiden Armen, und dann küßten sie sich lange und innig. Condwiramurs rief: »Dich hat das Glück zu mir

     gesendet, herzen vröude mîn.'
     si bat in willekomen sîn,
     'nu solte ich zürnen: ichne mac.
10   gêrt sî diu wîle unt dirre tac,
     der mir brâht disen umbevanc,
     dâ von mîn trûren wirdet cranc.
     ich hân nu des mîn herze gert:'
     sorge ist an mir vil ungewert.'
15   nu erwachten ouch diu kindelîn,
     Kardeiz unt Loherangrîn:
     diu lâgen ûf dem bette al blôz.
     Parzivâlen des niht verdrôz,
     ern kuste si minneclîche.
20   Kyôt der zühte rîche
     bat die knaben dannen tragen.
     er begunde ouch al den vrouwen sagen
     daz si ûz dem gezelte giengen.
     si tâtenz, dô si enpfiengen
25   ir hêrrn von langer reise.
     Kyôt der curteise
     bevalh der künegîn ir man:
     al die juncvrouwen er vuorte dan.
     dennoch was ez harte vruo:
     kameraere sluogen die winden zuo.
802   Gezucte im ie bluot unde snê
     geselleschaft an witzen ê
     (ûf der selben ouwe erz ligen vant),
     vür solhen kumber gap nu pfant
5   Condwîr âmûrs: diu hete ez dâ.
     sîn lîp enpfienc nie anderswâ
     minne helfe vür der minne nôt:
     manc wert wîp im doch minne bôt.
     ich waene er kurzwîle pflac
10   unz an den mitten morgens tac.
     daz her über al reit schouwen dar:
     si nâmen der templeise war.

gesandt, du meine Herzensfreude!« Nach dem herzlichen Willkommen flüsterte sie: »Eigentlich sollte ich dir böse sein, doch ich kann's nicht. Gepriesen sei der Tag und der Augenblick dieser Umarmung; sie läßt all meine Trauer verfliegen! Nun habe ich alles, was mein Herz ersehnte, und aller Kummer ist vorbei!«

Jetzt erwachten auch die beiden Kinder Kardeiz und Loherangrin. Es bereitete Parzival unendliche Freude, die beiden nackten Knaben auf dem Lager liebevoll zu küssen. Der edle, verständnisvolle Kyot ließ nun die Knaben forttragen und bat auch die anwesenden Damen, das Zelt zu verlassen. Sie taten dies aber erst, nachdem sie ihren Herrn nach seiner langen Reise mit Freuden begrüßt hatten. Danach gab der edle Kyot der Königin den Rat, nun selbst für das Wohl ihres Gatten zu sorgen, und er führte ihre Jungfrauen mit sich aus dem Zelt. Da es noch früh am Tage war, schlossen die Kämmerer den Zelteingang.

Einst hatten Blut und Schnee auf der Wiese Parzival das Bewußtsein verlieren lassen. Jetzt entschädigte ihn Condwiramurs für die durchlittene Not, und sie hatte ja auch das rechte Trostmittel zur Verfügung. Obwohl ihm nicht wenige Frauen ihre Liebe angetragen hatten, hatte er nie bei einer andern im Liebesleid Trost gesucht. Meines Wissens genoß er die Freuden, die seine Frau ihm schenkte, bis in den späten Vormittag. Nun aber kam das ganze Heer des Landes Brobarz herbeigeritten, um zu sehen, was sich ereignet hatte. Man betrachtete die Tempelherren, ihre prächti-

   die wâren gezimieret
   unt wol zerhurtieret
15 ir schilt mit tjosten sêr durchriten,
   dar zuo mit swerten ouch versniten.
   ieslîcher truog ein cursît
   von pfelle oder von samît.
   îserkolzen heten si dennoch an:
20 daz ander harnasch was von in getân.
    dane mac niht mêr geslâfen sîn.
   der künec unt diu künegîn
   stuonden ûf. cin priester messe sanc.
   ûf dem ringe huop sich grôz gedranc
25 von dem ellenthaften her,
   die gein Clâmidê ê wâren ze wer.
   dô der bendiz wart getân,
   Parzivâln enpfiengen sîne man
   mit triuwen werdeclîche,
   manec ritter ellens rîche.
803 Des gezeltes winden nam man abe.
   der künc sprach 'wederz ist der knabe
   der künc sol sîn über iuwer lant?'
   al den vürsten tete er dâ bekant
5 'Wâleis unde Norgâls,
   Kanvoleiz unt Kyngrivâls
   der selbe sol mit rehte hân,
   Anschouwe und Bêalzenân.
   kom er imer an mannes craft,
10 dar leistet im geselleschaft.
   Gahmuret mîn vater hiez,
   der mirz mit rehtem erbe liez:
   mit saelde ich gerbet hân den grâl:
   nu enpfâhet ir an disem mâl
15 iuweriu lêhen von mîme kinde,
   ob ich an iu triuwe vinde.'
    mit guotem willen daz geschach:
   vil vanen man dort vüeren sach.

gen Rüstungen, die Spuren vieler Kämpfe trugen: die Schilde
waren von zahllosen Lanzenstößen durchlöchert und von
Schwerthieben zerhackt. Jeder trug unter einem Umhang
aus Seide oder Samt noch die eisernen Beinschienen; die
übrigen Rüstungteile hatten sie abgelegt.

Nun konnte von Schlaf keine Rede mehr sein. Der König
und die Königin erhoben sich, und ein Priester las die
Frühmesse. Auf dem Lagerplatz gab's ein großes Gedränge
unter den wehrhaften Streitern, die einst gegen Clamide
gekämpft hatten. Nach dem Schlußsegen hießen die vielen
tapferen Ritter seines Gefolges Parzival ehrerbietig und in
unverbrüchlicher Treue willkommen. Man entfernte die
Zeltwände, und der König fragte: »Wer von den beiden
Knaben ist euer künftiger Herrscher?« Er ließ jetzt die
Fürsten wissen: »Kardeiz soll als rechtmäßiges Erbe Valois,
Norgals, Kanvoleis und Kingrivals besitzen. Ist er zum
Manne gereift, dann geleitet ihn nach Anjou und Bealzenan,
die mir mein Vater Gachmuret als rechtmäßiges Erbe hinter-
ließ. Da ich so glücklich war, die Nachfolge des Gralskönigs
anzutreten, so nehmt, wenn ihr mir treu ergeben seid, eure
Lehen aus der Hand meines Sohnes entgegen.«

Alle waren gern bereit, und nun wurden viele Fahnen her-

dâ lihen zwuo cleine hende
20 wîter lande manec ende.
gecroenet wart dô Kardeiz.
der betwang ouch sider Kanvoleiz
und vil des Gahmuretes was.
bî dem Plimizoel ûf ein gras
25 wart gesidel und wîter ranc genomen,
dâ si zem brôte solden komen.
snellîche dâ enbizzen wart.
daz her kêrt an die heimvart:
diu gezelt nam man elliu nider:
mit dem jungen künge si vuoren wider.

804   Manec juncvrouwe unde ir ander diet
sich von der küneginne schiet,
sô daz si tâten clage schîn.
dô nâmen Loherangrîn
5 und sîn muoter wol getân
die templeise und riten dan
gein Munsalvaesche balde.
'ze einer zît ûf disem walde,'
sprach Parzivâl, 'dâ sach ich stên
10 eine clôsen, dâ durch balde gên
einen snellen brunnen clâr:
ob ir si wizzet, sô wîst mich dar.'
von sînen gesellen wart im gesagt,
si wisten ein: 'dâ wont ein magt
15 al clagende ûf vriundes sarke:
diu ist rehter güete ein arke.
unser reise gêt ir nâhe bî.
man vint si selten jâmers vrî.'
der künec sprach 'wir sulen si sehen.'
20 dâ wart im volge an in verjehen.
   si riten vür sich drâte
und vunden des âbents spâte
Sigûnen an ir venje tôt.
dâ sach diu künegîn jamers nôt.

beigetragen. Zwei kleine Hände gaben danach große Land-
striche in den verschiedensten Gegenden zu Lehen.
Anschließend wurde Kardeiz zum König gekrönt. Er sollte
später außer Kanvoleis auch die anderen Erbländer Gach-
murets erobern. Auf einer Wiese am Plimizöl wurden im
weiten Rund Sitze für die Mahlzeit hergerichtet, die rasch
eingenommen wurde. Danach brach man die Zelte ab, und
das Heer aus Brobarz machte sich gemeinsam mit dem
jungen König auf den Heimweg. Ihre Jungfrauen und ihr
übriges Gefolge schieden mit lautem Wehklagen von der
Königin. Dann aber nahmen die Tempelherren Loherangrin
und seine schöne Mutter in ihre Mitte und ritten eilig auf
Munsalwäsche zu.
»Einst stieß ich in diesem Wald auf eine Klause, die von
einem sprudelnden, klaren Quell durchflossen wurde«,
sprach Parzival. »Wenn ihr sie kennt, so führt mich hin.«
Seine Begleiter sagten, sie wüßten von einer solchen Klause.
»Dort wohnt eine Jungfrau und trauert beharrlich am Sarge
ihres Geliebten. Sie ist der Inbegriff wahrer weiblicher Hin-
gabe, denn man findet sie stets in tiefer Trauer versunken.
Unser Weg führt ganz in der Nähe vorbei.«
Der König erklärte: »Dann wollen wir sie aufsuchen!« Sein
Gefolge war einverstanden, und sie ritten in raschem Trab
vorwärts, bis sie am späten Abend Sigune fanden – im Gebet
vom Tod ereilt. Bei diesem Anblick wurde Condwiramurs

25 si brâchen zuo ze ir dar în.
Parzivâl durch die nifteln sîn
bat ûf wegen den sarkes stein.
Schîanatulander schein
unerfûlt schône balsemvar.
man leit si nâhe zuo ze im dar,
805 Diu magtuomlîche minne im gap
dô si lebte, und sluogen zuo daz grap.
Condwîr âmûrs begunde clagen
ir vetern tohter, hôrte ich sagen,
5 und wart vil vröuden âne,
wand si Schoysîâne
der tôten meide muoter zôch
kint wesende, drumb si vröude vlôch,
diu Parzivâles muome was,
10 ob der Provenzâl die wârheit las.
der herzoge Kyôt
wesse wênc umb sîner tohter tôt,
des künec Kardeyzes magezoge.
ez ist niht crump alsô der boge,
15 diz maere ist wâr unde sleht.
si tâten dô der reise ir reht,
bî naht gein Munsalvaesche si riten.
dâ hete ir Feirefîz gebiten
mit kurzwîle die stunde.
20 vil kerzen man do enzunde,
rehte ob brünne gar der walt.
ein templeis von Patrigalt
gewâpent bî der küngîn reit.
der hof was wît unde breit:
25 dar ûffe stuont manc sunder schar.
si enpfiengen die küneginne gar,
unt den wirt unt den sun sîn.
dô truoc man Loherangrîn
gein sînem vetern Feirafîz.
dô der was swarz unde wîz,

von Schmerz überwältigt. Man durchbrach die Mauer der Klause, um zu der Toten zu gelangen, und Parzival ließ für seine Base den Sarkophag öffnen. Im Sarge lag der sorgfältig einbalsamierte Leichnam Schionatulanders, immer noch ungebrochen schön und ohne Zeichen des Verfalls. Die ihm im Leben ihre jungfräuliche Liebe geschenkt hatte, wurde an seiner Seite zur letzten Ruhe gebettet; dann schloß man den Sarg. Wie es heißt, beklagte Condwiramurs in tiefer Trauer das Schicksal ihrer Base, war sie doch in ihrer Kindheit von Schoysiane, der Toten Mutter und Parzivals Tante, aufgezogen worden. Darum überkam sie – wenn der Provenzale die Wahrheit las – tiefe Trauer.

Herzog Kyot, der Erzieher des Königs Kardeiz, wußte nichts vom Tode seiner Tochter. Doch der Lauf dieser Geschichte ist nicht krumm wie ein Bogen, sondern geradlinig und wahr; ich kann mich daher nicht mit Nebenhandlungen aufhalten. Sie setzten also ohne weiteren Verzug ihre Reise fort und trafen noch in der Nacht in Munsalwäsche ein. Dort erwartete sie Feirefiz, der sich in der Zwischenzeit keineswegs gelangweilt hatte. Man entzündete zu ihrem Empfang so viele Kerzen, daß der Wald geradezu in Flammen zu stehen schien. Neben der Königin ritt in voller Rüstung ein Tempelherr aus Patrigalt. Auf dem riesigen Burghof hatten zahlreiche Scharen nebeneinander Aufstellung genommen, die ihre Königin, den Burgherrn und seinen Sohn willkommen hießen. Man trug Loherangrin zu seinem Oheim Feirefiz, doch da der so merkwürdig schwarz

806   Der knabe sîn wolde küssen niht.
       werden kinden man noch vorhte giht.
         des lachte der heiden.
       do begunden si sich scheiden
  5   ûf dem hove, unt dô diu künegin
       erbeizet was. in kom gewin
       an ir mit vröuden künfte aldar.
       man vuorte si dâ werdiu schar
       von maneger clâren vrouwen was.
 10   Feirefîz unt Anfortas
       mit zühten stuonden bêde
       bî der vrouwen an der grêde.
       Repanse de schoye
       unt von Gruonlant Garschiloye,
 15   Flôrîe von Lunel,
       liehtiu ougen und clâriu vel
       die truogen und magtuomlîchen prîs.
       dâ stuont ouch swankel als ein rîs,
       der schoene und güete niht gebrach,
 20   und der man im ze tohter jach,
       von Ryl Jernîse:
       diu maget hiez Ampflîse.
       von Tenabroc, ist mir gesagt,
       stuont dâ Clârischanze ein süeziu magt,
 25   liehter varwe gar unvercrenket,
       als ein âmeize gelenket.
         Feirefîz gein der wirtîn trat:
       diu künegîn den sich küssen bat.
       si kuste ouch Anfortasen dô
       und was sîner urloesunge vrô.
807   Feirefîz si vuorte mit der hant,
       dâ si des wirtes muomen vant,
       Repansen de schoye, stên.
       dâ muose küssens vil ergên.
  5   dar zuo ir munt was ê sô rôt:
       der leit von küssen nu die nôt,

und weiß gefleckt war, wollte ihn der Knabe nicht küssen. Auch heute noch fürchten sich selbst gut veranlagte Kinder in ungewöhnlichen Situationen. Der Heide aber lachte nur herzlich darüber.

Nachdem die Königin vom Pferd gestiegen war, ging die Versammlung auf dem Hofe wieder auseinander. Mit Condwiramurs hielt das Glück seinen Einzug auf Munsalwäsche und machte die ganze Gralsgemeinschaft freudenreich. Man führte sie zu einer Schar edler Frauen von großem Liebreiz. Neben ihnen warteten an der Freitreppe in achtungsvoller Haltung Feirefiz und Anfortas. Repanse de Schoye, Garschiloye von Gruonlant und Florie von Lunel fielen nicht nur durch den Glanz ihrer strahlenden Augen auf, sondern sie trugen außerdem den Ruhm reinster Jungfräulichkeit. Neben ihnen standen die gertenschlanke, schöne, herzensgute Jungfrau Ampflise, Tochter des Jernis von Ril, und Clarischanze von Tenabroc, ein liebreizendes Mädchen von makelloser Schönheit, schmalhüftig wie eine Ameise.

Feirefiz trat der Burgherrin entgegen, die ihn zur Begrüßung küßte. Auch Anfortas, über dessen Erlösung sie sich herzlich freute, erhielt einen Willkommenskuß. Feirefiz führte Condwiramurs an seiner Hand zur Tante des Burgherrn, Repanse de Schoye. Obwohl ihr Mund schon vorher rot genug war, mußte Condwiramurs noch viele Küsse austei-

daz ez mich müet und ist mir leit
daz ich niht hân solh arbeit
vür si: wand si kom müediu ze in.
10 juncvrouwen vuorten ir vrouwen hin.
    die ritter in dem palas
beliben, der wol gekerzet was,
die harte liehte brunnen.
dô wart mit zuht begunnen
15 gereitschaft gein dem grâle.
den truoc man ze allem mâle
der diet niht durch schouwen vür,
niht wan ze hôchgezîte kür.
durch daz si trôstes wânden,
20 dô si sich vröuden ânden
des âbents umb daz bluotec sper,
dô wart der grâl durch helfe ger
vür getragen an der selben zît:
Parzivâl si liez in sorgen sît.
25 mit vröude er wirt nu vür getragen:
ir sorge ist under gar geslagen.
    dô diu künegîn ir reisegewant
ab gezôch unt sich gebant,
si kom als ez ir wol gezam:
Feirefîz an einer tür si nam.
808 Nu, diz was et âne strît,
daz hôrte oder spraeche ze keiner zît
ie man von schoenrem wîbe.
si truog ouch an ir lîbe
5 pfellel den ein künstec hant
worhte als in Sârant
mit grôzem liste erdâht ê
in der stat ze Thasmê.
Feirefîz Anschevîn
10 si brâhte, diu gap liehten schîn,
mitten durch den palas.
driu grôziu viur gemachet was,

len. Ihre Lippen wurden beim Küssen so ermüdet, daß ich
Mitleid mit ihr habe und es zugleich bedaure, ihr diese
Anstrengung nicht abnehmen zu können; sie war schließlich
schon recht erschöpft bei ihrer Ankunft. Jungfrauen geleite-
ten die Herrin zu ihren Gemächern, während die Ritter im
Palast blieben, der von vielen strahlendhellen Kerzen
erleuchtet wurde. Nun begannen die Vorbereitungen für
den Empfang des Grals, der nur bei festlichen Anlässen vor
der ganzen Gralsgemeinde gezeigt wurde. An dem Abend,
als sie der Anblick der blutigen Lanze todtraurig stimmte,
trug man den Gral in der Hoffnung herbei, daß Parzival
Trost und Hilfe bringen würde, doch er ließ sie damals in
tiefer Traurigkeit zurück. Nun aber wird der Gral in heller
Freude herbeigetragen, ist doch all ihre Trübsal über-
wunden.

Nachdem die Königin ihre Reisekleider abgelegt und ihren
Kopfputz aufgesetzt hatte, kehrte sie in würdigem Aufzug
in den Saal zurück. Feirefiz empfing sie an der Tür. Nun, da
waren sich alle einig, nie eine schönere Frau gesehen zu
haben. Sie trug ein Seidengewand, von geschickter Hand
nach dem Muster der Seide gewebt, die der kunstfertige
Sarant in der Stadt Thasme ersonnen hatte. Feirefiz von
Anjou führte sie im Glanz ihrer Schönheit mitten in den
Palast, wo drei mächtige Kaminfeuer aus wohlduftendem

    lign alôê des viures smac.
    vierzec teppich, [und] gesitze mêr dâ lac,
15 dan ze einer zît dô Parzivâl
    ouch dâ vür sach tragen den grâl.
    ein gesiz vor ûz gehêret was,
    dâ Feirefîz unt Anfortas
    bî dem wirte solde sitzen.
20 dô warp mit zühte witzen
    swer dâ dienen wolde,
    sô der grâl komen solde.
        ir habt gehôrt ê des genuoc,
    wie man in vür Anfortasen truoc:
25 dem siht man nu gelîche tuon
    vür des werden Gahmuretes sun
    und ouch vür Tampenteires kint.
    juncvrouwen nu niht langer sint:
    ordenlîch si kômen über al,
    vünf unt zweinzec an der zal.
809 Der êrsten blic den heiden clâr
    dûhte und reideloht ir hâr,
    die andern schoener aber dâ nâch,
    die er dô schierest komen sach,
5   unde ir aller cleider tiure.
    süeze minneclîch gehiure
    was al der meide antlütze gar.
    nâch in allen kom diu lieht gevar
    Repanse de schoye, ein magt.
10 sich liez der grâl, ist mir gesagt,
    die selben tragen eine,
    und anders deheine.
    ir herzen was vil kiusche bî,
    ir vel des blickes flôrî.
15   sag ich des dienstes urhap,
    wie vil kameraer dâ wazzer gap,
    und waz man tafeln vür si truoc
    mêr denn ichs iu ê gewuoc,

Aloeholz loderten. Jetzt lagen vierzig Teppiche und Sitze
mehr im Raum als damals, da Parzival den Gral zum ersten
Mal herbeitragen sah. Der Sitz neben dem Burgherrn, wo
Feirefiz und Anfortas Platz nehmen sollten, war besonders
prächtig geschmückt. Wieder erfüllte ein jeder Gralsdiener,
der beim Herbeitragen des Grals eine bestimmte Aufgabe zu
erfüllen hatte, seine Obliegenheiten mit Sorgfalt und An-
stand.

Ihr habt ja schon einmal eine ausführliche Schilderung der
Zeremonie vernommen, die beim Herbeitragen des Grals
beachtet wurde. Wie man ihn vor Anfortas getragen hatte,
so trug man ihn vor den Sohn des edlen Gachmuret und die
Tochter Tampenteires. Alle fünfundzwanzig Jungfrauen tra-
ten der Reihe nach in den Saal. Schon die erste Jungfrau, die
im Schmuck ihrer blonden Locken hereintrat, schien dem
Heiden wunderschön, doch als er die nachfolgenden Jung-
frauen erblickte, fand er eine immer schöner als die andre,
und er bewunderte ihre prachtvollen Gewänder. Alle Jung-
frauen waren liebreizend, anmutig, ja bezaubernd anzuse-
hen. Schließlich folgte ihnen mit Repanse de Schoye die
strahlendste und schönste Jungfrau. Wie ich hörte, ließ sich
der Gral einzig und allein von ihr tragen. Ihr Herz war von
makelloser Reinheit, ihr Antlitz leuchtete im schimmernden
Glanz einer zarten Blüte.

Soll ich euch die Bedienungsfolge von Anfang bis Ende
schildern? Wollte ich erzählen, wie viele Kämmerer das
Waschwasser reichten, wie viele Tischplatten man – übri-
gens mehr als beim erstenmal – herbeibrachte, wie alles ganz

wie unvuoge den palas vlôch,
20 waz man dâ karrâschen zôch
mit tiuren goltvazen,
unt wie die ritter sâzen,
daz wurde ein alze langez spel:
ich wil der kürze wesen snel.
25 mit zuht man vor dem grâle nam
spîse wilde unde zam,
disem den met und dem den wîn,
als ez ir site wolde sîn,
môraz, sinôpel, clâret.
fil li roy Gahmuret
810 Pelrapeire al anders vant,
dô si im zem êrsten wart erkant.
    der heiden vrâgte maere,
wâ von diu goltvaz laere
5 vor der tafeln wurden vol.
daz wunder im tet ze sehen wol.
dô sprach der clâre Anfortas,
der im ze gesellen gegeben was,
'hêr, sehet ir vor iu ligen den grâl?'
10 dô sprach der heiden vêch gemâl
'ich ensihe niht wan ein achmardî:
daz truoc mîn juncvrouwe uns bî,
diu dort mit crône vor uns stêt.
ir blic mir in daz herze gêt.
15 ich wânde sô starc waer mîn lîp,
daz iemmer maget oder wîp
mir vröuden craft benaeme.
mir ist worden widerzaeme,
ob ich ie werde minne enpfienc.
20 unzuht mir zuht undervienc,
daz ich iu künde mîne nôt,
sît ich iu dienst nie gebôt.
waz hilfet al mîn rîchheit,
und swaz ich ie durch wîp gestreit,

nach Brauch und mit Anstand zuging, wie viele Servierwa-
gen mit kostbaren Goldschalen man hereinzog und wie die
Sitzgelegenheiten der Ritter aussahen, so würde das eine
lange Geschichte. Ich will mich lieber kurz fassen. Ehrerbie-
tig nahm man vom Gral Gerichte von Wildbret und Zucht-
tieren entgegen, Met für diesen und Wein für jenen – ganz
nach Wunsch und Gewohnheit –, auch Maulbeerwein, Rot-
wein und Würzwein. Der Sohn König Gachmurets hatte in
Pelrapeire beim ersten Kennenlernen der Stadt andere Ver-
hältnisse angetroffen.

Der Heide erkundigte sich, wie es kam, daß sich die Gold-
schalen vor der Speisetafel stets von selbst füllten; dieses
wunderbare Geschehen beeindruckte ihn sehr. Da fragte
sein Tischgenosse Anfortas: »Herr, seht Ihr denn nicht den
Gral vor Euch liegen?« Der schwarz und weiß gefleckte
Heide erwiderte: »Ich sehe nur ein grünes Seidentuch. Das
trug die Jungfrau zu uns herein, die dort gekrönten Hauptes
vor uns steht. Der Glanz ihrer Schönheit dringt tief in mein
Herz. Ich glaubte mich stark genug, weder von einer Jung-
frau noch von einer Frau in Kummer und Unruhe gestürzt
zu werden. Nun aber ist mir alle Liebesgunst edler Frauen,
die ich erfahren habe, plötzlich schal und zuwider. Ich weiß,
es schickt sich ganz und gar nicht, Euch, dem ich noch nie
einen Dienst leisten konnte, mit meiner Liebespein zu behel-
ligen. Was nützen mir Reichtum und Macht, was nützen mir
alle im Frauendienst vollbrachten Taten, was alle ausgeteil-

25 und ob mîn hant iht hât vergeben,
muoz ich sus pîneclîche leben?
ein creftec got Jupiter,
waz woltestu mîn ze unsenfte her?'
    minnen craft mit vröuden crenke
vrumte in bleich an sîner blenke.

811 Cundwîr âmûrs diu lieht erkant
vil nâch nu ebenhiuze vant
an der clâren meide velles blic.
dô slôz sich in ir minnen stric
5 Feirefîz der werde gast.
sîner êrsten vriuntschaft im gebrast
mit vergezzenlîchem willen.
waz half dô Secundillen
ir minne, ir lant Trîbalibôt?
10 im gab ein magt sô strenge nôt:
Clauditte unt Olimpîâ,
Secundille, unt wîten anderswâ
dâ wîb im dienstes lônden
unt sînes prîses schônden,
15 Gahmurets sun von Zazamanc
den dûhte ir aller minne cranc.
    dô sach der clâre Anfortas
daz sîn geselle in pînen was,
des blankiu mâl gar wurden bleich,
20 sô daz im hôher muot gesweich.
dô sprach er 'hêr, diu swester mîn,
mir ist leit ob iuch diu lêret pîn,
den noch nie man durch si erleit.
nie ritter in ir dienst gereit:
25 dô nam ouch niemen lôn dâ ze ir.
si was mit jâmer grôz bî mir.
daz crenket ouch ir varwe ein teil,
daz man si sach sô selten geil.
iuwer bruoder ist ir swester sun:
der mag iu dâ wol helfe tuon.'

ten Gaben, wenn ich solche Sehnsuchtsqualen dulden muß!
Du starker Gott Jupiter, warum hast du mich hierher
gebracht, wo ich nichts als Qualen leiden muß?« Die Gewalt
der Liebe und der wachsende Liebeskummer ließen die
hellen Stellen seines Gesichtes bleich werden. Der lieb-
reizenden Condwiramurs wurde von der wunderschönen
Jungfrau fast der Rang streitig gemacht, und Feirefiz, der
edle Fremdling, war völlig verstrickt in den Netzen der
Liebe. Ohne Widerstand ließ er die Liebe zu Secundille in
seinem Herzen verlöschen. Was halfen nun Secundille ihre
Liebe und ihr Land Tribalibot? Eine Jungfrau ließ ihn solche
Liebesqualen empfinden, daß ihm die Liebe Claudittes,
Olimpias, Secundilles und aller andern Frauen, die ihm
seinen Ritterdienst gelohnt und ihn um seines Ruhmes wil-
len ausgezeichnet hatten, bedeutungslos erschien.

Der schöne Anfortas bemerkte die Liebesqual seines Tisch-
genossen; er sah seine frohe Beschwingtheit schwinden und
die weißen Flecken seiner Haut erbleichen, und er sprach:
»Herr, ich bedaure sehr, daß Ihr nach meiner Schwester
solchen Sehnsuchtsschmerz empfindet, wie ihn ihretwegen
noch nie ein Mann empfunden hat. Kein Ritter ist je in
ihrem Dienst ausgeritten; niemand hat je von ihr den Lohn
für seinen Dienst empfangen. Sie blieb voller Herzenskum-
mer stets an meiner Seite, und es hat ihre Schönheit natürlich
nicht gemehrt, daß man sie niemals fröhlich sah. Euer
Bruder ist ihr Neffe und kann Euch in dieser Angelegenheit
sicherlich helfen.«

812   'Sol diu magt iuwer swester sîn,'
       sprach Feirefîz Anschevîn,
       'diu die crône ûf blôzem hâr dort hât,
       sô gebt mir umbe ir minne rât.
  5   nâch ir ist al mîns herzen ger.
       ob ich ie prîs erwarp mit sper,
       wan waere daz gar durch si geschehen,
       und wolt si danne ir lônes jehen!
       vünf stiche mac turnieren hân:
 10   die sint mit mîner hant getân.
       einer ist zem puneiz:
       ze triviers ich den andern weiz:
       der dritte ist ze entmuoten
       ze rehter tjost den guoten:
 15   hurteclîche ich hân geriten,
       und den zer volge ouch niht vermiten.
       sît der schilt von êrste wart mîn dach,
       hiut ist mîn hôhste ungemach.
       ich stach vor Agremuntîn
 20   gein eime ritter viurîn:
       wan mîn cursît salamander,
       aspindê mîn schilt der ander,
       ich waere verbrunnen von der tjost.
       swa ich holte ie prîs ûf des lîbes kost,
 25   ôwî het mich gesendet gar
       iuwer swester minneclîch gevar!
       ich waer gein strîte noch ir bote.
       Jupiter mîme gote
       wil ich iemmer hazzen tragen,
       ern wende mir diz starke clagen.'

813   Ir bêder vater hiez Frimutel:
       glîch antlütze und glîchez vel
       Anfortas bî sîner swester truoc.
       der heiden sach an si genuoc,
  5   unde ab wider dicke an in.
       swie vil man her oder hin

»Ist die Jungfrau mit der Krone im Haar Eure Schwester«,
sprach Feirefiz von Anjou, »dann sagt mir, wie ich ihre
Liebe erringen kann. Mein Herz verlangt nach ihr mit allen
seinen Fasern. Hätte ich nur allen Siegesruhm, den ich mit
der Lanze erstritt, für sie errungen, und könnte ich nun
dafür von ihr den Lohn erwarten! Alle fünf Arten des
Lanzenkampfes, die beim Turnier zugelassen sind, habe ich
selbst schon angewandt. Der Puneiz wird mit eingelegter
Lanze geritten; die zweite Art heißt ›zu triviers‹ und ist
gegen die Seite des Gegners gerichtet; die dritte Art ist die
Abwehr mehrerer Gegner; außerdem habe ich den Lanzen-
stoß beim Zusammenprall der Einzelkämpfer und den Ver-
folgungsstoß gezeigt. Heute aber ist der Tag meiner schwer-
sten Heimsuchung, und dies, seit ich mich zum ersten Male
mit dem Schild deckte. Vor Agremontin lieferte ich einem
flammenumlohten Ritter einen Lanzenkampf, und hätte ich
nicht einen Umhang aus Salamanderleder und einen Schild
aus Asbestholz gehabt, so wäre ich bei diesem Zweikampf
verbrannt. Ach, hätte mich nur Eure anmutige Schwester
überall dorthin geschickt, wo ich unter Einsatz meines
Lebens Heldenruhm errang! Für sie ritte ich gern in jeden
Kampf. Meinem Gott Jupiter aber bin ich ewig feind, wenn
er mich nicht von dieser ungeheuren Qual erlöst!«
Anfortas und seine Schwester hatten die gleichen Gesichts-
züge und die gleiche blühende Gesichtsfarbe wie ihr Vater
Frimutel. Der Heide schaute immer beide abwechselnd an.

»*zu triviers*«: frz. *travers*, der Gesamtangriff von der rechten Seite her.

spîse truoc, sîn munt ir doch niht az:
ezzen er doch glîche saz.
   Anfortas sprach ze Parzivâl

10 'hêr, iuwer bruoder hât den grâl,
des ich waen, noch niht gesehen.'
Feirefîz begunde dem wirte jehen
daz er des grâles niht ensaehe.
daz dûhte al die ritter spaehe.

15 diz maere ouch Titurel vernam,
der alte betterise lam.
der sprach 'ist ez ein heidensch man,
sô darf er des niht willen hân
daz sîn ougen âne des toufes craft

20 bejagen die geselleschaft
daz si den grâl beschouwen:
da ist hâmît vür gehouwen.'
   daz enbôt er in den palas.
dô sprach der wirt und Anfortas,

25 daz Feirefîz naeme war,
wes al daz volc lebte gar,
dâ waere ein ieslîch heiden
mit sehen von gescheiden.
si wurben daz er naeme den touf
und endelôsen gewinnes kouf.

814 'Ob ich durch iuch ze toufe kum,
ist mir der touf ze minnen vrum?'
sprach der heiden, Gahmuretes kint.
'ez was ie jenen her ein wint,

5 swaz mich strît oder minne twanc.
des sî kurz oder lanc
daz mich êrster schilt übervienc,
sît ich nie groezer nôt enpfienc.
durch zuht solte ich minne heln:

10 nune mag ir daz herze niht versteln.'
   'wen meinstu?' sprach Parzivâl.
'et jene maget lieht gemâl,

Wenngleich es schien, als äße er, rührte er doch keine einzige Speise an, wie viele man auch vor ihm auftrug. Anfortas sprach zu Parzival: »Herr, ich glaube, Euer Bruder hat den Gral noch gar nicht gesehen.« Und Feirefiz bestätigte dem Burgherrn, daß er ihn nicht sehen könne. Dies erschien allen Rittern höchst merkwürdig. Als der bettlägerige, gelähmte alte Titurel davon erfuhr, sagte er: »Wenn es ein Heide ist, so darf er nicht darauf hoffen, daß er, ohne Taufe, den Gral wie die Gralsritter erblicken kann. Er ist für ihn wie hinter einem dichten Verhau verborgen.« Dies ließ er im Palast melden. Nun erklärten Parzival und Anfortas dem Feirefiz, kein Heide könne sehen, was die ganze Gesellschaft in reicher Fülle speiste. Sie rieten ihm, sich taufen zu lassen und so für das ewige Heil seiner Seele zu sorgen.

»Wenn ich mich nun euch zuliebe taufen lasse, bringt mich die Taufe dann auch der Erfüllung meiner Liebe näher?« fragte der Heide. »Alle bisherige Bedrängnis in Kampf oder Liebe ist überhaupt nicht zu vergleichen mit dieser Not. Ich habe keine größere erlitten, seit ich mich erstmals mit dem Schild deckte. Eigentlich gehörte es sich, meine Liebe zu verbergen, doch mein Herz kann sie nicht verheimlichen.«

»Wen liebst du denn so sehr?« fragte Parzival.

»Die wunderschöne Jungfrau dort, die Schwester meines

    mîns gesellen swester hie.
    wiltu mir helfen umbe sie,
15 ich tuon ir rîchheit bekant,
    sô daz ir dienent wîtiu lant.'
     'wiltu dich toufes lâzen wern,'
    sprach der wirt, 'sô mahtu ir minne gern.
    ich mac nu wol duzen dich:
20 unser rîchtuom nâch gelîchet sich,
    mînhalp von des grâles crefte.'
    'hilf mir geselleschefte,'
    sprach Feirefîz Anschevîn,
    'bruoder, umb die muomen dîn.
25 holt man den touf mit strîte,
    dar schaffe mich bezîte
    und lâz mich dienen umbe ir lôn.
    ich hôrte ie gerne solhen dôn,
    dâ von tjoste sprîzen sprungen
    unt dâ swert ûf helmen clungen.'
815   Der wirt des lachte sêre,
    und Anfortas noch mêre.
    'kanstu sus touf enpfâhen,'
    sprach der wirt, 'ich wil si nâhen
5 durch rehten touf in dîn gebot.
    Jupitern dînen got
    muostu durch si verliesen
    unt Secundillen verkiesen.
    morgen vruo gib ich dir rât,
10 der vuoge an dîme gewerbe hât.'
     Anfortas vor siechheit zît
    sînen prîs gemachet hête wît
    mit ritterschaft durch minne.
    an sîns herzen sinne
15 was güete unde mildekeit:
    sîn hant ouch mangen prîs erstreit.
    dâ sâzen dem grâle bî
    der aller besten ritter drî,

Tischgenossen. Hilf mir, sie zu erringen! Ich mache ihr große Reiche untertan und überhäufe sie mit Macht und Reichtum.«

Da sprach der Burgherr: »Wenn du dich taufen läßt, kannst du um ihre Liebe werben. Da wir seit meiner Erhebung zum Gralskönig an Macht und Reichtum einander ebenbürtig sind, darf ich jetzt wohl du zu dir sagen.«

»Bruder, tu das Deine, daß ich und deine Tante ein Paar werden!« drängte Feirefiz von Anjou. »Erringt man die Taufe im Kampfe, dann bringe mich schnell auf den Kampfplatz, damit ich mit ritterlicher Tat ihren Liebeslohn erdiene. Seit eh und je klangen mir die Melodien zersplitternder Lanzen und auf Helme niedersausender Schwerter am lieblichsten in den Ohren.«

Der Burgherr lachte herzlich, Anfortas noch weit mehr. Und Parzival sprach: »Wenn du auch irrtümlich glaubst, die Taufe im Kampf erringen zu können, so will ich doch dafür sorgen, daß du die Jungfrau erhältst, nachdem du die richtige Taufe empfangen hast. Willst du die Jungfrau erringen, dann mußt du deinem Gott Jupiter abschwören und auf Secundille verzichten. Morgen früh werde ich dir sagen, wie dein Wunsch zu erfüllen ist.«

Anfortas hatte vor seinem Siechtum im Dienste der Liebe Rittertaten vollbracht, die ihn weit und breit berühmt gemacht hatten. Aber nicht nur der Ruhm zahlreicher Siege, sondern auch Güte und Großzügigkeit zeichneten ihn aus. So saßen vor dem Gral die drei hervorragendsten Ritter ihrer

die dô der schilde pflâgen:
20 wan si getorstenz wâgen.
welt ir, si hânt dâ gâz genuoc.
mit zuht man von in allen truoc
tafeln, tischlachen.
mit dienstlîchen sachen
25 nigen al diu juncvrouwelîn.
Feirefîz Anschevîn
sach si von im kêren:
daz begunde im trûren mêren.
sîns herzen slôz truoc dan den grâl.
urloup gab in Parzivâl.

816   Wie diu wirtîn selbe dan gegienc,
unt wie manz dâ nâch an gevienc,
daz man sîn wol mit betten pflac,
der doch durch minne unsanfte lac,
5 wie al der templeise diet
mit senfte unsenfte von in schiet,
dâ von wurde ein langiu sage:
ich wil iu künden von dem tage.
dô der des morgens lieht erschein,
10 Parzivâl wart des enein
und Anfortas der guote,
mit endehaftem muote
si bâten den von Zazamanc
komen, den diu minne twanc,
15 in den tempel vür den grâl.
er gebôt ouch an dem selben mâl
den wîsen templeisen dar.
sarjande, ritter, grôziu schar
dâ stuont. nu gienc der heiden in.
20 der toufnapf was ein rubbîn,
von jaspes ein grêde sinwel,
dar ûf er stuont: Titurel
het in mit kost erziuget sô.
Parzivâl zuo sîm bruoder dô

Zeit, die im Kampf stets Löwenmut bewiesen. Doch wenn's euch gefällt, haben sie jetzt lange genug gespeist. Voll Anstand wurden überall Tischtücher und Tischplatten entfernt. Streng nach dem Zeremoniell verneigten sich die Jungfrauen, und Feirefiz von Anjou sah zu seinem Leidwesen, daß Repanse de Schoye den Saal verließ. Das Schloß seines Herzens trug den Gral wieder fort, und Parzival verabschiedete nun die Tischgesellschaft.

Ich hätte viel zu erzählen, wollte ich schildern, wie die Hausherrin sich entfernte, wie man Feirefiz ein weiches Lager bereitete – worauf ihn freilich die Liebe keinen Schlaf finden ließ – und wie sich alle Tempelherren der behaglichen, sorgenfreien Ruhe hingaben. Ich will euch lieber berichten, was am nächsten Tage geschah. Als der Morgen hell heraufstieg, faßten Parzival und Anfortas den Entschluß, den liebeskranken Heiden aus Zazamanc in den Tempel vor den Gral zu bitten. Zugleich ließ Parzival alle ratklugen Tempelherren erscheinen, so daß beim Eintritt des Heiden eine große Schar von Fußknechten und Rittern versammelt war. Das Taufbecken war ein Rubin und stand auf einem abgestuften runden Sockel aus Jaspis. Titurel hatte es unter hohen Kosten herstellen lassen. Nun sprach Parzi-

25 sprach 'wiltu die muomen mîn
   haben, al die gote dîn
   muostu durch si versprechen
   unt immer gerne rechen
   den widersatz des hôhsten gotes
   und mit triuwen schônen sîns gebotes,'

817 'Swâ von ich sol die maget hân,'
   sprach der heiden, 'daz wirt gar getân
   und mit triuwen an mir erzeiget.'
   der toufnapf wart geneiget
5 ein wênec geinme grâle.
   vol wazzers an dem mâle
   wart er, ze warm noch ze kalt.
   dâ stuont ein grâwer priester alt,
   der ûz heidenschaft manc kindelîn
10 ouch gestôzen hête drîn.
   der sprach 'ir sult gelouben,
   iuwer sêle den tiuvel rouben,
   an den hôhsten got al eine,
   des drîvalt ist gemeine
15 und al gelîche gurbort.
   got ist mensch und sîns vater wort.
   sît er ist vater unde kint,
   die al gelîche geêret sint,
   eben hêre sîme geiste,
20 mit der drîer volleiste
   wert iu diz wazzer heidenschaft,
   mit der Trinitâte craft.
   ime wazzer er ze toufe gienc,
   von dem Adâm antlütze enpfienc.
25 von wazzer boume sint gesaft.
   wazzer vrüht al die geschaft,
   der man vür crêatiure giht.
   mit dem wazzer man gesiht.
   wazzer gît maneger sêle schîn,
   daz die engel niht liehter dorften sîn.'

val zu seinem Bruder: »Willst du meine Tante zur Frau, dann mußt du ihretwegen all deinen Göttern absagen, den Teufel bekämpfen und treu die Gebote des allerhöchsten Gottes erfüllen.«

»Alles, was mir hilft, die Jungfrau zu erringen, wird treu und genau von mir getan!« versprach der Heide.

Nun wurde das Taufbecken dem Gral etwas zugeneigt, und sogleich füllte es sich mit wohltemperiertem Wasser. Neben dem Becken stand ein grauhaariger alter Priester, der schon so manches Heidenkind hineingetaucht hatte. Er sprach zu Feirefiz: »Wollt Ihr Eure Seele vor dem Teufel retten, dann dürft Ihr künftig nur noch an den allerhöchsten Gott glauben, dessen Dreieinigkeit sich überall auf der Welt offenbart. Gott ist Mensch und seines Vaters Wort, er ist Vater und Sohn zugleich, und sie sind ebenso gebenedeit wie der Heilige Geist. Dank der Allmacht der Dreieinigkeit nimmt dieses Wasser das Heidentum von Euch. Ins Wasser zur Taufe schritt Gott, der Adam nach seinem Bilde geschaffen hat; aus dem Wasser ziehen die Bäume ihre Säfte; Wasser läßt die ganze Schöpfung fruchtbar werden; Wasser macht das Auge sehend und verleiht der Seele solchen Glanz, daß selbst die Engel nicht heller erstrahlen.«

818   Feirefîz zem priester sprach
    'ist ez mir guot vür ungemach,
    ich gloube swes ir gebietet.
    ob mich ir minne mietet,
5   sô leiste ich gerne sîn gebot.
    bruoder, hât dîn muome got,
    an den geloube ich unt an sie
    (sô grôze nôt enpfieng ich nie):
    al mîne gote sint verkorn.
10   Secundille habe ouch verlorn
    swaz si an mir ic gêrte sich.
    durch dîner muomen got heiz toufen mich.'
      man begund sîn cristenlîche pflegen
    und sprach ob im den toufes segen.
15   dô der heiden touf enpfienc
    unt diu westerlege ergienc,
    des er unsanfte erbeite,
    der magt man in bereite:
    man gab im Frimutelles kint.
20   an den grâl was er ze sehen blint,
    ê der touf het in bedecket:
    sît wart im vor enblecket
    der grâl mit gesihte.
    nâch der toufe geschihte
25   ame grâle man geschriben vant,
    swelhen templeis diu gotes hant
    gaeb ze hêrren vremder diete,
    daz er vrâgen widerriete
    sînes namen oder sîns geslehtes,
    unt daz er in hulfe rehtes.
819   Sô diu vrâge wirt gein im getân,
    sô mugen sis niht langer hân.
    durch daz der süeze Anfortas
    sô lange in sûren pînen was
5   und in diu vrâge lange meit,
    in ist immer mêr nu vrâgen leit.

Feirefiz aber sprach zum Priester: »Wenn's nur gegen meinen Kummer hilft! Tut's das, dann glaube ich, was Ihr wollt. Belohnt sie mich mit ihrer Liebe, dann erfülle ich gern Gottes Gebote. Bruder, ich glaube an den Gott deiner Tante und an sie! All meinen Göttern schwöre ich ab, denn solche Qualen habe ich noch nie gespürt. Auch Secundille soll nicht mehr teilhaben an meinem Ruhm. Um des Gottes deiner Tante willen, laß mich taufen!«

Da verfuhr man mit ihm nach christlichem Brauch und sprach den Taufsegen über ihn. Nachdem der Heide die Taufe erhalten und das Taufhemd angelegt hatte, gab man ihm Frimutels Tochter, nach der er sich in Sehnsucht verzehrte. Vor der Taufe war der Gral seinen Augen verborgen geblieben, doch nun wurde er sichtbar für ihn. Zugleich erschien am Gral eine Inschrift, die folgendes besagte: Beruft die Allmacht Gottes einen Tempelherrn zum Herrscher eines fremden Volkes, dann ist er verpflichtet, im Lande für Recht und Gerechtigkeit zu sorgen; er muß aber jede Frage nach seinem Namen und seinem Geschlecht verbieten. Wird er dennoch gefragt, dann kann er nicht länger im Lande bleiben. Seit der liebenswerte Anfortas lange Zeit in bitteren Qualen auf die erlösende Frage warten

al des grâles pflihtgesellen
von in vrâgens niht enwellen.
    der getoufte Feirafîz
10 an sînen swâger leite vlîz
mit bete dan ze varne
und niemer niht ze sparne
vor im al sîner rîchen habe.
dô leite in mit zühten abe
15 Anfortas von dem gewerbe.
'ichne wil niht daz verderbe
gein gote mîn dienstlîcher muot.
des grâles crône ist alsô guot:
die hât mir hôchvart verlorn:
20 nu hân ich diemuot mir erkorn.
rîchheit und wîbe minne
sich verret von mîm sinne.
ir vüeret hinne ein edel wîp:
diu gît ze dienste iu kiuschen lîp
25 mit guoten wîplîchen siten.
mîn orden wirt hie niht vermiten:
ich wil vil tjoste rîten,
in des grâles dienste strîten.
durch wîp gestrîte ich niemer mêr:
ein wîp gab mir herzesêr.
820 Iedoch ist iemmer al mîn haz
gein wîben volleclîche laz:
hôch manlîch vröude kumt von in,
swie clein dâ waere mîn gewin.'
5   Anfortasen bat dô sêre
durch sîner swester êre
Feirefîz der danverte:
mit versagen er sich werte.
Feirefîz Anschevîn
10 warp daz Loherangrîn
mit im dannen solde varn.
sîn muoter kund daz wol bewarn:

mußte, verabscheuen die Angehörigen der Gralsgemeinde alles Fragen. Sie wollen nicht mehr über sich selbst befragt werden.

Der getaufte Feirefiz bestürmte nun seinen Schwager, mit ihm zu ziehen, seine Macht und seinen Reichtum mit ihm zu teilen, doch Anfortas suchte ihn freundlich von seinem Wunsch abzubringen. »Ich will mich dem Dienste Gottes weihen. Die Krone des Grals läßt sich durchaus mit dem vergleichen, was Ihr mir bieten könnt. Durch meinen stolzen Übermut habe ich sie verspielt. Nun bin ich fest entschlossen, mich in Demut zu üben. In Zukunft will ich meine Gedanken nie mehr auf Macht, Reichtum und Frauenliebe richten. Ihr nehmt doch eine edle Gattin mit in Eure Heimat, sie wird Euch keusch und tugendhaft dienen. Ich muß hier meine Pflicht erfüllen und werde im Dienste des Grals sicher noch viele Kämpfe bestehen. Doch nie mehr kämpfe ich im Dienste einer Frau, denn eine Frau war die Ursache meines tiefen Herzeleids! Damit will ich aber nicht sagen, daß ich den Frauen feind wäre! Mir selbst haben sie zwar nichts wie Leid gebracht, doch sie können einen Mann auch wunderbar beglücken.«

Dennoch bat Feirefiz den Anfortas inständig wieder, seiner Schwester zu Ehren mit ihm zu fahren, doch Anfortas blieb fest. Nun bat Feirefiz von Anjou, man solle Loherangrin mit ihm ziehen lassen, doch Condwiramurs lehnte ab, und auch

ouch sprach der künec Parzivâl
'mîn sun ist gordent ûf den grâl:
15   dar muoz er dienstlîch herze tragen,
laet in got rehten sin bejagen.'
   vröude unt kurzwîle pflac
Feirefîz aldâ den eilften tac:
ame zwelften schiet er dan.
20   gein sîme her der rîche man
sîn wîp wolde vüeren.
des begunde ein trûren rüeren
Parzivâln durch triuwe:
diu rede in lêrte riuwe.
25   mit den sînen er sich beriet,
daz er von rittern grôze diet
mit im sande vür den walt.
Anfortas der süeze degen balt
mit im durch condwieren reit.
manc magt dâ weinen niht vermeit.

821   Si muosen machen niuwe slâ
ûz gegen Carcobrâ.
dar enbôt der süeze Anfortas
dem der dâ burcgrâve was,
5   daz er waere des gemant,
ob er ie von sîner hant
enpfienge gâbe rîche,
daz er nu dienstlîche
sîne triuwe an im geprîste
10   unt im sînen swâger wîste,
unt des wîp die swester sîn,
durch daz fôreht Laeprisîn
in die wilden habe wît.
nu was ez ouch urloubes zît.
15   sine solten dô niht vürbaz komen.
Cundrî la surzier wart genomen
zuo dirre botschefte dan.
urloup zuo dem rîchen man

König Parzival sprach: »Mein Sohn ist zum Gralsdienst bestimmt, und wenn Gott ihn auf den rechten Weg führt, wird sein Herz dem Dienste des Grals geweiht sein.«

Elf Tage verbrachte Feirefiz bei großer Fröhlichkeit und Kurzweil, am zwölften Tage nahm er Abschied, denn nun wollte der mächtige Herr mit seiner Gattin zurück zu seinem Heer. Der treue Parzival wurde tieftraurig; der Abschied erfüllte sein Herz mit Betrübnis. Er kam mit den Seinen überein, den Bruder mit einem großen Gefolge von Gralsrittern bis vor den Wald geleiten zu lassen, und auch der schöne, tapfere Anfortas gab Feirefiz das Geleit. Viele Jungfrauen brachen beim Abschied in Tränen aus.

Auf ungebahnten Pfaden ritten sie in Richtung Karcobra. Anfortas sandte dem Burggrafen der Stadt eine Botschaft, in der er ihn an die reichen Geschenke erinnerte, die der Graf von ihm erhalten hatte. Er bat ihn, sich durch treuen Gegendienst zu ehren und seinen Schwager wie dessen Gattin, seine Schwester, durch den Wald von Läprisin bis zu dem weit entfernten natürlichen Hafen zu geleiten, wo das Heer des Feirefiz wartete. Die Stunde des Abschieds war gekommen, denn die Gralsritter durften nicht weiterreiten. Die Botschaft hatte man dem Burggrafen durch die Zauberin Cundry gesandt. Nachdem sich alle Tempelherren von dem

      nâmen al die templeise:
20 hin reit der curteise.
       der burcgrâve dô niht liez
     swaz in Cundrîe leisten hiez.
     Feirefîz der rîche
     wart dô ritterlîche
25 mit grôzer vuore enpfangen.
     in dorft dâ niht erlangen:
     man vuorte in vürbaz schiere
     mit werdem condwiere.
     ichne weiz wie manec lant er reit
     unz ze Jôflanze ûf den anger breit.
822   Liute ein teil si vunden.
     an den selben stunden
     Feirefîz vrâgete maere.
     war daz her komen waere.
5 ieslîcher was in sîn lant,
     dar im diu reise was bekant:
     Artûs was gein Schamilôt.
     der von Tribalibôt
     kund an den selben zîten
10 gein sîme her wol rîten.
     daz lag al trûrec in der habe,
     daz ir hêrre was gescheiden drabe.
     sîn kunft dâ manegem ritter guot
     brâhte niuwen hôhen muot.
15 der burcgrâve von Carcobrâ
     und al die sîne wurden dâ
     mit rîcher gâbe heim gesant.
     Cundrî dâ grôziu maere bevant:
     boten wârn nâch dem here komen,
20 Secundillen het der tôt genomen.
      Repanse de schoye mohte dô
     alrêst ir verte wesen vrô.
     diu gebar sît in Indyân
     ein sun, der hiez Jôhan.

mächtigen Mann verabschiedet hatten, ritt der vornehme Ritter von dannen.

Der Burggraf erfüllte den Auftrag, den ihm Cundry überbracht hatte. Der mächtige Feirefiz wurde mit Zuvorkommenheit und großer Pracht empfangen, und er brauchte keine Langeweile zu befürchten, denn man führte ihn ohne Verzug mit einem prächtigen Geleit von Edelleuten weiter. Ich weiß nicht, wie viele Länder er durchqueren mußte, bis er auf dem weiten Wiesenplan von Joflanze anlangte. Als er nur noch wenige Leute antraf, fragte er, wohin das Heer sich zerstreut hätte. Nun, jeder war in sein Heimatland zurückgekehrt. Artus war nach Schamilot geritten. So konnte der Herr von Tribalibot ohne weiteren Aufenthalt zu seinem Heere weiterreisen, das in unruhiger Erwartung seines Herrschers im Hafen vor Anker lag. Seine Ankunft versetzte die vielen wackeren Ritter in frohe Stimmung. Der Burggraf von Karcobra und die Seinen wurden mit reichen Geschenken in ihre Heimat entlassen. Cundry erfuhr nun eine wichtige Neuigkeit: Beim Heer waren Boten mit der Nachricht von Secundilles Tod eingetroffen. Nun erst konnte Repanse de Schoye unbeschwerten Herzens die weite Reise antreten. Später in Indien schenkte sie einem Sohne das Leben, der Johann hieß und den man den Priester Johannes

25 priester Jôhan man den hiez:
iemmer sît man dâ die künege liez
bî dem namen belîben.
Feirefîz hiez schrîben
ze Indyâ über al daz lant,
wie cristen leben wart erkant:

823 Daz was ê niht sô creftec dâ.
wir heizen ez hie Indîâ:
dort heizet ez Trîbalibôt.
Feirefîz bî Cundrîn enbôt

5 sîncm bruoder ûf Munsalvaesche wider,
wie ez im was ergangen sider,
daz Secundille verscheiden was.
des vröute sich dô Anfortas,
daz sîn swester âne strît

10 was vrouwe über manegiu lant sô wît.
    diu rehten maere iu komen sint
umb diu vünf Frimutelles kint,
daz diu mit güeten wurben,
und wie ir zwei ersturben.

15 daz ein was Schoysîâne,
vor gote diu valsches âne:
diu ander Herzeloyde hiez,
diu valscheit ûz ir herzen stiez.
sîn swert und ritterlîchez leben

20 hete Trevrizent ergeben
an die süezen gotes minne
und nâch endelôsem gewinne.
der werde clâre Anfortas
manlîch bî kiuschem herzen was.

25 ordenlîche er manege tjoste reit,
durch den grâl, niht durch diu wîp er streit.
Loherangrîn wuohs manlîch starc:
diu zageheit sich an im barc.
dô er sich ritterschaft versan,
in des grâles dienste er prîs gewan.

nannte. Seither tragen dort alle Könige diesen Namen. Feirefiz ließ in Indien den christlichen Glauben verbreiten, dem vorher nur wenige anhingen. Das Land, das wir unter dem Namen Indien kennen, wird von seinen Bewohnern Tribalibot genannt. Feirefiz sandte seinem Bruder durch Cundry Nachrichten nach Munsalwäsche, wie es ihm in der Zwischenzeit ergangen und daß Secundille gestorben war. Anfortas freute sich sehr, daß seine Schwester jetzt unbestrittene Herrscherin über viele große Reiche war.

Ihr habt nun den wahrheitsgetreuen Bericht über die Schicksale der fünf Kinder Frimutels erhalten. Ihr habt gehört, daß sie ein vorbildliches Leben führten und daß zwei von ihnen den Tod fanden: so starben Schoysiane, an der Gott keinen Falsch fand, und Herzeloyde, die keine Untreue kannte. Trevrizent hatte auf Schwert und Ritterdasein Verzicht geleistet und lebte im Streben nach ewigem Seelenheil in der beglückenden Liebe Gottes. Der edle und schöne Anfortas focht männlich kühn und reinen Herzens als Gralsritter noch viele Lanzenkämpfe aus, doch kämpfte er nur für den Gral und nicht mehr im Dienste der Frauen.

Loherangrin wuchs zu einem mannhaften und starken Jüngling heran, der auch nicht die geringste Furcht kannte. Nachdem er Ritter geworden war, vollbrachte er im Dienste des Grals ruhmvolle Taten.

824   Welt ir nu hoeren vürbaz?
    sît über lant ein vrouwe saz.
    vor aller valscheit bewart.
    rîchheit und hôher art
5   ûf si beidiu gerbet wâren.
    si kunde alsô gebâren,
    daz si mit rehter kiusche warp:
    al menschlîch gir an ir verdarp.
    werder liute warb umb si genuoc,
10   der etslîcher crône truoc,
    und manec vürste ir genôz:
    ir diemuot was sô grôz,
    daz si sich dran niht wande.
    vil grâven von ir lande
15   begundenz an si hazzen:
    wes si sich wolde lazzen,
    daz si einen man niht naeme,
    der ir ze hêrren zaeme.
    si hete sich gar an got verlân,
20   swaz zornes wart gein ir getân.
    unschulde manger an si rach.
    einen hof si ir landes hêrren sprach.
    manc bote ûz verrem lande vuor
    hin ze ir: die man si gar verswuor,
25   wan den si got bewîste:
    des minne si gerne prîste.
    si was vürstîn in Brâbant.
    von Munsalvaesche wart gesant
    der den der swane brâhte
    unt des ir got gedâhte.
825   Ze Antwerp wart er ûz gezogen.
    si was an im vil unbetrogen.
    er kunde wol gebâren:
    man muose in vür den clâren
5   und vür den manlîchen
    haben in al den rîchen,

Wollt ihr noch mehr hören? Geraume Zeit nach den geschilderten Ereignissen lebte in einem Lande eine edle, makellose Frau. Sie war nach Herkunft und Geburt ebenso vornehm wie mächtig und führte ein keusches Leben, denn jedes irdische Liebesverlangen war ihr fremd. Viele Edelleute, darunter gekrönte Häupter und zahlreiche Fürsten, warben um sie, doch sie hatte sich Gott in Demut so völlig hingegeben, daß sie alle Bewerber abwies. Da wurden viele ihrer Landgrafen unwillig. Warum sie denn zögere, einen Gatten zu nehmen, der ihnen ein würdiger Herrscher sein könne? Doch sosehr man ihr auch zürnte, sosehr man sie ohne jedes Verschulden anfeindete, sie legte ihr Schicksal ganz in Gottes Hand und berief einen Hoftag ein, zu dem sie alle Edlen ihres Landes lud und den auch zahlreiche Gesandte aus fernen Ländern besuchten. Hier tat sie den feierlichen Schwur, sich keinem Manne vermählen zu wollen, es sei denn, Gott selbst habe ihn ihr bestimmt. In diesem Falle würde sie ihn gern erhören und seine Liebe hochhalten.

Sie war die Fürstin von Brabant. Da wurde aus Munsalwäsche der ihr von Gott bestimmte Ritter ausgesandt. Ein Schwan brachte ihn zu ihr, und in Antwerpen ging er an Land. Sie fand an ihm einen vortrefflichen Gatten, denn sein Benehmen war ohne Tadel, und er wurde von allen Menschen, die ihn näher kennenlernten, als schöner und tapferer

swâ man sîn künde ie gewan.
höfsch, mit zühten wîs ein man,
mit triuwen milte ân âderstôz,
10   was sîn lîp missewende blôz.
    des landes vrouwe in schône enpfienc.
nu hoeret wie sîn rede ergienc.
rîche und arme ez hôrten,
die dâ stuonden an allen orten.
15   dô sprach er 'vrouwe herzogîn,
sol ich hie landes hêrre sîn,
dar umbe lâze ich als vil.
nu hoeret wes ich iuch biten wil.
gevrâget nimmer wer ich sî:
20   sô mag ich iu belîben bî.
bin ich ze iuwerr vrâge erkorn,
sô habt ir minne an mir verlorn.
ob ir niht sît gewarnet des,
sô warnt mich got, er weiz wol wes.'
25   si sazte wîbes sicherheit,
diu sît durch liebe wenken leit,
si wolt ze sîme gebote stên
unde nimmer übergên
swaz er si leisten hieze,
ob si got bî sinne lieze.
826   Die naht sîn lîp ir minne enpfant:
dô wart er vürste in Brâbant.
diu hôhzit rîlîche ergienc:
manc hêrre von sîner hende enpfienc
5   ir lêhen, die daz solten hân.
guot rihtaer wart der selbe man:
er tete ouch dicke ritterschaft,
daz er den prîs behielt mit craft.
    si gewunnen samt schoeniu kint.
10   vil liute in Brâbant noch sint,
die wol wizzen von in beiden,
ir enpfâhen, sîn dan scheiden,

Ritter geschätzt. Er besaß feine Bildung und kannte sich in
Zucht und Anstand aus, überdies war er freundlich, freige-
big und ohne charakterliche Schwächen. Nach dem ehren-
vollen Empfang durch die Landesherrin wandte er sich vor
ihren ringsum versammelten Untertanen an die Fürstin:
»Frau Herzogin, übernehme ich hier auch das Amt des
Landesherrn, so könnt Ihr gewiß sein, daß ich zugleich ein
ebenso ehrenvolles Amt aufgebe. Um eines muß ich Euch
aber vorher bitten: Fragt nie danach, wer ich bin! Solange
Ihr nicht fragt, darf ich bei Euch bleiben. Fragt Ihr jedoch,
dann endet unser Liebesbund. Wenn Ihr meine Warnung in
den Wind schlagt, muß ich Euch nach dem Willen Gottes
verlassen.«
Sie gab ihm ihr Frauenwort, sie wolle seine Mahnung beher-
zigen und alles tun, was er von ihr verlangte, solange sie
Gott bei klarem Verstande ließe. Leider sollte dieses Ver-
sprechen aus übergroßer Liebe gebrochen werden.
In der folgenden Nacht gab sie sich ihm hin, und er wurde
Fürst von Brabant. Beim Hochzeitsfest, das mit großem
Pomp gefeiert wurde, empfingen viele Edelleute aus seiner
Hand die ihnen gebührenden Lehen. Er war nicht nur ein
gerechter Richter, sondern vollbrachte auch zahlreiche rit-
terliche Kampfestaten, bei denen er mit seiner Heldenkraft
stets den Sieg errang. Dem fürstlichen Paar wurden anmu-
tige Kinder geboren, und es gibt noch viele Menschen in
Brabant, die zu erzählen wissen, wie sie ihn empfing, wie er,
von ihrer Frage vertrieben, Abschied nahm und wie lange er

daz in ir vrâge dan vertreip,
und wie lange er dâ beleip.

15 er schiet ouch ungerne dan:
nu brâhte im aber sîn vriunt der swan
ein cleine gevüege seitiez.
sîns cleinoetes er dâ liez
ein swert, ein horn, ein vingerlîn.

20 hin vuor Loherangrîn.
wel wir dem maere rehte tuon,
sô was er Parzivâles sun.
der vuor wazzer unde wege,
unz wider in des grâles pflege.

25 durch waz verlôs daz guote wîp
werdes vriunts minneclîchen lîp?
er widerriet ir vrâgen ê,
do er vür si gienc vome sê.
hie solte Ereck nu sprechen:
der kunde mit rede sich rechen.

827 Ob von Troys meister Cristjân
disem maere hât unreht getân,
daz mac wol zürnen Kyôt,
der uns diu rehten maere enbôt.

5 endehaft giht der Provenzâl,
wie Herzeloyden kint den grâl
erwarp, als im daz gordent was,
dô in verworhte Anfortas.
von Provenz in tiuschiu lant

10 diu rehten maere uns sint gesant,
und dirre âventiure endes zil.
niht mêr dâ von nu sprechen wil
ich Wolfram von Eschenbach,
wan als dort der meister sprach.

15 sîniu kint, sîn hôch geslehte
hân ich iu benennet rehte,
Parzivâls, den ich hân brâht
dar sîn doch saelde hete erdâht.

im Lande geblieben sei. Er schied auch nur sehr ungern,
doch sein Gefährte, der Schwan, erschien nach der verhäng-
nisvollen Frage mit einem zierlichen kleinen Nachen und
holte ihn ab. Als Geschenke ließ er ein Schwert, ein Horn
und einen Ring zurück. Dann fuhr Loherangrin davon, der,
wie aus der Erzählung bereits bekannt ist, Parzivals Sohn
war. Er reiste über Wasser und Land, bis er in die Obhut des
Grals zurückgekehrt war. Warum die edle Frau ihren vor-
nehmen, unvergleichlichen Geliebten verlor? Nun, er hatte
ihr doch bei seiner Landung verboten, nach seinem Namen
zu fragen. Loherangrin verhielt sich anders als Erec, der
zwar drohte, aber seine Drohungen nie wahr machte.

Hat Meister Chrétien de Troyes diese Geschichte nicht
wahrheitsgetreu berichtet, dann darf Kyot, der sie uns in der
richtigen Fassung überlieferte, wohl zürnen. Der Provenzale
berichtet am Schluß, wie Herzeloydes Sohn nach seiner
Bestimmung die Gralsherrschaft errang, die Anfortas ver-
wirkt hatte. Die authentische Erzählung mit dem richtigen
Schluß ist also aus der Provence nach Deutschland gekom-
men, und ich, Wolfram von Eschenbach, schließe dort, wo
der provenzalische Meister den Schlußpunkt setzte. Ohne
eigenmächtige Änderungen habe ich euch von dem vorneh-
men Geschlecht und den Kindern Parzivals erzählt, dessen
Lebensweg ich bis zum Zenit seines Glücks verfolgte. Wer

Erec ... : bezieht sich auf die Vorwürfe, die Erec der Enite in Hartmann von
Aues »Erec« (3093 ff.) macht, als sie aus Liebe zu ihm in Besorgnis um sein
Leben das bei Todesstrafe ausgesprochene Schweigeverbot bricht.

swes leben sich sô verendet,
20 daz got niht wirt gepfendet
der sêle durch des lîbes schulde,
und der doch der werlde hulde
behalten kan mit werdekeit,
daz ist ein nütziu arbeit.
25 guotiu wîp, hânt die sin,
deste werder ich ein bin,
ob mir deheiniu guotes gan,
sît ich diz maere volsprochen hân.
ist daz durch ein wîp geschehen,
diu muoz mir süezer worte jehen.

am Ende seines Lebens sagen kann, daß er seine Seele Gott bewahrt und sie nicht durch Sündenschuld verloren hat, und wer es außerdem versteht, sich durch würdiges Verhalten die Gunst der Menschen zu bewahren, der hat seine Mühen nicht vergebens aufgewandt. Edle und kluge Frauen werden mich nach der Vollendung dieses Werkes bei einigem Wohlwollen um so höher schätzen, und die Frau, für die ich's geschrieben habe, möge mir dafür ein freundliches Dankeswort gönnen.

Zu dieser Ausgabe

Diese Ausgabe bietet in Synopsis die mittelhochdeutsche Originalfassung und eine Prosa-Nachgestaltung. Für die Originalfassung wurde die Textgestalt der Ausgabe von Karl Lachmann, *Wolfram von Eschenbach*, 1. Band: *Lieder, Parzival und Titurel*, 7. Ausgabe, Berlin 1952, gewählt. Die Prosa-Nachgestaltung – zuerst im Jahre 1977 als Band 1 der Sammlung Dieterich in Leipzig erschienen – hat eine gründliche, an manchen Stellen bessernde Durchsicht erfahren. Legt auch eine synoptische Darstellung bei Übersetzung bzw. Nachgestaltung eine eher dienende, zum Original hinführende Funktion nahe, so beansprucht in diesem Falle die Prosa-Nachgestaltung einen gewissen Eigenwert. Dies ist bedingt durch die ursprüngliche Intention, einen nachgestalterischen Ersatz des Originals zu bieten. Das mag zum Verständnis für mancherlei Freiheiten bzw. eigene Wege des Nachgestalters dienen, die jetzt, – bei synoptischer Gegenüberstellung des Originals – dem kundigen Leser natürlich sofort erkennbar werden. Ferner sei, wenn die Lektüre dieser Prosa-Nachgestaltung flüssig vonstatten geht, wenn Verständnisschwierigkeiten kaum noch auftauchen, wenn von interpretationsbedürftigen Dunkelstellen nur noch wenig zu spüren ist, ehrlich bekannt, daß dies nicht mehr die Sprache Wolframs ist. Wolframs Sprache, die man als klassische Repräsentation des »dunklen Stils« angesehen hat, ist ihrem Wesen nach bizarr, außergewöhnlich, seltsam. Sie erschließt dem Leser des Originals ihren spröden Reiz nur bei angestrengt-einfühlsamer, hellwacher, assoziationsbereiter Lektüre, doch hat man erst einmal den ästhetischen Reiz dieser hintergründig-humorigen, bisweilen spitz-ironischen oder gar saftig-derben Schnörkel entdeckt, so wird man diesem eigenartigsten der deutschen Epiker des Mittelalters mehr und mehr freund. Er ist ein Künstler, der die Kunst bildhaften Gestaltens zum dominierenden Zug seines persön-

lichen Stils gemacht hat; dem Leser des Originals begegnet
eine unerhörte Fülle sprachlicher Bilder, die sich nicht selten
durch spöttelnde, erheiternde Nuancen auszeichnen. Der
Sachkenner mag es bedauern, daß in dieser Nachgestaltung
die Eigentümlichkeiten Wolframscher Diktion weitgehend
aufgegeben wurden. Er wird die Vagheit dunkler, skurriler
Bilder, das vielschillernde Spiel mit Bedeutungen, den eigen-
willigen, verschlungenen Fluß der Syntax vermissen. Doch
dieser Nachteil mußte in Kauf genommen werden angesichts
des Grundanliegens der vorliegenden Nachgestaltung. Es
ging darum, einen für die Gesamtheit des Lesepublikums
lesbaren, eingängigen Text zu schaffen, der – bei größtmögli-
cher Originaltreue – einen umfangreichen Kommentarteil
überflüssig macht. Darum wurde in jedem Fall in erster Linie
Sinntreue angestrebt. Die Lösung dieser Aufgabe war keines-
wegs einfach, denn daß die Nachgestaltung des Wolfram-
schen *Parzival* immer auch Interpretation bedeutet, weiß
jeder Wolfram-Kenner. Da es also darum ging, dem Leser –
ursprünglich dem der einsprachigen Ausgabe, aber auch der
Leser des Originals wird die Übersetzungshilfe dankbar
annehmen – leichten und ungestörten Zugang zu einer der
großen literarischen Schöpfungen des deutschen Mittelalters
zu schaffen, fiel auch die Entscheidung für eine Prosafassung,
die einem geschmeidigeren sprachlichen Eingehen auf die
tieferen Intentionen des Dichters mehr Möglichkeiten ein-
räumt. Der nun mögliche Vergleich mit dem Originaltext
vermag allerdings einen Eindruck von der Schwere der Steine
zu vermitteln, die es wegzuräumen galt. Eine Rechenschafts-
legung zur jeweils getroffenen nachgestalterischen bzw.
interpretatorischen Entscheidung übersteigt freilich die Mög-
lichkeiten dieser Ausgabe. Der noch heute nützliche *Parzi-
val*-Kommentar von Ernst Martin (Halle 1903) umfaßt
immerhin 535 Druckseiten. Zur bibliographisch weiterfüh-
renden Literatur der *Parzival*-Forschung sei auf die Angaben
am Schluß des Nachworts verwiesen.

Nachwort

Er muß ein lebensvoller, kenntnisreicher und – für seine Zeit – weitgereister Mann gewesen sein, dieser Wolfram von Eschenbach, der in den ersten Jahren des 13. Jahrhunderts eins der umfangreichsten, gedankentiefsten und wirkungsvollsten Epen des deutschen Hochmittelalters schrieb: den *Parzival*, so genannt nach dem Namen seines literarischen Helden. Wenngleich sich dieses Werk – neben den unvollendeten Epen *Willehalm* und *Titurel* die bedeutendste epische Schöpfung des Dichters – in seiner Eigenart so gar nicht dem Kanon zeitgenössischer ästhetischer Leitsätze fügen will und den eigenwilligen Autor in literarische Fehden verwickelt hat, sahen viele seiner Zeitgenossen in Wolframs *Parzival* eine literarische Pioniertat. Dies bezeugt die Fülle der überlieferten Handschriften – wir zählen 75 vollständige Handschriften und Bruchstücke –; dies bezeugen zahlreiche Versuche, seinen Stil nachzuahmen, seine unvollendeten Werke zu ergänzen, Motive neugestaltend aufzunehmen; dies bezeugen schließlich Aussagen zur Bedeutung des Autors und zum Wert seines Werkes. Wirnt von Grafenberg, ein Mitstrebender, Verfasser des Epos *Wigalois* (1204/09), rühmt, kein weltlicher Dichter habe je Hervorragenderes geleistet. Dabei ist der *Parzival* mit seinen rund 25 000 Versen, seinem barocken Stil, seinen beziehungsreichen sprachlichen Bildern, seiner Vielfalt symbolischer Hintergründigkeit und seiner Problemfülle keineswegs leichte literarische Kost. Man bedenke zudem, daß die dichterischen Werke jener Zeit nicht durch Lektüre genossen wurden, wie wir es gewohnt sind, sondern daß sie vor größerem oder kleinerem Publikum auf Adelssitzen mit kunstvoller Rhetorik vorgetragen werden mußten, da die Kunst des Lesens und Schreibens nicht eben weit verbreitet war. Dies erklärt, warum wir bei einer Anzahl von 75 überlieferten Handschriften von einer großen Wirkung und Verbreitung sprachen.

Dennoch erwähnt keine Chronik, keine Urkunde den Dichter des *Parzival*. Was wir von ihm wissen, verdanken wir vor allem ihm selbst, geizt er doch – auch hierin von den Gepflogenheiten zeitgenössischer Kunstübung abweichend – durchaus nicht mit Hinweisen auf eigene Lebensumstände und Schicksale, die freilich nicht immer entschlüsselt und in biographische Daten oder Fakten umgemünzt werden können. Historische Anspielungen – Belagerung Erfurts durch den Landgrafen Hermann von Thüringen im Jahre 1203, Erwähnung des eben genannten Landgrafen, der zwischen 1155 und 1217 lebte, im *Willehalm* usw. – und die Aufstellung einer ungefähren Chronologie durch zum Teil recht komplizierte Werkvergleiche haben dazu veranlaßt, Wolframs Lebens- und Schaffenszeit zwischen 1170 und 1220 anzusetzen. Sein Erstlingswerk, den *Parzival*, hat er mit großer Wahrscheinlichkeit zwischen 1200 und 1210 geschaffen, danach die beiden unvollendeten Epen *Willehalm*, die Geschichte vom Zusammenstoß zwischen Christentum und Heidentum in Südfrankreich zur Zeit Ludwigs des Frommen, und *Titurel*, die Geschichte einer tragisch endenden Liebe. Dazwischen entstehen mehrere lyrische Schöpfungen – insgesamt fünf Tagelieder (so genannt nach ihrem zentralen Motiv: schmerzliche Trennung der Liebenden bei Anbruch des Tages) und zwei sogenannte Minnelieder –, die, wie sein *Parzival*, zu einem guten Teil den unverkennbaren Stempel Wolframscher Originalität tragen. Seine Heimat haben wir im Mittelfränkischen zu suchen. Im Frauenmünster des etwa drei Kilometer südöstlich von Ansbach gelegenen Städtchens, das sich heute in Erinnerung seines großen Sohnes stolz Wolframs-Eschenbach nennt, befand sich sein Grabmal, beschrieben im *Ehrenbrief* (1462) Jakob Püterichs von Reichertshausen, eines dichtenden Ritters aus dem 15. Jahrhundert, und von dem Nürnberger Patrizier Kreß, der es 1608 bei einem Besuch noch mit eigenen Augen sah. Nach Kreß lautete die Grabschrift »Hie ligt der streng Ritter Herr Wolfram von Eschenbach ein Meistersinger«. Beide Gewährsleute bezeugen übereinstimmend, Wolframs Wappen sei ein Topf mit fünf herausragenden Blumen gewesen, während das Bild in der berühmten *Manessischen Handschrift* aus dem 14. Jahrhundert zwei aufrecht stehende Beile oder Standarten zeigt.

Obwohl das Städtchen, nach dem er sich selbst nennt, in Franken liegt, zählt sich Wolfram zu den Bayern. Man hat daher vermutet, er gehöre einem bayrischen Dienstadelsgeschlecht der Eschenbacher Freiherrn an. Wie dem auch sei, sicher ist, daß er dem herrschenden Feudaladel angehörte, obwohl er nach eigenem Zeugnis mit Reichtümern und Glücksgütern nicht eben gesegnet war. Im 4. Buch seines *Parzival* bekennt er mit galliger Selbstironie: »... dort, wo ich oft vom Pferd steige und wo ich Hausherr bin – also bei mir daheim, in meiner eigenen Behausung –, hat die Maus keine Freude zu erwarten, wenn sie ihre Nahrung zusammenstehlen will. Vor mir braucht man schon gar nichts zu verstecken, ich finde ohnehin nichts. Oft genug muß ich, Wolfram von Eschenbach, solches erdulden.« Diese trübe wirtschaftliche Lage gestattete eine viele Jahre umfassende künstlerische Beschäftigung natürlich nur dann, wenn sich reiche Geldgeber – Mäzene – fanden, die ein Werk in Auftrag gaben und seine aufwendige Herstellung finanzierten. Man überlege nur, wie viele Kälber oder Ziegen ihr Leben lassen mußten, um das Pergament für ein großes episches Werk zu liefern; man überlege, daß der Dichter – vielleicht auch ein oder mehrere Schreiber – unterhalten sein wollten usw. Wolframs Mäzene waren der Landgraf Hermann von Thüringen, in dessen Auftrag der *Willehalm* gedichtet wurde, die Grafen von Wertheim, deren Stammburg – die Wettenburg – unweit der Stadt Wertheim am Main liegt, und die Edelherren von Dürne mit dem Stammsitz – der Burg Wildenberg – im Odenwald. Nachweisbar sind schließlich Beziehungen zu Adelsgeschlechtern in

Österreich und in der Steiermark. Unsicher bleibt, in wessen Auftrag der *Parzival* entstanden ist; alle Lösungsversuche dieser Frage enden bei mehr oder weniger glaubhaften Vermutungen.

Trotz drückender persönlich-familiärer Lebensumstände ist Wolfram von Eschenbach stolz auf seinen Stand und seinen Dichterberuf. Am Ende des 2. Buches seines *Parzival* sagt er von sich: »Dem Rittertum gehöre ich an durch Geburt und Erziehung.« Und unmittelbar davor heißt es: »Ich bin Wolfram von Eschenbach, und ich verstehe mich einigermaßen auf die Sangeskunst.« In seinem dichterischen Können erkennt er eine besondere, innere Begabung, die nicht vom Zwang getreuer Nachgestaltung oder Übersetzung lateinischer und französischer Vorlagen beengt oder gar gebrochen werden dürfe. Damit verläßt er die gebahnte Straße zeitgenössischer Kunstübung, die von jedem Autor das Zeugnis der Quellenabhängigkeit als Nachweis dichterischer Wahrheit und bildungsbeflissener Kunstvollendung forderte. Wolfram, dem offenkundig eine geregelte Ausbildung versagt geblieben ist, lehnt sich dagegen auf und erklärt im Prolog seines *Willehalm* polemisch: »Was in den Büchern geschrieben steht, davon habe ich wenig gelernt. Meine Bildung besteht einzig und allein in meiner künstlerischen Begabung; ihr verdanke ich mein Können.« Doch man lasse sich nicht täuschen! Wenngleich Wolfram mit solchen und ähnlichen Bemerkungen seinen Abstand zu den zeitgenössischen Autoren bekundet, die ihre Gelehrsamkeit betont zur Schau tragen, so ist er selbst doch keineswegs bildungsfeindlich. Im Gegenteil! Den Mangel an geistlicher Schulbildung gleicht er – ein wahrhaft genialer Autodidakt – durch begieriges Zusammenraffen verschiedenartigster Wissensstoffe aus, seien es astrologische Kenntnisse, seien es fabulöse Beschreibungen der geheimen Kräfte edler Steine, seien es umfassende Berichte über die zeitgenössische deutsche Literatur und Volkssage. Und was er an Wissen erwirbt, das macht er seiner Dichtkunst dienstbar, auch wenn es in seiner

kompakten Fülle manchmal den Fluß der Handlung über-
mäßig einzudämmen droht. Zuweilen wird sich der Leser
kaum des Eindrucks erwehren können, daß etwa beim end-
losen Aufzählen der merkwürdigsten Personennamen oder
beim unbekümmerten Jonglieren mit geographischen
Namen ein wenig hintergründige Ironie waltet, die das
Übermaß an Stoff durch die Würze heiteren Spottes über die
Eigenarten zeitgenössischer Kunstübungen genießbar zu
machen sucht. Das Verkennen dieses Zuges Wolframscher
Gestaltung hat gelegentlich dazu geführt, daß Aussagen, die
im Dienste ironisch-übertreibender Selbstverteidigung ste-
hen, für bare Münze genommen wurden. Wenn er nämlich
sagt, man dürfe sein Werk keinesfalls als ein »gelehrtes Buch
betrachten«, da er selbst »weder lesen noch schreiben«
könne, so ist dies nur als ironisierender Kontrapunkt zur
betonten Buchgelehrsamkeit anderer aufzufassen. Höchst
töricht wäre es, dem Verfasser so umfangreicher epischer
Werke, die zudem von gründlicher Kenntnis der zeitgenös-
sischen Literatur zeugen – sei es Heinrich von Veldeke,
Hartmann von Aue, Gottfried von Straßburg, Eilhart von
Oberge, Walther von der Vogelweide, Reinmar von Hage-
nau oder das Nibelungenlied –, die Beherrschung des Lesens
und Schreibens absprechen zu wollen. Inwieweit dieser
zweifelsfrei vorhandene ironische Grundzug Wolframscher
Gestaltung als Erklärung für mancherlei »Schnitzer« bei der
Wiedergabe französischer Vorlagen dienen kann, bleibe
dahingestellt. Daß Wolfram die französische Sprache in
einem für seine Zwecke ausreichenden Maße beherrschte,
dürfte sicher sein.

Wolfram von Eschenbach lebt und schafft in einer Zeit, von
der Walther von der Vogelweide, berühmtester deutscher
Lyriker des Mittelalters, zu sagen weiß: »Treulosigkeit
lauert im Hinterhalt, Gewalttätigkeit treibt Straßenraub;
Frieden und Recht sind todwund.« Es ist dies eine Zeit,
von Krisen politischer und religiöser Art gezeichnet, vom
blutigen Fehdewesen feudaler Anarchie überschattet, von

Rechtsunsicherheit und Faustrecht verdunkelt. Nachdem das römische Kaisertum und deutsche Königtum unter dem staufischen Herrscher Friedrich I., genannt Barbarossa, »Rotbart« (Regierungszeit 1152–90), eine kurze Phase verhältnismäßiger Stabilisierung der Zentralgewalt durchsetzen konnte, verfiel seine Macht unter der Herrschaft Heinrichs VI. – der sich auf eine abenteuerliche Eroberungspolitik im Mittelmeergebiet einließ – und in der Zeit der staufisch-welfischen Rivalitätskämpfe – die seit 1198 im Gegenkönigtum Philipps von Schwaben und Ottos IV. ihren Ausdruck fanden – mehr und mehr. Als nach dem Tode Philipps (1208) Otto IV. für wenige Jahre die welfische Partei an die Macht bringt, als sechs Jahre später der Staufer Friedrich II. mit Unterstützung der römischen Kurie der staufischen Partei die Herrschergewalt in Deutschland zurückzugewinnen vermag, ist nichts mehr zu retten, zumal sich Friedrich II. – eine hochbegabte und allseitig gebildete Persönlichkeit – auf die Errichtung eines vorbildlichen Königreiches in Sizilien und auf die Eroberung Italiens verlegt. So bleibt Deutschland den Territorialfürsten überlassen, und der Weg führt folgerichtig nicht – wie in Frankreich – zur absoluten Monarchie, sondern zur deutschen Kleinstaaterei. Die Zentralgewalt scheitert also in der Auseinandersetzung mit drei mächtigen Gegnern: mit der römischen Kurie – vor allem durch Papst Innozenz III. (Amtszeit 1198–1216) repräsentiert –, die nach der Weltherrschaft strebt; mit den deutschen Territorialfürsten, die ihre Rechte und Pfründen nicht beschnitten sehen wollen; mit den reichen lombardischen Städten, die sich der Unterwerfung und Ausplünderung erfolgreich widersetzen. Die hier geschilderte politische Krise ist begleitet von einer religiösen. Gegen die zunehmende Verweltlichung, den immer offener zutage tretenden Macht- und Besitzhunger der römisch-katholischen Kirche und ihrer Hierarchie setzen gefährliche Gegenbewegungen ein. Den weltlichen Feudalherren ist nicht allein an der Eindämmung des rentegierigen Machthungers der kirchlichen Potentaten gelegen, sondern sie sind ihrerseits hungrig auf die Erträge klerikaler Besitztümer. Auf der anderen Seite führt der immer schroffer werdende Bruch mit urchristlichen Tugendidealen viele Menschen zum Nachdenken über die Widersprüche zwischen Kirchenlehre und Realität. Es bildet sich eine von urchristlichen Idealen ausgehende Laienbewegung, die ohne die Vermittlerrolle von Kirche und Priestertum auskommen und unmittelbar den Weg zu Gott und seinen Lehren finden will. Es bilden sich ferner – und dies wird der Kirche weit gefährlicher – religiöse Sekten – vor allem die asketisch-mystischen Katharer und die bibelgläubig-kirchenfeindlichen Waldenser –, die neue religiöse Lehren und Riten entwickeln und die Berechtigung der kirchlichen Hierarchie wie ihres Dogmengebäudes in Frage stellen. Eine der vielen Auswirkungen der religiösen Krise ist ein neues, tolerantes Verhältnis der abendländischen Feudalherren zu ihren morgenländischen Standesgenossen, das mit dem kirchlichen Dogma vom bösen, der Vernichtung und Verdammnis verfallenen Heiden brach. Zu deutlich hatten die Erfahrungen der zahlreichen Kreuzzüge – seit dem ersten, vorwiegend französischen 1096–99, in dem Jerusalem erobert wurde, und besonders seit dem von Friedrich I. angeführten dritten Kreuzzug 1189–92, in dem schließlich wenigstens Palästinas Küstenstädte zurückgewonnen wurden – erkennen lassen, daß der Islam eine ungeheure Macht darstellte, daß das kirchlich-dogmatische Schreckgespenst des bösartig-unkultivierten Heiden eine Schimäre war, daß die Feudalstaaten des Orients mit dem Glanz und der Pracht adliger Lebenshaltung und der Höhe feudaler Kulturleistungen weit eher als Vorbild für das Abendland gelten konnten. Es entsteht das Bild des »edlen Heiden«, die Vorstellung der Zusammengehörigkeit auf der Ebene der herrschenden Klasse und das Streben nach einer toleranteren Haltung in religiöser Hinsicht.

Wenn es auch auf den ersten Blick merkwürdig erscheinen

mag, die Gestaltung märchenhafter, wirklichkeitsferner, illusionärer Stoffe und Motive – wie sie für die Epik jener Zeit typisch ist – in Zusammenhang zu bringen mit den Krisen und Problemen der diese Kunst tragenden Epoche, so ist beider Zusammenhang doch unleugbar vorhanden. Die Literatur dieser Zeit, die ungefähr umgrenzt ist von den Jahren 1170 und 1230 und die wir die Literatur der feudalhöfischen Klassik nennen, ist natürlich zunächst Ausdruck des wachsenden kulturellen Anspruchs des weltlichen Feudaladels. War Dichtung bislang – zumindest als geschriebene Dichtung, also als Literatur – vorwiegend ein Privileg der Geistlichkeit, schöpfte sie ihre Stoffe vor allem aus dem Reservoir der Bibel, der Liturgie oder Dogmatik, diente sie in erster Linie religiöser Bildung und Erziehung oder doch klerikalen Interessen, so bahnt sich nun ein entscheidender Umschwung an. Nach dem Vorbild besonders der französischen Feudalkultur erstrebt man nunmehr eine Literatur, in der sich das gewachsene Selbstgefühl des weltlichen Feudaladels ausdrückt, die sich vom Jenseits ab- und dem Diesseits zuwendet, die nicht nur geeignet erscheint, den ökonomischen und politischen Herrschaftsanspruch des Feudaladels kulturell zu bestätigen, sondern die diesen Feudaladel selbst auf die Höhe einer kultivierten Lebensweise zu führen vermag. Namentlich die epische Dichtung dieser Zeit ist daher in hohem Maße Vorbilddichtung, fast Lehrdichtung für adlige Lebenshaltung und Lebensführung. Das Bild des epischen Helden – und es ist fast immer der Adlige, der als »Ritter« die Gestalt dieses Helden sozial bestimmt – soll nicht schlechthin das Bild des feudalen Wegelagerers, Fehdehelden oder Rauhbeins dichterisch verklären, sondern es dient mit allen äußeren Merkmalen, mit allen Charakterzügen, mit allen Besonderheiten seines Verhaltens in der Gesellschaft oder in der kämpferischen Bewährung – der »âventiure« – als kulturelles, zur Nachahmung empfohlenes Leitbild für den Angehörigen des Feudaladels.
Dieser Typus des literarischen Helden erscheint allerdings

erst auf einer verhältnismäßig hohen Stufe feudaler Epenentwicklung. Zuvor waren zwei Vorstufen zu überwinden: die Stufe des Legendenhelden und die Stufe des Helden vor- und frühhöfischer Epik. Der Legendenheld – erstes episches Heldenbild in der deutschen Literatur überhaupt – krankt im Grunde daran, daß er – exemplarische Gestaltung religiöser Erziehungsziele – als Vorbild für irdische Nachfolge Christi gedacht ist und daher weitgehend entmenschlichtes Gestaltungsmodell bleibt. Im vor- und frühhöfischen Epos – etwa im *Rolandslied*, im *König Rother* und in Heinrich von Veldekes *Eneide* – bemerken wir eine zunehmende Hinwendung zum Diesseits, einen Umschlag von Kontemplation und Passivität in heldische Aktivität, die im *Rolandslied* im Zeichen des Kreuzzugsgedankens steht, im *König Rother* und in der *Eneide* jedoch – bei ständiger Zurückdrängung religiöser Bezüge – von einer neuen Triebkraft ausgelöst wird, der »Minne«, was mit unserem Wort »Liebe« nur sehr unzureichend übersetzt ist. Wesentlich für uns sei zunächst, daß sich der Held des vor- und frühhöfischen Epos bereits in vorbildlicher Haltung vorstellt, die in erster Linie von seiner Fähigkeit zu heroischer Bewährung gekennzeichnet ist. Der Anlaß zur Entfaltung kämpferischer Qualitäten wird jedoch zunehmend kulturell verfeinert: griff der Held im *Rolandslied* noch im Dienste Gottes – also als Gottes- und Kreuzzugsstreiter – zum Schwert, so wird seine Aktivität jetzt durch die »Minne« ausgelöst, wobei es vom Handlungsablauf her um die Erringung einer ersehnten Frau bei Überwindung verschiedenartiger Widerstände geht. Durch Einführung des Minnemotivs wird das Heldenbild zunehmend vermenschlicht, individualisiert, denn es werden ja nun sehr persönliche – erotische – Beziehungen zum Antrieb heldischer Aktivität, zum Ausgangspunkt feudalliterarischer Erziehungsanliegen gemacht. Der Minnekult zeigt also die kulturelle Überwindung der christlich-asketischen Lebensauffassung an. Indem er jedoch zu einem Wesensteil feudaler Kultur und Ideologie wurde, entstand –

angesichts der im Hochmittelalter herrschenden Feudalehe,
die allgemein eine Konvenienzehe war – ein Widerspruch
zwischen feudalethischen Traditionswerten und dem neuen
Erziehungsethos, der von den Schöpfern der feudalhöfi-
schen Literatur sehr verschiedenartig gelöst und überdies
Anlaß zu heftigen literarisch-ideologischen Auseinanderset-
zungen wurde. Die zunehmende Individualisierung des Hel-
den geht nun aber Hand in Hand mit der Privatisierung
der handlungsbestimmenden Triebkräfte. War noch im
Rolandslied die Persönlichkeit des vorbildlichen, mit selbst-
verständlicher Machtfülle ausgestatteten Herrschers ein
Bestandteil der Dichtung, ging es hier noch um staatliche,
die große Gemeinschaft der Streiter unter den Leitstern einer
gemeinsamen Idee stellende Ziele, so geht es in der Folge
mehr und mehr um nur individuelle Selbstvervollkomm-
nung des Helden, der vor allem um sein persönliches Glück,
um sein persönliches Anliegen kämpft. Diese Entwicklung
gipfelt im feudalhöfischen Artusepos. Zur Artusepik werden
jene Epen der französischen und der deutschen Literatur des
Mittelalters gezählt, deren Helden zur legendären Ritterge-
meinschaft um den König Artus – eine Gestalt der keltischen
Sagenwelt – gehören. Der keltische Stoffkreis um König
Artus war feudalideologischen Verklärungs- und Erzie-
hungsanliegen insofern besonders zugänglich, als er die
besten Voraussetzungen für den epischen Ausbau zu einer
aristokratischen Wunschwelt bot.
Das Artusepos, in Frankreich zwischen 1150 und 1180 von
Chrétien de Troyes geschaffen, in Deutschland heimisch
gemacht durch Hartmann von Aue mit den beiden Epen
Erec (1180/85) und *Iwein* (1200), entwickelt das Heldenideal
des vor- und frühhöfischen Epos insofern weiter, als der
Held seine vorbildliche Haltung nicht von vornherein
besitzt und in kämpferischen Bewährungsproben nur noch
entfaltet. Der Artusheld wird vielmehr in seiner *Entwick-
lung* gezeigt: Er überwindet eine gesellschaftlich anfechtbare
Haltung, um – bei Lösung eines inneren Konfliktes zwi-

schen Pflicht und Neigung – in einem Reifeprozeß heldische Vorbildlichkeit zu erringen. Im *Erec* wird die Minne nicht nach dem bekannten Schema zum Stimulans heroischer Bewährung, sondern hemmt vielmehr die Entfaltung heldischer Aktivität. Erst unter dem Druck der öffentlichen Meinung überwindet Erec diese fehlerhafte Haltung und wird damit auf einer höheren Ebene zum vorbildlichen Mitglied der ritterlich-höfischen Gesellschaft. Im *Iwein* wiederum wird das einseitige Streben nach gesellschaftlichem Ansehen zum Hemmnis der Persönlichkeitsentwicklung. Erst dadurch, daß die Minne den Helden nötigt, nach einer sittlichen Begründung für seinen kämpferischen Tatendrang zu fragen, gewinnt sie in diesem Epos ihren erzieherischen Wert zurück.

Unabhängig davon, daß das Bild des epischen Helden im Artusepos durch den Entwicklungsgedanken vertieft und durch die Eigenart der Konfliktgestaltung stärker individualisiert erscheint, bleibt die Bewährung kämpferischer Fähigkeit das entscheidende Kennzeichen heldischer Vorbildlichkeit; die Gestaltung konzentriert sich zudem immer stärker auf die Selbstvervollkommnung des Helden. Die Bewährung vorbildlich-kämpferischer Fähigkeiten erfolgt in der sogenannten »âventiure«, das heißt in der zweckfreien, jeder gesellschaftlichen Bezogenheit baren abenteuerlichen Tat an sich. Um die ständige Bewährung in der »âventiure« zu sichern und die nötige Staffage zu schaffen, wird in zunehmendem Maße ein Ensemble von Unholden, Zauberern, Untieren usw. aufgeboten, die jene bereits im Stoffkreis enthaltenen märchenhaften Züge verstärken und den Dichtungen das Odeur räumlicher wie zeitlicher Ferne oder Unbestimmtheit verleihen. Außerdem wird der Zug zu symbolträchtiger Gestaltung immer deutlicher, wie denn schließlich das Bild der Artusrunde selbst hochstilisierter symbolhafter Ausdruck der Heldenauffassung ist. Zwar sind die Artusritter – deren Leben und Taten den Stoff der Artusepen bilden – an den Hof des Königs Artus gebunden, doch ist diese Bindung denkbar locker. Artus, der an der für den Artushof bezeichnenden Rundtafel nur noch als Primus inter pares, als Erster unter Gleichgestellten, erscheint, ist nicht mehr wie Karl der Große im *Rolandslied* mit herrscherlicher Machtfülle ausgestattet und kann von seinen Rittern nur noch in engen Grenzen Gehorsam fordern. Seine Taten vollbringt der Artusritter nicht mehr im gesellschaftlichen Auftrag oder im politischen Dienst seines Herrschers, sondern in eigener Sache, zur Erhöhung des eigenen Ansehens – das nur noch mittelbar dem Ansehen des Hofes dient –, zur Beförderung des eigenen Glückes. Der Hof des Königs Artus verdankt seine Bedeutung nicht mehr der Machtfülle des Herrschers, sondern den ruhmreichen Taten der Artusritter.

Nur vor diesem Hintergrund ist die Leistung Wolframs von Eschenbach erkenn- und begreifbar. Wenngleich von Wolframs Originalität die Rede war, so muß doch gesagt werden, daß auch er seine Quelle hatte, und gerade die Quellenfrage hat eine kaum noch übersehbare Menge wissenschaftlicher Literatur entstehen lassen. Ursache hierfür ist nicht zuletzt die Neigung des Dichters, uns von hintergründiger Ironie durchleuchtete Vexierbilder vorzusetzen. Der Sachverhalt ist der: Wir besitzen nur ein einziges Parzivalepos, das vor Wolframs Werk entstanden ist, und dies ist der *Perceval* (›Dringdurchstal‹) *ou li Contes del Graal* von Chrétien de Troyes, gedichtet im Auftrag des 1191 verstorbenen Grafen Philipp von Flandern. Auch Chrétiens zügig und anmutig erzählendes Epos, das in Monologen und Dialogen die Handelnden ihre Motive zergliedern läßt, spricht von einer Quelle, die Chrétien schlicht »le livre« (»das Buch«) nennt, ohne daß trotz vielen Bemühens je ein solches Buch ermittelt worden wäre. Nun aber wirft Wolfram dem Chrétien vor, die Geschichte von Parzival oder dem Gral verfälscht zu haben. Die echte Quelle habe er, Wolfram, bei einem provenzalischen Dichter namens Kyot gefunden, und dieser Kyot sei sein eigentlicher Gewährsmann. Kyot – den Wolf-

ram an sechs Stellen seines *Parzival* (besonders 8,416; 9,453;
16,827) erwähnt – habe die Geschichte vom Gral in einer
unbeachteten arabischen Handschrift in Toledo entdeckt.
Verfasser dieser Handschrift sei der heidnische Naturfor-
scher Flegetanis gewesen, der von Salomon abstammte und
frevelhaft-bedauerlicher Götzendienst! – ein Kalb anbetete.
Den Namen des Grals habe dieser Mann in den Sternen
gelesen, und der Gral selbst sei von einer Engelschar, die
zum Himmel auffuhr, auf der Erde zurückgelassen worden,
wo er seitdem von dazu berufenen Menschen gehütet werde.
Kyot habe darauf in lateinischen Chroniken Britanniens,
Frankreichs, Irlands und anderer Länder nach ausführlicher
Kunde über dieses Gralsvolk geforscht, bis er schließlich in
Anjou auf die gesuchte Quelle gestoßen sei. Auf dieser
Quelle fußend, habe er sein Werk in französischer Sprache
gedichtet.
Nun ist in der gesamten altfranzösischen Literatur von
einem Dichter namens Kyot oder Guiot – wie der Name im
Provenzalischen lauten müßte – als Verfasser einer Parzival-
oder Gralsgeschichte nichts bekannt. Nimmt man Wolframs
bieder vorgetragenes Zeugnis für bare Münze, so gerät man
in größte Schwierigkeiten, wenn es darum geht, die eigene
Leistung des Übersetzers oder Nachgestalters Wolfram zu
ermitteln. In der Tat hat man sogar versucht, einen Kyot-
schen *Parzival* aus dem Werk Wolframs zu rekonstruieren!
Dies erscheint nun geradezu als Gipfel interpretatorischer
Gutgläubigkeit. Betrachtet man nämlich Wolframs Quellen-
zeugnis in aller Nüchternheit, so muß allein schon die
Phantastik der Angaben zu äußerster Vorsicht mahnen.
Hinzu kommt, daß Wolfram unter seinen Dichter-Zeitge-
nossen offenbar dadurch in Verruf geriet, daß er eine ihnen
bekannte Quelle in geradezu »unerhörter« Weise verfälscht
habe. Gottfried von Straßburg wirft ihm in seinem *Tristan*-
Epos vor, er sei ein »Erfinder merkwürdiger Geschichten,
ein Verderber der Quelle«. Diese Tatsachen lassen keinen
anderen Schluß zu, als daß Wolfram – vielleicht gar als

Reaktion auf Gottfrieds Vorwurf – ein spöttisches Versteck-
spiel mit der herrschenden Quellengläubigkeit trieb. Seine
eigentliche Quelle war der *Perceval* von Chrétien de Troyes,
der – da unvollendet – allerdings nur bis zum 13. Buch einen
Vergleich mit Wolframs Werk zuläßt. Daß wir in Chrétiens
Werk in der Tat Wolframs Quelle sehen müssen, bezeugen
zahlreiche Gemeinsamkeiten kompositorischer Art, so die
Gegenüberstellung von Gralskreis und Artuskreis, so der
Kontrast und das Nebeneinander von Parzivalhandlung und
Gawans eingeschobenen Abenteuern. Der Vergleich von
Chrétiens *Perceval* und Wolframs *Parzival* beweist jedoch
ebenso unwiderleglich, daß wir in Wolfram weder einen
Übersetzer noch einen Nachgestalter sehen dürfen; denn er
hat aus Chrétiens Epos unverkennbar ein völlig eigenes
Werk geschaffen. Wolframs Vertiefung des Gedichts wird
namentlich im Ausbau des Gralskreises, in neuartiger Cha-
rakteristik der Figuren – vor allem beim epischen Helden –
und im gedankenreichen Reflektieren und Beantworten
damals hoch aktueller politisch-religiöser Fragen erkennbar.
Es führt jedoch nicht weit, die Aussage und Bedeutung des
Wolframschen *Parzival* aus dem Vergleich mit seiner Quelle
erschließen zu wollen. Zu Verständnis und Wertung dieses
Epos gelangt man einzig und allein, wenn man ausgeht von
einem in sich geschlossenen, einheitlichen, harmonisch von
der künstlerischen Idee bis zum Detail der Figurencharakte-
risierung durchkomponierten Werk.

Was geschieht in Wolfram von Eschenbachs *Parzival*? Die
ersten zwei Bücher des insgesamt sechzehn Bücher umfas-
senden Werkes gehören Parzivals Vater Gachmuret. Gach-
muret, jüngerer und daher nicht erbberechtigter Sohn des
Königs Gandin von Anschauwe (Anjou), zieht auf Aben-
teuer ins Morgenland und nimmt Dienst bei dem heidni-
schen Baruc von Baldac (Kalif von Bagdad). Er befreit die
von Feinden belagerte Heidenkönigin Belakane von Zaza-
manc, gewinnt damit ihre Hand und ihr Land, verläßt sie

aber bald, getrieben von unbändiger Abenteuerlust. Bela-
kane gebiert ihm einen Sohn, dessen Haut schwarz und weiß
gefleckt ist und der daher den Namen Feirefiz (»bunter
Sohn«) erhält. – In einem Turnier erringt der zurückge-
kehrte Gachmuret als Sieger die Hand und die Reiche der
Königin Herzeloyde von Waleis (Valois). Dennoch hält es
ihn nicht daheim. Auf einem seiner gewohnten Abenteuer-
züge findet er im Dienste des Baruc den Tod. Herzeloyde
schenkt einem Sohn das Leben, der den Namen Parzival
erhält.
Nach Gachmurets Tod zieht sich Herzeloyde in die Wald-
einsamkeit zurück, um ihren Sohn fern der Welt aufzuzie-
hen und ihn vor den Gefahren des Rittertums zu bewahren.
Da begegnen dem unerfahrenen Knaben eines Tages vier
Ritter in glänzenden Rüstungen, deren vordersten er – der
elementaren Religionsunterweisungen seiner Mutter einge-
denk (Gott ist hell wie der Tag, der Teufel ist schwarz und
untreu) – für Gott hält. Zur Mutter zurückgekehrt, verlangt
er nach einem Pferd, da er – den Hinweis der Ritter nut-
zend – an den Artushof ziehen und selbst ein Ritter werden
will. In der Hoffnung, der Spott der Welt werde ihn zu ihr
zurücktreiben, hüllt ihn seine Mutter in ein Narrenkleid und
gibt ihm eine jämmerliche Mähre. Zum Abschied erteilt sie
ihm vier Lehren: Er möge einen Wasserlauf nur an hellen
Stellen überschreiten, einen jeden freundlich grüßen, die
Lehren erfahrener Männer beherzigen und von schönen
Damen Kuß und Ring gewinnen. Als Parzival scheidet,
bricht Herzeloyde das Herz.
In seiner Unerfahrenheit befolgt Parzival die Lehren seiner
Mutter wortwörtlich, ohne ihren eigentlichen Sinn zu
begreifen. Er wagt es nicht, ein seichtes Gewässer zu durch-
reiten, da es durch Pflanzenwuchs dunkel erscheint; er
findet eine schöne Dame schlafend in ihrem Zelt und raubt
ihr Kuß, Ring und Brosche, so daß für Jeschute – so heißt
diese Dame – nach der Rückkehr ihres eifersüchtigen Gatten
Orilus ein jammervoller Lebensabschnitt beginnt. Der wei-

terziehende Parzival findet an einem Felsen eine klagende
Jungfrau, seine Base Sigune, die einen toten Ritter, Schiona-
tulander, in ihrem Schoße hält. Sigune erkennt Parzival,
nennt ihm seinen Namen und unterrichtet ihn über seine
Familie. Auf seiner Weiterreise gelangt Parzival schließlich
zum Artushof. Voll Verlangen nach der glänzenden Rüstung
des Roten Ritters Ither, tötet er ihn im Zweikampf mit
einem geschickten Speerwurf und legt danach seine Rüstung
an. Von Artus führt ihn sein Weg zu Gurnemanz, dem
Meister höfischer Erziehung, der ihn freundlich aufnimmt
und ihm sowohl die Leitsätze adliger Bildung wie das Ritual
der Messe erklärt. Unter anderem schärft er Parzival ein, im
Gespräch nicht allzu viele neugierige Fragen zu stellen
(Buch 3).

Nachdem er Gurnemanz verlassen hat, befreit Parzival die
Königin des Landes Brobarz, Condwiramurs, die in ihrer
Hauptstadt Pelrapeire belagert wird. Er gewinnt ihr Herz
und ihr Land. Dennoch hält es ihn nicht lange bei seiner
jungen Gattin. Abenteuerlust und die Ungewißheit über das
Schicksal seiner Mutter treiben ihn wieder fort (Buch 4). Er
gelangt an einen See, auf dem ein vornehmer Mann zu
fischen scheint. Der Fischer weist Parzival den Weg zur
nächsten Burg. Es ist die Gralsburg Munsalwäsche, in der
der Gralskönig Anfortas an einer schweren Verwundung
durch eine vergiftete Lanze dahinsiecht. Dies ist die Strafe
Gottes für unerlaubten Minnedienst. Anfortas könnte durch
eine Mitleidsfrage Parzivals erlöst werden, doch obwohl
Parzival auf der Burg viel Wunderbares und Merkwürdiges
beobachten kann – so versorgt der nicht näher beschriebene
Gral das ganze Gralsvolk reichlich mit Speisen und Geträn-
ken –, enthält er sich jeder Frage, da er die Lehre von
Gurnemanz strikt befolgen will. Am Morgen findet er die
Burg leer. Er zieht unwillig davon; zum Abschied wird er
von einem Burgknappen mit Schimpfworten bedacht. Sein
Weg führt ihn erneut zu Sigune und ihrem toten Geliebten.
Als Sigune erfährt, daß er die erlösende Frage nicht gestellt

hat, verflucht sie ihn. Weiterreitend stößt Parzival auf
Jeschute und Orilus; er besiegt Orilus im Zweikampf und
versöhnt ihn mit seiner Gattin (Buch 5). Parzival gelangt nun
in die Nähe des Zeltlagers von König Artus. Drei Blutstrop-
fen im weißen Schnee rufen die Erinnerung an seine Gattin
Condwiramurs wach, die Parzival in sehnsuchtsvolles Sin-
nen versinken läßt. Fast geistesabwesend, besiegt er zwei
angreifende Artusritter; erst als der verständnisvolle Gawan
– der berühmteste Ritter der Artusrunde – ein Tuch über die
Blutstropfen wirft, erwacht Parzival aus seiner Versunken-
heit. Gawan führt ihn zu Artus, der ihn in die Tafelrunde
aufnimmt. Doch nicht lange kann sich Parzival dieser
Ehrung erfreuen; denn es erscheint die abschreckend häßli-
che Gralsbotin Cundry und verflucht ihn als einen Ehrlosen.
Zugleich erscheint ein fremder Ritter, Kingrimursel, der
Gawan einer heimtückischen Mordtat beschuldigt und ihn
zum Zweikampf herausfordert, der in vierzig Tagen stattfin-
den soll.
Für Parzival bricht eine Welt zusammen. Obwohl er sich
bemüht hat, allen Erfordernissen vorbildlichen Rittertums
zu genügen, ist er gescheitert. Mit Gott und der Welt zer-
fallen, reitet er davon (Buch 6). In den folgenden Büchern,
die in erster Linie Gawan gehören, taucht Parzival bloß ab
und an im Hintergrund der Ereignisse auf; nur im 9. Buch,
das in die Gawanhandlung eingeflochten ist, steht er im
Mittelpunkt des Geschehens.
Gawan gelangt auf seinem Weg nach Ascalun, dem Ort des
Zweikampfes, zunächst nach Bearosche, wo er den Landes-
fürsten Lippaut aus schwerer Bedrängnis befreit. Lippauts
kindliches Töchterchen Obilot erwählt in früher Reife
Gawan zum Minneritter (Buch 7). Ein ernsthafteres Liebes-
erlebnis hat Gawan in Ascalun mit Antikonie, der Schwester
des Landesherrschers Vergulacht. Als Gawan erkannt wird,
gerät er trotz versprochenen freien Geleits in große Gefahr,
doch Antikonie und der ehrenfeste Kingrimursel retten ihn.
Gawan wird freigegeben unter der Bedingung, daß er für

den von Parzival besiegten Vergulacht den Gral suche (Buch 8).

Auf der Gralssuche trifft Gawan auf die Herzogin Orgeluse von Logroys, die ehemalige Minnedame des Anfortas. Seit ihr der König Gramoflanz den geliebten Gatten Cidegast erschlagen hat, verfolgt sie Gramoflanz mit unerbittlichem Haß. Alle Ritter, die in ihren Dienst treten, schickt sie gegen ihn in den Kampf. Dabei behandelt sie ihre Minneritter recht hochmütig und abschätzig, um zu erproben, wer ihrer Gunst am ehesten würdig sei. Gawan besteht alle Abenteuer, in die sie ihn verwickelt: Er besiegt den gewaltigen Lischoys Gwelljus, Herzog von Gowerzin (Buch 10); er besteht sein Hauptabenteuer in der Wunderburg des Zauberers Clinschor (Schastel marveile) und erlöst damit zahlreiche verzauberte Ritter und Damen, unter ihnen seine Großmutter Arnive, seine Mutter Sangive und seine Schwestern Itonje und Cundrie (Buch 11); er besiegt schließlich am nächsten Morgen, wenngleich verwundet, den mit Orgeluse heranziehenden Turkoyten (fürstlichen Begleiter) Florand von Itolac. Nun endlich führt ihn Orgeluse zum Lande des hochmütigen, kampfeskühnen Gramoflanz, der nur dann kämpfen will, wenn ihn mindestens zwei Ritter gleichzeitig angreifen. Gawan bricht einen Zweig von einem bestimmten Baum und fordert Gramoflanz heraus, der ausnahmsweise zu einem Zweikampf bereit ist, als Gawan sich zu erkennen gibt. Man verabredet, diesen Kampf auf dem Feld von Joflanze vor einer großartigen Kulisse von Rittern und Edelfrauen auszutragen (Buch 12).

Als Gawan alle Proben bestanden hat, ergibt sich ihm Orgeluse voller Liebe. Gawan zieht nun mit allen Bewohnern der Wunderburg nach Joflanze, nachdem er auch Artus mit seinem Hofstaat und die Gefolgschaft Orgeluses eingeladen hat, ihm zu Ehren auf dem Kampfplatz zu erscheinen (Buch 13). Es kommt jedoch nicht zum Kampf zwischen ihm und Gramoflanz, und das hat folgende Ursachen: Parzival, der inzwischen durch den frommen und weisen Einsiedler Trevrizent, den Bruder des Anfortas, belehrt und mit Gott versöhnt worden ist (Buch 9), gelangt auf der Suche nach dem Gral unversehens in die Nähe des Lagers und wird von dem ausreitenden Gawan für Gramoflanz gehalten. Im folgenden Kampf ist Gawan der Niederlage nahe, als Knappen das Mißverständnis aufklären und damit den Abbruch des Kampfes herbeiführen. Der hinzukommende Gramoflanz verschiebt seinen Zweikampf mit dem erschöpften Gawan, wird aber am nächsten Morgen von Parzival gleichfalls im Kampf erschöpft, so daß nun Gawan seinerseits großmütig einen späteren Zeitpunkt festlegt. Da Gramoflanz jedoch Gawans Schwester Itonje liebt, wird der Streit zwischen den beiden Herausforderern schließlich beigelegt (Buch 14).

Dem nun beginnenden Festtrubel entzieht sich Parzival und reitet heimlich davon. Er reitet seiner schwersten Prüfung entgegen; denn er trifft mit seinem Halbbruder Feirefiz zusammen, der mit einem großen Heer ausgezogen ist, um seinen Vater Gachmuret zu suchen. Im Bruderkampf zerspringt Parzivals Schwert, und als der großherzige Feirefiz daraufhin das eigene Schwert fortwirft und eine gegenseitige Vorstellung herbeiführt, erkennen sich die Brüder. Glücklich reiten beide zu Artus, wo alsbald auch die Gralsbotin Cundry erscheint und verkündet, Parzival sei von Gott zum Gralsherrscher berufen worden. Geführt von Cundry und begleitet von Feirefiz, reitet Parzival zur Gralsburg (Buch 15) und erlöst endlich Anfortas durch die Frage: »Oheim, was fehlt dir?« Auch Condwiramurs, die Parzival inzwischen zwei Söhne, Loherangrin und Kardeiz, geboren hat, wird zum Gral berufen. Während Kardeiz seines Vaters Nachfolger in der Welt wird, soll Loherangrin später die Nachfolge im Amt des Gralsherrschers antreten. Als Parzival seine Frau und Loherangrin abholt, trifft er unterwegs auf Sigune, die inzwischen am Sarg ihres Geliebten entschlafen ist. Parzival läßt die Liebenden in einem Sarkophag zur letzten Ruhe betten.

Feirefiz entbrennt in Liebe zur Gralsträgerin Repanse de Schoye, Schwester des Anfortas. Er läßt sich ihr zuliebe taufen, erhält ihre Hand und zieht mit ihr nach Indien, wo er und später sein Sohn Johannes das Christentum verbreiten.

Den Schluß bildet ein Abriß der Loherangrin-Geschichte. Loherangrin rettet und heiratet die Fürstin von Brabant, muß sie jedoch verlassen, als sie nach seinem Namen fragt. Gott hat nämlich nach der erlösenden Frage Parzivals bestimmt, ein zum Weltdienst ausersehener Gralsritter müsse sofort nach Munsalwäsche zurückkehren, wenn er nach seiner Herkunft befragt werden sollte (Buch 16).

Im Nebeneinander von Parzivalhandlung und Gawanhandlung zeichnet sich deutlich ein zweisträngiger Aufbau des Werkes ab. Parzivals Weg wird zeitweilig verdunkelt durch die Darstellung der Schicksale Gawans. Die eigentliche Parzivalhandlung füllt die Bücher 3 bis 6, 9, 14 bis 16. Mit dem 16. Buch fließen beide Handlungsstränge zusammen. Die ersten zwei Bücher (Gachmurethandlung) sind durch die Gestalt des Feirefiz mit den letzten zwei Büchern verbunden und bilden mit diesen gleichsam einen Rahmen des Gesamtwerkes.

Parzivals Weg führt vom unerfahrenen Naturkind über die Station des vorbildlichen Artusritters bis zum Ziel des Gralskönigtums. Wolfram geht also über Hartmann von Aue hinaus. Für Hartmann war vorbildliches Artusrittertum höchstes Ziel, während diese Entwicklungsphase im *Parzival* nur eine Zwischenstufe auf dem Wege zu einem höheren Ziel ist, und dieses Ziel ist die Gralswelt.

Auf der ersten Stufe zieht das unerfahrene, törichte Naturkind Parzival aus der Einöde in die Ritterwelt, ausgestattet mit ebenso elementaren wie undifferenzierten Lehren über Religion und Weltverhalten. Beide Lehren versteht er auch nur sehr formal, nicht in ihrem tieferen Sinngehalt. Die erste Begegnung mit Sigune macht Parzival seine Persönlichkeit bewußt und weist zugleich auf seine Fähigkeit zum Mitempfinden und auf seine natürliche Hilfsbereitschaft hin. Formale Auslegung erhaltener Lehren, Unerfahrenheit und naiver Egoismus führen indes dazu, daß Parzival unwissend schwere Schuld auf sich lädt (Tod der Mutter, Bloßstellen Jeschutes, Totschlag seines Verwandten Ither).

Der Weg zu vorbildlichem Artusrittertum wird gebahnt durch die höfische Erziehung an Gurnemanz' Hof. Parzival wird in untadeligem, höfischem Benehmen, in einwandfreier ritterlicher Waffenführung und in den Einzelheiten kirchlichen Rituals unterwiesen. Dank diesen Lehren gewinnt er in Pelrapeire hohen Ruhm und die Hand einer liebenswürdigen Frau – Ziel allen artusritterlichen Aventürestrebens. Auch sein Vergehen an Jeschute macht er wieder gut.

Doch Artusreife ist nicht gleichbedeutend mit Gralsreife; denn bei seinem ersten Besuch auf der Gralsburg versagt Parzival kläglich. Obwohl er durchaus die innere Fähigkeit besitzt, die Frage zu stellen, die den Gralskönig Anfortas von seinem Leiden erlösen würde, erweist sich die Formschule adlig-höfischer Bildung in diesem Falle als bedenkliches Hindernis für echte menschliche Teilnahme und Bewährung. Wieder macht ihm Sigune frühzeitig seine selbstverschuldete Lage bewußt, noch bevor ihn die Gralsbotin Cundry von der scheinbaren Höhe einer glanzvollen Laufbahn dadurch hinabstürzt, daß sie ihn vor allen Artusrittern verflucht als einen Menschen, der über seinem Selbst die Verantwortung für den anderen vergessen hat. Die dann einsetzende menschliche Krise Parzivals ist zugleich eine religiöse Krise, da er in naiver Gleichsetzung von Ritterdienst und Gottesdienst im Grunde Gott für sein persönliches Versagen verantwortlich macht. Der Weg zur Besinnung und Selbsterkenntnis führt Parzival für fünfeinhalb Jahre in die Einsamkeit, die er ausfüllt mit höchster Bewährung ritterlich-kämpferischer Leistung bei unerschütterlicher Treue zu seiner Frau und mit nimmermüdem, zähem Ringen mit Gott um seine Berufung zum Gral, das heißt letztlich um eine neue, reifere Stellung zur Gesellschaft und zu Gott. Ein Markstein auf diesem Wege ist die Begegnung mit Trevrizent, in deren Verlauf Parzival – erste Voraussetzung für jene höhere Reife – zur Erkenntnis seiner menschlichen Schuld und seines oberflächlich-formalen Gottesverhältnisses geführt wird. Der Beginn neuer Persönlichkeitsreife wird schon bei der dritten Begegnung mit Sigune angedeutet; denn Sigune vergibt Parzival seine Schuld und ist bemüht, ihm bei der Gralssuche zu helfen. Die Berufung zum Dienst am Gral durch Cundry macht deutlich, daß Parzival auf einer neuen, über der Artuswelt liegenden Ebene die Stufe menschlich-ritterlicher Vollendung erreicht hat, so daß die Mitleidsfrage eigentlich nur noch märchenhaft-symbolischer Schlußakkord ist.

Der Gralswelt, die Parzival nun endlich erreicht hat, wird kontrastierend die Artuswelt gegenübergestellt. Vornehmster Repräsentant dieser Welt ist Gawan, der – den Antrieben des Ruhmstrebens und der Minne folgend – märchenhaft-glänzende Erfolge hat und dessen Entwicklungsgang dem der Helden in Hartmann von Aues Epen *Erec* und *Iwein* durchaus entspricht. Ihm läßt sich Gachmuret vergleichen; denn er ist in seinem Ruhm- und Abenteuerstreben wie in seinen Minneerlebnissen dem Artusritter verwandt, wenn er auch selbt der Artusrunde nicht angehört.

Wir kehren nunmehr zurück zu der Frage, welche Beziehungen es gibt zwischen der Artusepik Hartmannscher Prägung und den gesellschaftlich-religiösen Krisen der Zeit, in der sie entstand; wir schließen die Frage an, inwieweit und wodurch sich Wolframs Leistung über die Leistung Hartmanns erhebt.

Ungeachtet der Tatsache, daß durch den Entwicklungsgedanken Hartmanns epische Helden an Individualität gewinnen und zugleich – wenn auch hochstilisierter – Ausdruck realer gesellschaftlicher Widersprüche sind, ungeachtet auch der Tatsache, daß – vor allem im *Iwein* – durch ethische Begründung kämpferischer Leistung eine Humanisierung

des vorbildlichen epischen Helden erreicht wird, bleibt doch
der Artusheld Hartmanns ein in erster Linie auf persönliche
Vervollkommnung bedachter Aventüreheld, der sich nur im
Hinblick auf ebendiese persönliche Vervollkommnung
König Artus und seinem Hof verpflichtet weiß. Artus selbst
erkennt die Aventürebewährung als die einzig legitime
Bewährung seiner Ritterschar an. Überdies fehlt dem Artus-
epos, wie es uns bei Hartmann begegnet, fast jede religiöse
Problematik. Wenn wir also überlegen, welche Antwort
Hartmann von Aue in seinen Ritterepen auf die bewegenden
Fragen seiner Zeit zu geben weiß, so ergibt sich, daß er
Lösungen nur in der kulturell-ethischen Selbstvervoll-
kommnung des Adels, in der Humanisierung ritterlichen
Tuns sieht. Wo er – wie in der Legende *Gregorius* – die
Frage nach dem Verhältnis von weltlicher Bewährung und
Gottbezogenheit stellt, sieht er einen Ausweg zunächst nur
in der unbedingten Verneinung allen menschlich-ritterlichen
Tuns. Die in der Verserzählung *Der arme Heinrich* ange-
deutete Synthese wird episch kaum ausgeformt. Anders
Wolfram.
Im bewußten Kontrast zur Artuswelt hat Wolfram in seiner
Gralswelt eine eindeutige – wenn auch utopische – Antwort
auf die entscheidenden Fragen seiner Zeit zu geben versucht.
Wenn man die Merkmale der Gralswelt mosaikartig zusam-
menfügt, so ergibt sich in mancher Hinsicht eine erstaunli-
che Parallele zu der von der staufischen Partei vertretenen
Idee eines starken Kaiser- und Königtums, das sich selbst
rechtfertigt durch Sicherung von Gerechtigkeit und
Frieden.
Im Gegensatz zu Artus besitzt der Gralskönig unbezweifel-
bare herrscherliche Macht, der sich sämtliche Gralsritter
bedingungslos unterordnen. Bemerkenswert ist das Ge-
meinschaftsbewußtsein dieser Ritter, die in geschlossenen
Grenzsicherungsgruppen zur Verteidigung der Gralswelt
aufbrechen und dazu einen klaren, politisch-religiös moti-
vierten Auftrag haben. Sie kämpfen nicht um ihr persönli-

ches Ansehen oder im Dienst einer Dame, sondern um den Gral zu schützen und um Buße für ihre Sünden zu leisten.

Die politisch-religiöse Motivierung des Kampfes läßt folgerichtig den Minnekult als ethisch-erzieherische Idee zurücktreten. Kampf im Dienste einer Dame wird geradezu zu einem Vergehen, und Anfortas hat dafür eine furchtbare Strafe hinzunehmen. Obwohl in der Gralswelt Ritter und Edelfrauen leben, ist die Ehe einzig und allein dem Gralskönig gestattet. Die übrigen Angehörigen der Gralsgemeinschaft dürfen nur dann eheliche Bindungen eingehen, wenn sie als Sendboten des Grals in die Welt beordert werden, um – sofern es sich um Gralsritter handelt – in gefährdeten Reichen für Gerechtigkeit und Frieden zu sorgen oder – sofern es sich um weibliche Angehörige der Gralsgemeinschaft handelt – als Ehefrauen weltlicher Herrscher den Einfluß des Gralsordens zu erweitern und durch ihre Kinder den notwendigen Nachwuchs zu sichern. Minne wird bei Wolfram somit zur echten, ehebegründenden Liebe, sie ist Voraussetzung und Inhalt der Ehe.

Ferner ist bemerkenswert, daß – trotz unbezweifelbarer Frömmigkeit des Autors und obwohl er wesentliche religiöse Fragen aufgreift – die Kirche oder doch kirchlich-institutionelle Besonderheiten im »Parzival« keine Rolle spielen. Unverkennbar schlägt sich in der religiösen Komponente des Werkes Gedankengut der christlichen Laienbewegung Deutschlands nieder; denn der ritterliche Laie Wolfram hat ganz eigene kultische und theologische Vorstellungen: So kann der Einsiedler Trevrizent auch ohne Priesterweihe dem sündigen Parzival die Absolution erteilen; so geht Sigune in ihrer selbstgewählten Klausur ganz in Gott auf, ohne jemals eine Messe zu hören; so sichert schließlich der Gral auch ohne Vermittlung der Kirche die unmittelbare Verbindung zwischen Gott und der ritterlichen Ordensgemeinschaft des Gralsvolkes. Der Gral – wohl ein keltisches Wort, das »Gefäß« bedeutet –, Mittelpunkt der Gralsgemeinschaft, wird bei Wolfram, im Unterschied zu anderen,

legendenhaften Berichten – wie etwa in Robert de Borons
um 1180 gedichtetem Versroman *Joseph d' Arimathie* –, in
denen er als Abendmahlsschüssel oder Abendmahlskelch
aufgefaßt ist, nicht näher beschrieben. Wolfram nennt ihn
»ein Ding«, auch »einen Stein« mit dem unübersetzbaren
Namen »Lapsit exillis«. Dieser Stein erscheint als Spender
aller irdischen Speisen und Getränke, als Born der Gesund-
heit und Jugend, als lebenspendendes und -erhaltendes Gna-
dengeschenk Gottes; all diese Kräfte verleiht ihm eine
Hostie, die Gott jährlich am Karfreitag durch eine Taube
hinabsendet. Dies ist nun freilich eine ganz erhebliche
Abweichung von kirchlich-liturgischen und offiziell-theolo-
gischen Lehren. Doch Wolfram geht noch weiter: Zur Kult-
stätte der Gralsburg haben nicht nur Christen, sondern auch
Heiden Zutritt, wie denn der heidnische Ritter in allem
gleichberechtigt neben dem Christenritter steht. Symbolisch
überhöhten Ausdruck gewinnt diese Gleichberechtigung
und Gemeinsamkeit vor allem in der brüderlichen Verbun-
denheit von Parzival und Feirefiz, ja, Feirefiz erweist sich im
Kampf mit seinem christlichen Halbbruder sogar als der
menschlich Reifere, sittlich Überlegene. Letzte und kühnste
Zielvorstellung des von Wolfram offenkundig vertretenen
Toleranzgedankens ist die visionäre Synthese von Abend-
land und Morgenland auf der Grundlage gleicher feudaler
Lebenshaltung, gleicher Kultur und gleicher Ideologie. Daß
diese Synthese schließlich doch nur unter dem Vorzeichen
des Christentums möglich sei – Feirefiz läßt sich taufen und
verbreitet gemeinsam mit Repanse de Schoye im Orient das
Christentum –, erscheint geradezu als Zugeständnis an die
kirchliche Lehre, die sonst inhaltlich weitgehend in Frage
gestellt oder aufgehoben wird.
Wesentliches Merkmal der Gralswelt ist schließlich eine
eindeutige Antwort auf die Frage nach der Aufgabe des
Adels in der Gesellschaft. Wenn auch nach außen ziemlich
abgeschlossen, trägt der Gralsorden doch Verantwortung
nicht nur für die Geheimnisse des Grals, sondern für die

ganze menschliche Gesellschaft. Wann immer in einem Land
mit dem Aussterben des Herrschergeschlechts Gefahren
anarchischer Zerrüttung, kriegerischer Zerwürfnisse, recht-
und gesetzloser Zustände drohen, übernimmt – mit der
Legitimation göttlicher Berufung – ein Gralsritter das Herr-
scheramt, um den Frieden zu sichern, um Recht und
Gerechtigkeit zum Siege zu verhelfen. Sicherlich trägt diese
Vorstellung eines Wirkens für das Wohl der Gemeinschaft
alle Merkmale einer Utopie, doch bleibt es Wolframs unbe-
strittenes Verdienst, mit dieser humanistischen Gesell-
schaftsutopie wie auch mit seiner utopischen Synthese von
Orient und Okzident dem Feudaladel seiner Zeit einen
Ausweg aus der politischen und religiösen Krise gewiesen zu
haben. In Parzival, der als Gralsherrscher Gottbezogenheit
und weltliche Tätigkeit verbindet, der in dieser Tätigkeit das
Ideal des Rex justus et pacificus, des Recht und Frieden
wahrenden Königs, verkörpert, wird die dichterische Er-
kenntnis gestaltet, daß Selbstvervollkommnung keine aus-
reichende Antwort auf die drängenden Fragen der Zeit sein
kann, daß der Adel Aufgaben und Pflichten in der Gesell-
schaft hat, die er nur im gemeinsamem Handeln unter einer
starken Zentralgewalt zu bewältigen vermag. In der brüder-
lichen Verbundenheit von Parzival und Feirefiz, die dank
ihrer Herrschermacht das Geschehen in Abend- und Mor-
genland bestimmen, entwirft der Dichter in visionärer Schau
das Ideal einer adligen Gesellschaft, die sich von engen
Dogmen der Kirche gelöst und zu einer harmonischen, von
Toleranz und gegenseitiger Achtung getragenen Gemein-
schaft entwickelt hat. Damit wird zugleich der Anspruch
der Kirche zurückgewiesen, der einzige Mittler zwischen
Menschheit und Gottheit zu sein; denn die im Gralsvolk
vorgestellte ideale Menschengemeinschaft zeichnet sich
durch kirchenunabhängige Beziehung zwischen Mensch und
Gott aus, wobei Gottbezogenheit keineswegs – wie bislang
von klerikalen Ideologen immer wieder betont – in Askese
und Weltverneinung erreicht wird, sondern im sinnvollen,

gesellschaftsbezogenen Wirken im Dienste und Auftrag
Gottes. So wird denn Walther von der Vogelweides bange
Frage, ob weltliches Ansehen und weltlicher Besitz verein-
bar seien mit der Gnade Gottes, positiv beantwortet und
damit die das ganze Mittelalter bewegende Dualismusfrage
auf der Ebene des Gralkönigtums gelöst. Vor dem Hinter-
grund dieser neuartigen gedanklichen Zusammenhänge wird
verständlich, warum Wolframs Werk in seiner Zeit einen so
großen Widerhall fand und so großes Aufsehen erregte.

Diese Wirkung läßt sich – wie eingangs gesagt – nicht allein
an der Zahl der Handschriften und an den Aussagen dich-
tender Zeitgenossen ablesen. Sie ist auch erkennbar in der
starken Nachwirkung von Wolframs Werk, in Versuchen,
seinen Stil nachzuahmen, seine unvollendeten Epen zu
ergänzen oder zu vollenden, und in der Aufnahme von
wesentlichen Motiven seiner Dichtungen. So erzählt Ulrich
von dem Türlin in seinem *Willehalm* (1261/69) die Vorge-
schichte des gleichnamigen Wolframschen Torsos, während
Ulrich von Türheim dieses Epos mit seinem *Rennewart*
(1250) zu vollenden sucht. Das anonyme Epos *Lohengrin*
(1283/90) schreibt den lakonischen Schlußbericht des *Parzi-
val* aus. Die späteren Epiker sehen in Wolfram von Eschen-
bach – neben Hartmann von Aue und Gottfried von Straß-
burg – einen der drei großen Meister epischer Kunstübung.
In der von unbekannten Verfassern stammenden Dichtung
vom *Wartburgkrieg* (13. Jahrhundert) tritt Wolfram, bereits
Sagengestalt geworden, in einem Rätselstreit mit Klingsor –
Wolframs Clinschor – auf, in dem es um mystisch-religiöse
Fragen geht, und er kann selbst den Teufel verjagen, als
dieser ihn auf sein Wissen hin prüfen will. Die Meistersinger
verehren in Wolfram einen der zwölf alten großen Meister
und benennen verschiedene Kompositionen nach ihm. So
bleibt Wolfram von Eschenbach mit seinem Werk bis ins 14.
und 15. Jahrhundert hinein lebendig, oft zitiert, häufig
inhaltlich oder stilistisch nachgeahmt. Schon im Jahre 1477
wird sein *Parzival* als eins der ersten Epen feudalhöfischer

Klassik gedruckt. Noch im 19. Jahrhundert verstand man sich zu dem Versuch, das Gralsrätsel künstlerisch zu lösen. Bedeutsamstes Ergebnis ist Richard Wagners Musikdrama *Parsifal* (Uraufführung 1882).

Seine editorische Wiedererstehung verdankt Wolframs *Parzival* wissenschaftlichen Bemühungen des 19. Jahrhunderts, die – unter dem Einfluß der Romantik – ihr Augenmerk den Zeugnissen einer nationalen Kultur im Mittelalter zuwandten. Die erste, noch heute in Überarbeitung gültige Edition (7. Ausgabe, neu bearbeitet von Eduard Hartl, Berlin 1952) lieferte 1833 der berühmte Philologe Karl Lachmann. Zahlreiche weitere Ausgaben der Urfassung folgten, zuletzt, 1963, die von Gottfried Weber mit einer umfangreichen Nacherzählung.

Übersetzerische Bemühungen beginnen schon im 18. Jahrhundert. So verfaßt Johann Jakob Bodmer 1752 eine Nachdichtung der Gralsszenen in Hexametern. Es folgen *Parzival*-Übersetzungen von San Marte (1836), Karl Simrock (1842), Paul Anton Bötticher (1884), Wolfgang Pannier (1897), Wilhelm Hertz (1897), Theodor Matthias (1925), Wilhelm Stapel (1937) und Friedrich Knorr (1940).

Die wissenschaftliche Literatur zu Wolfram von Eschenbach und speziell zum *Parzival* ist nur noch mit großer Mühe einigermaßen übersehbar. Forschungsberichte und Bibliographien stammen von Joachim Bumke (*Wolfram von Eschenbach*, Stuttgart [6]1991; Sammlung Metzler, 36. – *Die Wolfram von Eschenbach Forschung seit 1945. Bericht und Bibliographie*, München 1970) und von Ulrich Pretzel/Wolfgang Bachofer (*Bibliographie zu Wolfram von Eschenbach*, Berlin [2]1968; Bibliographien zur deutschen Literatur des Mittelalters, 2).

Inhalt